영혼들의 여행

Translated from
JOURNEY OF SOULS
Copyright © 1994 Michael Newton, Ph. D.
Published by Llewellyn Publications
Woodbury, MN 55164 USA
Reprinted by arrangement through ShinWon Agency Co., Seoul.
Translation Copyright © 1999 by Thoughts of a Tree Publishing Co.

이 책의 한국어판 저작권은 신원 에이전시를 통한
저작권자와의 독점 계약으로 (주)도서출판 나무생각에 있습니다.
저작권법에 의해 한국 내에서 보호를 받는 저작물이므로 무단전재와 복제를 금합니다.

JOURNEY OF SOULS

영혼들의 여행

마이클 뉴턴 지음 | 김도희 · 김지원 옮김

나무생각

불멸의 눈을 통해서 보다

우리는 왜 지구에 있는가? 죽은 다음에는 어디로 갈 것인가? 그곳에 가면 어떤 일들이 일어날까? 전생에 관한 책은 많았어도 죽은 후 새로운 탄생을 기다리며 계속 존재하고 있는 영혼들에 대해서는 별로 쓰인 적이 없었다. 이 책은 죽은 후의 삶에 대한 놀랍고도 충격적인 책이다.

최면 심리요법 석사학위자이기도 한 마이클 뉴턴 박사는 환자들의 전생 기억을 얻기 위해 최면 상태를 유도하다가 생각지도 못했던 어마어마한 어떤 부분을 발견하게 되었다. 그것은 최면 상태나 초의식 상태에 있는 사람의 마음의 눈을 통해서 영혼의 세계를 '보는 것'이 가능하며, 영혼이 지상에 태어나지 않는 사이사이에 무엇을 하는가를 그들이 말해줄 수가 있다는 사실이었다.

이 책은 죽음에 대해 당신이 가지고 있는 선입견들을 떨쳐버리게 할 것이다. 뉴턴 박사는 수년간에 걸쳐서 수많은 사람들을 영혼의 세계로 데려갔다. 여기에 수록된 29가지 케이스에서, 대단히 종교적인 사람이든 정신적인 일에는 전혀 관심이 없는 사람이든, 아니면 그 중간에 있는 사람이든, 모두가 영혼 세계를 괄목할 만한 일관성으로 설명하고 있다는 것을 알 수가 있다.

뉴턴 박사는 환자들이 전생을 아는 것보다 영혼의 세상에서 그들이 어떤 자리에 있었는가를 찾아내는 것이 치유의 과정에서 훨씬 더 의미가 있다는 것을 알게 되었다. 《영혼들의 여행》은 뉴턴 박사의 10년간의 연구 실적이다. 이 책 속의 지혜를 통해 우리는 우리 인생의 선택 뒤에 숨어 있는 목적을 이해하게 되며 우리의 영혼이, 그리고 또 우리가 사랑하는 사람들의 영혼이 영원히 산다는 사실을 이해하게 될 것이다.

"관심과 흥미가 녹아 있어 매우 빠르게 읽히는 이 책은 영혼 세계의 미스터리를 다소 벗기고 있다."

- NAPRA 트레이드 저널

"《영혼들의 여행》은 최근에는 볼 수 없었던 새로운 형이상학적인 정보를 제공한다. 저승에 갔을 때 무엇이 우리를 기다리고 있는가를 알고 싶은 사람이라면 반드시 읽어야 할 책이다."

- 딕 스트픈(Dick Sutphen)

"존재한다는 것에 대해서 이해하고 싶어 하는 우리들의 욕구에 밝고 명쾌하게 접근하였다."

- 《전생연구협회와 심리치료》 윈프레드 B. 루카스 박사와 캐롤 클락, M.S.W.

《영혼들의 여행》을 읽은 독자들의 반응

"이 분야의 다른 책들이 모두 잊혀지더라도 《영혼들의 여행》은 오래도록 기억될 훌륭한 작품이다."
— 보스턴에서 프랭크

"《영혼들의 여행》은 내 속에 내재되어 있는 자아와 인생이 지향하는 목적이 무엇인가를 깨닫게 해주었다. 종교적인 도그마가 배제된 영적인 책이다."
— 네덜란드 암스테르담에서 비키

"《영혼들의 여행》을 산 후 손에서 놓을 수가 없어 어디든지 가지고 다녔다. 다른 어떤 책에서도 얻지 못했던 감동을 받았다."
— 캐나다 토론토에서 비올라

"영적으로 은총을 받은 이 책은 영혼의 세계에 관해 출판된 어느 책과도 비교될 수 없다고 믿고 있다."
— 터키 이스탄불에서 조티

"압도적인 진리로 심금을 울려주는 《영혼들의 여행》으로 당신(마이클 뉴턴)은 세상에 위대한 선물을 하였다."
— 하와이 코나에서 마돌

"윤회하는 인생들 사이에 있는 영혼들의 삶을 이처럼 진지하고도 흥미롭게 묘사한 책은 없었다. 어떤 책도 이처럼 세부적이지 못하였다. 그 힘은 저자가 피술자에게서 답을 얻어내는 비평적인 질문 방식에 있다 하겠다."
— 독일 튀빙겐에서 젤리코

"《영혼들의 여행》은 모든 도서관에 비치되어야 할 책이다. 이 책이 울린 심장들에 대해 당신은 상상이나 할 수 있을까 싶다."
— 아일랜드 더블린에서 J.C.

영혼의 동반자이자 사랑하는 아내인
페기에게 이 책을 바친다.

아내의 지대한 도움 외에도
조언과 격려를 아끼지 않았던 노라 메이퍼와 존 페이,
그리고 동료들에게 특별한 고마움을 표한다.
그리고 나의 모든 면담자들께 감사드린다.
그들의 용기 있는 행동이 나에게 마음의 길을 여행할 수 있도록
허용해주어 이 연구가 가능하였다.

작가에 대하여

카운슬링으로 박사 학위를 취득한 마이클 더프 뉴턴은 미국 캘리포니아주의 공인된 마스터 최면요법 시술사(Master Hypnotherapist)이며, 미주 지역 카운슬링 협회의 회원이다. 그는 여러 고등 교육기관에서 교사로서, 관리자로서, 카운슬러로서 일하였으며, 정신건강 분야의 여러 주립 기관에서 약물 사용자들의 그룹 지도자로 일하였다.

뉴턴 박사는 행동 교정에 의한 치료와 사람들이 영적인 자신을 접할 수 있도록 돕는 일에 전념하였다. 자신만의 고유한 퇴행최면요법을 개발시켜 나가던 그는 피술자들의 전생 경험을 알아내는 것보다 윤생 사이에 존재하는 영혼을 아는 것이 더욱 의미 있는 일이라는 것을 발견하게 되었다.

그의 이 첫 책은 영혼 세계에 대한 수년간에 걸친 연구 결과다. 억사가이며, 아마추어 천문학자이며, 온 세상을 여행하는 여행자이며, 열렬한 하이커(도보 여행자)이기도 한 그는 로스앤젤레스에서 살다가 캘리포니아 북쪽에 있는 시에라네바다 산속에서 아내와 여생을 보냈다.

차례

서문 · · · · · · · · · · · · · · · · 13

1. 죽음, 그리고 떠남 · · · · · · · · 23
2. 영의 세계로 가는 길 · · · · · · · 35
3. 귀향 · · · · · · · · · · · · · · · 49
4. 격리된 영혼 · · · · · · · · · · · 77
5. 오리엔테이션 · · · · · · · · · · 89
6. 가는 도중 · · · · · · · · · · · · 117
7. 배치 · · · · · · · · · · · · · · · 141
8. 우리들의 안내자 · · · · · · · · · 172
9. 어린 영혼 · · · · · · · · · · · · 202
10. 중간 영혼 · · · · · · · · · · · 240
11. 앞서가는 영혼 · · · · · · · · · 280
12. 환생의 선택 · · · · · · · · · · 333
13. 새로운 육체의 선택 · · · · · · 367
14. 출발의 준비 · · · · · · · · · · 416
15. 새로운 탄생 · · · · · · · · · · 441

결론 · · · · · · · · · · · · · · · · 457
역자 후기 · · · · · · · · · · · · · 465

숨겨진 세상이 있다.
영혼들이 살고 있는 곳.
죽음의 안개가 내리면
여행길은 펼쳐진다.
시간이 존재하지 않는 여행길에
안내하는 빛 하나가 춤을 춘다.
의식적인 기억에서는 사라졌으나
무아의 경지에서는 보이는 빛.

마이클 뉴턴

서문

 당신은 죽음이 두려운가? 죽은 후에는 무슨 일이 일어날까? 당신은 궁금한가? 영혼은 어디에서 왔다가 우리가 죽으면 육체를 떠나서 왔던 곳으로 돌아가는가? 아니면 이것은 우리가 죽음을 두려워하기에 품어 보는 희망적인 생각에 불과한 것인가?
 지상에 살고 있는 모든 생물 중에서 유독 인간만이 일상적인 삶을 꾸려나가기 위해 죽음의 공포를 눌러두고 살아야 한다는 것은 역설이다. 그러면서도 우리들의 생물학적 본능은 우리들 존재의 궁극적인 위험인 이 죽음을 잊어버리게 놓아두지 않는다. 나이가 들어갈수록 죽음은 우리 의식 속에 점점 넓게 자리 잡는다. 종교적인 사람들마저도 죽음은 끝이라고 두려움을 느낀다. 죽으면 가족과 친구와 영영 헤어진다는 생각에 제일 겁이 난다. 이 지상에서 품었던 모든 목적은 죽으면 소용이 없어진다.

만일 죽음이 모든 것의 끝장이라면, 그렇다면 인생은 정말 의미 없는 것이 될 것이다. 그러나 우리 안에 있는 어떤 힘이 이 이후의 세상을 생각 속에 품게 하고 우리 위에 있는 어떤 힘, 더 나아가서는 불멸의 영혼까지도 감지해내게 한다. 정말로 우리가 영혼을 가지고 있다면 그 영혼은 죽은 후에 어디로 갈까? 이 우주 바깥 어디에 지능이 있는 영들로 가득 찬, 일종의 하늘나라가 정말로 존재할까? 그 세상은 어떻게 생겼을까? 우리는 그곳에 가면 무얼 할까? 그 파라다이스를 관장하는 최고의 존재가 있을까? 이러한 질문들은 인류가 생긴 후 계속 있어 왔으며 우리들에게 아직도 미스터리로 남아 있다.

대부분의 사람들에게 죽은 후의 신비한 삶에 대한 진실한 답들은 영적인 문 뒤에 잠겨진 채로 남아 있다. 우리 영혼에는 영혼의 정체성을 망각하게 하는 기능이 있으며 이것은 영혼과 인간의 두뇌가 합치는 의식 차원을 돕는 역할을 한다. 최근에는 일시적으로 죽었다가 다시 살아난 사람들이 기다란 터널, 밝게 빛나는 빛, 심지어는 다정한 영들과도 만났었다고 말하는 것들을 듣게 되었다. 윤회에 관해 쓰인 많은 책들에는 죽음 후에 대해서도 우리가 알아야 할 무엇이 있다는 것만 잠깐씩 보여줄 뿐 구체적으로 언급된 바는 없었다.

이 책은 영의 세계에 관한 개인적인 기록으로, 지상에서의 삶이 끝난 후에 영혼들에게 무슨 일들이 일어나고 있는가를 세밀히 보여주는 실제 사례들이다. 우리는 영혼이 영적인 터널 저 너머 영혼 세계로 간 후 지상에 다시 다른 삶으로 태어나기 전까지의 과정을 알게 될 것이다.

이 책의 내용으로 보아서는 그렇지 않은 것 같으나 나는 천성적으로 회의적인 사람이다. 카운슬러로서 그리고 최면요법 심리치료사로서 나는 정신이상자들의 행동 수정을 전문으로 하고 있다. 건강한 행동을 할 수 있도록 환자들의 생각과 감정을 연결시키는 단기적인 인식 재구성이 내가 하는 일 중에서 큰 비중을 차지하고 있다. 어떠한 정신적인 문제도 상상에서 나온 것은 아니라는 전제 아래 나는 환자들과 함께 환자들의 믿음에서 나오는 의미와 기능과 결과를 끄집어낸다.

초기에는 사람들이 전생요법을 요청하면 나는 그것이 정통적인 치료 방법이 아니라고 스스로 저항감을 느꼈다. 사람들을 괴롭히는 기억들이나 어린 시절 고통의 근원을 캐기 위해 환자를 최면에 들게 할 때, 나는 전생까지 캐는 방법은 정통적이 아니며 임상적 요법도 아니라고 느꼈다. 고통 치료를 받으러 온 젊은 청년을 만나기 전까지는 윤회와 형이상학적인 것에 관한 나의 관심은 오로지 지적인 호기심에 불과하였다.

이 환자는 오른쪽 몸에 있는 오래된 고통을 호소하였다. 고통 최면 치료 방법 중의 하나는, 환자로 하여금 더욱 고통을 느끼게 해 환자 스스로가 아픔을 감소시키는 방법을 터득하여 마침내 고통을 조종할 수 있게 하는 것이다. 면담 때 청년은 고통 극대화의 수단으로 자신이 칼에 찔리는 장면을 상상해냈다. 나는 그 이미지의 근원을 찾다가 이 청년이 전생에 프랑스에서 살해당한 제1차 세계대전 당시의 군인이었음을 알아내게 되었고, 우리들은 고통을 완전히 치유할 수 있었다.

환자들로부터 얻은 지지와 격려로 나는 지상에 태어나기 이전의 시간으로 환자들을 되돌리는 실험을 시작하였다. 처음에 나는 환자 자신의 욕구와 믿음과 두려움이 마음대로 기억의 판타지를 창조해내리라 생각하였다. 그러나 곧 우리 속에 깊숙이 박혀 있는 기억들이 대단히 실질적인 과거의 기억들이라는 것을 깨닫게 되었다. 현존하는 우리의 육체와 전생에서의 경험을 연결시키는 것이 지금의 나를 아는 것이며 치유에도 도움이 된다는 것을 알게 되었다.

그러다가 나는 최면 상태에 있는 환자들이 마음의 눈을 통해서 다시 태어나기 위해 돌아가게 되는 영혼의 세계에 대해 말해줄 수 있다는 것을 알게 되었다.

내게 영혼 세계의 문을 열어준 첫 케이스는 유난히 최면에 민감한 중년 여성이었다. 그녀는 마지막 전생에서의 외로움과 고립감을 얘기하고 있었다. 그녀는 보통 단계를 넘어 최고 수준의 의식 상태로 거의 스스로 들어갔다. 나는 그녀에게 왜 고립되었는지 그 근원으로 가보라고 나도 모르는 사이에 지시를 내리고 있었다. 동시에 나는 영혼을 부르는 언어 중의 하나를 무의식중에 사용했다. 나는 그녀에게 특별히 보고 싶은 친구들 그룹이 있는가를 물었다.

갑자기 그녀는 울기 시작했다. 이유를 묻자 그녀는 "우리 그룹 중의 몇 친구가 그리워서 지상에서의 생활이 외롭다."라고 말했다. 나는 당혹감을 느끼며 물었다. 그 친구들 그룹이 어디에 있느냐고. "여기, 영원한 집에 있지요. 친구들 모두가 지금 여기 있어요." 하고 그녀는 간단히 대답했다.

그녀를 보낸 후 녹음된 테이프를 들으면서 영혼의 세계를 찾아내는 것은 전생퇴행의 연장이라는 것을 깨닫게 되었다. 전생에 관한 책은 많앉아도, 영혼으로서의 삶을 얘기하거나 영적인 회상을 적절하게 끌어내는 방법에 대해 쓴 책을 나는 찾아내지 못했다. 내 자신이 그것을 해보기로 마음을 먹고 사람들을 통해 영혼의 세계로 들어가는 기술을 습득했다. 지상에서 살았던 전생들을 살펴보는 것보다 영혼의 세계에서 그들이 어떤 곳에 있었는가를 찾아내는 것이 훨씬 더 의미 있는 일이라는 것도 알게 되었다.

최면을 통해 영혼을 만나는 일이 어떻게 가능할까? 중심이 같은 세 개의 원, 그 안에서 점점 작아지는 원들로 마음이란 것을 그려보기 바란다. 제일 바깥에는 비평적이고 분석적인 사고의 원천인 의식의 마음이 자리 잡는다. 그다음 층에는 이생과 또 모든 전생 동안 우리에게 일어났던 일들이 기억되어 있어 최면을 걸어 끌어낼 수 있는 잠재의식의 층이 있다. 가장 속에 있는 층은 요즘 우리가 초의식이라고 부르는 마음이다. 이 층은 우리 자신의 보다 높은 힘을 표현하는 가장 높은 중심이 된다. 초의식 속에는 전생에서 우리가 가지고 살았던 많은 육체들의 기억이 있다. 초의식은 어떤 층이라고 하기보다 영혼 그 자체인지도 모르겠다. 초의식의 마음은 지혜이고 바르게 보는 시선 자체이며 죽음 후의 삶에 대해 정보를 얻어내는 지적인 에너지의 근원이다.

진실을 밝혀내기 위하여 최면을 사용하는 것은 얼마나 신빙성이 있을까? 최면 상태에 든 사람은 꿈을 꾸는 것도 아니며 환각에 사로잡힌 것도 아니다. 우리는 연속적인 상황으로 꿈꾸지 않으며 유도된 최면 상태에서는 환각을 일으키지도 않는다. 최면 상태에 든 사람의 뇌파는 깨어 있는 베타 상태에서 명상적인 알파 단계로, 그리고 또 여러 단계의 세타(Theta) 영역으로까지 떨어진다. 세타 상태는 최면이지 잠이 아니다. 우리는 수면 중에 잠재의식 상태로 떨어져 꿈을 꾸고 메시지를 받는 최종 델타(Delta) 상태로 간다. 델타 상태는 혼수상태가 아니며 메시지를 보내고 받아들일 수 있는 모든 채널이 열려 있는 상태다.

일단 최면 상태에 들면 사람들은 보이는 그림들이나 들리는 말을 그냥 그대로 전한다. 질문에 대해 거짓을 말하지 않으나 우리가 의식 상태일 때 그러듯이 무의식 상태에서도 마음으로 본 것을 잘못 해석해서 전달할 수는 있다. 최면 상태에 있는 사람들은 그들 자신이 진실이라고 믿지 않는 것을 말하게 될 때는 어려움을 느낀다.

최면에 대해 비판적인 사람들은 최면 상태에 든 사람들이 기억을 꾸며내고 최면술사가 제시하는 어떤 이론적인 틀을 받아들이는 편협한 반응을 보인다고 믿는다. 이것은 잘못된 선입견이다. 면담 때마다 나는 모든 케이스를 이 세상에 나서 처음 듣는 정보인 듯이 대하였다. 어떤 사람이 최면 상태를 깨고서 영의 세계에 대한 판타지를 지어내거나, 죽은 후의 삶에 대한 고정관념으로 그 세계를 설명한다면, 그것은 다른 케이스 연구와 상치되므로 곧 드러나게 마련이다. 조심스런 접근이 중요하다는 것을 일찍이 깨달았으며 사람들이 나를 기쁘게 해주려고 영적인 경험을 꾸며서 말한다는 증거는 보지 못하였다. 오히려 최면 상태에 있는 사람들은 내가 말을 잘못 알아들을 때면 서슴없이 고쳐주었다. 여러 시행착오를 거치며 나는 어떤 경우에 어떻게 질문을 해야 되는가를 발견할 수 있었다. 초의식 상태에 든 사람들은 영계에서의 계획을 잘 말하려고 들지 않았다. 어떤 특정한 문을 여는 데는 거기에 맞는 열쇠가 있어야만 했다. 나는 면담하는 동안에 어떤 때 어떤 문을 열어야 하는가를 마침내 알아내어, 영의 세계의 여러 부분들에 잠긴 기억을 끌어내는 확실한 방법을 터득하게 되었다.

면담 때마다 내가 자신감을 얻어가자, 점점 더 많은 사람들이 죽은 후의 세상에 대해 편안함을 느끼고 거기에 대해 말해도 된다고 생각하게 되었다. 내가 접한 케이스에는 대단히 종교적인 사람도 있었고 영적인 믿음이 없는 사람도 있었다. 그 양극단 안에는 인생이란 것에 대해 사적인 철학을 자기 나름대로 지닌 사람들이 대부분이었다. 영혼 상태로 최면에 든 사람들이면 누구나 다 영혼 세계에 대한 질문에 괄목할 만한 일관성으로 대답한다는 점이 놀라웠다. 영혼의 삶을 얘기할 때 사람들은 일상적인 단어로 자세히 설명을 하는데, 때로는 사용하는 단어도 같았다.

많은 사람들이 동질의 경험을 말한다고 해서 그들의 진술을 그대로 믿는 것이 아니고 나는 그들의 말을 비교해보며 영혼들의 특정한 역할을 알아내려는 노력을 계속하였다. 사람들 사이에 차이가 나는 진술이 있기도 했는데, 그것은 각자 영혼의 발전 단계 때문이지 영의 세계에서 그들이 근본적으로 다른 것을 보는 것은 아니었다.

연구는 고통스러울 정도로 느리게 진전되었으나, 면담 분량이 늘어날수록 나는 우리 영혼들이 살고 있는 영원한 세계가 어떻게 움직이는가 하는 틀을 찾아낼 수 있었다. 영계의 생각은 지상에 살고 있는 사람의 영혼과 우주적 진실이 서로 연관되어 있다는 생각을 하게 되었다. 나는 여러 다른 유형의 사람들이 말한 것들이 신빙성이 있다는 사실을 믿게 되었다. 나는 종교인은 아니지만 어떤 질서나 방향에 순응하기 위하여 우리가 죽은 후에 가는 곳이 있으며 인생과 죽은 후의 삶에 위대한 계획이 있다는 사실을 감사히 여기게 되었다.

내가 알게 된 것들을 어떻게 전달할까 여러 모로 생각하였다. 그러다가 케이스 연구 방법을 소개함으로써 죽은 후의 삶을 독자들 스스로가 가장 잘 평가해낼 수가 있겠다고 결정했다. 여기 소개된 사례는 나와 내방자 사이에 있었던 현장 대화들이다. 시술 때의 녹음테이프에서 따낸 것이다. 이 책은 내방자들의 전생에 관한 것이 아니라 전생과 연관된 영혼 세계에서의 경험들을 모은 것이다.

물질이 아닌 우리의 영혼을 개념화하는 데 곤란을 겪을 독자가 있을지 몰라 처음 몇 장에는 어떻게 영혼이 나타나는가, 그리고 그들이 어떻게 기능하는가 하는 것을 설명하였다. 지면 관계상, 그리고 영혼 활동을 더 많이 소개하기 위해 면담자의 신상은 간단히 소개하였다. 각각의 장들은 영혼의 세계로 들어갔다 나갔다 하는 영혼의 정상적인 진보 과정을 보여주도록 배치하였다.

죽는 시간으로부터 그다음 인생으로 환생되어 나오기까지의 과정을 보여주는 이 책은 10년간 내방자들과의 면담 결과다. 우선 놀랐던 것은 최근의 전생보다 먼 전생의 죽은 후의 세계를 부분적으로 기억해내는 사람들이 있다는 것이었다. 그런데 무슨 이유에서인지 내방자 중의 누구도 이 책에 나오는 영혼 과정 전부를 순서대로 기억하는 사람은 없었다. 내방자들은 영적인 삶의 어떤 면모는 꽤 생생하게 기억해내면서도 어떤 부분은 그저 몽롱하기만 했다. 29가지 사례가 있음에도 불구하고 영적 세계에 대해 내가 모은 정보들을 총망라해서 독자들에게 전달할 수가 없다는 것을 나는 알았다. 그래서 여기 나온 29가지 사례만이 아니라 더 많은 사례들에서 세부 사항을 보충하였다.

독자들은 때때로 나의 질문이 너무 집요했다고 느낄지 모르겠다. 최면요법에서는 내방자를 어느 선상에 유지시키는 것이 중요하다. 영적인 차원에서 일할 때는 전생퇴행 때보다도 강도 높은 순응이 요구된다. 최면 상태 때 내방자들은 흔히 마음을 풀어놓고서 흥미로운 장면들이 벌어지는 것을 구경한다. 때로 영혼으로서 겪는 과거의 경험들을 즐기느라고 그들은 본 것에 대해 얘기하기를 멈추고 나더러 말 좀 그만하라고 하기도 한다. 나는 어떤 형태에 얽매이기보다 다정하려 했으나, 보통 한 번의 면담에 세 시간은 쉽게 가고 그동안에 알아내야 할 것은 너무 많았다. 사람들은 먼 곳에서 나를 보러 오는데, 면담 시간이 길어지면 집으로 돌아가지 못하기도 하였다.

면담이 끝난 후 사람들 얼굴에 어리는 경외심을 보는 것이 내겐 대단한 보람이었다. 영혼의 불멸성을 실제로 접해본 사람들은 자신에 대해 새로운 이해와 힘이 깃듦을 느낀다. 사람들을 최면에서 깨우기 전에 어떤 기억은 남도록 나는 암시를 주기도 한다. 영계의 생활에 대한 지식과 천체들에서 육체를 가지고 살았던 것을 알게 된 사람들은 생에 대한 강한 방향 감각과 에너지를 얻는다.

마지막으로 나는 죽음에 대해 가졌던 여러분의 선입견에 이 책이 충격적으로 다가갈지도 모른다는 것을 얘기해야 하겠다. 여기 나온 내용은 여러분의 철학이나 종교적인 믿음에 위배될지도 모른다. 이미 가지고 있던 의견이 강화되는 독자도 있을 것이다. 어떤 사람들에게는 이것이 공상과학 스토리를 연상시키는 주관적인 얘기들로 보일 수도 있겠다. 여러분의 의견이 무엇이든, 여기 나온 사례의 사람들이 죽은 후의 삶에 대해 말했던 것을 가지고서 모두가 인류애(휴머니티)라는 것을 한 번쯤 반추해보았으면 한다.

1
죽음, 그리고 떠남

케이스 1

"아, 이런! 난 진짜 죽은 게 아니야. 죽었나? 내 말은 내 몸은 죽었다는 거야. 나는 내 아래를 볼 수 있어. 그러나 난 떠 있는 게 아닌데…. 내려다보면 내 몸이 병원 침대 위에 납작하게 누워 있어. 주변 사람들이 나를 죽었다고 '생각해'. 그러나 난 안 죽었어. 난 외치고 싶어. '헤이, 난 진짜 안 죽었어!' 믿을 수 없는 일이야…. 간호사가 내 머리 위로 시트를 끌어올리는군…. 내가 아는 사람들이 울고 있어. 나는 죽은 모양인데, 그런데 난 아직 '살았어!' 이건 이상해. 내 몸은 정말 죽었는데 나는 이 위에서 돌아다니거든. 살았어!"

깊은 최면 상태 속에서 어떤 남자가 죽음의 경험을 얘기하고 있다. 그는 새롭게 육체로부터 분리된 영이 본 것과 느끼는 것을 경외감에 차서 짧게 흥분해서 내뱉고 있다. 나는 방금 이 남자를 장의자에 편안히 눕혀놓고 그가 전생의 죽음 장면을 재생하는 것을 도왔다. 그 이전에는 최면 상태에서 그의 어린 시절 기억 속으로 들어갔었다. 그의 잠재의식은 점점 깊어져 어머니 자궁까지 들어가게 되었다.

그때 나는 보호막을 형상화하여 시간의 안개 속으로 그를 건너뛰게끔 준비시켰다. 정신적인 조건의 중요한 단계들을 마친 다음 그가 지상에서 살았던 마지막 생의 시간 터널 속으로 그를 옮겼다. 그는 그 유명한 1918년 인플루엔자 감기로 갑자기 죽어버렸기 때문에 그것은 짧은 인생이었다.

죽는 자신, 그리고 그의 영혼이 육체를 떠나 공중에 떠 있다는 충격이 조금씩 사라지자, 그는 마음속에 떠오르는 영상 이미지에 적응하기 시작했다. 그의 마음속에는 비평적인 의식이 조금 남아 있어 자신이 전생의 경험을 재생하고 있다는 것을 깨달았다. 그는 미숙한 영혼이어서 탄생과 죽음, 그리고 재탄생의 사이클에 익숙하지 않았으므로 그가 그것을 깨닫기에는 시간이 좀 걸렸다.

그러함에도 얼마 안 가서 그는 안정을 찾고 어느 정도 자신감을 가지고서 대답하기 시작했다. 나는 곧 잠재의식 차원의 최면 상태를 초의식 상태의 단계로 높였다. 이제 그는 영의 세계에 관해 얘기할 준비가 되었고, 나는 그에게 무슨 일이 일어나고 있는가를 물었다.

난 점점 높이 오르고 있어… 아직 떠 있어… 내 몸을 돌아다보면서 말이야. 영화를 보는 것 같은데, 거기 내가 출연한다는 것만이 달라! 의

사가 아내와 딸을 위로하고 있어. 아내는 울고 있어. (그는 의자에서 불편한 듯 움직였다.) 나는 아내 마음에 닿고 싶어. …내가 아주 괜찮다고. 아내는 슬픔에 사로잡혀서 닿을 수가 없어. 내 고통이 사라졌다는 것을 아내가 알았으면 좋겠는데…. 내가 육체로부터 자유롭다는 것… 육체가 더 이상 필요 없다는 것… 난 기다려야지. 아내가 알아야 하니까… 그런데 아내는… 내 말을 듣지 않아. 아, 나는 지금 떠나가고 있어.

내가 지시를 계속하자 그는 영의 세계 속으로 더 깊이 들어갔다. 편안한 내 상담실의 장의자에서. 많은 사람들이 겪었던 그런 여행 중의 하나였다. 대개 초의식 상태에서 기억들이 확대되어 가듯 최면 상태에 든 사람은 영적인 행로에 더 잘 연결된다. 면담이 진행될수록 사람들은 정신적인 그림을 더욱 쉽게 언어로 바꾼다. 짤막한 설명 문구이던 것이 나중에는 영의 세계로 들어가는 자세한 설명으로 변한다.

의료 종사자들의 보고까지 포함하여 우리는 사고를 당해 크게 다친 사람들의 유체이탈 경험 자료를 많이 가지고 있다. 이런 사람들은 의학적으로 죽었다가 도로 살아난 것이다. 특히 죽는 순간같이 목숨이 위협을 받는 때면 영혼은 육체로 들어왔다 나갔다 할 수가 있다. 사람들은 자신이 몸 위에 떠 있는 것, 특히 병원에서 의사들이 자신의 목숨을 구하려고 노력하는 것을 보는 광경을 말한다. 이런 기억들은 그들이 다른 삶으로 태어난 후면 사라지고 만다.

전생으로 들어가는 최면 상태 초기에 사람들이 하는 전생의 죽음 표현은 이 세상에서 실제로 몇 분간이라도 죽어본 사람들이 하는 진술과 다르지 않다. 이 두 그룹 사람들 사이에 다른 점이 있다면, 최면 상태에 든 사람들은 잠깐 죽었다가 깬 경험은 기억하지 못한다는 것이다. 그들은 육체가 완전히 죽은 후의 인생이 어떠한가를 설명한다.

일시적인 육체적 고통의 결과로 유체이탈을 경험했던 사람들이 말하는 것과 최면 상태에 들어 전생이 죽은 후를 기억하는 것 사이에는 어떤 유사점이 있을까? 두 그룹의 사람들은 하나같이 이해할 수 없는 방법으로 그들의 몸이 둥둥 떠돌아다녔다는 것, 그들 앞에 있는 견고한 물체들을 만지려고 했으나 그것들은 견고한 고체가 아니었다는 것을 얘기한다. 그들은 또 살아 있는 사람들에게 말하려고 시도했으나 반응이 없었다고 말한다. 죽음의 장소로부터 어디론가 끌려가는 듯한 감각과 긴장이 풀리는 경험은 두려움보다는 오히려 호기심을 일으키더라고 한다.

이들 모두는 자유로움에서 오는 터질 듯한 환희와 그들 주위를 둘러싼 광명에 관해 말한다. 어떤 사람들은 죽음의 순간에 눈부신 흰빛에 완전히 둘러싸였다고 말하고, 어떤 사람들은 어두운 곳으로 빨려 들어가는 저쪽 멀리에 밝은 빛이 있었다고 말한다. 어두운 곳으로 빨려 들어가는 듯한 느낌은 흔히 터널을 지난다고 하는 것이며, 거기 대해서는 사람들에게 이미 잘 알려진 바가 있다.

두 번째 케이스에서는 첫 번째 케이스에서 접했던 것보다 한발 진전된 죽음의 경험을 한다. 60대의 이 남자는 1866년 포장마차를 타고 서부로 향해 가다가 키오와 인디언들에게 살해당했던 샐리라는 젊은 여성의 임종 장면을 내게 설명하였다. 이 케이스와 마지막 케이스는 가장 근접한 죽음 기억을 말하고 있으나 그것이 최근의 체험인가 아닌가 하는 것이 문제되는 것은 아니다. 영혼 세계의 형태라든가 그들이 배운 교훈의 질은 고대이거나 현대이거나 커다란 차이가 없었다.

나는 최면 상태에 든 사람들 대부분이 그 많은 전생 속의 날짜나 지리적인 장소를 집어내는 놀라운 능력을 가지고 있다는 것을 말하고 싶다. 이것은 오늘날 현존하고 있는 것과 다른 국경과 다른 고장 이름이 쓰였던 인류 문명의 초기에도 해당되는 사항이다. 그들은 이름과 날짜와 장소를 잘 기억해내지 못할지라도 영혼의 세상에서 지냈던 기억은 한결같이 생생하다.

케이스 2는 미국 남부 평원에서 샐리가 날아온 화살에 목을 맞은 직후 장면이다. 참혹한 죽음을 맞은 경우 잠재의식 속에는 아직도 그 경험이 남아 있기 때문에 전생의 죽음 장면을 대할 때면 나는 아주 조심한다. 이 환자는 만성적인 목의 통증 때문에 찾아온 것이었다. 이런 경우 환자 자신이 가진 갈등을 말로써 표현하게 하여 풀어내는 방법을 쓴다. 전생을 말하게 할 때마다 임종 때의 고통과 감정을 누그러뜨리기 위하여 나는 환자들로 하여금 관찰자의 입장에 서게 한다.

케이스 2

닥터 N: 화살을 맞아서 아주 고통스러운가요?
영: 네… 화살촉이 내 목을 찢어놓았어요… 나는 죽어가요. (환자는 목에다 손을 대고 속삭이기 시작한다.) 나는 목이 메고… 피가 콸

콸 솟고… 윌(남편)이 나를 안고 있어요… 고통이… 심해… 나는 나가고 있네… 어쨌든 끝났군.

육체가 대단히 고통스러울 때면 실질적인 죽음 전에 영혼은 육체를 떠나간다. 누가 그런 영혼을 비난하겠는가? 그래도 영혼은 죽어가는 육체 가까이에 머무른다. 진정시키는 테크닉을 사용한 후에 영적인 기억 속으로 들어가기 위해 나는 환자의 잠재의식을 초의식 상태로 높인다.

닥터 N: 자, 샐리. 인디언에 의해 죽임을 당했다는 사실을 당신은 받아들였습니다. 죽을 때 어떤 느낌이었는지 정확히 설명해주시겠어요?

영: 어떤… 힘… 같은 것이… 내 몸 바깥으로 나를 밀어냈어요.

닥터 N: 밀어냈다고요? 어디로?

영: 머리 꼭대기 위로요.

닥터 N: 뭐가 빠져나갔습니까?

영: 글쎄… 나요!

닥터 N: '나'가 무엇인가 설명해보세요. 머리 꼭대기로 나가는 것 같은 그것이 무얼 하는 것인가요?

영: (사이를 두고) 뭐 같은가 하면… 작은 빛 알갱이… 빛나는….

닥터 N: 어떻게 당신이 빛을 발산하나요?

영: 내 에너지…로부터요. 나는 일종의 투명한 흰빛… 내 영혼….

닥터 N: 그럼 이 에너지는 육체를 떠난 후에도 전과 같이 머물러 있습니까?

영: (사이를 두고) 나는 좀 커진 것 같아요… 돌아다니는 동안.

닥터 N: 당신의 빛이 커졌다면 그럼 이제 당신은 어떻게 생겼습니까?

영: 한… 가닥의… 줄… 매달려 있는….

닥터 N: 육체를 떠나는 과정이 당신에게는 정확히 어떤 느낌이었습니까?

영: 글쎄, 내 피부를 벗겨내는 것 같아요… 바나나 껍질을 벗기듯이 방금 난 육체를 한 번에 쑥 버렸어요.

닥터 N: 불편한 느낌이었습니까?

영: 아니에요! 더 이상 고통도 안 느껴지고 아주 자연스러운 게 근사했어요. 그런데… 난… 감을 못 잡겠어요… 난 죽을 줄 몰랐는데…. (환자의 음성에 슬픔이 깃들기 시작했으므로 나는 그가 땅에 있는 시체에서 일어나고 있는 일보다는 빠져나온 그의 영혼에 주의를 기울이기를 원했다.)

닥터 N: 알겠습니다, 샐리. 당신은 지금 영혼으로서 좀 당혹감을 느끼는군요. 갑작스런 죽음을 당한 당신 같은 경우에 그것은 정상입니다. 잘 듣고 내 질문에 대답해주십시오. 당신은 떠 있다고 했습니다. 죽음 바로 직후에도 자유롭게 움직여 다닐 수 있던가요?

영: 이상스러워요… 공기 같지도 않은 공기 속에 내가 있는 것 같았어요…. 한계가 없고… 인력도 없고… 나는 무게가 없고….

닥터 N : 일종의 진공 상태였나요?

영 : 그래요… 내 주위에는 고체로 된 것이 없어요. 어디 부딪히는 것도 없고… 나는 그저 떠돌아다녀요.

닥터 N : 움직임을 조절할 수 있습니까? 어디로 가고 있어요?

영 : 예… 조금은 할 수 있었어요. 그러나… 끌려가… 밝은 하얀빛으로… 너무도 환해요.

닥터 N : 흰빛의 강도가 어디든지 똑같아요?

영 : 더 환해… 내 멀리에는… 내 몸 쪽으로는… 약간 어두운 하얀빛… 회색…. (울기 시작한다) 아, 가엾은 내 몸… 난 아직 떠날 준비가 안 되었건만. (그 무엇에 항거하는 듯 의자에서 몸을 뒤로 뺀다.)

닥터 N : 괜찮아요, 샐리. 내가 함께 있어요. 긴장을 풀고서 죽음의 순간에 머리 위로 잡아당기던 힘이 아직도 당신을 끌고 있는지, 그리고 당신은 그 힘을 멈출 수가 있는지를 얘기해주세요.

영 : (사이를 두고) 내가 내 몸으로부터 자유로워졌을 때 잡아끄는 힘은 덜해졌어요. 지금은 슬쩍슬쩍 치는 것 같아요… 내 몸으로부터 나를 끌어내며… 아직 가고 싶진 않아요…. 그런데 그 무엇이 곧 가고 싶게 해요.

닥터 N : 알겠어요, 샐리. 그런데 당신은 잡아당기고 있는 힘을 조절할 수 있는 어떤 힘이 당신에게 있다는 것을 배우고 있는 게 아닌가요. 그 인력을 당신은 어떻게 설명하시겠습니까?

영 : 일종의 자력 같은… 힘… 그러나 난 좀 더 머물고 싶어요.

닥터 N: 당신의 영혼은 원하는 만큼 그 인력에 저항할 수 있습니까?

영: (샐리라는 이름으로 살았던 전생의 자신과 마음속으로 담판이라도 하는 듯 그는 한참 말이 없었다.) 예. 내가 정말로 머물고 싶다면 난 그렇게 할 수 있어요. (울기 시작한다.) 아, 그 야만인들이 내 육체에 가한 짓은 끔찍해요. 어여쁜 내 파란 드레스는 피범벅이에요. 내 남편 윌은 나를 안으려 애쓰며 키오와족에 대항해서 우리 친구들과 함께 아직도 싸워요.

나는 그의 주변에 상상의 보호막을 강화한다. 진정시키는 절차의 기반으로서 보호막은 대단히 중요하다. 인디언들이 포장마차 행렬에서 떠나간 후의 시간으로 장면을 옮겼을 때도 샐리의 영혼은 아직도 육체 위를 떠돌고 있었다.

닥터 N: 샐리, 당신 남편은 공격 바로 직후에 무엇을 하고 있나요?

영: 아, 다행이에요… 그이는 안 다쳤어요…. 그런데… (슬픔에 젖어) 그이는 내 몸을 안고 있어요… 내 위에 엎드려… 날 위해 그이가 할 수 있는 건 아무것도 없건만 그이는 아직도 그걸 깨닫지 못하는 것 같아요. 나는 차가운데도 그이는 내 얼굴을 손으로 감싸고… 키스해요.

닥터 N: 지금 당신은 무얼 하고 있습니까?

영: 나는 윌의 머리 위에 있어요. 그이를 위로하려고 해요. 그이가 내 사랑이 정말 떠난 것이 아니란 걸 느껴줬으면 해요… 그이가

나를 영영 잃은 것이 아니라 내가 그이를 다시 볼 거라는 걸 알았으면 해요.

닥터 N: 당신의 메시지는 전해지고 있나요?

영: 그이는 깊은 슬픔에 잠겼지만 그래도 그이는… 내 진실을 느껴요… 난 알아요. 우리 친구들이 그이를 둘러싸고… 그리고 친구들은 우리를 마침내 갈라놓아요…. 친구들은 마차를 고치고 다시 시작하고 싶어 해요.

닥터 N: 당신 영혼에는 무슨 일이 일어나고 있습니까?

영: 아직도 잡아당기는 느낌에 저항하고 있어요…. 난 머물고 싶어요.

닥터 N: 왜요?

영: 음, 내가 죽었다는 건 알지만… 그러나 난 아직 윌을 떠날 준비가 안 되었고, 그리고… 사람들이 나를 땅에다 묻는 걸 보고 싶어요.

닥터 N: 이 순간 당신 주변에 다른 영적인 존재가 있다는 걸 보거나 느낄 수 있습니까?

영: (사이를 두고) 그들은 가까이에 있어요… 곧 나는 그들을 보겠죠…. 내가 윌이 나의 사랑을 느꼈으면 하듯 그들은 그들의 사랑을 내가 느끼기를 원해요. …내가 준비될 때까지 그들은 기다리고 있어요.

닥터 N: 당신의 사랑이 윌에게 잘 전달되고 있습니까?

영: (사이를 두고) 나는… 그이가… 나를 느끼고… 윌은 깨달아요… 사랑….

닥터 N : 자, 좋아요, 샐리. 좀 더 앞으로 시간을 옮깁시다. 포장마차 대열의 친구들이 당신의 몸을 무덤 같은 데다 놓나요?

영 : (전보다 자신감에 찬 목소리로) 네, 친구들은 나를 묻었어요. 이젠 떠날 시간이에요… 그들이… 이제 나에게로 오고 있어요… 나는 움직여요… 더 밝은 빛 속으로….

일부 사람들이 믿고 있는 것과는 반대로 일단 육체가 죽으면 영혼은 그 육체에 어떤 일이 일어나는가에 대해서는 대개 별 관심을 보이지 않는다. 이것은 지상에 남은 사람들이나 개인적인 처지에 대해 냉담해서가 아니라 육체가 죽음으로써 그 생은 끝난다는 것을 영혼들이 인정하기 때문이다. 그들은 영의 세계의 아름다움 속으로 그들의 길을 재촉하고 싶어 한다.

그러함에도 다른 많은 영혼들은 지상의 날짜로 며칠간을 (대개는 장례식 이후까지) 자신이 죽은 장소 근처에 머물려 한다. 영혼들의 시간은 빨라서 지상에서의 며칠간이 그들에겐 1분에 지나지 않을 수도 있다. 죽은 후에도 지상에 머무는 영혼들에게는 여러 동기가 있다. 살해되었거나 사고로 예상치 못한 죽음을 맞았을 때는 금방 떠나기를 원하지 않는다. 이런 영혼들은 흔히 놀라거나 노여워하고 있다. 젊은 사람들이 갑자기 죽었을 때 특히 더 그러하다.

오랫동안 아프다가 죽은 경우에도 자신이 인간의 형태로부터 갑자기 분리된다는 것이 보통 영혼들에게는 충격이어서 이 또한 죽음의 순간에 떠나기를 주저한다. 또 3일 내지 5일로 잡는 일반 장례 절차도 영혼들에게는 어떤 상징적인 의미가 있다. 영혼 세계의 감정들은 우리가 지상에서 갖는 경험에서 오는 감정들과 다르기 때문에 영혼들에게는 자신이 매장되는 것을 보고 싶은 집요한 호기심은 없다. 그러함에도 불구하고 영혼들은 육체를 지니고 살았던 자신의 인생을 남아 있는 친척이나 친구들이 존중해주는 것을 감사히 여긴다.

죽음을 받아들이기 어려워하며 죽어가는 사람들도 있기는 하지만, 간병인들은 임종에 이른 사람들 거의 모두가 평화로운 관조를 보인다고 말한다. 죽어가는 사람들에게는 영원의 의식에서 오는 최고의 지식이 주어지며, 그것이 그들의 얼굴에 나타난다고 나는 믿고 있다. 그들의 대부분은 우주적인 그 무엇이 저 밖에서 그들을 기다리고 있으며 그것은 좋을 것이라고 깨닫는다.

내게 찾아온 사람들은 죽음의 경험을 지나고 나면 지상에서 살았던 몸으로부터 자유를 얻었음을 재발견하고 평화롭고 친근한 곳으로 영혼의 여행을 빨리 떠나고 싶어 조바심을 친다. 다음 몇 케이스에서 우리는 죽음 후의 삶이 그들에게 어떤 것이었는가를 보게 될 것이다.

2
영의 세계로 가는 길

 수천 년간 메소포타미아 사람들은 영혼의 강이라고 부르는 은하수 반대편 끝에 하늘나라로 드나드는 문이 있다고 믿었다. 죽은 다음 영혼은 밤과 낮의 길이가 똑같은 추분날 사자좌로 가는 문이 떠오르기를 기다려야 한다. 지상으로 환생할 때는 춘분날 밤하늘에 뜨는 쌍둥이좌의 출구를 통과한다.
 내가 만난 사람들은 영혼의 이동이 아주 쉽다고 말한다. 지상을 떠날 때 터널 속을 지난다고 하는 것은 영의 세계로 가는 문인 것이다. 영혼이 육체를 순식간에 떠난다 해도, 내가 보기에는 영혼 세계로 들어가는 것은 주의 깊게 자로 재어진 과정인 것 같다. 후에 다른 인생을 살기 위하여 우리가 지상으로 올 때 돌아오는 길은 더 빠르다고 한다.
 지구와 연결된 터널이 어디에 있느냐 하는 것은 사람에 따라 약간의 변화가 있다. 방금 죽은 사람 중의 일부는 터널이 자신의 육체 바로 옆에 있었다고 하고, 어떤 사람들은 터널로 들어가기 전에 지상에서 높이 솟았다고 말한다. 그러함에도 불구하고 일단 지상을 떠난 영혼이 영혼의 세계에 도착하기까지의 시간상 차이라는 것은 별로 고려할 만한 것이 아닌 듯하다. 영적인 장소에 대해 또 한 사람이 말한 것을 다음에 소개한다.

케이스 3

닥터 N : 당신은 지금 당신의 육체를 떠납니다. 임종의 장소를 떠나 지상으로부터 멀리 더 멀리 움직이는 자신을 살펴보십시오. 무엇을 경험하고 있는지 내게 말해주십시오.

영 : 처음에는… 아주 밝았고요… 땅에 가까웠고… 지금은 터널 속으로 들어갔기 때문에 좀 어두워요.

닥터 N : 터널을 설명하십시오.

영 : 이것은… 깊숙하고, 어둠침침하게 구부러졌고… 저 끝 쪽에 작은 동그라미 모양의 빛이 있어요.

닥터 N : 자, 다음엔 무슨 일이 있죠?

영 : 힘껏 당기는 느낌… 부드럽게 끄는 느낌… 난 터널 속을 떠가야 하는데… 아, 떠가고 있군요. 환한 동그라미가 내 앞에서 점점 커지고 있기 때문에 지금은 어둡다기보다는 좀 더 회색빛이죠. 이건 마치…. (그는 말을 멈춘다.)

닥터 N : 계속하세요.

영 : 나는 앞으로 끌려나가고 있어요….

닥터 N : 터널 끝에 있는 빛의 동그라미가 당신 앞에서 커지게 버려두고 무슨 일들이 일어나고 있는지 계속해서 설명하십시오.

영 : 빛의 동그라미는 넓게 퍼지고, 그리고… 나는 터널 밖으로 나가요. 구름이 낀 듯한 밝음… 엷은 안개, 그 속을 지나가고 있어요.

닥터 N : 터널을 떠날 때 명확하게 볼 수 없다는 것 말고 당신의 마음속에 뚜렷이 떠오르는 것은 무엇입니까?

영 : (그는 음성을 낮춘다.) 이건 아주… 정적… 머물기엔 너무도 고요해요… 나는 영들의 장소에 있어요.

닥터 N : 이 순간 영혼으로서 느끼는 또 다른 느낌이 있습니까?

영 : '생각'이요. 나는… 나를 둘러싸고 있는 생각의 힘을 느껴요. 나는….

닥터 N : 긴장을 완전히 풀고 어떤 일이 당신에게 일어나고 있는지 설명하십시오. 계속하세요.

영 : 음, 말로 표현하기는 어려워요. 나는… 사랑… 우정… 이해… 그런 것들이 모두 합친 것 같은 생각… 기대감… 마치 그 누군가가… 나를 기다리고 있다는.

닥터 N : 안전하다는 느낌인가요, 아니면 좀 겁이 납니까?

영 : 겁나지 않아요. 터널 속에 있었을 때는 좀 더… 뭐가 뭔지 몰랐어요. 그래요, 나는 안전함을 느낍니다…. 내게로 오고 있는 생각들을 나는 알고 있어요… 돌보아지고 있다는… 보호받고 있다는…. 이상하지만 내가 누구인지, 왜 내가 지금 여기 있는지

2. 영의 세계로 가는 길   37

에 대한 이해가 나를 둘러싸고 있어요.

닥터 N : 당신 주변에서 그런 것을 입증할 수 있는 것을 볼 수 있습니까?

영 : (속삭이는 음성으로) 아뇨, 그냥 느낄 뿐이죠. 생각의 조화로움이 어디든지 있어요.

닥터 N : 터널을 떠날 때 구름 같은 것이 당신 주변에 있다고 했습니다. 당신은 땅 위 하늘 속에 있는 것입니까?

영 : (사이를 두고) 아뇨, 그게 아니라… 나는 지상과는 다른 구름 같은 것을 통과하고 있는 것 같아요.

닥터 N : 지구는 전혀 볼 수 없나요? 지구가 당신 밑에 있나요?

영 : 있을지도 모르나 터널을 지난 후 지구를 보지 못했어요.

닥터 N : 다른 차원 같은 것을 통해서 당신은 아직도 지구와 연관이 있다고 느끼는지요?

영 : 가능성이죠, 그래요. 내 마음속에서 지구는 가까운 것 같고… 그리고 나는 지구와 아직도 연결되었다고 느껴요…. 그러나 지금 다른 장소에 내가 있다는 걸 나는 알아요.

닥터 N : 지금 있는 곳에 대해 당신은 또 무엇을 이야기할 수 있습니까?

영 : 아직도 약간… 어두운데… 그러나 난 여길 나가고 있어요.

위의 사람은 죽음을 겪은 뒤 터널을 지나 영의 세상으로 멀리 끌려가면서 육체가 없는 고요한 정신적인 적응을 계속했다. 처음 얼마간의 불

확실함이 지나고 나자 그녀는 잘 있다는 그런 느낌을 보고했다. 그런 느낌은 내가 흔히 듣는 대답이었다.

터널을 통과하고 나면 우리들의 영혼은 영혼의 세계로 가는 여행길의 첫 관문을 지난다. 이때쯤 되면 그들이 정말로 죽은 것이 아니라 죽은 육체의 몸을 떠났을 뿐이라는 것을 대부분 깨닫게 된다. 이 깨달음과 동시에 영혼은 제각기 다른 태도로 반응하게 된다. 그것은 영혼의 성숙도와 방금 살고 난 인생 경험에 따라 달라진다. 가장 흔한 유형의 반응은 "오, 멋져라. 이 아름다운 곳에 내가 다시 돌아왔구나." 하고 안도의 숨을 쉬고서 말하는 것이다.

고도로 발달된 영혼은 몸에서 나와 아주 빨리 움직이므로 우리가 위에서 접한, 영혼의 영적 목적지인 영혼의 집까지 가는 장면이 흐릿하다. 내 생각에는 이런 영혼들은 프로이며 지구에는 소수가 있을 뿐이다. 보통 영혼은 그렇게 빨리 움직이지 않으며 어떤 영혼은 떠나기를 대단히 주저한다. 죽어버린 육체에 머물고 싶어 하며 싸우는 혼란스런 이 영혼들은 윤회를 조금밖에 안 한 어린 영혼들로서 죽은 뒤에도 지상의 환경에 애착을 갖는다.

내가 면담한 사람의 대부분은 터널의 입구에서 나올 때 한동안은 모든 게 확연히 다가오지 않는다고 한다. 그것은 신지학회에서 카말로카(Kamaloka)라고 부르는, 지구 가까이 있는 무거운 곳이기 때문이라고 나는 생각한다. 다음 케이스는 분석적인 사람의 시각으로 이 지역을 설명한 것이다. 이 사람의 영혼은 주목할 만한 관찰자의 시선으로 형태, 빛깔, 그리고 진동파의 수준을 말한다. 이렇게 세밀한 형체적인 설명은 대개 영혼들이 주변에 익숙해진 후에나 가능하다.

케이스 4

닥터 N: 터널에서 멀어지는 동안에 주변에서 무엇을 보는지 가능한 한 세밀히 말하십시오.

영: 사물들이… 층이 져 있어요.

닥터 N: 층이 져 있다니 어떤 방식으로요?

영: 음음, 일종의… 케이크 같다 할지.

닥터 N: 케이크를 모델로 그 뜻을 설명하십시오.

영: 어떤 케이크는 밑은 넓고 위는 좁지만 터널을 지날 때는 이렇지 않았어요. 층이 져 있는 걸 봅니다… 빛으로 된 층들… 층들은… 투명하고… 굴절되어 있었어요.

닥터 N: 영혼의 세상이 고체의 형상으로 만들어졌습니까?

영: 내가 설명하려고 하는 게 그거예요. 아마 처음에는 고체라고 생각할지 몰라도 고체는 아니에요. 층이 져 있어요… 여러 빛이 모여들어 짜인 층. 균형이 안 잡혀 있는 것같이 들리지 않길 바라…. 균형이 잡혀 있어요. 그러나 두께라든가 빛깔의 굴절이 층마다 달라요. 층들은 뒤로 갔다가 앞으로 나왔다가 해요. 지상에서 멀어져 갈 때마다 늘 이게 보여요.

닥터 N: 왜 그게 그렇게 움직인다고 생각합니까?

영: 모르겠어요. 내가 디자인한 게 아니에요.

닥터 N : 당신의 설명에 따르면 영혼의 세계는 꼭대기부터 바닥까지 여러 빛깔로 된 커다란 층층으로 보입니다.

영 : 네, 각 부분들은 둥그런데 그 속을 떠갈 때면 둥그런 것들은 나로부터 포물선을 그리며 멀어져 가요.

닥터 N : 관찰하고 있는 그 위치에서 층들의 빛깔을 말할 수 있습니까?

영 : 층들이 주로 어떤 빛깔을 띠고 있다고 나는 말하지 않았어요. 모두 흰빛으로 다양해요. 이건 더 가볍고… 내가 가는 데는 전에 있었던 데보다 밝아요. 지금 내 주변은 터널보다 아주 밝고 안개 낀 듯한 흰빛이에요.

닥터 N : 영적인 층들을 떠서 통과할 때 당신의 영혼은 올라가고 있나요, 아니면 내려가고 있나요?

영 : 그게 아니에요. 나는 건너가고 있어요.

닥터 N : 당신이 건너지르며 움직여갈 때 영혼 세계의 선과 각도들이 보입니까?

영 : (사이를 두고) 내게는 그렇게 보이는군요…. 물질이 아닌 휩쓰는 듯한 에너지가 밝고 어두운 빛깔로 된 다양한 형태의 층들로 나뉘어요. 그 무엇인가가… 온당한 레벨로 나를 이끌려 하고 또 나를 편안하게 해주려 애써요.

닥터 N : 어떤 방법으로?

영 : 소리들을 들어요.

닥터 N : 어떤 소리인가요?

2. 영의 세계로 가는 길   41

영 : 메아리… 음악의… 음악적인 찌릿함… 풍경 소리… 내가 움직이는 데 따라 진동해요… 아주 편안해요.

닥터 N : 다른 사람들은 이런 소리들을 악기를 조율하는 소리와 비슷한 자연스런 진동음이라고 설명했습니다. 당신은 이에 동의합니까, 안 합니까?

영 : (긍정적으로 고개를 끄덕인다.) 네, 바로 그거예요…. 그리고 나는 향기와 맛에 대한 기억도 있어요.

닥터 N : 죽은 후에도 육체적인 감각은 그냥 있다는 뜻입니까?

영 : 네, 기억이 있어요. …여기 있는 음계들의 파장은 아주 아름다워요… 종소리… 선율… 아주 고요해요.

영계를 여행하는 영혼들은 음률의 진동을 가진 편안한 느낌을 느꼈다고 많이들 말한다. 죽은 후에 영혼의 청각은 즉시 살아난다. 어떤 사람들은 육체를 떠난 직후 바로 허밍이나 꿀벌이 나는 소리 같은 것을 들었다고 말한다. 이것은 전화선 옆에 서 있을 때 듣는 것과 비슷한 소리이며, 영혼이 지상으로부터 당겨져 끌려가기 전에 여러 볼륨으로 듣는 소리다. 또 일반 마취에 들어갈 때 듣는 소리라고도 말한다. 단조롭게 귀를 울리는 이 소리는 터널을 떠날 때쯤에는 더욱 음악적으로 된다. 이 음악은 우주의 에너지라고 불러야 마땅하다. 영혼에게 생기를 주기 때문이다.

영적인 층들에 관해 말하는 사람들에게 나는 그들이 아스트랄 플레인(astral planes)을 보는 것일 수도 있다고 얘기한다. 형이상학적인 것에 대한 문헌들에서 우리는 지구 바로 위에 있는 장소에 대해 많이 읽었다. 베다스라고 하는 고대 인도의 성전과 동양의 문서들에 아스트랄 플레인은 영적인 것과 섞이며 현상계 위에 떠오르는 여러 차원이라고 적혀 있다. 보이지 않는 이 영역은 사람들이 수천 년간 명상이나 유체이탈을 통해 본 바가 있다.

아스트랄 플레인은 지구의 무거움으로부터 멀어질수록 점점 옅어진다고 적혀 있다.

다음 케이스는 영혼이 영적인 터널을 지난 후에도 안정을 찾지 못한 것을 보여준다. 36세의 이 남자는 1902년 시카고 거리에서 심장마비로 사망하였다. 어린 자녀들과 깊이 사랑하는 아내가 있는 대가족을 두고서 죽었다. 그들은 몹시 가난하였다.

케이스 5

닥터 N: 터널을 떠났는데도 아직 잘 볼 수가 없습니까?

영: 아직도 난… 구름 같은 데를 지나고 있어요.

닥터 N: 구름을 빠져나간 후 이제 무얼 보고 있나 말해주세요.

영: (사이를 두고) 오… 난 나왔네… 아이고, 여기는 크네! 아주 밝고 깨끗해… 냄새도 좋고요. 아름다운 얼음 궁전을 보고 있어요.

닥터 N: 계속하십시오.

영: (놀라워하며) 거대한 궁전인데… 밝게 반짝이는 크리스털… 빛깔로 된 돌들이 내 주변에서 빛나고 있어요.

닥터 N : 크리스털 같은 거라고 말하니 투명한 색깔로 생각되는데요.

영 : 음, 대부분은 회색과 흰색인데… 그러나 떠다니며 보니 다른 색깔도 있고… 모자이크들… 모두 빛나요.

닥터 N : 얼음 궁전 안에서 먼 데를 보십시오. 거기 어디 경계선 같은 게 보입니까?

영 : 아뇨, 이 공간은 무한하고… 아주 장엄하고… 그리고 평화로워요.

닥터 N : 지금 당신의 느낌은 어떻습니까?

영 : 난… 이걸 충분히 즐길 수가 없어요…. 나는 더 이상 가고 싶지 않아요… 매기(그의 아내)….

닥터 N : 당신은 아직도 시카고에서 살았던 인생이 마음에 걸리는군요. 그래서 영의 세상으로 가는 데 방해가 되나요?

영 : (그는 상담실 의자에서 벌떡 일어나 앉는다.) 잘됐어요! 나의 안내자가 나를 향해 오는 게 보이는군요… 그녀는 내가 뭘 원하는지를 알아요.

닥터 N : 당신과 당신 안내자 사이에는 어떤 소통이 있습니까?

영 : 그녀에게 갈 수가 없다고 말해요… 매기와 아이들이 내가 없어도 괜찮으리라는 것을 난 알아야만 하니까.

닥터 N : 당신의 안내자는 무엇을 합니까?

영 : 나를 위로하고 있어요…. 그러나 난 너무 침통해요.

닥터 N : 당신은 안내자에게 뭐라고 말합니까?

영 : (외친다.) 나는 말해요. "왜 당신은 이런 일이 일어나게 허용했

는가? 나한테 이럴 수가 있는 것인가? 나에게 그렇게 큰 고통을 주고 매기에게는 힘든 인생을 주고 이제 당신은 우리 사이를 갈라놓았어."

닥터 N: 당신의 안내자는 무엇을 합니까?

영: 나를 위로하려고 애써요. 훌륭히 인생을 살아냈으며 내 인생이 의도했던 길을 그대로 밟아갔다는 것을 앞으로 알게 될 것이라고 말해요.

닥터 N: 그녀가 하는 말을 당신은 받아들입니까?

영: (사이를 두고) 내 마음속에… 정보가 내게로… 지상 생활의 미래에 관해… 가족들이 나 없이 살아가리라는 것… 가족들이 내가 죽었다는 것을 받아들이리라는 것… 가족들이 견뎌내리라는 것… 그리고 우리들은 모두 다시 만난다는 것.

닥터 N: 그것을 알게 되는 느낌이 어떤가요?

영: 나는… 평화를 느껴요…. (한숨을 쉬며) …난 이제 갈 준비가 되었어요.

케이스 5에서 그가 안내자를 만났다는 특수함에 대해 언급하기 전에 나는 얼음 궁전으로 나타난 영혼의 세계에 대한 이 남자의 말에 대해 얘기하고 싶다. 영혼의 세계로 갈수록 내가 면담했던 사람들은 건물을 보거나 가구가 딸린 방에 있는 것을 말한다. 최면 상태라서 제멋대로 이런 이미지들을 그려내는 것은 아니다. 논리적으로 볼 때 반물질의 세계에 이렇게 형체적인 것이 있을 수는 없는 것이다. 육체적인 죽음에 영혼이 적응하는 것을 돕기 위해서 자연스런 지구 환경을 만나는 것이라 생각한다. 이런 장면들은 지상에서 했던 경험이 남아 있는 영혼들에게 개인적으로 의미가 있는 것이다.

영혼이 지상에서 살았거나 혹은 방문했던 장소에 관계된 이미지들을 영혼의 세상에서 보는 데는 이유가 있다. 잊혀지지 않는 집, 학교, 정원, 산, 혹은 해변가를 영혼이 보는 것은 자비로운 영적 기운이 우리들에게 친근스런 신기루를 허용해서 우리를 위로하려는 것이다. 우리들이 얻은 지상에서의 기억은 죽는 법이 없다. 그 기억들은 영혼의 세상이 인간의 마음속에 이미지들을 불어넣듯 신화적인 꿈이 가득 찬 바람결로 영원토록 영혼의 마음에 속삭인다.

나는 사람들이 영혼의 세상에서 처음 접하는 이미지들을 재미있게 듣는다. 사람들은 야생화가 가득 핀 들판, 먼 곳에 우뚝 서 있는 성곽의 탑, 또는 활짝 열린 하늘에 걸린 무지개를, 한동안 그곳을 떠났다가 돌아와 반기는 듯이 얘기한다. 영혼의 세계에서 접하는 이런 첫 지상의 신기루 장면들은 영혼이 인생을 살고 돌아올 때마다 표현만 다르지 별로 바뀌는 것 같지 않다. 최면 상태 속에서 영의 세계로 더 다가가 영적 생활의 기능적인 면을 설명하게 되면 그때부터 말은 한결같아진다.

우리는 이상의 케이스에서 영혼의 동반자인 매기를 남겨두고 떠나 마음을 잡지 못하는 영혼을 만났다. 영혼 세계의 온화한 기운에도 불구하고 전생의 부정적인 짐덩이들을 끌고 다니는 영혼들이 있다는 것에는 의문의 여지가 없다. 사람들은 모든 영혼이 죽자마자 모든 걸 안다고 생각한다. 그러나 적응 기간이 다르기 때문에 이것은 완전한 진실이 아니다. 영혼의 적응 기간은 죽었을 때의 환경, 방금 마친 생의 기억들에 대한 집착 정도, 그리고 영혼의 성숙도에 따라 다르다.

젊은 인생이 갑자기 끝나게 되면 그들은 노여움에 찬 소리를 낸다. 영혼의 세계로 다시 들어서는 그런 영혼들은 흔히 놀라고 있거나 경고도 없이 사랑하는 사람들을 떠나야 했음에 대해 혼란스러워한다. 죽음에 대한 준비가 전혀 없었으므로 육체를 떠난 후 슬픔과 박탈감을 느낀다.

지상에서 마치지 못한 일에 대해 회한을 가진 영혼은 대개 죽음 후 첫 관문에서 안내자를 만난다. 고도로 발전된 이런 영적인 선생들은 때 아닌 죽음에 좌절하는 영혼을 맞아줄 준비가 되어 있다. 케이스 5는 안내자의 도움으로 영의 세계에 마침내 건강하게 적응을 했다.

그럼에도 불구하고 안내자는 영적인 관문에서 벌어지는 혼란스러운 생각들을 완전히 바꾸려 하지는 않는다. 후에 설명이 나오겠지만 삶과 죽음에 관계된 업의 교훈을 공부하는 데는 더욱 온당한 시간과 온당한 장소가 있는 것이다. 케이스 5에서 안내자가 지상의 시간을 가속화시켜 죽은 남자의 아내와 아이들의 미래를 남자에게 보여줌으로써, 남자는 죽음을 받아들이고 그의 행로를 계속할 수가 있었다.

죽은 후 마음의 상태와 상관없이 영혼은 영혼 세계의 경이로움을 재발견하고 경탄한다. 대개는 세상적인 것들, 특히 육체적인 고통을 벗어났다는 것에서 오는 환희감과 뒤섞인 감정이다. 무엇보다도 영혼의 세계는 영혼들에게는 최고로 자비로운 곳이다. 죽고 나서 처음에는 홀로인 듯하나, 우리는 고립되었거나 도움을 받을 수 없는 것이 아니다.

일찍이 본 일이 없었던 지적인 에너지의 힘이 우리들 각자를 관문으로 나가게 한다.

영혼의 세계에 새로 도착한 영혼들은 자신들이 어디에 있는가, 또는 이제 무슨 일이 일어날 것인가 하며 둥둥 떠다닐 시간이 별로 없다. 우리들의 안내자와 영혼의 동반자들과 친구들이 우리에게 애정을 보이고 안심시키려고 문 가까이에서 우리를 기다린다. 영혼의 집으로 가는 영혼은 이런 친절한 영체들의 영향을 받고 재적응하게 된다. 그리고 사실 영체들의 존재는 임종 시부터 느껴지는 것이다.

3
귀향

다정스런 영들과 만나는 것이 그렇게 중요하다면 죽은 후 우리는 어떻게 그들을 알아볼 수 있는가? 영의 세계에서 영혼들은 어떤 방식으로 서로를 볼 수 있는가? 나는 최면에 든 면담자들을 통해서 일반적인 의견을 찾아냈다. 무기물질인 영혼 에너지는 두루뭉술한 덩어리같이 보일지도 모르나 인간의 형태를 띨 수 있는 능력이 있다. 서로 소통을 할 때 영혼들은 전생에서의 모습으로 나타난다. 영혼이 그들의 기본 에너지 물질로부터 만들어낼 수 있는 수많은 형태 가운데 인간 모습은 그 중 하나에 지나지 않는다. 후에 6장에서 나는 영혼의 정체성이 지닌 모습, 즉 그들이 지닌 특별한 빛깔의 오라(aura)에 대해 얘기하겠다.

면담자들의 대부분은 영의 세계에서 처음 만난 것이 그들의 개인적인 안내자였다고 한다. 우리는 또 영혼의 친구(soul mate)와도 만나게 된다. 안내자와 영혼의 친구는 같은 것이 아니다. 옛 친척이거나 가까운 친구가 새로 돌아오는 영혼을 맞을 때 안내자는 그곳에 없기도 한다. 안내자는 그럴 때 대개 가까운 데서 새로 도착한 영을 그들 자신의 방법으로 보고 있다. 다음에 만나게 될 이 영혼은 방금 영적인 관문을 통과했으며 여러 번에 걸친 전생에서 가까운 연관을 맺었던 진보된 영체와 만난다. 이 영혼의 친구인 영체는 이 사람의 주된 안내자는 아니나 그녀를 환영하고 애정 어린 격려를 제공하기 위하여 그곳에 와 있다.

케이스 6

닥터 N: 주변에서 무엇을 봅니까?

영: 이건… 난 떠가고 있어요… 순수하게 하얀 모래… 그것이 내 주변에서 자리를 바꾸고 있어요… 나는 밝은 빛깔로 이어진 거대한 비치파라솔 밑에 있는데요… 빛깔은 전부 증발하는 것 같은데, 그러면서도 또 서로 붙어 있어요.

닥터 N: 당신을 만나러 온 사람이 있습니까?

영: (사이를 두고) 나는… 혼자인 줄만 알았는데… 그런데… (오랜 주저 끝에) 저 멀리에… 어… 빛이… 나한테로 빠르게 오고 있어요…. 오, 저런!

닥터 N: 무엇입니까?

영: (흥분해서) 찰리 아저씨! (크게) 찰리 아저씨, 저 여기 있어요.

닥터 N: 왜 이 사람이 먼저 당신을 만나러 옵니까?

영: (딴 데 정신 팔린 듯한 목소리로) 찰리 아저씨, 얼마나 보고 싶었

는지 몰라요.

닥터 N: (나는 같은 질문을 반복한다.)

영: 왜냐하면요, 친척들 중에서 난 찰리 아저씨를 누구보다도 사랑했어요. 내가 어렸을 때 아저씨는 돌아가셨는데 난 끝내 잊지 못했어요. (네브래스카 농장에서 살았던 그녀의 가장 최근 전생의 일이다.)

닥터 N: 찰리 아저씨라는 걸 어떻게 압니까? 알아보는 어떤 모습이 있습니까?

영: (의자에서 흥분해서 몸을 움직인다.) 그럼요, 그럼요. 내가 기억하는 그대로예요. 쾌활하고, 친절하고, 사랑스럽고… 아저씨는 내 옆에 있어요. (소리 내어 웃는다.)

닥터 N: 뭐가 그렇게 우습습니까?

영: 찰리 아저씨는 전처럼 뚱뚱해요.

닥터 N: 아저씨는 다음에 무엇을 합니까?

영: 미소 지으며 나에게 손을 내밀어요….

닥터 N: 아저씨는 손이 있는 육체가 있다는 뜻입니까?

영: (웃는다.) 음, 그렇기도 하고 그렇지 않기도 해요. 나는 떠 있고 아저씨도 떠 있어요. 내 마음속에… 아저씨는 자신의 모든 것을 내게 보여줘요… 그리고 내가 알겠는 건… 아저씨가 내게로 손을 뻗치고 있는 거예요.

닥터 N: 왜 아저씨는 물체화된 모습으로 당신에게 손을 내밉니까?

영: (사이를 두고) 날… 위로하려고… 날 인도하려고… 저 빛 속으

로….

닥터 N : 당신은 무엇을 합니까?

영 : 난 아저씨와 함께 가면서 우리 둘이 농장 건초더미 속에서 함께 놀던 즐거운 시간을 생각해요.

닥터 N : 아저씨는 그가 누구인지 알아볼 수 있도록 이 모든 것을 마음속으로 보게 하는 겁니까?

영 : 네… 전생에서 아저씨를 알았던 그대로… 그래서 내가 두려워하지 않도록. 나의 죽음에 내가 아직도 좀 충격을 받고 있다는 것을 아저씨는 아세요. (그녀는 자동차 사고로 갑자기 죽었다.)

닥터 N : 그렇다면 말입니다. 여러 인생을 살면서 우리들은 많은 죽음을 거쳤음에도 영의 세계에 익숙해질 때까지는 또다시 두려움을 느끼게 되나요?

영 : 꼭 두려움이라고 할 순 없어요. 그건 틀린 말이에요. 불안하다고 하는 게 아마 더 맞을 거예요. 매번 좀 틀린데요. 자동차 사고는 예상치 못했어요. 나는 아직도 좀 혼란스러워요.

닥터 N : 좋아요. 우리 좀 더 앞으로 가봅시다. 찰리 아저씨는 지금 무엇을 합니까?

영 : 나를 데리고는… 내가 가야 하는 장소로 가요….

닥터 N : 셋을 세면 거기로 갑니다. 하나, 둘, 셋! 무슨 일이 있는지 얘기하십시오.

영 : (오랜 침묵) 거기에… 다른 사람들이 있는데… 그리고 모두 친절…해 보여요…. 내가 가까이 가니… 그들은 나더러 여기 끼

라고….

닥터 N: 그들을 향해 계속 가십시오. 그들이 당신을 기다리고 있다고 느껴지나요?

영: (알아보고) 예! 사실, 전에도 그들하고 같이 있었던 걸 깨닫겠어요…. (사이) 아니, 가지 마세요!

닥터 N: 지금 무슨 일이 있습니까?

영: (아주 불편해지며) 찰리 아저씨가 날 떠나가요. 왜 떠나가지요?

닥터 N: (대화를 중단하고 이런 경우에 일반적으로 쓰는 마음을 진정시키는 테크닉을 사용하고서 다시 계속한다.) 속마음으로 주의 깊게 보십시오. 왜 찰리 아저씨가 이 시점에서 떠나는지 당신은 알 텐데요.

영: (훨씬 긴장이 풀린 상태, 그러나 유감스러워하며) 예… 아저씨는… 나와 다른 장소에… 머물러서… 아저씨는 나를 만나러 온 것뿐이에요… 날 여기 데려다주러.

닥터 N: 알 것 같군요. 찰리 아저씨는 당신이 죽은 후에 만난 첫 사람으로 당신을 돌보는 것이군요. 지금 기분이 좀 괜찮아졌는지, 그리고 고향으로 돌아왔다는 느낌이 드는지 알고 싶습니다.

영: 네, 그래요. 내가 괜찮은 것을 보고서 찰리 아저씨는 다른 이들하고 같이 있으려고 나를 떠났어요.

영의 세계에서 이상스러운 것 중에 하나는 우리들 생애에서 중요했던 사람들이, 심지어는 그들이 새 몸을 가지고 태어나 새 인생을 살고 있을 때일지라도 언제나 우리들을 맞이할 수가 있다는 것이다. 이것은 6장에서 설명할 것이다. 10장에서는 영혼이 본질을 나누어 지상에서 하나의 몸 이상으로 분리될 수 있는 것을 볼 것이다.

영혼 여정이 여기에 이르면 대개 지상의 육체적, 그리고 정신적인 짐들이 두 가지 이유로 인해 약해진다. 첫째는 우리가 육체적인 형태를 택하기 전에 두고 떠났던 영혼 세계의 오차 없는 질서와 조화에 의해서이고, 둘째로는 지상에서 죽은 후 영영 만나볼 수 없으리라 생각했던 사람들을 다시 만난 감격 때문이다. 여기 또 다른 예가 있다.

케이스 7

닥터 N: 영의 세계에 적응할 기회를 가졌으니 이제 이 장소가 당신에게 어떤 영향을 주는지 말해주십시오.

영: 여긴… 따뜻하고 위안을 받는 것 같아요. 지구에서 떠난 게 편안해요. 언제나 여기 있었으면 좋겠어요. 긴장이나 걱정 같은 게 없고 그냥 잘 있다는 느낌뿐이에요. 나는 떠 있기만 해요… 얼마나 아름다운지….

닥터 N: 떠가면서, 영적인 문을 지난 다음에는 어떤 인상을 받나요?

영: (사이를 두고) 익숙함.

닥터 N: 무엇이 익숙합니까?

영: (좀 망설이다가) 음… 사람들… 친구들…이 여기 있어요. 그렇게 생각돼요.

닥터 N: 당신은 지상에서도 이 사람들을 알았었습니까?

영: 나는 그들이 있다는 느낌을 받아요… 내가 아는 사람들.

닥터 N: 좋아요, 계속 갑시다. 다음에는 무얼 보세요?

영: 빛들… 부드러운… 구름 비슷한.

닥터 N: 당신이 움직이고 있는데도 이 빛은 똑같이 보이나요?

영: 아니요, 빛들은 커지고 있어요… 에너지 덩어리… 그리고 그들이 사람들이란 걸 난 알아요.

닥터 N: 당신이 그들에게로 다가가고 있습니까, 아니면 그들이 당신에게로 오고 있습니까?

영: 서로 가까이 다가가요. 하지만 나는 그들보다는 늦게 가는데… 어떻게 해야 되는지 내가 잘 모르기 때문이죠.

닥터 N: 편안히 긴장을 풀고서 떠 있는 동안에 보는 것들을 뭐든지 얘기하십시오.

영: (사이를 두고) 지금 난 반쯤 형성이 된 인간의 모습을 보고 있어요. 허리 위만. 윤곽은 투명하기도 하고요… 나는 그들을 통과해서 볼 수 있어요.

닥터 N: 그들 모습 중에서 어떤 형체를 보기도 합니까?

영: (걱정스럽게) 눈이요!

닥터 N: 눈만을 보나요?

영: …입은 흔적으로만 있고요… 없어요. (놀라며) 눈들이 나를 둘러싸고 있어요… 가까이 다가와요.

닥터 N: 모두 다 눈이 두 개씩 있나요?

영 : 그래요.

닥터 N : 이 눈들이 사람 눈같이 눈동자도 있고 흰자위도 있나요?

영 : 아뇨… 달라요… 이 눈들은… 더 크고… 까맣고요… 빛을 발하며… 내게로 오고… 생각…. (안도의 숨을 쉬며) 아!

닥터 N : 계속하십시오.

영 : 그들이 누구인지 알 것 같아져요… 내 마음속에다 이미지들을 보내요… 그들 자신에 관한 생각들과… 형태들이 변해요… 사람들로.

닥터 N : 인간 육체의 모습으로?

영 : 그래요. 오… 보세요! 그이네!

닥터 N : 무엇을 보는데요?

영 : (동시에 웃다가 울다가 한다.) 이건… 그래요, 래리예요… 다른 사람들 앞에 래리가 있어요. 래리는 내가 보는 첫 사람이에요… 래리, 래리!

닥터 N : (감정을 수습할 시간을 좀 준 후에) 래리라는 영혼이 당신이 아는 여러 사람들 앞에 있습니까?

영 : 그래요. 내가 가장 보고 싶어 하는 사람들이 앞쪽에 있고… 어떤 친구들은 뒤에 있어요.

닥터 N : 똑똑히 그들을 볼 수 있습니까?

영 : 아니요, 뒤에 있는 사람들은… 몽롱하고… 멀고… 그러나 나는 그들이 있음을 느껴요. 래리는 앞에 있고… 나에게로 가까이 와요. 래리!

닥터 N: 래리는 당신이 이미 말했던 마지막 인생 때 남편이지요?

영: (급하게) 그래요… 우리 둘은 아주 멋진 인생을 살았어요…. 군터는 아주 강했고… 그이 가족들은 전부 우리 결혼을 반대했어요… 진은 마르세유에서 비참한 생활을 하는 나를 구하느라고 해군에서 나와서… 언제나 나를 원했고….

면담자는 흥분해서 전생들을 두서없이 쏟아냈다. 래리, 군터, 그리고 진은 모두 전남편들이었는데 사실 그 셋은 모두 하나의 영혼이었다. 래리는 가까운 전생의 남편이었고, 진은 19세기 프랑스 해병이었고, 군터는 18세기 독일 귀족의 아들이었다.

닥터 N: 두 사람은 지금 무얼 합니까?

영: 포옹이요.

닥터 N: 제3자들이 당신들이 지금 포옹하는 것을 본다면 무엇을 볼까요?

영: (대답이 없다.)

닥터 N: (면담자는 영혼의 친구를 만나게 된 이 장면에 압도되어 눈물을 흘린다. 나는 좀 기다렸다가 다시 시작한다.) 당신과 래리가 지금 만나고 있는 것이 영계의 사람에게는 어떻게 보일까요?

영: 그들은 보겠죠… 두 개의 밝은 빛 덩어리가 서로의 주변을 날아다닌다고요. 아마도 그렇게…. (면담자는 진정하기 시작하고 나는 휴지로 눈물을 닦아준다.)

닥터 N: 그건 무엇을 나타내죠?

영: 우리는 껴안고… 사랑을 표시하고… 연관되고… 그렇게 하는 것이 우리를 행복하게 해요….

닥터 N: 영혼 친구를 만난 다음에는 무슨 일이 있습니까?

영: (면담자는 장의자 팔걸이를 꽉 잡는다.) 오… 그들이 모두 여기 있어요… 전에는 그들을 느낄 뿐이었는데. 이제는 더 많이들 내게로 가까이 오고 있어요.

닥터 N: 남편이 가까이 온 후에 그들이 옵니까?

영: 네… 어머니! 어머니가 나에게로 오고 있어요… 얼마나 보고 싶었는데… 오, 엄마…. (다시 울기 시작한다.)

닥터 N: 그럼….

영: 오, 지금은 아무 질문도 말아주세요… 난 이 순간을 즐기고 싶어요…. (그녀는 마지막 생애의 어머니와 말없는 대화를 나누는 듯 보인다.)

닥터 N: (좀 기다렸다가) 자, 어머니를 만나서 즐기는 것은 알겠는데, 어떤 일이 진행되고 있는지 알아야겠으니 도와주십시오.

영: (아득한 목소리로) 우리는… 우리는 서로 껴안고 있어요… 어머니를 다시 만나서 참 좋아요.

닥터 N: 육체가 없는데 어떻게 서로 안습니까?

영: (격앙된 한숨을 내쉬며) 빛 속에서 서로를 감싸는 거죠, 당연히.

닥터 N: 그것이 영혼으로서는 어떤 느낌입니까?

영: 사랑의 밝은 빛으로 된 모포에 감싸이는 것 같아요.

닥터 N : 알겠습니다. 그럼⋯.

영 : (드높은 웃음소리를 낸다.) 팀! ⋯오빠예요⋯. 아주 어려서 죽었어요. (그녀의 마지막 인생에서 열네 살 때 익사해서 죽었다.) 오빠를 여기서 보다니 근사해요. (팔을 흔들며) 그리고 내 친한 친구 윌마. 이웃집에서 살던 친구예요. 윌마네 집 다락에 앉아서 남자애들 얘기를 하던 때처럼 우린 함께 웃고 있어요.

닥터 N : (그녀가 아주머니와 또 다른 친구들의 이야기를 한 뒤) 왜 그 사람들이 당신을 만나러 오는지 알겠습니까?

영 : (사이를 두고) 왜요, 우리 모두가 서로에게 얼마나 소중한데⋯ 그 외에 뭐가 또 필요해요?

닥터 N : 어떤 사람들하고는 여러 번의 인생을 함께 살았고 어떤 사람하고는 기껏해야 한 번이나 두 번 정도 살았을 텐데요?

영 : 네⋯ 남편하고 제일 많이 살았어요.

닥터 N : 당신의 안내자가 어디에 있습니까?

영 : 여기 있어요. 그는 한옆에 떠 있어요. 그는 내 친구 중의 몇 사람도 알아요.

닥터 N : 당신의 안내자를 왜 '그(남성을 뜻하는 he)'라고 칭합니까?

영 : 우리는 모두 자기가 원하는 것으로 나타나요. 그는 언제나 내게 남성적인 성향으로 대해요. 자연스럽고 어울려요.

닥터 N : 그는 당신의 생애마다 당신을 돌봅니까?

영 : 그래요, 죽은 후에도 그렇고요⋯ 여기, 그는 언제나 나의 보호자예요.

우리를 맞이하는 영계의 계획은 우리가 그곳으로 들어가기 전부터 이미 짜여 있다 새로 도착한 더 어린 영혼에게는 친근한 얼굴들이 얼마나 사기를 북돋우는가 하는 것을 이 케이스는 잘 보여주고 있다. 또 우리가 영계로 돌아갈 때마다 다른 영체들이 마중을 나온다는 것을 알게 되었다. 경우에 따라 영혼이 만나는 형태는 달라질는지 몰라도, 언제 우리가 영계에 도착할지, 그리고 어디서 우리를 만날 것인지를 그들은 정확히 알고 있다.

흔히 우리들에게 특별한 의미가 있는 영체들은 우리가 관문을 통과해서 나올 때 바로 만날 수 있도록 다른 사람들보다 좀 앞에서 기다린다. 매 인생이 끝날 때마다 맞아주는 사람들의 수는 변하며 영적인 위안이 덜 필요한 진보된 영혼들에게는 거의 없는 정도로까지 급격히 감소된다. 이 장의 마지막에 있는 케이스 9에서 우리는 이런 유형의 영적인 여로를 볼 것이다.

케이스 6과 7에서는 새로 도착한 영혼이 영계에 받아들여지는 세 가지 방법 중에 한 가지를 보게 된다. 여기 나오는 두 영혼은 죽은 후에 별로 영향이 없는 사람들을 만난 후 주된 영체를 만난다. 케이스 7은 케이스 6보다 사람들을 더 빨리 알아보았다. 죽은 뒤에 바로 배우자, 양친, 조부모, 형제, 아저씨, 아주머니, 사촌, 친한 친구 등등을 만나게 되면 창자가 끊기는 듯한 감정적인 장면들이 연출된다.

영혼의 여로에서 이 감정적인 장면들은 우리들의 성숙도에 따라 특정한 영체 그룹으로 자리매김을 받게 되는 전주에 불과하다. 이러한 만남은 초의식 상태에 있는 사람에게 또 다른 감정적인 고양감을 준다.

어떻게 그룹들이 형성되며 다른 영체와는 어떻게 맺어지는가 하는 영적인 조직의 배치는 다음 장에서 설명하겠다.

중요한 것은 지금 영계에서 맞아주는 영체들이 같은 배움 그룹에 속하지 않을지도 모른다는 것이다. 왜냐하면 우리 인생에서 우리와 가까웠던 사람들이 다 같은 발전 단계에 있지 않기 때문이다. 우리가 죽은 후 곧바로 우리를 만나러 오는 영혼들은 사랑이나 친절함 때문이다. 하지만 그들은 영혼 여로의 종착역인 영혼 학습 그룹의 일원은 아니다.

예를 들어 케이스 6에서 찰리 아저씨는 피술자보다는 확실히 더 진보된 영혼, 어쩌면 영적인 안내자의 역할을 하는 영혼인지도 모른다. 찰리 아저씨 영혼의 주된 임무는 방금 마친 인생에서 아직 어린 영혼인 케이스 6을 도와주는 것이었고, 그 책임은 피술자의 죽음 직후에도 계속되었다. 케이스 7의 중요한 만남은 같은 영혼 단계에 있는 진정한 영혼의 친구 래리였다. 케이스 7의 영혼 안내자는 전의 친척이나 친구 중에 있지 않았다. 그러나 장면이 진행되어 갈수록 영혼의 안내자가 뒤에서 만남을 주관하고 있는 것을 본다. 나는 이런 경우를 많이 접한다.

케이스 5처럼 때로는 아무도 가까이 없는 데서 자신의 영적인 안내자와 고요하고 의미 있는 만남을 하기도 한다. 케이스 8에서 이러한 종류의 만남을 더 깊이 보여주겠다. 죽은 후 우리가 어떤 유형의 만남을 하는가 하는 것은 우리 개인의 성향과 아울러 우리 영적 안내자의 특성이 관계되는 것 같다. 우리들 안내자들과의 첫 만남은 매 인생이 끝난 후마다 그때 살았던 인생 환경에 따라 달라지는 것을 나는 알았다.

케이스 8은 영적 안내자와 아주 친밀한 관계를 맺고 있는 사람들을 보여준다. 이상한 이름을 가진 안내자도 많고, 흔한 이름의 안내자도 많다. 기성 종교에서 쓰는 '수호천사'라는 말을 이제는 형이상학적으로 영을 칭하는 말로 사용한다. 이전에 나는 수호천사란 상상으로 만들어낸 것이며 현대 세상에서 뒤떨어진 이상한 신화라고 어리석게 생각했었다. 그러나 이제 나는 수호천사들에 대해 그런 생각을 가지고 있지 않다.

영혼 자체는 중성이지만, 여성이냐 남성이냐 하는 성별은 별로 중요한 것이 아니라고 면담자들은 얘기한다. 모든 영혼은 다른 영체들에게 정신적으로 남성이나 여성의 인상을 줄 수가 있다는 것을 알았다. 케이스 6과 케이스 7은 새로 도착한 영혼이 성별로 모습을 드러낸 낯익은 '얼굴들'을 만나는 것을 보여준다. 다음 케이스에서도 우리는 그 같은 경우를 보게 된다. 내가 케이스 8을 선택한 또 다른 이유는 영혼이 어떻게, 그리고 왜 영계에서 인간의 형태로 다른 사람들에게 보여지기를 원하는가를 알려준다.

케이스 8

닥터 N : 이제 당신은 지구별의 세계를 떠나 영계로 점점 깊이 가고 있습니다. 무엇을 느끼는지 말해주십시오.

영 : 고요함… 아주 평화로워….

닥터 N : 누가 당신을 만나러 옵니까?

영 : 네, 친구 레이철이에요. 그녀는 내가 죽을 때면 언제나 나를 위

해 있어줘요.

닥터 N : 레이철은 당신의 다른 인생들에서도 당신과 함께 있었던 영혼 친구입니까, 아니면 언제나 이곳에 머물러 있는 사람입니까?

영 : (좀 화가 난 듯) 레이철은 언제나 여기 있지 않아요. 아니죠. 레이철은 나와 많이 있어요… 내 마음속에… 내가 그녀를 필요로 할 때. 그녀는 내 자신의 수호자예요. (소유했다는 긍지를 보이며 말한다.)

안내자는 영혼 친구와 다르고, 또한 8장에서 보게 될 우리를 도와주는 영체들과도 다르다.

닥터 N : 당신은 왜 이 영체를 여성을 나타내는 '그녀'라고 합니까? 영들은 성별 구분이 없는 게 아닌가요?

영 : 맞아요. 언어상으로는 말이죠. 왜냐하면 우리들은 남성이나 여성 양쪽 모습으로 다 될 수가 있어요. 레이철은 자신을 알리려고 나타날 때 여자 모습인데, 나의 경우와 마찬가지로 그녀에게도 성별은 정신적인 것이죠.

닥터 N : 영적인 존재로 있는 동안 당신은 남성이나 혹은 여성이라는 한 가지 모습으로만 있습니까?

영 : 아니요. 영혼으로 있는 동안 어느 한편의 성을 가지고 존재하는 기간이 있어요. 그러다가 마침내 두 성이 동등하게 되죠.

닥터 N : 레이철의 영혼이 지금 당신을 어떻게 보는지 설명해보세요.

영 : (조용히) 젊은 여자… 내가 그녀를 제일 잘 기억하는 건… 작고 섬세한 모습… 얼굴에는 결심이 나타나고… 얼마나 지식이 많고 또 사랑이 많은지요.

닥터 N : 그럼 당신은 지구에서도 레이철을 알았습니까?

영 : (향수를 띤 반응) 한때, 오래전에. 인생에서 레이철은 나와 가깝게 지냈어요… 지금 그녀는 나의 수호자예요.

닥터 N : 레이철을 보면 어떤 것을 느낍니까?

영 : 안정감… 고요함… 사랑….

닥터 N : 당신과 레이철은 사람들끼리 하듯 눈으로 서로를 봅니까?

영 : (주저하며) 그렇다고 하겠죠. 하지만 달라요. 지구에서 말하는 눈 뒤에 있는 마음으로 보는 거죠. 물론 우리는 지구에 있는 사람들이 보듯 볼 수도 있죠.

닥터 N : 지구에서 눈으로 보는 것처럼 영계에서도 똑같이 볼 수 있습니까?

영 : 지상에서 어떤 사람의 눈을 들여다볼 때, 금방 만난 사람인 경우에도, 전에 알았던 어떤 빛을 보면… 그 사람들에 관한 무엇인가를 알게 되지요. 인간일 때는 왜 그런지 모르나… 그러나 영혼은 기억하는 거죠.

지구에 사는 사람들이 다양한 방식으로 영적인 정체성이 어려 있는 눈빛을 보고 영혼 친구를 알아낸다고 하는 얘기를 나는 많은 면담자들로부터 들었다. 나 자신의 경우에도 내 생에서 오직 한 번 즉각적으로 영혼 친구를 알아보았던 경험이 있다. 나의 아내를 보았을 때다. 그때 나는 놀라웠고 약간 무시무시하기도 했었다.

닥터 N : 지구에서 어떤 사람과 시선이 마주쳤을 때 이전에 이미 알았는지도 모른다는 느낌을 받는 일이 가끔 있다는 얘기를 하는 겁니까?

영 : 네, 한 번 봤었다는 느낌.

닥터 N : 영의 세계의 레이철에게로 돌아갑시다. 만약 수호자가 자신의 이미지를 인간적인 형태로 나타내지 않았다 해도 당신은 그녀를 알아봅니까?

영 : 음, 자연스럽게 우리는 언제나 마음으로 알아보죠. 그러나 이렇게 인간적인 이미지인 것이 더 나아요. 이상스럽게 들릴지 몰라도 그렇게 하는 것이… 사교적인 차원에서… 낯익은 얼굴이 마음을 편케 하거든요.

닥터 N : 그렇다면 전생에서 알았던 사람들을 인간 모습으로 보는 것은 좋은 일이군요. 특히 지구를 떠난 바로 직후 재적응 시기에는 말이죠.

영 : 예, 그런 게 없으면 좀 어리둥절하죠… 외롭고… 그리고 아마 혼란스러울지도 모르겠어요…. 처음 와서 그전의 모습 그대로 그들을 보는 것이 나를 더 빨리 이곳에 적응하게 해요. 그리고 레이철을 보면 언제나 크게 기운이 솟아요.

닥터 N : 레이철은 매 인생마다 당신이 죽은 후 즉시 영계에 재적응하도록 사람의 모습으로 당신에게 나타나요?

영 : (열심히) 오, 그래요, 그런다니까요. 레이철은 내게 안정감을 줘요. 또 전에 알았던 다른 사람을 보아도 나는 기분이 나아져요….

닥터 N : 당신은 그 사람들한테 얘기합니까?

영 : 아무도 말하지 않아요. 우리는 마음으로 의사소통해요.

닥터 N : 텔레파시로요?

영 : 네.

닥터 N : 영혼끼리 사적인 대화를 나눌 때 텔레파시로 다른 사람들이 들을 수 없도록 할 수가 있습니까?

영 : (사이를 두고) 친밀함을 위해서… 그래요.

닥터 N : 어떻게 그렇게 합니까?

영 : 만지는 것으로요… 터치 커뮤니케이션이라 할까요.

두 개의 영이 아주 가까워지면 그들은 한데 합치고 개인적인 생각들은 닿음에 의해 전파음의 맥박으로 서로에게 전달된다고 면담자들은 말한다. 대부분의 경우 최면에 든 면담자들은 이런 개인적인 비밀 사항을 나에게 얘기하고 싶어 하지 않는다.

닥터 N : 당신의 영혼이 어떻게 인간적인 모습을 나타낼 수 있는가를 밝혀줄 수 있습니까?

영 : 나의… 에너지 덩이로부터… 내가 원하는 모습을 그냥 생각하면… 그런데 무엇이 내게 이런 능력을 주는지는 나도 알 수가 없어요.

닥터 N : 그렇다면 왜 당신이나 다른 영혼들이 때마다 다른 모습을 나타내는지는 말할 수가 있습니까?

영 : (오랜 사이를 두고) 여기서 어떤 움직임 속에 있는가 하는 것에 따라 달라지는데… 어머니를 본다 할 때면… 그때 일어나는 마음 상태에 따라서.

닥터 N : 그게 바로 내가 알고 싶은 것입니다. 누구인가를 인지하는 것에 대해 더 얘기해주십시오.

영 : 알아본다는 것은 사람마다의… 여기서 그들을 만났을 때의 감정에 따라 달라져요. 그들은 자신들에게서 상대방이 보고 싶어 하는 것을 보여주고요. 상대방이 보고 싶어 한다고 생각하는 것을 보여주죠. 그리고 또 만날 때의 환경에 따라 달라지기도 해요.

닥터 N : 좀 더 구분해서 말해줄 수가 있겠습니까? 어떤 환경일 때 어떤 모습으로 다른 영을 향해 자신의 에너지를 형상화시키는지.

영 : 그들의 자리에 당신이 있느냐, 아니면 당신의 자리에 그들이 있느냐의 차이죠. 그들이 한 곳에서 이런 형태로 모습을 나타내고 싶어 했다면 다른 데서는 또 다른 것을 보여주죠.

영의 세계로 더 깊이 들어가게 되면 영적인 '지역'에 대해 설명하겠다.

닥터 N: 영혼이 영의 세계로 들어가는 관문에서 한 얼굴을 보이고, 후에 다른 경우에는 또 다른 이미지를 보일 수도 있다고 당신은 말하고 있는 것입니까?

영: 그래요.

닥터 N: 왜 그렇습니까?

영: 내가 말했듯이 우리가 자신을 어떻게 나타내는가 하는 것은 바로 그때 서로가 느끼는 감정에 많이 상관이 된다는 것… 그 사람과 가진 인간관계에도 연관되고 어디에 우리가 있는가 하는 데도 연관이 되지요.

닥터 N: 내가 이 모든 것을 옳게 들었는지 말해주십시오. 영혼이 서로에게 드러내는 정체성은 영계에서의 시간과 장소에 따라 달라지고 또 그들 자신이 만났을 때의 심리적 마음 상태에 따라 달라진다는 뜻입니까?

영: 그래요. 서로가 그렇게 해요… 연관된 거예요.

닥터 N: 이렇게 이미지들이 변화하는데 영혼의 진정한 의식이 무엇인지를 어떻게 알 수가 있습니까?

영: (웃는다.) 어떤 이미지를 나타내도 진짜 정체성은 알아봐요. 숨기지 못해요. 어쨌거나 지구에서 우리들이 알고 있는 것 같은 그런 감정은 아니에요. 여기서는… 감정이 더… 추상적이죠. 우리들이 왜 어떤 모습이나 어떤 생각을 나타내는가 하는 것은… 아이디어의 확인… 그런 데 기반을 두고 있어요.

닥터 N: 아이디어요? 그 시점의 느낌이란 말입니까?

영 : 네… 그런 셈이죠… 우리는 지구에서 육체를 가지고 살며 여러 장소에서 무엇인가를 발견했고… 여러 아이디어를 개발했어요… 계속해서 그 모든 것을… 여기서 사용하죠.

닥터 N : 우리는 전생마다 다른 얼굴을 가지는데 그렇다면 인생들 사이에 있는 영계에서는 어떤 얼굴을 합니까?

영 : 우리는 얼굴을 섞어요. 무엇을 전달하고 싶은가에 따라 상대방이 가장 잘 알아볼 수 있는 모습이 되죠.

닥터 N : 어떤 모습을 나타내지 않고 그냥 의사소통도 가능합니까?

영 : 그럼요, 우린 그렇게도 해요… 일상적인 일이에요… 그러나 모습으로 나타나는 게 사람들과 정신적인 연결이 더 빨리 되어요.

닥터 N : 어떤 종류의 모습으로 나타내기를 좋아하는지, 선호하는 유형이 있습니까?

영 : 흠… 나는 수염이 있는 얼굴이 좋아요… 바위같이 단단한 턱에….

닥터 N : 전에 당신이 말했던 텍사스의 카우보이 제프 테너였던 때의 얼굴을 뜻합니까?

영 : (웃는다) 그래요. 그리고 나는 다른 인생들에서도 제프 같은 얼굴을 했었어요.

닥터 N : 그렇지만, 왜 제프입니까? 그것이 당신의 마지막 전생이었기 때문입니까?

영 : 아니에요. 나는 제프인 게 기분이 좋아요. 제프는 행복하고 복잡한 게 없는 인생이었어요. 나는 멋있었어요! 내 얼굴은 고속도

로에 높이 걸린 담배 광고판에 나오는 사람 같았어요. (껄껄 웃는다.) 제프가 했던 멋진 콧수염을 보여주는 게 나는 즐거워요.

닥터 N : 그러나 그 인생과 관련되지 않았던 사람들은 당신을 여기에서 알아보지 못할 수도 있습니다.

영 : 오, 곧 알아보게 돼요. 나는 다른 모습으로 바꿀 수도 있지만 지금 현재로선 제프인 게 좋아요.

닥터 N : 영혼이 여러 얼굴 형태를 나타낸다고 해도 우리 모두는 단 하나의 정체성만 가지고 있다는 말이군요.

영 : 네. 진짜인 모습을 다 안다니까요. 어떤 사람들은 상대방이 그들에 대해 어떻게 생각할까 하는 것 때문에 자신들의 좋은 면만을 보여주고 싶어 해요. 그 사람들은 어떻게 보이느냐 하는 게 중요한 것이 아니라 무엇을 하려고 노력하느냐가 중요하다는 것을 잘 알지 못해요. 우리는 영들이 스스로 어떤 모습을 해야 한다고 생각하는 것을 가지고 많이 웃어요. 심지어는 지구에서 한 번도 해본 일이 없는 얼굴을 택하기도 해요. 그리고 그것도 괜찮아요.

닥터 N : 나는 영계를 모든 것을 아는 최고 의식의 세계로 생각하고 있는데, 당신 말을 들으니 영혼들은 지구에서 살았던 때처럼 무드도 있고 허영심도 있는 것 같습니다.

영 : (웃음을 터뜨리며) 육체적인 세상을 어떻게 바라보든 간에 사람은 사람이에요.

닥터 N : 오, 당신은 지구가 아닌 다른 행성에 살았던 영혼도 봅니까?

영: (사이를 두고) 가끔 가다가….

닥터 N: 다른 행성의 영혼들은 지구에서 온 영혼이 보여주는 것과는 다른 모습을 보여줍니까?

영: (회피하는 태도로) 나는… 지구 사람들과 어울리지만 우리는 의사소통을 위해서는 어떤 모습이라도 될 수 있는 것 같아요.

다른 천체에서 인간 아닌 형태로 전생을 살았던 사람들로부터 정보를 알아내는 일은 언제나 어렵다. 영혼이 진보되고 나이가 든 영혼이 대개 그런 경험을 하는데 이후에 보게 될 것이다.

닥터 N: 영혼들이 서로에게 모습을 보여줄 수 있는 능력은 영적인 필요에 의해 창조주가 우리에게 준 것입니까?

영: 내가 어떻게 알겠어요? 나는 신이 아니에요.

영혼이 오류를 범할 수 있다는 개념은 어떤 사람들에게는 놀라움으로 다가온다. 케이스 8에서 보듯, 그리고 내가 면담했던 사람들 모두와 우리 대부분이 영의 세계에서는 아직도 완전한 존재와는 거리가 있음을 보여준다. 윤회의 궁극적인 목적은 자신의 향상에 있다. 영계 안에 있건 밖에 있건 우리들의 발전을 위하여 뻗어나가는 심리적인 파생이 나의 연구의 기본을 이룬다.

우리는 영의 세계에 들어갈 때 다른 영체들을 만나는 것이 중요하다는 것을 보았다. 죽은 후 안내자와 낯익은 다른 존재들을 만나 영계로 가는 것 말고 또 다른 제3의 방법이 있다는 것에 대해 이미 언급한 바가 있다. 영혼은 아무의 마중도 받지 않으면 어리둥절해진다.

흔하지 않은 경우이긴 하지만 면담자들의 영혼이 다른 사람들을 만나는 최종 종착역에 닿기까지 보이지 않는 힘에 의해 끌어당겨져 홀로 간다고 할 때 나는 좀 안쓰러워진다. 이것은 아마도 짐을 들어줄 사람도 없고 길을 가르쳐줄 안내자도 없는, 전에 와보았던 이방의 땅에 내린 것과 같을 것이다. 이런 유형의 진입에서 내가 가장 마음이 쓰이는 것은 아무의 도움도 없다는 점이다.

영적인 관문과 그 이후를 홀로 간다는 일이 그들에게는 당연지사로 보인다. 사실 이 범주에 드는 사람들은 오래된 성숙한 영혼들로서 도움받을 필요를 느끼지 않는 것 같다. 죽은 후 곧바로 어디로 가야 하는가를 그들은 안다. 그런 과정은 그들 자신을 위해서도 좋은 것으로 다른 영혼들을 만나느라고 멈추는 영들보다 더 빨리 자신들의 장소로 갈 수가 있기 때문이다.

케이스 9에서 보는 면담자는 수천 년에 걸쳐 대단히 많은 전생을 살았던 사람이다. 하지만 여덟 번 전의 환생 때부터 영계의 관문에서 그를 마중하는 사람들이 드디어 없어졌다.

케이스 9

닥터 N: 죽음의 순간에 어떤 일이 일어납니까?

영 : 대단한 해방감을 느끼며 빨리 움직여 나갑니다.

닥터 N : 지상을 떠나서 영계로 들어가는 것을 어떻게 설명하겠습니까?

영 : 나는 빛기둥같이 솟아서 내 갈 길을 가고 있습니다.

닥터 N : 언제나 이렇게 빨리 갔습니까?

영 : 아니요, 근래에 있었던 인생 시리즈들 후에서야.

닥터 N : 왜 그렇습니까?

영 : 길을 알거든요, 누구를 만날 필요가 없어요. 나는 급해요.

닥터 N : 아무도 마중을 안 해도 괜찮습니까?

영 : (웃는다.) 마중 받는 게 좋을 때도 있었지만, 이젠 그런 것을 요구하지 않아요.

닥터 N : 당신이 도움 없이 영계로 들어가는 것은 누구의 결정입니까?

영 : (사이를 두었다가 사소한 일이라는 듯) 그것은… 상호의 결정으로… 나의 선생과 나 사이에… 내가 혼자서도 잘해 나갈 수 있다고 내가 알았을 때.

닥터 N : 지금 현재 당신은 방황한다거나 쓸쓸하다고 느끼지 않습니까?

영 : 농담 마세요. 누가 내 손을 잡아주었으면 하는 생각이 없어요. 나는 내가 가는 데를 알고 있으며 빨리 가고 싶어 조급증이 나요. 자석에 의해 끌어당겨져 가고 있는데 참 기분이 좋아요.

닥터 N : 당신의 종착지까지 이끌어 당기는 과정이 어떻게 작용하고 있는지 설명해주십시오.

영: 나는 파도를 타고… 빛 막대의.

닥터 N: 이 빛 막대기는 전자석인가요? 무엇입니까?

영: 음… 누가 라디오 다이얼을 돌려 나에게 맞는 주파수를 찾아내는 것과 비슷해요.

닥터 N: 어떤 보이지 않는 힘에 이끌려가고 있으며, 죽음 직후처럼 마음대로 빨리 갈 수 없다는 것입니까?

영: 그래요. 나는 빛의 파도와 함께 가야 해요… 파도는 방향이 있고 나는 떠가고 있어요. 이게 전부 나를 위해서 하는 일들이에요.

닥터 N: 누가 당신을 위해 그것을 합니까?

영: 조종하는 사람들이요… 난 잘 몰라요.

닥터 N: 그렇다면 당신이 조절하는 게 아니군요. 당신은 당신 자신의 귀착지를 찾아야 하는 책임이 없는 거군요.

영: (사이를 두고) 나의 마음은 움직임에 맞춰져 있어요… 나는 울림과 함께 흘러요.

닥터 N: 울림이라고요? 당신은 소리를 듣습니까?

영: 네, 광파의 줄기가… 진동하고… 나는 진동 속에 잠겨 있어요.

닥터 N: 라디오라고 했던 당신의 말로 돌아갑시다. 영적인 여행은 높은 울림, 중간 울림, 그리고 낮은 울림 같은, 그런 질적인 파장에 영향을 받습니까?

영: (웃으며) 괜찮은 설명이네요. 그래요, 나는 소리와 빛줄기와 같은 라인 위에 있어요… 이것은 나 고유의 음계 모양이고… 나

자신의 주파수예요.

닥터 N : 빛과 진동이 합쳐 방향을 제시하는 빛줄기가 어떻게 해서 이루어지는지 나는 잘 이해하지 못하겠습니다.

영 : 안에 번쩍이는 빛이 있는 울림쇠를 생각하세요.

닥터 N : 오, 그럼 에너지가 그 안에 있습니까?

영 : 우리는 에너지를 가지고 있어요. 에너지의 장 내에서는요. 그러니까 에너지는 라인에만 있는 게 아니고… 우리 자신도 에너지를 내요… 우리는 이러한 힘들을 우리들 경험에 따라 쓸 수가 있어요.

닥터 N : 여행하는 속도나 방향을 조절할 수 있는 요소는 당신 자신의 성숙도에 따라 달라집니까?

영 : 그래요, 그러나 지금 여기서는 아니죠. 후에, 내가 안정되면 나는 내 마음대로 더 많이 움직여 다닐 수가 있어요. 지금은 끌려가고 나는 그냥 있으면 돼요.

닥터 N : 좋아요, 그렇게 가면서 그다음에 무슨 일이 있는지 설명해 주세요.

영 : (짧은 사이를 두고) 나는 혼자서 가요… 마땅히 가야 할 곳으로 가는 거지요… 내가 속해 있는 곳으로 귀향하고 있어요.

최면 상태에서는 무의식과 분석적인 의식이 함께 작용한다. 마음속 깊숙이 자리 잡고 있는 기억들로부터 나오는 메시지들을 받고 또 대답하는 일을 한다. 케이스 9에서 보는 면담자는 전기 기술자여서 영적인 감각을 가끔 기술적인 표현을 써서 설명했다. 이 면담자가 영혼 여행을 기술적인 용어로 말하는 것은 그냥 자연스럽게 내버려둔 것이지 내가 지시한 것은 아니었다. 모든 면담자들은 영계에 관한 나의 질문에 그들이 가지고 있는 지식을 가지고 대답을 한다. 케이스 9의 면담자는 다른 사람이라면 영혼들은 진공으로 된 트랙 속에서 움직인다고 말할 수도 있는 것을 그 자신에게 익숙한 물리학적인 용어를 써서 설명하였다.

 영계의 영혼 여행을 더 계속하기 전에 나는 육체적인 죽음 후에 이 정도에 도달하지 못했거나 정상적인 여행 행로로부터 이탈된 영들에 대해 얘기하고 싶다.

4
격리된 영혼

영적인 고향으로 돌아가는 영혼들의 흐름에서 떨어져나간, 아주 심하게 손상된 영혼들이 있다. 귀향하는 영혼들 중에 이런 비정상적인 영혼의 수는 많지 않다. 이런 영혼들은 육체를 가지고 지상 생활을 하는 다른 영혼들에게 심각한 영향을 미친다.

떠도는 영혼에는 두 가지 유형이 있다. 육체가 죽었다는 사실을 받아들이지 않고 개인적인 사정 때문에 영의 세상으로 돌아가지 않으려고 싸우는 영혼들이 그 하나이고, 또 다른 하나는 삶에서 비정상적인 범죄를 저질러 파멸되었거나 그 비슷한 경우의 영혼들이다. 첫 번째 경우에는 영혼 자신이 떠돌기로 결정한 것이나, 두 번째 경우는 영적인 안내자가 의도적으로 어느 기간 동안 이런 영혼들을 다른 영혼들로부터 격리시킨다. 이 두 경우 모두 영혼의 안내자는 복구에 깊은 관심을 갖는다. 그러나 떠도는 영혼들의 유형은 다양하므로 나는 그들을 분리해서 설명하겠다.

첫 번째 유형을 우리는 귀신이라 부른다. 이러한 영들은 죽은 후에 고향으로 돌아가기를 거부한다. 그리고 삶을 평화롭게 마치고 싶어 하는 우리 인간들에게 유쾌하지 못한 영향을 준다. 이러한 영혼들은 사람들을 해치려고 마음을 점령한다는 비난을 받으며, 때로는 '악령'이라고 잘못 불리기도 한다. 부정적인 영을 가진 사람들은 심령과학 분야에서 심각한 조사를 받아왔다. 불행히도 영성의 이런 부분은 현혹되기 쉬운 사람들의 감정을 노리는 파렴치한 비술의 요소까지 띠게 되었다.

문제가 있는 영은 지상에서 지낸 인생에 이루지 못한 사연들이 있는 미숙한 영혼들이다. 그들은 그들과 아무 관련이 없는 살아 있는 사람들을 괴롭히기도 한다. 불만이 많은 이런 부정적인 영혼들이 표현해내고자 하는 것에 민감하게 반응하며 그 매개체가 되는 사람들이 있다는 것은 사실이다. 다시 말하면 명상적인 의식 상태에 깊이 든 사람이 이런 영혼들이 보내는 사소하기도 하고 때로는 충격적이기도 한 신호를 포착해서 괴롭힘을 당하기도 한다. 안정을 찾지 못한 이런 영들은 영적인 안내자가 아니다. 진정한 안내자들은 치유자이지 독설스러운 메시지를 가지고서 우리의 삶을 방해하지 않는다.

이런 영들은 대부분의 경우 지리적으로 특정한 장소에 매여 있다. 귀신 현상을 집중적으로 연구해온 사람들은 이런 불안정한 영들이 지구와 영계 사이에 위치한 낮은 아스트랄 플레인에서 발견된다고 한다. 이 영혼들은 길을 잃은 것도 아니고 악마적이지도 않다는 것이 내 개인적인 연구에서 얻은 생각이다. 그들은 불만이 아주 많아서 육체적인 죽음 후에도 자신들의 의지로 지구 근처에 남기로 정한다. 그들은 혼란스럽고 절망스러우며, 그들의 안내자까지도 가까이 가지 못할 정도의 적개심으로 손상되고 만 영혼이라는 것이 나의 견해다. 우리는 부정적이고 길 잃은 영들에게 귀신 쫓기 같은 방법을 써서 인간들을 괴롭히지 못하게 한다는 것을 알고 있다. 이런 영들은 떠나라고 설득하면 떠나서 마침내는 영계로 바르게 간다.

보살펴주는 안내자가 있는 질서 있는 세상이 영의 세상이라면, 육체를 가지고 살고 있는 존재에게 부정적인 에너지를 보내는 그런 영혼들이 어떻게 계속 존재하도록 허용이 되는가? 죽음 속에서도 우리에게 자유의지가 있다는 것이 하나의 설명이 되겠다. 또 다른 하나는 물질적인 우주에서 우리들은 많은 격변을 겪어내므로 영혼들이 돌아가는 길에도 영적인 불규칙과 이탈이 있으리라는 것이다. 자기 자신들을 스스로 가두고 만 이 불행한 영들은 아마도 위대한 설계의 일부분일 것이다. 때가 되면 그들은 지구의 아스트랄 플레인으로부터 이끌려 영계의 온당한 자리로 안내된다.

나는 이제 훨씬 더 널리 알려진 두 번째 유형의 문제 영혼에 대해 얘기하겠다. 이런 영혼들은 악마적인 행동과 관련되어 있다. 영혼이 범죄인의 두뇌로 들어갔을 때, 이 영혼은 유죄인가, 아니면 죄책감을 느끼지 않아도 되는가? 영혼의 마음이 책임져야 하는가, 아니면 인간의 에고가 책임져야 하는가, 아니면 그들은 같은 것인가 하는 것을 먼저 생각해보아야 하겠다. 간혹 면담자는 이렇게 말하기도 한다. "나쁜 짓을 하라고 나한테 말하는 내부의 힘에 의해 내가 소유당하고 있다고 느껴져요." 정신질환을 앓고 있는 사람 중에는 그들 자신이 조절할 수 없는 선악의 힘 사이에서 꼼짝 못한다고 느끼는 경우도 있다.

수년간 최면 상태에 있는 사람들의 초의식적인 마음을 접해보고 나서 나는 오감을 가진 인간은 영혼의 정신에 부정적인 행동을 할 수가 있다는 것을 알았다. 육체를 가지고 윤회를 한 영혼들은 생리적인 욕구와 환경적인 자극의 압력을 받는다. 그러나 그것은 영원불멸한 자신의 일시적인 표현이다. 우리 인간의 형태 속에는 숨겨졌거나 음흉한 자신이라는 것은 없음에도 불구하고 충분히 육체와 동화하지 못하는 영혼들이 있다. 자신의 육체와 조화를 이루지 못한 사람들은 인생에서 그들 자신으로부터 분리된 듯 느낀다.

그렇다고 해도 지상에서 악을 저지르는 것을 막지 못하면 영혼이 최선을 다했다고 할 수 없다. 우리는 인간의 양심에서 이것을 본다. 우리들 마음이 부정적인 힘을 내뿜는가 아닌가를 가려내는 것은 중요하다. 자신을 파멸시키라든지 다른 사람을 파멸시키라고 하는 내면의 소리는 악령이거나 외계인이거나 혹은 악의에 찬 안내자가 하는 것이 아니다. 부정적인 힘들은 우리 자신으로부터 나온다.

감정상의 부조화에서 오는 파괴적인 충동은 치료받지 못하면 영혼의 발전을 저해한다. 풀지 못한 개인적인 고뇌가 우리 자신을 파멸로 이끄는 씨앗이 되는 것을 우리는 경험한다. 이런 갈등은 영혼에도 영향을 미쳐 우리는 완전하지 못한 듯이 보인다. 예를 들어 개인적인 고통으로부터 자라난 과도한 갈망이나 중독되어 있는 행동은 건강한 영혼의 표현을 저해할 뿐만 아니라 영혼을 육체의 노예가 되게 한다.

현대의 폭력은 과거보다 더욱 많은 영혼들이 잘못되어서 나타나는 현상일까? 다른 것 볼 것 없이 인구 과밀과 환각 상태를 유발시키는 약물 문화는 이러한 결론을 내리게 한다. 긍정적인 면으로는 인간 고통에 대한 의식의 레벨이 전 세계적으로 높아지고 있다.

지구상에서 피를 흘리는 역사의 시대마다 현저한 수의 영혼들이 인간의 잔혹성을 거부하거나 성공적으로 대처하지 못했었다는 것을 나는 알았다. 유전적으로 비정상적인 두뇌를 가진 육체 속에 깃든 어떤 영혼들은 폭력적인 환경에 특히 약하다. 가정에서 감정적이나 육체적인 학대를 받아 손상된 아이들이 어른이 되면 아무런 죄책감 없이 계획적인 잔학 행위를 자행하는 것을 본다. 영혼은 완전하게 창조된 것이 아니기 때문에 그러한 인생을 살면서 영혼의 성질이 오염될 수가 있다. 죄가 특별히 심각하면 우리는 그들을 악마라고 부른다. 악으로 타고난 영혼은 없으나 인간 생활 중에 그런 명칭을 얻을 수는 있다고 면담자들은 내게 말한다. 인간에게 있어서 병리학적인 악은 개인적으로 무능하고 약하게 느껴지는 감정 때문에 무력한 사람을 희생자로 만들고 싶어 하는 성향이라고 규정짓는다.

극심한 악을 자행하는 영혼들은 일반적으로 진보가 낮은 레벨인 영혼들이지만, 그렇다고 영혼의 미숙성이 자동적으로 손상된 인간들에게 잔혹한 행위를 하게 하는 것은 아니다. 영혼의 진화는 임무를 가지고 태어나 사는 인생에서 육체가 겪는 많은 난관을 극복함으로써 불완전함에서 완성을 향한다. 영혼들은 잘 선택하지 못한 인생에 의해서 그들의 정체성이 손상될 수도 있다. 그러함에도 불구하고 모든 영혼은 그들이 소유한 육체의 행동에 책임이 있다.

다음 장에서는 영혼이 친구들과 합류하러 가기 전에 안내자들과 전생에서 있었던 일들을 어떻게 회고하는가를 보게 된다. 자신의 육체를 가지고 다른 인간들에게 극도의 고통을 주었던 영혼들에게는 무슨 일이 일어나는가?

육체의 심한 폭력적 충동을 개선할 수가 없었던 영혼은 죽은 후에는 어떻게 되는가? 종교에서 전통적으로 말해왔던 것처럼 선악에 따라 천당과 지옥으로 가게 되는가 하는 문제가 나오게 된다.

내 사무실 벽에는 《죽음의 서》라는 책 속에 나오는 〈심판의 광경〉이란 이집트 그림이 붙어 있다. 심판의 광경은 7,000년도 더 된 죽음에 관한 신화적인 의식이다. 고대 이집트인들은 우주적인 신전에서 죽음이 인생을 설명한다고 믿었기 때문에 죽음과 무덤 저 너머에 있는 세계에 대한 강박관념이 있었다. 이 그림은 방금 죽은 사람이 죽음의 왕국과 삶의 영토 사이에 위치한 장소에 도착하는 광경을 보여준다. 그는 지상에서 사는 동안 행했던 과거의 행동들을 심판받기 위하여 저울 옆에 서 있다. 이 의식의 우두머리는 아누비스(Anubis) 신이며, 저울 한쪽에는 타조의 깃털을 놓고 다른 한쪽에는 인간의 심장을 놓아 조심스럽게 무게를 단다. 이집트인에게는 두뇌가 아니라 심장이 사람의 영혼 의식을 나타낸다. 이것은 긴장된 순간이다. 악어 대가리를 한 괴물이 가까이서 입을 벌리고는 인생에서 악행이 선행을 앞지를 때 그 심장을 삼켜버리려고 웅크리고 있다. 저울에 달아서 낙제하면 그 영혼은 존재를 끝내야 한다.

내가 면담한 사람들한테서도 이 그림에 대해서는 여러 번 들었다. 형이상학적으로 생각하는 사람들은 과거의 행실이 저울에서 호의적으로 평가받지 못해도 죽은 후의 왕국에 들어갈 때 문간에서 거절당하는 일은 없다고 주장한다. 이 믿음은 진실일까? 모든 영혼들은 그들이 가지고 살았던 육체의 생활과 상관없이 영의 세계로 돌아갈 때는 다 똑같은 기회를 부여받는가?

이 질문에 대답하기 위해 사회 통념은 영혼들이 모두 같은 곳으로 간다고 믿지 않는다는 것을 먼저 언급해야 하겠다. 좀 더 온건한 신학은 죄인들을 위한 지옥불 같은 것을 강조하지 않는다. 그럼에도 불구하고 종교적인 많은 종파는 선과 악, 이 두 정신적인 상태가 영적으로 함께 존재한다고 말한다. '악한 영혼'은 죽은 후에 신의 정수로부터 분리된다는 철학적인 처벌이 있다.

성경보다도 수천 년이 더 되었으며 종교적 믿음의 원천인《티베트 사자의 서》에서는 영계의 의식 상태를 바르도(Bardo)라고 한다. 그 상태에서는 우리가 행한 악에 의해서 영혼들이 분리된다. 동양 사람들이 악을 행한 자들을 위한 특별한 영적인 장소가 있다고 믿는다면 이 생각은 서양 사람들이 말하는 연옥의 개념과 비슷한 것일까?

기독교 교리는 애초부터 연옥을 일시적인 처벌로 거쳐가는 장소라고 규정시았다. 그 죄는 인류에를 거역한 그다지 무겁지 않은 죄다. 연옥은 속죄하는 곳이며 고립되어 있고 고통을 받는 장소로 되어 있다. 부정적인 모든 카르마(Carma)가 제거되면 이런 영혼들은 마침내 천국으로 인도될 수 있다. 반면에 치명적인 죄악을 저지른 영혼은 영원히 지옥에 떨어진다.

지옥은 선한 영혼을 악한 영혼으로부터 영원히 갈라놓을까? 내가 접해 본 사례에서 만났던 면담자들은 영혼이 무서운 고통을 받는 장소란 지구를 빼놓으면 없다는 것을 내게 확인시켜 주었다. 모든 영혼은 죽은 후에 영계로 가며 누구나 인내심과 사랑으로 대우받는다는 것을 알았다.

그럼에도 불구하고 어떤 영혼은 영계에서 분리되는데, 이런 일은 안내자의 지도를 받기 위해서다. 그들은 다른 영혼들과 같은 여정을 가지 않는다. 악을 행해서 영계로 재진입할 때 격리당하게 되는 영혼들은 다른 사람을 해하고자 하는 인간적인 충동을 밀쳐내지 못한 연약한 영혼들이다. 이런 영혼들은 한동안 다른 영체들과 어울릴 수 없는 것 같다.

초보 단계의 영혼이 몇 인생 동안 계속해서 부정적인 행위를 습관적으로 저질렀다면, 그들은 개인적인 영적 고립을 견뎌야 한다는 것도 알게 되었다. 그들은 엄격한 감독 아래 심도 높은 배움을 위하여 한 곳으로 모아진다. 이것은 처벌이 아니고, 자기 성찰을 하여 영혼을 재조립하는, 일종의 연옥 같은 것이다.

지상에서의 잘못에는 너무도 많은 형태가 있으므로 영적인 가르침과 고립의 유형은 영혼에 따라 달라진다. 인생이 끝날 때마다 있는 오리엔테이션 기간에 어떤 형태의 가르침을 받게 되는가가 정해진다. 고립되어 있는 기간이나 배움은 일정하지가 않다. 예를 들어, 잘 적응하지 못한 영이 세상에 태어나서 선하게 사는 것으로 자신의 잘못을 닦아 없애고 싶어서 고립 상태가 끝나자마자 지구로 직행한다는 보고도 있다. 다음은 이런 경우를 알았던 어떤 영혼과의 대화다.

케이스 10

닥터 N: 인간의 육체 속에 깃든 영혼은 잘못한 행위에 대한 책임을 지게 됩니까?

영: 지게 되지요. 인생에서 타인에게 야만적으로 잘못을 저지른 영혼들… 나는 그런 영혼 중의 하나를 알아요.

닥터 N: 그 영혼에 대해 어떤 것을 아십니까? 그 영혼이 인생을 마치고 영의 세계로 돌아올 때 무슨 일이 있었습니까?

영: 그는… 소녀를 상하게 했어요… 잔혹하게… 그래서 우리 그룹에 다시 합치지 못했어요. 육체에 깃들어 있을 때 잘 지내지 못했기 때문에 그는 심도 높은 개인 교습을 받았어요.

닥터 N: 처벌은 어떤 것이었습니까?

영: 처벌이란… 옳지 못한 표현입니다… 재생이지요. 선생님들이 할 일이에요. 선생님들은 잔인한 행위를 했던 영혼들에게 더 엄격해요.

닥터 N: '더 엄격하다'라는 것은 영계에서 무엇을 뜻합니까?

영: 음, 그 친구는 우리들과 함께 돌아가지 않았어요… 소녀를 상하게 했던 그 슬픈 인생이 끝난 뒤에 말입니다.

닥터 N: 그는 죽은 뒤 당신과 똑같은 영계의 관문을 통과해서 왔습니까?

영: 그래요. 그러나 그는 아무와도 만나지 않았어요…. 그는 곧바로 선생님과 단둘이만 있게 되는 곳으로 직행했어요.

닥터 N: 그런 후에 그에게 무슨 일이 있었습니까?

영: 좀 후에… 오래진 않아요… 그는 여자로서 지구에 다시 돌아왔어요… 잔인한 사람들이 사는 곳으로요… 육체적인 장애는… 그가 일부러 택한 거였어요… 그는 경험을 해야 했어요….

닥터 N: 그 영혼은 소녀를 상하게 한 것이 전생의 육체 속에 있던 인간 두뇌의 잘못이라고 생각하나요?

영: 아니요. 그는 자기 행동에 책임을 져요… 자신에게로 돌아가… 인간적인 약점을 극복할 기술이 없었음을 자책해요. 이해심을 얻기 위해 다음 생에는 학대받는 여자로 태어나기를 청했어요. 소녀에게 행했던 손상 행위를 깨닫기 위해.

닥터 N: 만일 당신들의 그 친구가 말이죠, 이해심을 얻지 못하고 인간들에게 계속해서 잘못된 행위를 저지른다면 이 영혼은 영계에 있는 그 누구에 의해서 파기될 수도 있는 겁니까?

영: (오랜 침묵 후에) 정확히 말해 에너지를 없앨 수는 없어요… 그러나 다시 해볼 수는… 손도 대볼 수 없는 부정적인 것은… 여러 인생에 걸쳐서 행한 것은… 재적응시킬 수가 있어요….

닥터 N: 어떻게 합니까?

영: (막연하게) 파멸로가 아니라… 재구성으로.

케이스 10은 이 이상의 질문에 대답하지 않았다. 또 손상된 영혼들에 관해서 다른 피술자들도 할 말들이 많지 않았다. 후에 우리는 지능이 있는 에너지의 형성과 복원에 관해 조금 더 배우게 된다.

윤회를 자주 하는 영혼들은 자신들의 오염을 스스로 해결할 수가 있다. 잘못의 대가와 선행으로써 받는 보상은 카르마의 법칙에 따른다. 다른 사람들을 해쳤던 영혼들은 카르마의 공정한 사이클에 의해 미래의 희생자로서 자신들을 장치해 놓는다. 수천 년을 이어온 또 하나의 고대 경전인《바가바드 기타Bhagavad-gita》에는 이런 구절이 있다. "악영향을 준 영혼들은 그 값을 치러야 한다."

죽은 후의 삶에 대한 연구는 모든 영혼에게 해당되는 카르마의 인과응보와 공정함을 말하지 않으면 아무 의미가 없을 것이다. 카르마 그 자체는 선행과 악행을 구별 짓지 않는다. 그보다는 오히려 인생에서 영혼이 가졌던 긍정적인 행동과 부정적인 행동의 '결과'가 카르마가 된다. "우리들의 인생에 우연이란 없다."는 말은 모두가 카르마에 의해 이루어진다는 뜻은 아니다. 카르마는 우리들로 하여금 교훈을 배우게 하는 것이다. 우리들 미래의 운명은 우리들이 피할 수 없었던 과거, 특히 타인을 해쳤던 과거에 영향을 받는다.

성장으로 가는 열쇠는 살아가며 고칠 수 있는 능력이 우리에게 있다는 것을 이해하고, 우리들이 하고 있는 일이 좋지 않을 때는 필요한 변화를 만들 수 있는 용기를 가지는 것이다. 두려움을 극복하고 위험을 감수하면 우리들 카르마의 무늬는 새로운 선택에 따라 변화한다. 인생의 끝에 이르면 괴물이 우리들의 영혼을 삼키려고 기다리는 것이 아니며 우리는 선생이자 안내자인 그들 앞에서 가장 엄격한 자신의 비평가가 된다. 이 때문에 카르마는 공정하고도 자비롭다. 우리는 영적인 카운슬러와 동료들의 도움을 얻어 우리가 한 일에 대한 적절한 평가를 내릴 수 있다.

  윤회를 믿는 사람들 중 일부는, 몇 번의 인생을 살 만큼 살고도 그들의 교훈을 배우지 못하는 부정적인 영혼이 있다면 그 영혼은 제거되며 배울 열성이 있는 영혼들이 그 자리를 대신 차지한다고 생각한다. 그러나 피술자들은 이 전제를 부인한다.

  모든 영혼에게 획일적인 자기 발견의 길이란 없다. 한 면담자가 내게 말했듯 '영혼은 영적 전쟁이 있는 동안만 지구에 배치된다.' 이것은 영혼이 성장을 위한 변화를 시도하려고 시간과 기회를 갖는다는 뜻이다. 인간의 육체를 가지고 계속해서 부정적인 태도를 나타내는 영혼은 바꾸려는 노력을 부단히 함으로써 이 난관을 극복해야 한다. 내가 본 바에 따르면, 이 지구에서 많은 인생을 살면서 노력하는 영혼에게는 부정적인 카르마는 남지 않는다.

  영혼이 인간적인 변덕, 반사회적이고 파괴적인 행동에 대한 책임을 전적으로 져야 하느냐 아니냐 하는 것은 이미 알려진 의문이다. 영혼은 그들에게 주어진 새로운 인간들과 저마다 다른 방법으로 지내는 길을 모색해야만 한다. 영혼의 영원한 정체성은 그 영혼의 개성인 특별한 성격으로 인간의 마음에 도장을 찍는다. 그럼에도 불구하고 영혼의 마음과 인간의 두뇌 사이에는 이상한 이중성이 있음을 나는 발견한다. 독자들이 영계에서의 영혼 존재를 더 알게 된 다음에 이 개념에 대해 좀 더 얘기하겠다.

5
오리엔테이션

 돌아오는 길에 우리를 마중했던 영체들이 사라지고 나면 치유의 공간으로 갈 준비가 된다. 그다음에 우리는 영적인 환경에 재적응할 수 있도록 오리엔테이션을 받기 위해 한 번 더 멈춘다. 여기서 우리는 안내자들에게 심사를 받는다.
 형체 없는 우주를 논하는 것이기 때문에 나는 영적인 장소를 편리하게 우주적인 용어로 부르겠다. 다음에 멈추게 되는 장소를 피술자들은 서로 다른 이름으로 칭하지만, 영혼으로서 그들이 거기서 무엇을 하는가 하는 설명의 유사성은 놀랄 만하다. 방이라든가 여행 숙소, 쉬는 지역 속에 있는 공간 같은 여러 말로 설명을 하나 가장 흔한 것은 '치유의 장소'다.
 나는 치유의 구역을 지구 인생의 전쟁에서 돌아오는 손상된 영혼을 위한 야전병원 같은 곳으로 생각한다. 나는 이 재생 과정을 여러 번 거처온, 진보된 영혼의 남성 피술자를 골라서 이 장소의 성격을 설명하도록 했다.

케이스 11

닥터 N : 영계에서 죽은 다음에 만났던 친구들과 헤어진 후에 당신의 영혼은 어디로 갑니까?

영 : 한동안은 혼자 있다가… 광막한 공간으로 움직여 가지요….

닥터 N : 그다음에는 무슨 일이 있습니까?

영 : 내가 볼 수 없는 어떤 힘에 이끌려 좀 더 갇힌 공간… 순수하게 에너지가 있는 입구로….

닥터 N : 그곳은 어떻습니까?

영 : …치유의 장소이지요.

닥터 N : 거기서 하는 경험을 가능한 한 자세히 설명해주십시오.

영 : 나는 들어가서 밝고도 따스한 빛을 보아요. 빛은 액체 에너지처럼 내게 와요. 처음에는 내 주변을 휘도는 증기… 수증기 같기도 한 것이… 마치 살아 있는 것처럼 내 영혼을 부드럽게 어루만져요. 그러다가 그것은 불처럼 내 속에 스며들어 나를 목욕시키고 내 상처들을 깨끗하게 해요.

닥터 N : 누가 당신을 씻겨줍니까, 아니면 이 빛줄기가 어디선가부터 나와서 당신을 감싸는 겁니까?

영 : 나는 혼자지만 지휘 아래 있는 거예요. 나의 정수는 목욕되어지

죠… 지구에 노출되었던 나를 복구시켜요.

닥터 N: 이 장소는 하루 종일 힘든 노동을 한 후에 시원하게 샤워를 하는 것과 흡사하다고 내가 전에 들은 일이 있습니다.

영: (웃는다.) 한평생이 걸린 힘든 노동이죠. 샤워보다 더 좋아요. 그리고 젖지도 않는답니다.

닥터 N: 이젠 육체가 없는데 어떻게 이 에너지 샤워가 영혼을 치유합니까?

영: 내 존재… 속으로 들어와서요. 나는 지난번 인생과 육체에 지칠 대로 지쳤어요.

닥터 N: 육체적인 몸과 마음이 상한 것이 죽은 후 영혼에 감정적인 표를 남깁니까?

영: 글쎄, 그래요! 나의 진정한 표현, 존재로서 내가 누구인가 하는 것은 내가 점유했던 두뇌와 육체의 영향을 받아요.

닥터 N: 그 육체와 영원히 헤어진 지금도?

영: 모든 육체는… 우리들에게 적어도 한동안은 표적을 남겨요. 내가 가졌던 육체 중에서 어떤 것들은 아주 사라지지 않아요. 육체로부터 자유로워졌다고 해도 어떤 인생들을 살았던 육체들의 특출 난 기억은 그냥 남아요.

닥터 N: 좋아요, 이제 치유의 샤워를 끝내고, 무엇을 느끼는지를 얘기해주십시오.

영: 나는 빛 속에 멈춰 있어요… 빛은 내 영혼을 속속들이 비추고… 부정적인 바이러스 대부분을 씻어내요. 나를 지난 생의

매임에서 놓여나게 하고 다시 완전하도록 나를 변화시켜요.

닥터 N: 샤워는 누구에게나 같은 효과를 줍니까?

영: (사이를 두고) 내가 더 미숙하고 경험이 적었을 때는 더 많이 망가져서 여기 왔었어요. 그때는 여기 에너지로 부정적인 것을 완전하게 씻어낼 줄을 몰라서 효과가 적었던 것 같아요. 치유 에너지가 있었음에도 불구하고 옛 상처를 더 오래 가지고 있었어요.

닥터 N: 그렇군요. 그럼 이젠 무엇을 하십니까?

영: 내가 복구되면 나는 여기를 떠나 안내자와 얘기하기 위해 조용한 장소로 가요.

내가 치유의 샤워라고 부르게 된 이 장소는 돌아오는 영혼들의 재생을 위한 전주에 불과할 뿐이다. 이후에 즉시 있게 되는 (미숙한 영혼일수록 필수인) 오리엔테이션 단계에는 안내자와 충실한 상담이 이루어진다. 새로 기운을 차리고 온 영혼은 방금 마친 인생을 돌아다보게 된다. 오리엔테이션은 또한 감정적인 모든 것을 풀어내고 영계에 적응하도록 설계되어 있다.

피술자들이 오리엔테이션에 관해 설명하는 것을 들어보면 안내자들은 부드러우면서도 집요하다. 좋아했던 초등학교 선생님을 상상해보면 당신은 짐작이 갈 것이다. 당신의 모든 학습 습관과 장단점과 두려움을 다 아는 엄격하고도 관심을 가져주는 영체가 당신이 하려고 하는 한 도와주려 한다는 것을 생각해보라. 당신이 노력을 안 하면 모든 발전은 제자리걸음이다. 영적인 선생들한테 숨길 수 있는 것은 없다. 텔레파시로 통하는 세계에서는 핑계나 속임수는 존재하지 않는다.

오리엔테이션 장면들은 영혼 개개인의 개성과 방금 마친 인생의 마음 상태에 따라 달라진다. 영혼들은 그들의 오리엔테이션이 흔히 방에서 이루어졌다고 진술한다. 이 장면의 주변 장치와 첫 회합의 심도는 각 인생 후마다 달라질 수 있다. 다음 사례는 더 높은 힘들이 돌아오는 영혼에게 위안을 주고자 하는 짧은 예다.

케이스 12

영 : 이 장소 중앙에 내가 어렸을 때 그렇게도 행복했던 내 침실이 있어요. 장미 무늬 벽지가 발라져 있고 할머니가 나한테 만들어준 두꺼운 분홍 이불과 삐걱대는 스프링 매트에 네 기둥이 달린 침대가 있어요. 괴로울 때면 할머니하고 마음을 터놓고 얘기를 했었는데, 할머니도 여기 있어요. 할머니는 내가 좋아하는 완구 동물들이 놓인 내 침대 가에 걸터앉아 나를 기다려요. 주름진 할머니 얼굴은 언제나 그렇듯이 사랑으로 가득 차 있어요. 좀 지나니까 할머니가 나의 안내자인 아메푸스라는 것을 알겠어요. 나는 아메푸스한테 방금 마친 인생에서 있었던 슬펐던 일, 행복했던 일을 얘기해요. 나는 잘못했던 것을 알겠으나 할머니는 너무도 다정히 대해줘요. 내가 회상을 하는 동안 우리는 함께 웃고 또 울어요. 그리고 나서 우리는 내 인생

에서 내가 할 수도 있었는데 하지 않았던 모든 것에 대해 논의해요. 그렇지만 결말에 이르면 다 괜찮아요. 할머니는 내가 이 아름다운 세상에서 쉬어야 한다는 것을 알아요. 나는 편히 쉬려고 해요. 나의 진짜 집은 이곳이므로 다시 지구로 못 가도 난 상관없어요.

좀 더 진보된 영혼들은 이 단계에서 어떠한 오리엔테이션도 필요치 않다는 것이 확연해진다. 그렇다고 해서 내가 면담한 사람들 중 10%에 해당하는 그런 영혼들이 지구에서 돌아오는 파도를 타고 그들의 안내자를 그냥 지나쳐 간다는 뜻은 아니다. 누구나 다 지난 인생에 대한 책임이 있다. 그들이 인생에서 맡았던 역할을 어떻게 해석해서 어떻게 행동했는가를 평가받는다. 진보된 영혼들은 나중에 마스터 선생과 인터뷰를 한다. 경험이 부족한 영체들은 육체에서 갑자기 영체로 바뀌는 것에 대한 적응이 어렵기 때문에 카운슬러들이 각별한 관심을 쏟는 것이 통례다.

내가 선택한 다음 사례는 치유적인 측면에서 좀 더 깊이가 있는 영적 오리엔테이션이다. 앞으로 지녀야 할 행동양식을 위해서 지나온 태도와 느낌을 연구하는 것은 안내자가 하는 전형적인 일들이다. 케이스 13의 피술자는 보통을 넘는 키와 몸무게를 지닌, 32세의 압도하는 듯한 강한 여성이다. 진바지에 부츠를 신고 헐렁한 운동 셔츠를 입었다. 어느 날 헤스터는 흥분 상태로 상담실에 도착했다.

그녀가 꺼내놓은 문제는 세 가지로 나눌 수 있었다. 그녀는 부동산

중개업자로서 성공적인 삶을 살고 있으나 너무 물질적이고 허전해서 불만족스러웠다. 또한 헤스터는 자신이 여성적인 매력을 결여하고 있다고 느꼈다. 옷장에 가득 차 있는 아름다운 옷들이 '입기 증오스럽다'고 말했다. 그녀는 평생토록 얼마나 쉽게 남자들을 조종할 수 있었는가를 말하며 "자신에게 있는 남성적인 공격성이 여성으로서 미완성이라는 느낌을 갖게 한다."고 했다. 어린 소녀 때는 인형을 가지고 놀지 않았으며 드레스 입기를 피하고 남자애들과 경쟁적인 운동을 하며 지냈다.

그녀의 남성적인 느낌은 변하지 않았지만 한 남자를 만났고, 그는 남편이 되었다. 왜냐하면 그 남자는 그녀가 지배하는 관계를 받아들였기 때문이다. 육체적으로 지배하는 한도 내에서, 그리고 남편 또한 그러는 것을 좋아했으므로 그녀는 섹스를 즐길 뿐이라고 말했다. 그러고서 오른쪽 귀 뒤의 두통을 호소했는데, 그것은 병원 검사 결과 스트레스에서 오는 두통으로 판명되었다.

나는 면담 중에 그녀가 최근에 남성의 인생을 계속 경험했음을 알았다. 1880년대에 오클라호마주에서 로스 휄던이란 이름의 검사로 짧은 생을 살기도 했다. 로스였을 때는 33세의 나이로 호텔 방에서 머리에다 총을 쏘아 자살을 했다. 로스는 검사로서 그의 인생 방향이 실망스러웠다.

대화가 진행됨에 따라 독자들은 피술자가 격렬한 감정을 표출하는 것을 보게 될 것이다. 회귀치유사들은 그런 상태를 고조된 반응이라고 한다. 그것은 새로운 생명을 부여하는 상태에 있는 것을 의미하는 것으로서, 피술자가 관찰자로서 참여하는 최면요법과는 상반되는 것이다.

케이스 13

닥터 N: 치유의 샤워를 끝내고 어디로 갑니까?

영: (호응하며) 나의 조언자를 만나러 가요.

닥터 N: 그게 누구인데요?

영: (사이를 두고) …디이스… 아뇨… 그의 이름은 클로디스예요.

닥터 N: 영의 세계로 들어올 때 당신은 클로디스하고 얘기했습니까?

영: 전혀 준비가 없었어요. 나는 부모님을 보기만 원했었어요.

닥터 N: 그런데 왜 이제 와서 클로디스를 만나려 합니까?

영: 난… 나 자신에 관한… 이야기를… 할 거예요. 인생이 끝날 때마다 늘 했었지만 이번에는 정말로 할 거예요.

닥터 N: 왜요?

영: 내가 자살을 했거든요.

닥터 N: 지구에서 살 때 자살을 한 사람은 영으로서 어떤 벌 같은 것을 받습니까?

영: 아뇨, 아니에요. 여기는 벌 같은 것은 없어요. 그건 지구에나 있는 조건이죠. 클로디스는 내가 일찍 인생을 끝냈다는 것과 내가 난관을 대면할 용기를 가지지 못했었던 것에 대해 실망할 거예요. 내가 했던 방식으로 죽음을 선택했다는 것은 후에 다시 다른 인생으로 돌아와서 똑같은 것을 전부 다 반복해야 하는 것을 뜻해요. 일찍 마쳐버렸기 때문에 나는 시간만 많이 낭

비했어요.

닥터 N : 그럼 아무도 당신이 자살한 것에 대해 처벌하지 않습니까?

영 : (잠시 생각하다가) 그렇다고 해서 친구들이 동정해주는 것도 아니에요… 나는 내가 한 일에 대해 슬픔을 느껴요.

자살을 한 영들은 대개 이상과 같은 태도를 보이고 있지만, 만성적인 육체적 고통이나 전혀 기능을 할 수 없는 육체를 가지고 살던 사람이 자기 목숨을 끊은 경우에는 영혼으로서 후회하지 않는다는 것을 나는 덧붙이고 싶다. 그들의 안내자나 친구들 역시 이런 동기로 자살을 택한 것에 대해서는 좀 더 관대한 태도를 취한다.

닥터 N : 자, 그럼 클로디스하고 만나는 장면으로 갑시다. 먼저 당신의 조언자를 만나러 가며 거기가 어떻게 생긴 데인지 설명해주십시오.

영 : 나는 방으로 가요… 벽이 있는…. (웃는다.) 오, 버크혼이군요!

닥터 N : 그게 뭡니까?

영 : 오클라호마에 있는 목축인들의 멋진 바예요. 난 그곳에 한잔하러 가는 것을 좋아하지요. 친밀한 분위기, 나무로 된 아름다운 벽면, 속을 넣어 만든 가죽 의자들…. (사이를 두고) 클로디스가 테이블 중 하나에 앉아서 나를 기다려요. 이제 우리는 얘기를 할 겁니다.

닥터 N : 영의 세계에서 어떻게 오클라호마 바를 갑니까?

영 : 우리들의 마음을 편케 해주려고 하는 좋은 일들 중에 하나죠. 그러나 그뿐이에요. (깊은 한숨을 내쉬며) 이 면담은 바에서 파티를 하는 것 같진 않을 거예요.

닥터 N : 지난 인생에 관해 안내자와 친밀한 대화를 나누게 된다는 것이 좀 우울한 것 같습니다.

영 : (방어적으로) 내가 망쳤기 때문이에요! 나는 클로디스를 만나서 왜 일들이 잘 안 됐었는지를 설명해야만 해요. 인생은 너무도 힘들어요! 나는 옳게 하려고 노력했으나… 그러나….

닥터 N : 무엇을 옳게 하나요?

영 : (조바심을 내며) 클로디스하고 목표를 정해놓고 그것을 충실히 지키기로 약속을 했었거든요. 클로디스는 로스인 나에 대해 기대를 가졌지요. 제기랄! 난 이걸 가지고 클로디스와 얼굴을 맞대어야 해요….

닥터 N : 로스로서 배워야 했던 교훈에 대해 조언자와 맺었던 약속을 지키지 못한 느낌입니까?

영 : (참을성을 잃고) 물론 나는 엉망이었지요. 나는 다시 똑같이 반복해야만 해요. 언제나 완전하게 해낼 수는 없는 것 같군요. (사이를 두고) 그리고 지구의 아름다움이 아니라면, 새와 꽃과 나무들이 없다면, 나는 절대 지구로 돌아가려고 하지 않을 거예요. 삶은 문제투성이예요.

닥터 N : 마음이 산란한 것을 알겠습니다. 그러나 당신은….

영 : (이성을 잃고 떨며) 무엇 하나도 속일 수가 없어요. 여기 있는 사

람들 모두가 나를 너무도 잘 알아요. 클로디스한테 숨길 수 있는 것은 없어요.

닥터 N : 깊이 숨을 한 번 쉬고 버크혼 술집으로 가서 당신이 무얼 하는지 얘기해주십시오.

영 : (침을 삼킨 후 어깨를 펴고) 나는 떠가서 바 앞쪽 둥근 테이블에 있는 클로디스 맞은편에 앉아요.

닥터 N : 이제 클로디스 곁에 갔으니, 클로디스가 당신의 지난 인생에 대해 당신만큼 화가 났다고 생각합니까?

영 : 아니요. 내가 했던 일과 또 안 했던 일에 대해 내 자신이 더 울화가 일어요. 클로디스는 이것을 알고 있지요. 조언자들은 불만족스럽더라도 우리에게 무안을 주지 않지요. 그러기에는 그들은 너무도 우월하지요.

오리엔테이션 동안 상담자의 직접적인 도움은 치유 과정을 촉진시키나, 그렇다고 해서 영혼의 발전을 저해하는 방어 성향이 완전히 제거되는 것은 아니다. 감정적으로 고통스러운 과거의 기억은 우리 육체처럼 쉽게 죽지 않는다. 헤스터는 온전한 시각으로 자신이 로스로서 살았던 부정적인 인생의 각본을 명확히 보아야 한다.

최면 상태에서 영적인 오리엔테이션 장면을 재현하는 것은 치료자인 나에게도 도움이 되었다. 역할을 맡아 연기하는 심리 드라마의 기술이 오래된 관념들과 감정들을 드러내는 데 유용하다는 것을 나는 알았다. 케이스 13은 꽤 오랜 오리엔테이션을 거쳤고 나는 그것을 줄여서 소개했다. 그러고서 나는 케이스 D의 안내자에 대해 질문을 시작했다.

로스 휄던의 인생이 펼쳐지는 동안 나는 로스와 안내자인 클로디스 사이에서 중간 역할을 하는 제3자의 입장을 취하겠다. 이 형태 안에서 나는 헤스터-로스가 클로디스의 생각을 말하게 하겠다. 피술자들과 안내자들의 협력은 높은 영체들로부터 도움을 끌어내는 일이며 문제들을 날카롭게 조명해본다는 뜻이 된다. 나 자신의 안내자도 참여해서. 나를 이끌어주는 것 같음을 나는 가끔씩 느끼곤 한다.

나는 별 이유도 없이 안내자들을 불러내는 일을 조심한다. 피술자들의 안내자와 직접 교류를 하는 것은 언제나 불확실한 결과를 불러왔다. 내가 끼어드는 방법이 서투르거나 필요한 게 아닐 때 안내자들은 피술자들의 반응을 침묵 또는 은유적인 막연한 언어로써 막아버린다.

안내자들이 피술자들의 성대를 통해서 말하도록 해보기도 했으나 그럴 때 안내자들의 말은 거의 알아들을 수가 없었다. 피술자들이 안내자를 대신해서 말하는 것이 안내자가 피술자의 성대를 통해 말하는 것보다 듣기 쉬웠다. 이 사례에서 클로디스는 헤스터-로스를 통해 내게 자유롭게 면담하도록 허용해주었다.

닥터 N: 로스, 클로디스와의 오리엔테이션에서 심리적으로 어떤 일들이 일어났는지를 우리는 처음부터 알아야겠습니다. 도와주기를 바랍니다. 그렇게 하시겠지요?

영: 네, 그러죠.

닥터 N: 좋습니다. 그럼 당신은 이제 좀 특별한 일을 하겠습니다. 셋을 세면 당신은 클로디스도 되고 당신 자신도 되는 이중의 역할을 할 수 있게 됩니다. 당신은 이 능력으로 인해 당신의 생각도 내게 말할 수 있고 당신 안내자의 생각도 내게 말할 수 있습니다. 내가 질문을 하면 당신은 실제로 당신의 안내자가 되는 겁니다. 준비되었습니까?

영 : (주저하며) 난… 그런 것 같아요.

닥터 N : (빠르게) 하나, 둘, 셋! (변이를 촉진하기 위하여 피술자 이마 위에 손바닥을 댄다.) 이제 클로디스가 되어서 그의 생각을 당신을 통해 말하게 하세요. 당신은 지금 로스 휄던과 테이블을 마주하고 앉아 있습니다. 로스한테 뭐라고 말합니까? 빨리! (나는 피술자가 어려운 나의 지시에 비평적인 사고 없이 즉각 반응하기를 바란다.)

영 : (그 자신의 안내자가 되어 피술자는 느릿하게 반응한다.) 그렇다… 넌 더 잘할 수도 있었다.

닥터 N : 빨리, 다시 로스 휄던이 되세요. 테이블 다른 편으로 가서 클로디스에게 대답하십시오.

영 : 난… 노력했으나… 목표에는 못 미쳤어요.

닥터 N : 다시 자리를 바꾸십시오. 클로디스의 생각이 되어 로스에게 말하십시오. 빨리요!

영 : 당신의 인생에서 바꿀 수 있는 것이 있었다면 그건 무엇이었을까?

닥터 N : 로스가 되어 말하십시오.

영 : 부패되지… 않는 것… 명예와 돈에.

닥터 N : 클로디스가 되어 대답하십시오.

영 : 왜 본래의 목적을 잃고 이런 것들에 지고 말았는가?

닥터 N : (목소리를 낮춘다.) 당신은 잘하고 있습니다. 테이블에서 자리를 바꾸는 것을 계속해서 하십시오. 이제 당신 안내자의 질문에 대답하십시오.

영 : 나는 속해 있고 싶었어요… 사회 안에서 중요한 사람인 듯이 느끼고 다른 사람들 위에 군림하여 존경받기 위해… 내가 가진 힘에 대해서.

닥터 N : 클로디스가 되어 말하십시오.

영 : 특히 여자들과의 관계에서였다. 네가 애정도 없이 여자들을 지배하려 성적으로 정복했던 것을 나는 보았다.

닥터 N : 로스가 되어 말하십시오.

영 : 네… 그랬죠…. (머리를 가로저으며) 얘기할 필요도 없어요… 어쨌거나 당신은 다 알고 있어요.

닥터 N : 클로디스가 되어 대답하십시오.

영 : 오, 그래도 얘기하라. 너는 이런 문제들을 가지고 자기 성찰을 해야 한다.

닥터 N : 로스가 되어 대답하십시오.

영 : (도전적으로) 내가 내 권세를 휘두르지 않았었다면 사람들은 나를 조종했을 거예요.

닥터 N : 클로디스가 되어 대답하십시오.

영: 그럴 가치가 없는 일이었다. 너는 시작한 바로 그 자리로 돌아왔을 뿐이다. 우리는 너의 부모를 주의 깊게 선택했었다.

휄던 가정은 정직하고 참을성이 많은 검소한 농부의 집안으로, 로스를 법률 공부 시키느라고 희생을 많이 했다.

닥터 N: 로스가 되어 대답하십시오.

영: (급하게) 그래요, 알아요. 부모님은 나를 이상주의자로 키웠어요. 약한 자들을 도우라고요. 나도 그러고 싶었고요. 그랬는데 잘 안 됐어요. 무슨 일이 있었는지 당신은 아시죠. 변호사로 출발했을 때 나는 빚을 진 상태였고… 영향력도 없었고… 되는 게 없었고요. 돈도 못 내는 사람들을 변호하면서 가난하게 살기가 싫어졌어요. 나는 농장이 싫었어요… 돼지하고 소들. 나는 실속 있는 사람들과 어울리는 게 좋았어요. 그러다가 검사로 일하게 되었을 때, 나는 세상 구조를 개조해서 농부들을 돕겠다는 생각을 가졌었어요. 잘못된 것은 구조였어요.

닥터 N: 클로디스로서 대답하십시오.

영: 구조 때문에 부패되었다고… 설명해보라.

닥터 N: 로스로서 대답하십시오.

영: (열렬히) 사람들은 낼 수도 없는 벌금을 물어야 했어요. 고의가 없이 죄를 지은 사람들을 내가 감옥으로 보냈고, 또 어떤 사람은 사형을 시켰어요. (목소리가 갈라진다.) 나는 합법적인 살인

자가 되었어요.

닥터 N: 클로디스가 되어 말하십시오.

영: 다른 사람들을 해친 범죄자를 기소한 것에 대해 왜 네가 책임을 느껴야 하는가?

닥터 N: 로스가 되어 대답하십시오.

영: 그들 중의 몇만… 대개는… 나의 부모님같이 제도에 얽매인 사람들로서… 살기 위해 돈이 필요했고… 그리고 머리가 병든… 그런 사람들도 있었어요….

닥터 N: 클로디스가 되어 대답하십시오.

영: 그럼 네가 기소한 범죄자들의 희생자들은 어떻게 되는가? 너는 사회를 돕고 농장과 마을을 정의로 더욱 안전하게 하려고 법률가의 삶을 택하지 않았느냐?

닥터 N: 로스가 되어 대답하십시오.

영: (큰 소리로) 모르시겠어요? 잘 되지가 않았다니까요. 나는 부조리한 사회에 의해 살인자가 되고 말았어요!

닥터 N: 클로디스가 되어 응하십시오.

영: 그래서 너는 자살을 했느냐?

닥터 N: 로스로서 대답하십시오.

영: 나는 대열에서 낙오되었어요… 나는 이름 없는 사람으로 돌아갈 수가 없었어요… 그렇다고 앞으로 나갈 수도 없었어요.

닥터 N: 클로디스로서 대답하십시오.

영: 너는 개인적인 이익과 명성을 추구하는 무리들 중에 쉽게 어울

리고 말았다. 이건 네가 아니다. 너는 왜 너 자신으로부터 숨어버렸나?

닥터 N: 로스가 되어 대답하십시오.

영: (화를 내며) 왜 나를 더 도와주지 않으셨습니까? 내가 공익 변호인으로 시작했을 때에요.

닥터 N: 클로디스로 대답하십시오.

영: 어려움에 부딪힐 때마다 내가 너를 도와주어야만 한다면 영혼의 발전에 무슨 도움이 되겠느냐?

닥터 N: (나는 헤스터에게 로스로서 대답하라고 했으나 헤스터는 침묵을 지켰다. 나는 말했다.) 로스, 내가 끼어들어도 된다면… 클로디스는 당신이 지금 느끼는 고통에 대한 보상과 당신의 지난 인생에서 잘못된 것을 비난하는 것, 이 두 가지를 묻고 싶어 하는 것 같습니다.

영: (사이를 두고) 동정을 원하는 것… 아마도.

닥터 N: 좋아요, 이 생각에 대해 클로디스가 되어 대답하십시오.

영: (아주 천천히) 너는 무엇을 더 바라느냐? 너는 내면 깊숙이 내려가지 않았다. 나는 너의 마음속에 절제, 겸손, 책임, 원초적인 목표, 너의 부모의 사랑에 대한 생각을 넣어두었다… 너는 이런 생각들을 무시하며 행실을 고치지 않았다.

영: (나의 지시 없이 로스가 답한다.) 당신이 준 기회들을 놓쳐버렸다는 것을 나는 알아요… 나는 기회를 낭비했고… 나는 두려웠어요….

닥터 N: 이 말에 클로디스로서 답하십시오.

영: 당신은 당신의 사람됨에 대해서 가장 가치 있게 생각하는 것이 무엇인가?

닥터 N: 안내자에게 답하십시오.

영: 지구의 실정을 변화시키려는 열망을 가졌지요. 지구에 사는 사람들을 위해 무엇인가를 하고 싶어 하며 인생을 시작했었어요.

닥터 N: 클로디스로서 답하십시오.

영: 그 의무를 일찍 포기했으니 너는 또다시 기회를 잃고 말았다. 위험을 무릅쓰지 않았던 것, 너를 손상케 한 인생길을 택했다는 것, 너 아닌 다른 사람이 되려고 애를 썼다는 것, 그래서 또다시 슬프게 되었다.

시술 중에 오리엔테이션 과정을 재연할 때는 성격의 다양한 변화를 가져온다. 케이스 13이 클로디스로 말할 때, 그녀의 반응은 헤스터나 전생의 로스 때보다 더 명확하고 더 결정적인 성향을 띤다. 영적인 오리엔테이션 중에 그들의 안내자가 하는 말을 피술자가 깊이 있게 전하도록 하는 일이 언제나 잘 되지는 않았다. 그럼에도 불구하고 영적으로 어떠한 장치 속에서 이루어지든지 간에 전생의 기억은 현재의 문제와 겹치곤 했다.

내가 시간을 옮겨가는 동안에 나의 피술자와 그녀의 안내자가 정말로 버크혼 바에서 얘기를 했는가 안 했는가에 나는 별 관심이 없다. 인간 로스 휄던은 죽었다. 그러나 헤스터는 똑같은 수렁 속에 빠져 있고 나는 그녀의 이 파괴적인 행동양식을 부술 수 있기를 원하는 것이다. 나는 그녀와 더불어 그녀의 안내자가 제시했던 자기 개념(self-concept)의 결핍, 소외감, 그리고 잃어버린 가치관들에 대해서 돌아보는 시간을 잠깐 가졌다. 클로디스에게 계속해서 돌보아달라고 부탁한 후 나는 오리엔테이션 장면을 접고, 바로 헤스터를 오늘날 현생으로 재탄생하기 직전의 영적 단계로 데려간다.

닥터 N: 로스로서의 인생을 경험하였고 영의 세상에 머무르며 진실한 영적 정체성을 훨씬 더 잘 이해하게 되었는데, 당신은 왜 현재의 육체를 선택했습니까?

영: 사람들에게 위협을 주지 않으려고 여자가 되기로 했어요.

닥터 N: 그래요? 그런데 20세기에 왜 그렇게 강하고 억센 여자의 몸을 택했습니까?

영: 법정에서 검은 옷 입은 검사를 보게 되진 않을 거예요. 이번에 나는 깜짝 상자예요.

닥터 N: 깜짝 상자? 무슨 뜻입니까?

영: 여자라면 남자들이 덜 위협을 느끼겠죠. 그들이 방심한 틈을 타서 죽도록 놀라게 하는 거예요.

닥터 N: 어떤 남자들 말입니까?

영: 거물들이죠… 사회 속의 권력 구조… 내가 여자라고 안심하고 있도록 한 후에 덜미를 잡죠.

닥터 N: 덜미를 잡은 다음에는 무엇을 합니까?

영 : (왼쪽 손바닥을 오른쪽 주먹으로 친다.) 못 박는 거죠. 이 세상에 있는 작은 물고기를 먹어 없애는 상어 떼들로부터 약한 자를 구해내는 거죠.

닥터 N : (나는 초의식 상태에 든 그녀를 그대로 현재로 옮긴다.) 당신이 이 인생에서 여자로 태어나기를 원한 이유를 내가 말해보겠습니다. 당신은 전생에서 남자로 살 때 도움을 줄 수 없었던 사람들을 돕고 싶어 했군요. 옳습니까?

영 : (슬프게) 예, 그러나 이것이 최선책은 아니었어요. 내가 생각했던 대로 일이 되어가지 않아요. 나는 아직도 강하고 힘을 자랑해요. 잘못된 방향으로 에너지가 막 나가고 있어요.

닥터 N : 어떤 방향으로 잘못됐습니까?

영 : (간절히) 나는 똑같은 짓을 하고 있어요. 사람들을 잘못 대하고. 나는 남자에게 겁주는 여자의 몸을 선택했는데, 나는 내가 여자같이 느껴지지 않아요.

닥터 N : 예를 들어보십시오.

영 : 성적으로도 그렇고 사업에서도 그래요. 나는 또다시 힘겨루기를 하고 있어요… 원칙을 밀어놓고… 전처럼 트랙에서 이탈되었어요. (로스 때처럼) 이번에는 부동산 협상을 조종해요. 돈 버는 일에만 관심이 가요. 나는 지위를 원해요.

닥터 N : 그것이 어떻게 당신을 해칩니까?

영 : 전생에서처럼 이생에서도 돈과 지위는 내게 마약 같아요. 이생에 여자로 태어났어도 사람들을 조종하려는 욕망은 똑같아요.

아주… 어리석죠….

닥터 N: 여자로 태어나려 했던 그 동기가 잘못됐다고 생각합니까?

영: 네, 남자로 사는 게 더 자연스러울 것 같아요. 이번에 여자로 나면 나는… 더 교묘하리라 생각했었어요. 이번에는 다른 성으로 태어나서 다시 한 번 해보려 했고, 클로디스도 그러라고 했어요. (의자에 앉은 몸의 기운을 빼며) 실책이죠.

닥터 N: 당신 자신을 좀 가혹하게 대하는 것 같지 않습니까? 나는 당신이 배워야 할 교훈을 얻기 위해 여성의 인식과 직관이란 측면의 전과 다른 관점에서 보려고 여자로 태어났다는 인상을 받는데요. 당신은 뭐랄까 남성적인 에너지라 할 것을 가지면서도 여성적일 수가 있는 거죠.

이 사례를 접하기 전에 나는 동성애에 관해 언급해야겠다. 내가 면담한 사람들 중의 대부분은 태어날 때 75% 정도가 하나의 성을 가진 몸을 택한다. 남자나 여자 되기를 선택해서 균형을 유지하려는 패턴은 모든 영혼에게 해당되나, 진보된 영혼의 경우는 아니다. 이것은 지구에 태어나는 대다수의 영혼이 성별을 선택한다고 해서 선택하지 않는 25% 경우가 불행하다는 의미는 아니다.

지금의 육체를 택한 헤스터를 굳이 동성애자나 양성애자라 할 것은 없겠다. 동성애자는 인간으로서 자신의 육체에 편안함을 느낄 수도 있고 않을 수도 있다. 동성애자와 면담할 때, 그들은 종종 그들의 동성애 성향이 '잘못된 성'을 선택했기 때문이냐고 묻는다. 면담 시간이 끝날 때쯤이면 그들의 의문은 대개 풀린다.

영혼이 성을 선택하게 되는 상황이 무엇이든 간에 지구에 태어나기 전에 그 성별은 결정된다. 동성애자들은 전생들에서 별로 살아보지 못했던 성을 실험해보고 싶어서 이생에 지금의 성을 택하기도 하는 것을 나는 본다.

우리 사회 속에서 동성애자의 존재는, 험난한 인생길을 걷는 성적인 치욕을 견뎌야 함을 뜻한다. 피술자 중 이 길을 택한 사람들을 보면 대개 과거 생에서 겪었던 일로 인해 여성·남성 간의 복잡 미묘한 정체성의 차이를 더욱 빨리 이해하고자 하는 카르마의 요구가 있었다. 케이스 13은 로스 휄던으로 살았던 때의 장애를 이번 인생에서 다시 한번 극복해보려고 여자가 되기를 선택했다.

헤스터가 30년을 넘게 기다렸다가 최면요법을 받고 로스로서의 과거 생을 아는 것이 태어난 때부터 아는 것보다 도움이 되었을까? 이전의 존재에 대한 의식적인 기억이 없는 것을 망각증이라 한다. 윤회를 믿는 사람들에게 있어서 망각증이란 당혹스러운 것이다. 우리는 왜 우리가 누구인지, 무엇을 해야 되는지, 진실로 우리를 돌보아주는 신성이 있는지를 삶 속에서 모색해야만 하는가? 나는 헤스터에게 망각증에 대해 물으며 면담을 마쳤다.

닥터 N: 당신은 왜 로스 휄던이었던 인생에 대해 의식적인 기억이 없다고 생각합니까?

영: 육체를 선택해서 지구로 돌아오는 계획을 세우기 전에 우리들

은 조언자들과 합의해요.

닥터 N: 무엇에 관해서입니까?

영: 우리는 합의하죠… 전의 인생들을… 기억하지 않기로.

닥터 N: 왜입니까?

영: 백지 상태에서 배우는 것이 이미 겪었던 일로 인해 앞으로 어떤 일이 일어나리라는 것을 미리 아는 것보다 낫기 때문이에요.

닥터 N: 하지만 이번 생에서 똑같은 함정에 빠지지 않으려면 전생의 잘못을 아는 것이 좋지 않겠습니까?

영: 과거를 죄다 안다면 같은 문제에 대해 전과 다르게 접근해보려는 시도도 없이 거기 너무 얽매일 우려가 있는 거예요. 새로운 인생은… 심각하게 받아들여야 하죠.

닥터 N: 또 다른 이유는 없습니까?

영: (사이를 두고) 옛 기억이 없으면 과거를 보복하려는… 자신에게 저질러진 잘못들을 상쇄하려는… 그런 선입견이 옅어진다고 조언자들은 말해요.

닥터 N: 지금까지는 헤스터인 당신 인생에 동기를 부여하고 당신 인생을 이끌어가는 것이 전생의 기억 때문인 것 같은 생각이 드는데요.

영: (힘 있게) 그래서 제가 선생님에게 온 거예요.

닥터 N: 그렇다면 당신은 아직도 지구에서는 영원한 영적 삶을 완전히 망각하는 것이 발전에 꼭 필요하다고 생각합니까?

영: 대강은 그래요. 하지만 이건 완전한 망각이 아니에요. 우리는

꿈속에서 잠깐잠깐 보죠… 곤경에 처했을 때 같은 경우… 그럴 때 사람들은 어떤 방향을 택해야 하는지 내면으로 아는 게 있어요. 그리고 가끔은 우리의 친구들이 조금씩 간섭해주고….

닥터N: 친구라면, 영의 세계에 있는 영체들을 말하는 겁니까?

영: 어… 친구들은 아이디어를 슬쩍슬쩍 흘려 힌트를 주죠. 나의 경우는 그랬어요.

닥터N: 어쨌거나 의식 차원의 망각증을 풀어버리려 당신은 내게로 왔군요.

영: (사이를 두고) 우리들은… 필요하면 알 수 있는 능력이 있어요. 내가 선생님 얘기를 들었을 때 나는 변화할 준비가 되어 있었던 거예요. 내게 이로운 일이기 때문에 클로디스는 나에게 선생님을 만나 과거 생을 보도록 했어요.

닥터N: 그러지 않았다면 당신은 망각증을 지닌 채 그대로 있었을까요?

영: 그렇겠죠. 그건 아직도 어떤 것을 내가 알아서는 안 된다는 걸 뜻하는 것이겠지요.

피술자가 정해진 시간 안에 최면 상태에 들어갈 수 없다든가 최면 상태 속에서 오로지 개략적인 기억만을 보고 말았다면 여기에는 이유가 있다. 과거의 기억이 이들에게 없어서가 아니고 기억들을 드러나게 할 준비가 안 되어 있음을 뜻할 뿐이다.

헤스터는 그 무엇인가가 그녀의 성장을 방해하고 있는 것을 느끼고 그것을 알아내고 싶어 했다. 영혼의 초의식은 우리의 계속적인 기억과 목적을 위한 기억의 저장고다. 인생의 어떤 시점에 이르면 인간의 물질적인 요구는 존재 이유에 대한 영혼의 목적과 조화를 이루어야만 한다. 나는 과거와 현재 경험의 균형을 맞추기 위해 상식적인 접근을 시도한다.

우리들의 영원한 정체성은 어떤 상태에서도 우리가 선택한 몸을 버리지 않는다. 기억 속에서나 명상 혹은 기도 속에서 진실로 우리가 누구인가 하는 기억은 매일매일 엄선된 생각들로 우리들에게 온다. 사소하고도 직감적인 방식으로, 망각의 구름을 뚫고 우리 존재의 정당성에 대한 단서를 준다.

두통의 근원을 풀어낸 다음, 나는 헤스터에게 남자를 위협하기 위해서 여자가 되었다는 이유 말고 또 다른 여러 이유가 있어 여성이기를 선택했음을 알게 하는 것으로 면담을 마쳤다. 나는 방어적이고 공격적인 그녀의 성향을 좀 낮추도록 하였다. 봉사하는 직업을 택하거나 서비스 일에 자원봉사자가 되는 가능성을 타진하며, 그녀가 직업상의 목표를 재조정할 수 있는 여러 길을 논의했다. 이제 그녀는 성별을 잘못 선택했다고 느끼기보다는 여자로서 사는 이 삶을 위대한 기회라 여기고 삶을 볼 수 있게 되었다.

하나의 사례가 끝날 때마다 영혼들의 참혹할 정도의 정직함에 대해 나는 찬탄을 금치 못한다. 영혼이 자신에게도 이롭고 주변에도 이로운 생산적인 삶을 보냈을 때, 그들은 영의 세계로 열정을 가지고 돌아간다. 그러나 케이스 13에서처럼 일찍 자살을 한, 그래서 지난 생을 낭비했다고 말하는 영혼들은 기가 좀 죽어 돌아간다.

5. 오리엔테이션

오리엔테이션에서 마음이 언짢아진다면 그 숨겨진 이유는 습득했던 과거 생의 모든 앎을 영혼이 다시 한번 대하게 되는 돌연성 때문일 것이다. 죽음 후 인간의 육체에서 벗어난 영혼은 갑작스런 인식 속으로 흘러든다. 살면서 행했던 어리석은 일들은 오리엔테이션에서 우리를 강타한다. 피술자들은 더 멀리 영의 세계로 갈수록 더욱 긴장이 풀리고 생각이 더욱 명확해진다.

사랑과 지혜같이 긍정적인 성분으로만 창조된 것이 영혼이므로 지구 같은 행성으로 와서 원시로부터 진화된 육체에 합칠 때 영혼에게 있어서 지구의 폭력은 충격이다. 인간들은 석기시대 이래 보존 의식에서 나온 공포와 고통으로 인해 노여움과 증오 같은 거칠고 부정적인 감정을 소유하고 있다.

영혼과 육체 사이에는 서로에게 도움이 되게끔 긍정적이기도 하고 부정적이기도 한 감정들이 섞여 있다. 만약 영혼이 사랑과 평화만을 안다면, 사물의 진상이나 깊은 속뜻 따위를 간파하는 힘을 얻어낼 수 없을 것이며 긍정적인 감정들이 주는 가치를 깊이 이해할 수도 없을 것이다. 영혼이 지구로 윤회하는 것은 인간 육체 속에 깃든 두려움을 정복하는 것이다. 케이스 13처럼 영혼의 세계로 상처 입거나 상해를 가지고 돌아오는 영혼들은 수많은 인생들을 거치면서 두려움으로 인해 생기는 부정적인 모든 감정들을 인내심으로 극복하려는 시도 속에서 성장한다. 영혼의 세계에서도 부정적인 것은 계속 남아, 새로운 몸으로 다른 인생을 살 때 다시 나타나기도 한다. 다른 한편으로 이것은 상호 교환이다. 영혼의 진실한 성품이 인간의 얼굴 위에 어리는 것은 기쁨이며 부술 수 없는 즐거움이다.

　안내자와 갖는 오리엔테이션은 인생들 사이에서 자신을 성찰해보는 긴 과정의 시작이다. 곧이어 우리는 더 진보된 마스터 영체들과 회합을 갖는다. 지난 장에서 나는 고대 이집트에서 갓 죽은 영혼이 지나온 인생에 대한 심판을 받으러 심판의 방으로 가는 것을 말했다. 죽은 직후에 여러 형태로 고통을 주는 심판이 우리를 기다리고 있다는 것은 여러 문화에서 종교적인 믿음의 일부가 되어 있다. 민감한 사람들은 고통스런 경우에 처한 경우 가끔 유체이탈을 해서 죽음 후의 어둠 속으로 무서운 유령들에게 끌려가 악마적인 심판관 앞에서 선고를 받는 악몽적인 광경을 보기도 한다. 나는 이러한 경우를 지옥이란 곳에 대한 강한 선입견이 작용한 것으로 보고 있다.

　고요하고 편안한 최면 상태에서 정신적인 레벨을 계속 유지시켜 가면, 피술자는 안내자와 첫 오리엔테이션을 갖게 된다. 그것은 앞서가는 영체들로 이루어진 배심원들 앞에 가기 위한 준비 과정이다. 그러나 법정이라든가 재판 같은 단어는 이러한 과정을 설명하는 데 쓰이지 않는다. 내가 면담한 사례의 사람들은 이런 현명한 영체들을 감독(director) 혹은 재판장이라 부르기도 하지만 대개는 마스터라든가 원로들이라고 말한다. 이 회의는 일반적으로 셋부터 일곱 사이의 멤버들로 구성되어 있는데, 영혼은 귀착지에 도착한 후에 그들 앞에 나서게 된다. 나는 이 회의를 다음 장 끝에서 더 자세히 다루겠다.

　안내자나 동료나 마스터 같은 영체들과 갖는, 영혼을 평가하는 모든 회의에는 한 가지 공통점이 있다. 전생에 관한 평을 받을 때, 인생 전반에 걸쳐 행한 행동 못지않게 우리가 선택했던 애초의 의도가 그 평가 기준이 된다. 그들은 우리들의 동기를 묻고 또 비평하지만, 우리들을 고통스럽게 만들려고 책망하는 것이 아니다. 4장에서 말했듯이 다른 사람을 해친 행동을 후회한다고 해서 그 영혼이 무죄가 되지는 않는다. 카르마의 업보는 앞으로 올 인생에서 지불하게 될 것이다. 인간의 두뇌에 선천적으로 윤리적인 도덕감이 결여되어 있으므로 양심은 영혼의 책임이라고 영적인 마스터들이 계속 우리들에게 일러주고 있다고 나는 들었다.

어찌 되었건 영혼 세계에는 용서가 넘치고 있다. 영혼의 세상에는 나이가 없고 우리들의 배움의 임무 또한 나이가 없다. 우리들은 성장하기 위하여 투쟁해볼 또 다른 기회를 갖게 된다.

안내자들과의 회의가 끝나면 우리들은 오리엔테이션 장소를 떠나 어마어마한 수의 영혼들이 통과하는 일종의 중앙 정거장 같은 곳에서 균형을 조정하는 활동, 흐름에 합류하게 된다.

6
가는 도중

경험에 관계없이 모든 영혼은 중앙역에 도착하게 마련이다. 그곳을 나는 계획하는 장소라고 부르겠다. 죽음 직후 영혼은 그 성숙도에 따라 다양한 속도로 움직인다. 오리엔테이션 장소를 떠난 다음에는 누구나 곧바로 영의 세계에 있는 이 공간으로 가는 것 같다. 돌아오는 수많은 영혼들은 거대한 무리를 이루며 흐른다.

때로 영혼들은 안내자들의 안내를 받으며 이곳으로 온다. 미숙한 영혼의 경우에 특히 그런 것 같다. 다른 영혼들은 보이지 않는 힘에 이끌려 여기에 왔다가 또 영계의 동료들이 기다리고 있는 곳으로 간다. 영혼이 다른 영체와 동행하는 것은 안내자의 의사에 따른 것 같다. 대부분의 경우 서둘러야 할 필요는 없으나 그렇다고 해서 여행길에서 빈둥거리며 지체하지는 않는다. 매 인생을 겪은 후 마음의 상태에 따라 이 길을 가는 느낌은 달라진다.

영혼의 집합과 이동에는 두 개의 단계가 있다. 이 장소는 영혼이 머무는 곳이 아니다. 영혼들은 여기에 모인 후 제각기 최종 귀착지로 향하게 된다. 이 합류 지점에 관한 것을 들을 때면 나는 모든 방면으로 비행기가 뜨는 대도시 공항의 터미널을 떠올린다. 수많은 여행객들에 섞여 걸어 다니는 나 자신의 모습을 보게 된다. 어느 피술자는 이 장소를 '커다란 마차 바퀴의 중심' 같다고 말하였다. 이 중심에서 우리는 정해진 장소로 바퀴살을 따라 옮겨진다는 것이다.

이곳은 서로 모르는 많은 수의 사람들이 효율적인 방법으로 혼잡스럽지 않게 드나드는 중심지라고 말한다. 고속도로에서 높이가 다른 여러 도로면을 연결하는 곳이며, 이곳이 모이고 흩어지는 유일한 집산지라고 생각하였다. 어떤 피술자는 이곳을 막힘없는 로스앤젤레스 프리웨이 같다고 말하기도 하였다.

겹겹이 싸인 안개 속 같은 영계의 첫인상이 이 장소로 들어설 때 분명히 바뀌는 것을 알게 된다. 영혼은 이제 천계의 거대한 구름 품안에 푸근히 안겨서 보다 통일된 천상계로 여행한다.

이 막힌 데 없는 장소에서 정해진 장소로 옮겨갈 준비를 하는 영들이 흥분된 목소리로 이야기하는 것을 듣는 것은 즐겁다. 영혼들은 자신들 앞에 펼쳐진 영원한 세계에 놀라며 이 안 어느 곳에 창조의 핵심이 있다고 믿는다.

자신들 주변에 활짝 핀 우산 같은 차양을 본 피술자들은 영의 세계를 다양한 빛으로 표현한다. 우리가 느끼는 짙은 어둠으로 이 공간을 말하는 것을 들어본 적은 없다. 이 원형극장 전방에 영혼들이 모여드는 것을, 무수히 반짝이며 온 데로 퍼지는 별빛같이 보인다고 피술자는 말한다. 어떤 것은 빠르게 움직이고 어떤 것은 뒤처진다. 좀 더 멀리에 있는 에너지 덩어리는 '안개 같은 베일에 싸인 섬들'처럼 보인다고 말한다. 영혼 세계에서 가장 뛰어난 특성이라면, 신비한 조화로움 속에서 모든 것을 지시하는 강력한 정신적인 힘을 계속 느낀다는 것이다. 사람들은 이곳을 순수한 생각의 장소라고 말한다.

생각은 여러 형태를 취한다. 돌아오는 영혼들은 이곳에서 그들을 기다리는 다른 영들을 만날 기대감을 가지기 시작한다. 이 친구들 중의 몇은 관문에서 이미 만났으나 대부분은 그렇지 않다. 영혼들이 서로 접촉하고 싶을 경우, (특히 움직이는 도중일 때는) 그들이 원하는 영체를 생각하기만 해도 예외 없이 그것이 이루어진다. 즉시 원하는 사람이 여행자 영혼의 마음에 나타나는 것이다. 영체들의 에너지에 의한 텔레파시 교류는 서로 보이지 않아도 가능하지만, 두 에너지는 실제로 가까이 다가가서 더욱 직접적인 교류를 한다. 영혼들이 가면서 보는 것에는 각각 차이가 있지만, 영적 여행과 가는 길과 귀착지에 대해서 말하는 것은 한결같다.

보고서들 중에서 영적인 최종 귀착지로 향하는 경험이 잘 설명되었으면서도 다른 피술자들이 말한 것을 대표할 만한 사례를 찾아보았다. 그러다가 성숙된 영혼의 소유자이며 생각이 깊은 40세의 그래픽 디자이너를 선택했다. 이 남자의 영혼은 오랜 세월의 윤생을 통해 이 코스를 많이 여행했었다.

케이스 14

닥터 N: 당신은 이제 영계에서 당신 영혼이 속하는 곳으로 가는 마지막 행로를 시작합니다. 셋을 세는 동안 이 여로의 세부적인 것들이 당신에게 확실해질 것입니다. 당신은 이 길이 익숙하기 때문에 보이는 모든 것을 보고하는 일이 쉬울 것입니다.

영: 네.

닥터 N: (목소리를 명령조로 높여) 하나, 우리는 시작합니다. 둘, 당신의 영혼은 오리엔테이션 장소에서 나왔습니다. 셋! 빨리, 당신의 첫인상은 무엇입니까?

영: 멀리멀리… 한계가 없는… 끝도 없는 공간… 영원한….

닥터 N: 영의 세계가 끝이 없다고 말하는 겁니까?

영: (오랜 사이를 두고) 솔직히 말하자면… 내가 떠 있는 곳에서는… 끝없는 듯 보여요. 그러다 정작 움직이기 시작하자 영의 세계가 변해요.

닥터 N: 어떻게요?

영: 모든 것이 형태 없이… 그냥 있어요… 그런데 내가… 더 빨리 날자… 거대한 그릇 속을 돌아다니는 걸 알겠어요… 거꾸로 된 그릇. 그릇의 가장자리가 어디 있는지 난 모르겠어요. 그런 게 있기나 한지도 모르겠고요.

닥터 N: 공같이 생긴 영계라는 느낌을 움직임이 주는 겁니까?

영: 네, 그런데 이건 느낌일 뿐이에요… 감싸여 있는 합일… 내가

빠르게 움직일 때면.

닥터 N : 왜 빠른 움직임이, 당신의 속도가, 당신에게 그릇 속에 든 것 같은 느낌을 줍니까?

영 : (오랜 사이를 두고) 그게 이상해요. 내 영혼이 흘러갈 때 모든 것이 똑바른 것 같지만, 그게 변해요… 접촉선상에서 빠르게 움직이자 둥글다는 느낌을 받아요.

닥터 N : 접촉선상이라니, 무슨 뜻입니까?

영 : 특정한 귀착지를 향하고 있는 선이죠.

닥터 N : 주어진 여정에서 빠르게 움직이는 것이 어떻게 당신에게 영계가 둥글다는 관측을 하게 합니까?

영 : 속력을 내면 이런 선들은… 구부러지는 것 같아요. 움직일수록 선들은 점점 더 명확한 방향으로 구부러지며 내겐 점점 더 자유를 주지 않아요.

이런 선을 다른 피술자들은 그물망 같은 공간에서 지표가 있는 힘에 의해 여행하는 것이라고 말한다. 그것을 '진동하는 줄'이라고 부른 사람도 있었다.

닥터 N : 자유가 적어진다는 것은 개인적인 조절이 적어진다는 뜻입니까?

영 : 네.

닥터 N : 구부러진 접촉선상에서 당신의 영혼이 어떻게 움직이는지 좀 더 정확히 설명할 수 있습니까?

영: 좀 더 목적이 있어진다는 거죠. 내 영혼이 선상의 어떤 장소를 향해 갈 때 나는 흰 물결의 흐름 속에 있는 것 같아요. 물 같지만 물의 질량은 아니에요. 흐름이 공기보다도 가벼운걸요.

닥터 N: 그렇다면 영적인 분위기에서는 물의 질량을 느끼지 않는다는 건가요?

영: 그래요, 느끼지 않아요. 내가 말하고 싶은 것은 물속에 있는 흐름 속에서 저절로 가고 있다는 것이죠.

닥터 N: 어떻게 그런 생각을 합니까?

영: 음, 우리 모두가 수영하는 것 같아요. 저절로 움직여 가죠. 우리가 조절할 수 없는 급류 속을… 누군가의 지휘 아래… 공간 속에서 위에도 가고 밑에도 가고… 우리 주위에 고체로 된 것은 없어요.

닥터 N: 위쪽에, 그리고 아래쪽에 목적을 가지고 여행하는 다른 영혼들이 있습니까?

영: 네, 시작은 시냇물이었는데요, 죽은 후 돌아오는 우리 모두가 커다란 강물 속으로 이끌려 들어간 것 같아요.

닥터 N: 돌아오는 영혼의 숫자가 가장 많아 보이는 때는 언제입니까?

영: 강들이 모일 때… 난 설명하지 못하겠어요….

닥터 N: 조금 더 해보십시오.

영: (사이를 두고) 우리들은… 바다로 모여들어… 느린 동작으로 모

두 함께 돌아요. 그러다 다시 나는 작은 지류로 이끌려 들었는데 아까보다 고요해요… 그 많은 마음들의 생각에서 떨어져… 내가 아는 마음으로 가고 있어요.

닥터 N: 이같이 냇물이나 강으로 끌려드는 것 같은 여행이 이후에도 있습니까?

영: 전혀 없어요. 이건 달라요. 산란하기 위하여 역류하는 연어처럼… 집으로 돌아가요. 거기 도착하면 우리는 이렇게 밀쳐지지 않아요. 우리는 떠다닐 수 있죠.

닥터 N: 집으로 갈 때까지 누가 당신을 밉니까?

영: 앞서가는 영혼들이죠. 우리들이 집으로 가도록 움직임을 책임지고 있는 영혼들.

닥터 N: 당신 안내자 같은 영혼들입니까?

영: 그보다 더 앞서가는 영혼이라는 생각이 드는데요.

닥터 N: 또 어떤 감정을 느낍니까?

영: 평화요. 다시는 떠나고 싶지 않은 평화가 있어요.

닥터 N: 다른 건 또 없습니까?

영: 오, 기대감도 있지요. 에너지 흐름에 따라 천천히 움직이는 동안에요.

닥터 N: 자, 그럼 이제 가야 할 장소 가까이로 에너지의 흐름을 타고 계속 이동해 가십시오. 주위를 잘 살피고 무엇이 보이는지 내게 말해주십시오.

영: 나는… 다양한 빛들을 보아요… 어울려 있는… 어울려 있는 덩

어리… 회랑에 의해….

닥터 N: 회랑이라면 감싸여 있는 것들이 연이어 있다는 뜻입니까?

영: 음… 기다란… 복도 같은데… 어떤 데는 더 부풀어 있고… 나 있는 데서부터 멀리까지 뻗어나가 있어요.

닥터 N: 빛들은 무엇입니까?

영: 영혼들이에요. 부푼 회랑 속에서 사람들의 영혼이 빛을 발해요. 이게 내가 보는 것이에요. 빛덩이들이 위아래로 막 돌아다녀요.

닥터 N: 영혼의 무리들은 회랑 안에서 집단으로 분리되어 있습니까?

영: 아니요. 여기에는 벽이 없어요. 각이 져 있거나 모서리로 된 것이 없어요. 정확히 설명하기가 힘이 들어요.

닥터 N: 잘하고 있습니다. 그 회랑 안에서 빛무리들을 서로 갈라놓는 것이 무엇인가요?

영: 사람들은… 얄따랗고 가는… 필라멘트들에 의해 분리되어… 안개 낀 유리 같은 우윳빛이 나요. 내가 지나갈 때 그들 에너지로부터 백열광이 빛나요.

닥터 N: 무리들 속에서 각 영혼은 어떻게 보입니까?

영: (사이를 두고) 빛의 점으로요. 빛을 뿜는 포도송이처럼… 덩어리로 매달렸어요.

닥터 N: 사이를 두고 매달려 있는 영혼 에너지 뭉치들은 다양한 영혼 그룹을 나타냅니까?

영: 그래요… 그들은 작은 그룹들로 나누어져 있어요… 나는 나의

그룹으로 가고 있어요.

닥터 N: 그곳으로 가는 도중 다른 집단을 스쳐갈 때 또 무엇을 느낍니까?

영: 그들의 생각을 느낄 수 있어요… 아주 다양하고… 그러면서도 함께하는… 훌륭한 조화로움… 그러나…. (멈춘다.)

닥터 N: 계속하십시오.

영: 내가 지금 지나가고 있는 집단은 모르겠어요… 몰라도 괜찮아요.

닥터 N: 네, 그 집단에 관한 얘기는 그만하고요. 거리를 두고서 이 전체를 보면 어떻게 보이는지 예를 들어주십시오.

영: (웃는다.) 빛을 발하는 기다란… 벌레. 옆구리들이 들락날락 부풀고… 움직임은… 율동적이에요.

닥터 N: 회랑 자체가 움직이는 것처럼 보인다는 뜻입니까?

영: 네, 일부분이… 멀리 가면서 보면 미풍 속의 리본같이 흔들려요.

닥터 N: 계속 떠 있으면서 다음에 무슨 일이 일어나는지 말해주십시오.

영: (사이를 두고) 나는 다른 회랑 가장자리에 있어요… 나는 속도를 늦춰요.

닥터 N: 왜요?

영: (점점 흥분한다.) 왜냐하면요… 오! 내 친구들이 속해 있는 곳을 향해 들어가고 있어요.

닥터 N: 이 순간의 느낌은 어떻습니까?

영: 멋져요! 익숙한 마음의 이끌림이… 내게 다가오고 있어요… 나

는 그들의 연(kite) 꼬리를 잡고 있어요… 생각으로 그들에게 합치며… 나는 '집'에 왔어요!

닥터 N : 당신 친구들이 있는 이 집단은 다른 회랑의 영혼 그룹들과 분리되어 있습니까?

영 : 아무도 고립되진 않아요. 하기야 어린 영혼은 그런 생각을 할 수도 있지만요. 나는 긴 세월을 두고 돌아다녀서 경험이 많아요. (겸손한 자신감을 가지고 말했다.)

닥터 N : 그렇다면 당신은 다른 회랑들과도 연결된 듯이 느꼈습니까? 과거에 알지 못했던 영들과도요?

영 : 네, 그렇습니다. 경험들을 통해서 연결됩니다. 모두가 하나예요.

닥터 N : 영혼이 되어 다른 영혼을 만나는 것은 지구에서 인간으로 만나는 것과 어떻게 다릅니까?

영 : 여기서는 이방인이란 없어요. 타인을 향한 적의가 전혀 없어요.

닥터 N : 수많은 전생에서 가졌던 관계들에 상관없이 모든 영혼은 다른 영혼에게 친절하다는 뜻입니까?

영 : 그래요. 이건 단순히 친절하다는 정도가 아니에요.

닥터 N : 어떻게 말입니까?

영 : 우리들을 똑같게 만드는 우주적인 유대가 우리 사이에 있다는 것을 깨닫는 거죠.

닥터 N : 그러한 태도는 처음 만난 영혼들 사이에서 어떻게 표현됩니까?

영 : 완벽한 개방과 받아들임으로요.

닥터 N: 그렇다면 지구에서 산다는 게 영혼들에게는 어려운 일이겠네요?

영: 그렇다니까요. 특히 어린 영혼일수록 공정하게 대우받을 것을 기대하며 지구로 가니까요. 그렇게 대우받지 못할 때 충격을 받죠. 어떤 영혼들은 꽤 여러 번 인생을 거친 후에야 지구의 삶에 익숙해져요.

닥터 N: 어린 영혼들이 지구에서 고전한다는 것은 그들이 인간 마음속에서 실력을 발휘하지 못한다는 뜻인가요?

영: 그렇다고 대답할 수밖에 없어요. 인간의 두뇌는 많은 두려움과 폭력을 우리들 영혼에 주니까요. 우리들은 힘이 들죠. 그러나 그 때문에 우리는 지구로 가는 거죠… 극복하러.

닥터 N: 새로 생긴 영혼들은 연약해서 돌아올 때 그룹의 협조가 필요하다고 생각합니까?

영: 절대적으로 필요하죠. 우리 모두는 고향으로 돌아오고 싶어 해요. 이제 그만 얘기하게 해주세요. 친구들을 만나야 하니까요.

영적 현상을 설명하는 데에 각기 다른 피술자들이 공통적인 언어를 사용하는 것은 놀랍다. 케이스 14는 거기에다 몇 가지를 더 보태었다. 어느 한 사람이 '여기저기가 부푸는 빛나는 벌레'라고 표현한 것을 다른 사람은 '떠 있는 풍선들의 길'이라고 했다. '거대하고 투명한 전등알들로 이루어진 집단'은 '투명한 방울로 된 커다란 덩어리'라고 영계로 돌아오는 또 다른 사람에 의해 표현되었다. 물을 나타내는 물결이라든가 시냇물 같은 단어는 방향을 가지고 흐르는 움직임을 설명하는 데 사용되고, 하늘을 나타내는 구름 같은 말은 떠가는 자유로운 움직임을 나타내는 데 쓰이는 것을 나는 자주 듣는다. 영들을 에너지 덩어리라든지 그룹 덩어리라는 시각적인 이미지로 대부분 표현했다. 나는 이러한 영적인 언어 중의 일부를 빌려서 사용하고 있다.

돌아오는 영혼들이 마침내 도착하는 곳에는 그룹의 동료들이 기다리고 있다. 친밀한 영혼들로 이루어진 동료들의 수는 영혼의 발달과 또 다른 요인에 의해 결정된다. 그에 관한 상세한 것은 뒤에 설명된다. 케이스 14와 비교해서 케이스 15는 덜 성숙한 영혼이 보다 좁은 견해로 감지한 영의 세계다.

케이스 15의 영은 모임의 장소로부터 그녀의 귀향지까지 마음속으로 꽤 빠르게 이동했다. 이 영혼은 지정된 공간으로 가는 것과 영계를 관장하는 영체들을 케이스 14와 다르게 느끼므로 우리에게 또 다른 정보를 제공한다. 이 피술자는 경험이 비교적 적고, 보이는 것을 확인해야 한다는 생각 때문에 신경이 날카로워져 있었다. 그래서 우리는 그녀로부터 그룹을 나누는 영적인 기준에 대해 또 다른 해설을 듣게 된다.

케이스 15

닥터 N : 영계에서 당신이 머무는 장소로 가는 것을 얘기하고 싶습니다. 지금 당신 영혼은 그 귀착지를 향하여 가고 있습니다. 무엇을 보고 무엇을 느끼는지 말해주십시오.

영 : (신경이 예민해져서) 나는… 밖으로… 나가요… 어찌 됐든….

닥터 N : 밖으로?

영 : (이상한 듯) 나는… 어떤… 고리 같은 속을… 떠가고 있어요. 나는 쭉 연결된 고리들을… 엮으며 통과해가는 것 같아요… 안개 자욱한 미로… 그러다가… 미로가 열리네요… 오!

닥터 N : 무엇입니까?

영 : (경외감을 가지고) 나는… 커다란 곳으로 왔어요… 나는 다른 영들이… 내 곁을 지나가는 가는 것을 보아요…. (불편해하기 시작한다.)

닥터 N : 긴장을 푸십시오. 당신은 지금 모이는 장소에 있습니다. 당신은 아직도 당신의 안내자를 봅니까?

영 : (주저하며) 그래요… 가까이에… 그가 없으면 나는 길을 잃을 거예요… 여긴… 아주 광활해요….

닥터 N : (피술자 이마에 내 손을 얹고) 계속 긴장을 푸십시오. 비록 모든 것이 생소할지라도 전에 이 장소에 왔었다는 것을 기억하십시오. 지금 무엇을 봅니까?

영 : 나는… 빠르게… 앞을 향해 수동적으로 가고 있어요… 다른 이들을 스쳐 지나서… 그러다가… 나는 비어 있는 공간… 열린….

닥터 N : 비어 있다니, 당신 주변의 모든 것이 까맣다는 뜻입니까?

영 : 까만 데란 여기에 없어요… 빛… 내 속도 때문에 어둡게 된다는 거죠. 내가 천천히 가면 주변은 밝아져요. (다른 피술자들도

이 관찰을 확인하였다.)

닥터 N: 계속 가며 다음에 보는 것을 말해주십시오.

영: 잠시 후에 나는 영혼들로 이루어진 둥지….

닥터 N: 영혼들의 그룹이란 뜻입니까?

영: 네. 벌집 같은… 그들은 움직이는 빛의 무리들로 보여요… 반딧불들.

닥터 N: 좋아요. 계속 움직이며 무엇을 느끼는지 말해주십시오.

영: 따스함… 우정… 연민… 꿈결 같아요… 음…?

닥터 N: 무엇입니까?

영: 나는 속도를 아주 늦췄어요… 이젠 달라요.

닥터 N: 어떻게요?

영: 더욱 명확해져요. (사이를 두고서)… 나는 이곳을 알아요.

닥터 N: 당신 자신의 그룹에 도달한 것입니까?

영: (오랜 사이를 두고) 아직은 아닌 것 같아요….

닥터 N: 자신을 잘 보고서 당신이 어떻게 느끼고 무엇을 보는가를 말해주십시오.

영: (몸을 떨기 시작한다) 저기… 한 무리의 사람들이… 한데 모였는데… 아주 멀리 있어요… 그런데… 어머!

닥터 N: 무엇을 봅니까?

영: (두려워하며) 내가 아는 사람들… 어떤 사람은 가족인데… 저쪽 멀리… 그런…. (애를 쓰며) 그들한테 다가갈 수가 없어요.

닥터 N: 왜 그렇습니까?

영 : (당혹스러워 눈물을 글썽이며) 모르겠어요! 어머, 저들은 내가 여기 있는 걸 모르나? (의자에서 몸을 움직이더니 두 팔을 내밀어 상담실 벽에 손바닥을 댄다.) 아버지한테 갈 수가 없네!

나는 질문하기를 잠시 중단한다. 가장 가까운 전생에서 아버지는 그녀에게 커다란 영향력을 미쳤으므로, 그녀를 진정시키기 위해 나는 강도 높은 진정 테크닉을 사용했다. 그리고 질문을 계속하기 전에 그녀의 보호막을 강화시키기로 결정한다.

닥터 N : 멀리 있는 아버지한테 갈 수 없는 이유가 무엇이라고 생각합니까?

영 : (오래 침묵하고 있는 그녀 얼굴이 땀과 눈물범벅이어서 나는 대답을 기다리며 얼굴을 닦아준다.) 모르겠어요….

닥터 N : (그녀 이마에 손을 얹고 지시한다.) 아버지와 연결되십시오, 지금!

영 : (잠시 후 편안해지며) 괜찮대요… 참을성을 가지고 있으면 모든 게 명확해질 거라고 아버지는 말해요…. 나는 저리로 가서 아버지 옆에 있고 싶어요.

닥터 N : 아버지는 뭐라고 말합니까?

영 : (슬픈 듯) 내가 원하면 아버지는 항상… 내 마음에 있다고요…. 그리고 나는 더 잘하게 될 거라고요, 텔레파시로 생각하는 것 말이죠. 그리고 아버지는 아버지 장소에 있어야 한다고… 말해

요….

닥터 N: 아버지가 다른 곳에 있어야 되는 기본적인 이유가 무엇이라고 생각합니까?

영: (눈물이 글썽해서) 아버지는 나의 그룹에 속해 있지 않아요.

닥터 N: 그리고요?

영: 감독들이… 말이죠…. (다시 운다.) 난 잘 모르겠어요….

피술자가 영적인 이동 장면을 설명할 때 나는 가급적이면 끼어들지 않으려고 한다. 그러나 그녀가 혼란스럽고 어리둥절해하고 있으므로 나는 조금 도움을 준다.

닥터 N: 왜 아버지가 있는 곳으로 당신이 갈 수 없는지 우리 생각해 봅시다. 높은 영체들은 당신이 홀로 지난 생을 회고하는 시간을 가져야 하며 당신과 같은 발전 단계에 있는 다른 영들과 있어야 한다고 믿습니까? 그 결과로 아버지와 분리되어 있는 것입니까?

영: (좀 기운을 차리고) 그래요, 그런 메시지가 오는군요. 나는 스스로 해결해야 해요… 나 같은 처지의 다른 이들하고요. 감독들은 우리를 격려하고… 아버지도 이해하게끔 날 도와주어요.

닥터 N: 당신은 이 과정에 만족합니까?

영: (사이를 두고) 그래요.

닥터 N: 좋아요. 저 멀리 있는 가족 중의 몇 사람을 본 때부터 계속

합시다. 무슨 일이 일어나고 있나요?

영 : 음, 난 아직도 속도를 늦추고 있어요… 점차적으로요…. 전에 있었던 곳으로 나는 데려가지고 있어요. 나는 사람들이 모인 집단 속을 지나가고 있어요. 그러다가 나는 멈추게 돼요.

이 단계는 어린 영혼들에게 특히 중요하다. 최면에서 깨어난 한 피술자는 이 장면을 긴 여행 후 황혼에 집으로 돌아온 것 같았다고 설명했다. 시골길을 지나 고향의 거리에 마침내 도착하니 이웃집 유리창은 불이 밝은데, 집을 향해 천천히 운전해가며 유리창 속 사람들을 구경하는 것 같다고 했다. 최면 상태에 든 사람들은 멀리 보이는 귀착 장소를 '집단' 혹은 '벌집'으로 설명하다가 각자가 그들의 그룹 속으로 들어갔을 때 좀 더 독자성을 띤 표현을 한다. 영적인 환경은 마을이라든가, 학교라든가, 그들에게 안정과 기쁨을 주는 지상의 장소와 관련된 언어로 표현된다.

닥터 N : 이제는 정착되었군요. 어떤 인상을 받습니까?

영 : 이건… 대단한… 활동… 여긴 영혼들이 아주 많아요. 어떤 영혼은 낯익고 어떤 영혼은 낯설어요.

닥터 N : 그들에게 좀 더 가까이 가볼까요?

영 : (분노로 목소리가 높아진다.) 이해하지 못하는군요. 난 저기로 안 가요. (상담실 벽을 향해 손가락질을 한다.)

닥터 N : 무엇 때문입니까?

영 : 난 가면 안 되게 되어 있어요. 아무 데로나 막 갈 수 있는 게 아니에요.

닥터 N : 그렇지만 당신은 최종 목적지에 도착하지 않았습니까?

영 : 그건 아무 상관없어요. 나는 저기로 안 가요. (다시 머릿속의 광경을 향해 손가락질한다.)

닥터 N : 아버지가 보냈던 메시지 때문입니까?

영 : 네, 그래요.

닥터 N : 당신의 영혼 에너지는 마음대로 아무 데나 갈 수 없다고 말하는 겁니까? 당신 그룹 밖이라든가 그런 데로 말이죠.

영 : (밖을 가리키며) 저기는 내 그룹이 아니에요.

닥터 N : 저기라니, 무슨 뜻입니까?

영 : (무거운 어조로) 가까이 있는 사람들은… 그들은 그들의 장소에 있어요. (상담실 바닥을 가리키며) 여기는 우리들의 장소예요. 우리는 여기 있어요. (자신이 한 말을 확인하듯 고개를 끄덕인다.)

닥터 N : 그들은 누구입니까?

영 : 다른 사람들이죠, 물론. 내 그룹에는 속해 있지 않은. (조바심 나는 듯 웃음을 터뜨리며) 오, 보세요! 나 같은 사람들… 다시 그들을 보니 좋아요. 그들은 내게로 오고 있어요.

닥터 N : (자연스럽게 답을 듣기 위해 나는 이런 정보를 처음 듣는 듯이 행동한다.) 정말입니까? 기쁜 일이군요. 이 사람들은 당신과 전생에 연관되었습니까?

영 : 한 인생 이상이라고 말할 수 있어요. (자긍심을 가지고) 이들은

'나'와 친숙한 사람들이에요.

닥터 N: 이 사람들은 당신 그룹 구성원의 영체들입니까?

영: 물론이죠. 그래요. 나는 이들하고 아주 오랫동안 함께했어요. 오, 이들 모두를 다시 보니 재미있어요. (그녀가 너무도 기뻐하므로 나는 그녀를 몇 분간 놓아준다.)

닥터 N: 당신은 여기 도착한 지 얼마 되지 않았건만 이해력이 크게 늘었군요. 여기서 좀 떨어져 있다는 다른 사람들을 바라보십시오. 그들이 사는 데는 어떠합니까?

영: (동요되며) 나는 알기를 '원하지' 않아요. 그들 있는 데는 그들의 문제예요. 그걸 모르겠어요? 나는 그들한테 관심이 없어요. 나는 여기 같이 있어야 하는 사람들만 가지고도 분주해요. 내가 알고 내가 사랑하는 사람들이죠.

닥터 N: 압니다. 그러나 몇 분 전의 당신은 아버지한테 가까이 가지 못해서 실망하지 않았습니까?

영: 이제 난 아버지가 다른 사람들하고 있다는 걸 알아요.

닥터 N: 여기 도착했을 때는 왜 그것을 몰랐습니까?

영: 잘 모르겠어요. 처음에는 충격적이었다는 사실을 난 인정해요. 이제 나는 어떻게 된 건지를 알아요. 모든 게 되살아나는군요.

닥터 N: 아버지를 보기 전에 당신 안내자가 와서 이 모든 것을 왜 당신한테 설명하지 않았습니까?

영: (오랜 침묵) 모르겠어요.

닥터 N: 아마 아버지 외에도 당신이 알았고 사랑했던 사람들이 그 그룹에 속해 있을 것입니다. 당신은 영계에 와 있는데도 그들과 접촉이 없다고 말하는 겁니까?

영: (기분이 상해서) 아뇨. 나는 마음으로 접촉해요. 선생님은 왜 까다롭게 구세요? 나는 여기 있어야만 한다고요.

닥터 N: (정보를 더 얻기 위하여 한 번 더 말한다.) 그래서 당신은 저기 다른 그룹들한테로 가보지 않는군요?

영: 아뇨! 그렇게 안 해요. 그들 그룹으로 가서 그들의 에너지를 방해하는 게 아니에요.

닥터 N: 정신적인 접촉은 그들의 에너지를 방해하지 않습니까?

영: 적당한 시간에 하면 괜찮아요. 그 사람들이 자유로울 때에요….

닥터 N: 그렇다면 말이죠. 모든 사람들은 자신의 그룹 장소에 머무르며, 다른 곳을 방문하지 않으며, 부적절한 시간에는 정신적인 교류를 도에 넘게 하지 않는다고 당신은 말하는 겁니까?

영: (안정을 찾으며) 그래요, 그들은 그들 장소에서 지시를 받고 있어요. 움직여 다니는 사람은 대개 감독들이에요.

닥터 N: 내 의문을 씻어주어서 고맙습니다. 당신과 당신 그룹의 친구들이 서로의 공간을 지켜주려 특별히 서로 조심한다는 것을 내가 알았으면 하는군요.

영: 그래요. 적어도 내 공간에서는 그렇게 되어 있어요.

닥터 N: 관습에 매여 답답하지 않습니까?

영: 아니에요, 여기 공간은 아주 광대하고 아주 자유로워요. 법칙을 따르기만 하면요.

닥터 N: 만일 따르지 않으면 어떻게 됩니까? 영혼 그룹의 장소는 누가 결정합니까?

영: (사이를 두고) 선생님들이 우리를 도와요. 그러지 않으면 우리는 길을 잃을 거예요.

닥터 N: 여기 처음 도착했을 때 당신은 길을 잃은 듯이 보였는데요?

영: (확신감 없이) 나는 연결이 안 되었었고… 나는 정신적으로 파장에 맞추지 않았고… 나는 혼란스러웠고… 여기가 얼마나 큰지 모르시는군요.

닥터 N: 주변을 잘 둘러보십시오. 영의 세상은 영혼들로 혼잡스럽지 않습니까?

영: (웃는다) 가끔 우리는 길을 잃어요. 그건 우리가 잘못해서예요. 여기는 커요! 그래서 혼잡한 데가 없어요.

이 장에 나오는 두 사례는 영혼의 세계로 돌아오는 마지막 단계에서 초보 영혼과 진보된 영혼이 어떻게 다르게 반응하는지 그 차이를 보여 준다. 모두 모이는 장소에서 자기들만의 그룹으로 돌아오는 도중에 전개되는 광경을 각자 자신의 해석으로 설명한다. 피술자 중의 일부는 초입의 관문부터 이곳으로 너무도 빨리 왔기 때문에 도착한 후 적응에 시간을 요하기도 한다.

이곳에 오기까지의 기억을 더듬을 때 피술자들은 가끔 중요한 그 누군가가 빛의 형태로 나타나지 않았다든가 텔레파시로 의사소통을 하지 않았다고 근심을 표명한다. 그들은 대개 방금 마친 생에서 부모이거나 배우자다. 그러나 여기 도착할 때쯤이면 영혼은 그 이유를 알게 된다. 이유의 대부분은 육체의 형태로 나타나거나 안 나타나는 것에 달려 있는 것이다.

돌아오는 영혼 대부분이 얼마나 기쁨에 넘치는가를 우리는 보았다. 친숙한 영체들이 밝게 물결치는 빛덩이 속에 함께 모인다. 경우에 따라 음악적인 어떤 화음이 돌아오는 영들을 안내한다. 한 피술자는 이렇게 말했다.

"나의 장소가 가까워지자 여러 목소리가 하나가 되어 알파벳 A의 소리를 내요. 아아아아~, 이렇게요. 나에게 알아보라고요. 나는 그들이 따뜻하고 밝은 에너지로 빠르게 진동하고 있음을 보아요. 그리고 나는 이들이 지금은 형체를 갖추지 않은 사람들임을 알아요."

이 말은 현재 환생하여 하나의 육체나 혹은 그 이상의 육체로 지상에 살고 있는 영혼들은 돌아오는 영혼을 맞이하는 일에 적극 참여하지 않는다는 것을 의미한다.

"그런 영혼은 자동조정장치(autopilot) 위에서 자는 것 같아요. 우리는 누가 나가고 누가 들어오는가를 항상 알아요."

일부가 환생되어 있는 영혼들은 느리게 고동치는 에너지 패턴으로 침침한 빛을 발하며 누구와도 의사 교류를 하는 것 같지 않다.

케이스 15의 사례에서 보았듯이, 모든 그룹을 나누는 장벽은 피술자들의 영혼의 성숙도에 따라 다른 식으로 설명된다. 다음 케이스는 영혼의 유동성을 케이스 15와 다르게 말하고 있다. 영혼들은 그룹으로 나뉘는 것을 같은 학교 건물 속의 다른 교실로 가는 것 같다고 설명한다. 어떤 사람은 자신의 학교 건물 안에서도 완전히 분리된 듯이 느끼기도 한다. 선생님(안내자)들이 지도하는 영적인 학교라는 단어는 최면 상태에 든 사람들이 자주 사용해서 나도 사용하게 되었다.

앞에서 언급한 대로 영혼이 자신들의 영혼 그룹으로 돌아오고 난 다음에는 원로들의 회의에 불려나가게 된다. 원로들의 회의는 벌주는 곳이 아니다. 영혼은 자신의 그룹으로 오기까지의 행실들을 심사받는다. 피술자들은 이 회의에서 일어나는 일을 세밀하게 설명하는 데 어려움을 느끼는 경우가 많았다. 나는 이것이 의도적이라고 확신하고 있다.

어떤 피술자는 말한다.

"친구들을 만난 뒤 나의 안내자인 베로니카(피술자의 젊은 안내자)는 나를 데리고 원로들이 있는 곳으로 가요. 베로니카는 내가 이해하지 못하는 것을 설명해주고 지난 생에서 행한 일들을 내가 설명할 때 도움을 주려고 내 옆에 있어요. 때때로 베로니카는 변호사같이 나의 행동을 변호하는 말을 하나, 퀘이즐(베로니카보다 먼저 도착한 고참 안내자)이 원로들 중에서 가장 무게가 있어요. 하얀 긴 옷을 입은 여섯 명의 원로가 항상 내 앞에 있어요. 그들은 친절한 모습으로 내가 방금 살고 난 인생을 어떻게 보는가를 평가하고, 주어진 재능을 가지고 어떻게 더 잘할 수 있었는가, 이롭게 할 수 있었는가를 평가해요. 나의 좌절과 나의 욕구를 마음껏 표현할 자유가 나에게 있어요. 원로들 모두가 낯익은데, 특히 다른 원로들보다 더 나에게 질문을 많이 하는 두 명의 원로는 친숙해요. 그들은 다른 원로들보다 젊어 보여요. 그들이 남성인지 여성인지 구분할 수 있을 것 같아요. 나에게 질문하는 방식은 각기 달라도 원로들은 정직하고 진실하며, 나는 언제나 정당하게 대우받아요. 나는 아무것도 원로들한테 숨길 수가 없는데, 원로들 사이에서 빠르게 의사가 교환되면 나는 그것을 못 알아듣겠어요. 내가 더 이상 알아들을 수 없게 되면 베로니카는 원로들이 나에 관해 무엇을 말하고 있는지 내게 말해주어요. 베로니카가 무엇이든 다 말해주지 않는다는 느낌이 들긴 하지만요. 내가 지구로 가기 전에 원로들은 한 번 더 나를 보려고 할 거래요."

그룹이 이루어져서 친숙한 반 친구들과 다시 합치게 되면 영혼은 마침내 집에 돌아왔다고 생각한다. 특정한 영혼들과 함께한다는 것은 형태에서나 기능에 있어서나 교육을 위해 반 배치를 받는 것과 닮아 있다. 그룹으로 들어가는 데 기준이 되는 것은 지식과 영혼의 발전 단계다. 어느 교실에서나 그렇듯, 어떤 학생은 선생과 잘 연결이 되는데 어떤 학생은 그렇지 못하다. 다음 장에서 영혼의 그룹은 어떻게 나뉘는가, 그리고 영혼들은 영적인 장소 안의 자신들을 어떻게 보고 있는가 알아보겠다.

7
배치

　인간 속에 영혼이 깃들어 있다고 믿는 사람들도 모든 영혼은 거대한 집단을 이루며 공간에 어울려 있다고 상상하는 것 같다. 나를 찾아오는 사람들도 영혼과의 대담이 시작되기 전에는 그렇게 생각하고 있었다. 때문에 그들은 영계의 실상을 알게 되는 최면 상태에서 깨어나면, 모든 영혼이 각각 지정된 곳으로 가게 된다는 것을 알고 놀라움을 표하곤 하였다. 나도 최면 상태에 있는 피술자들을 통해 처음 영혼의 세계를 알게 될 무렵에는, 잘 조직된 영혼의 그룹이 있어 제각기 소속된 집단으로 되돌아간다는 것을 모르고 있었다. 지구를 떠난 영혼들이 목적도 없이 그저 떠돌아다니는 상상을 하곤 하였다.

　그룹의 배치는 영혼의 레벨에 따라 결정된다. 죽은 육체를 떠나 영계로 돌아가는 영혼의 여행은 자기들의 거주지로 지정되어 있는 공간으로 돌아가는 것으로 끝난다. 너무 어려 도움이 필요한 영혼이나 4장에서 언급한 떠도는 영혼을 제외하고는 모두 그런 과정을 밟게 된다. 같은 그룹에 속하는 영혼들은 아주 친숙한 친구들로서 그 진화의 진도도 거의 비슷하다.

최면을 통해 대화할 수 있는 피술자의 영혼들이 자기들의 그룹이라 부르는 곳은 우리 인간 가족에서 보듯 직접적이고 잦은 관계를 갖는 영혼들의 작은 집단을 말한다. 그런 기본적인 그룹에 속하는 영혼들은 지구에 사는 사람들이 상상할 수 없는 예민한 감성으로 서로를 대한다.

영혼의 이차적인 그룹은 부락 같은 공동 생활체로서 기본적인 작은 그룹만큼 영혼의 유대가 친근하지 않다. 보다 큰 이차적인 영혼의 그룹은 많은 일차적인 그룹으로 이루어진다. 그 모양은 마치 큰 연못에 가득한 수련의 잎같이 보인다.

그런 모양을 한 영혼의 연못은 끝이 보이지 않게 펼쳐져 있는 것 같다. 그런 이차적인 집단 속에 있는 영혼의 수가 1,000명을 넘지 않는 경우는 없는 것 같다. 하나의 이차적인 그룹을 이루는 많은 일차적 그룹은 서로 연락이 드물거나 혹은 전혀 없는 경우도 있는 것 같다. 서로 다른 이차적인 그룹에 속하는 영혼이 만나거나 어떤 의미 있는 연관성을 갖는 경우는 거의 없는 것 같다. 이차적인 그룹을 형성하는 영혼의 수가 너무나 많기 때문에, 그러지 않아도 충분히 주위에서 가까이 지낼 수 있는 영혼을 만날 수 있기 때문인 것 같다. 일차적인 그룹에 속하는 영혼의 수는 제각기 다른데 보통 세 명에서 스물다섯 명 정도로 구성되어 있는 것 같다. 평균적으로 열다섯 명 정도라는 말을 듣기도 하였다.

그런 기본적인 일차적 그룹은 또 내적 집단으로 불리기도 한다. 서로 다른 일차적 그룹에 속하는 영혼들이 함께 만나 일을 하게 되는 것은 환생하여 수련을 하게 될 때의 필요성에 의해 결정된다. 그런 현상은 전생에 있었던 연관성이나 영혼들의 개성에 기인하는 것 같다. 또 그런 연관성은 대개 그다지 중요하지 않은 관계를 의미하기도 한다. 예컨대 한때 친하게 지내던 고등학교 친구를 나이 든 뒤에 동창회에서 만나는 경우와 같은 것이다. 같은 그룹에 속하는 영혼은 영원한 유대를 가지고 친밀한 연관을 갖는다. 그들은 대개 비슷한 성향을 지니고 있어, 같은 목적을 가지고 서로의 연마를 돕기도 한다. 보통 그들은 환생할 때 친척이나 친구로 태어나서 가까이 살게 된다.

보통 같은 그룹에 있는 영혼들은 전생에 형제였던 관계가 많고 부모가 된 경우는 드물다. 환생 시 부모였던 영혼은 우리들이 죽어 지구의 생활을 끝내고 영혼의 세계로 돌아갔을 때 영계로 가는 관문에 마중을 나오기는 하지만 영혼의 세계에서 만나는 일은 드문 것 같다.

그 이유는 부모들의 영혼이 보다 원숙하거나 레벨이 높아서 그런 것은 아니다. 환생 시 부모가 되는 영혼은 자식으로 태어난 영혼보다 덜 발전된 경우도 있기 때문이다. 그런 현상은 동시대에 형제로 태어나는 영혼들의 사회적 수련 때문에 그렇게 되는 것 같다. 부모는 태어나는 아이의 업보적인 것을 알게 하는 기본적인 상징이 되기도 하지만 인생에 있어 영혼의 성장과 발전을 도모해주는 사람들은 대개 부모들이기보다 부부나 형제, 삶을 통해 친밀하게 지내는 친구일 경우가 많다. 그렇다고 해서 부모나 그들의 형제들, 조부모들이 도움이 되지 않는다는 말은 아니다. 그들은 그들대로 중요한 의무를 띠고 다른 세대로서 도움을 베풀기도 한다.

다음 도표는 제각기 다른 그룹에 속하는 영혼의 관계를 설명한다. 도표 1은 커다란 이차적인 그룹 A에 속하는 일차적 그룹의 영혼들이 서로 긴밀한 연관으로 사귀는 것을 제시한다. 하지만 일차적인 그룹 9와 10에 속하는 영혼들도 역시 함께 긴밀한 연관성을 갖는다.

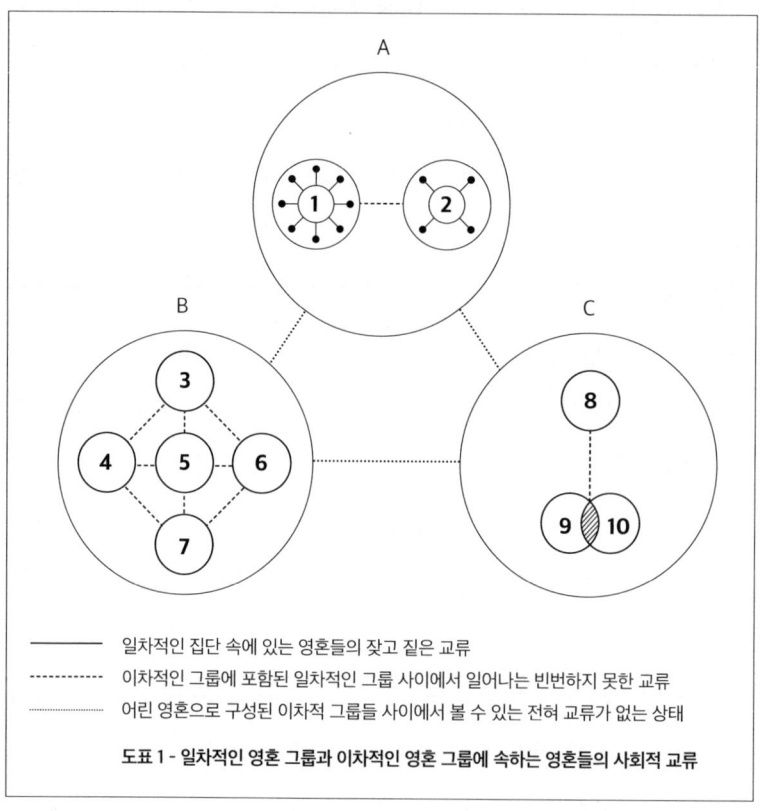

도표 1 - 일차적인 영혼 그룹과 이차적인 영혼 그룹에 속하는 영혼들의 사회적 교류

도표 1은 일차적인 그룹에 속하는 영혼들(1~10)과 이차적인 그룹 (A, B, C)에 속하는 영혼들의 전체적인 관계를 설명한다. 이 도표에 있는 그룹 수와 영혼의 수는 가설적이다. 영계 어디에 사는가에 따라 그룹의 조직에 관한 영혼의 묘사가 제각기 다르기 때문이다.

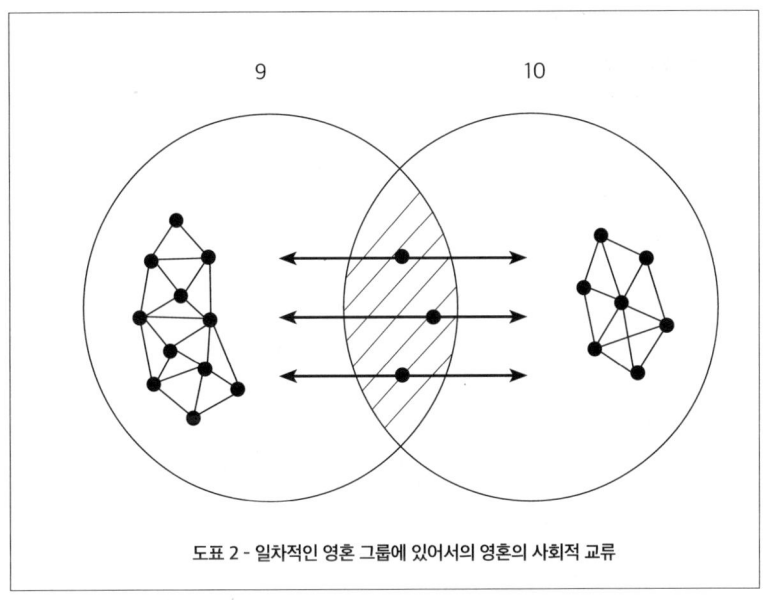

도표 2 - 일차적인 영혼 그룹에 있어서의 영혼의 사회적 교류

도표 2는 앞에 본 도표에 포함되어 있는 그룹 9와 그룹 10을 확대한 것이다. 두 그룹은 서로 중복하는 교류를 이루는 보기 드문 연관의 한 예다. 이런 교류에서 어떤 영혼들은 양쪽 그룹에 속하는 특정한 영혼들과 함께 일하기도 한다.

이차적인 그룹인 A, B, C 집단에 속한 어린 영혼들은 영계에서나 지구에서 서로 어울리는 일이 별로 없다.

  영혼들의 친근도는 한 그룹에 속해 있는 영혼들이 지구에서 함께 겪은 경험에서 얻은 지식이나 유대, 공유하는 기억에 의해 이루어진다.

  다음에 언급하는 사례는 영혼이 죽은 육체를 떠나 자기가 속한 영계의 그룹으로 돌아올 때를 설명해준다.

케이스 16

닥터 N : 모두 모이는 곳을 떠나서 당신이 속하는 그룹이 있는 곳에 도착한 뒤, 어떤 일을 하게 됩니까?

영 : 친구들과 함께 학교에 가요.

닥터 N : 영혼들이 공부하는 교실로 간단 말입니까?

영 : 네, 우리들이 공부하는 곳으로 가는 것이지요.

닥터 N : 그 학교에 도착할 때부터 소상히 설명해주십시오. 거기서 당신이 어떤 일을 하게 되는지 알고 싶습니다. 학교의 외부에 관한 것부터 말해주십시오.

영 : (전혀 주저하지 않고) 완벽한 사각형을 이루는 희랍의 사원이 보입니다. 조각된 장중한 돌기둥도 보입니다. 대단히 아름답습니다. 나는 저 건물을 잘 압니다. 환생에서 돌아올 때 언제든지 이 곳으로 오게 되니까요.

닥터 N : 고대 희랍 사원이 왜 영혼의 나라에 있어야 합니까?

영 : (어깨를 으쓱 움츠린다.) 나도 몰라요. 왜 그 건물이 그렇게 보이

는지. 어쨌든 조금도 이상하지 않아요. 내가 희랍에 환생을 거듭한 뒤부터는요.

닥터 N : 그럼 계속합시다. 누가 당신을 만나러 옵니까?

영 : (활짝 웃는다.) 나의 선생님 칼라가 오고 있습니다.

닥터 N : 그 선생님은 어떤 모습을 하고 있습니까?

영 : (자신 있게) 선생님은 여신의 모습을 하고 사원의 입구에서 나오고 있습니다… 키가 크고 길게 나부끼는 옷을 입고… 한쪽 어깨는 가리지 않고… 머리는 위로 치켜올려서 금으로 된 핀을 꽂고 있습니다…. 나를 향해 팔을 펼치고 다가오고 있습니다.

닥터 N : 당신이 입고 있는 옷을 보세요. 같은 옷을 입고 있습니까?

영 : 우리는 모두 같은 옷을 입고 있습니다… 우리들은 빛을 받아 반짝이고 있습니다… 우리들은 다른 옷도 입을 수 있습니다…. 칼라는 내가 그녀의 모습을 좋아하는 것을 알고 있습니다.

닥터 N : 다른 영혼들은 어디에 있습니까?

영 : 칼라는 나를 사원 속에 있는 학교로 데리고 왔습니다. 커다란 도서실이 보입니다. 도서실에 몇 사람이 모여 앉아 조용한 소리로 이야기를 주고받고 있습니다…. 테이블에 둘러앉아… 조용하고… 따뜻하고… 익숙했던 그 편안한 느낌이 되살아나고 있습니다.

닥터 N : 거기 있는 분들은 모두 성인이 된 여자들과 남자들입니까?

영 : 네, 그렇습니다. 하지만 우리들 그룹에는 남자들보다 여자들이 더 많습니다.

닥터 N : 왜 그렇습니까?

영 : 그렇게 원자가(原子價, valence)를 유지하는 것이 지금 상태에서는 가장 편안하기 때문이지요.

이 영혼이 말한 원자가라는 표현이 성적 선택에 사용되는 것은 좀 적절하지 않고 이상하게 들릴지도 모른다. 하지만 알고 보면 그렇지도 않다. 화학에 있어서 원자가는 플러스나 마이너스의 성격을 띤다. 그리하여 다른 원소와 합치게 될 때 적절한 비율로 균형과 조화를 이루게 된다. 영혼은 단체로 있을 때 남성이나 여성의 경향을 나타낼 때가 있고 또 합쳐지기도 한다.

닥터 N : 그럼 다음엔 어떤 일을 하게 됩니까?

영 : 칼라는 나를 가까운 테이블로 데리고 갑니다. 친구들은 반갑게 인사를 합니다. 돌아오게 되어 너무나 기쁩니다.

닥터 N : 왜 그분들을 그 사원에서 만나게 됩니까?

영 : 우리들은 모두 같은 배움의 그룹에 속하니까요. 정말 그들을 다시 만나게 되어 얼마나 기쁜지 모르겠어요. (피술자는 그 장면과 반가운 느낌에 사로잡혀 다시 대화를 진행하는 것을 늦춰야 했다.)

닥터 N : 그 도서실에는 몇 명이 당신과 함께 있습니까?

영 : (머릿속으로 헤아리는 듯 잠깐 말이 없다.) 약 20명가량 되는 것 같습니다.

닥터 N : 그들 모두가 다 친숙한 친구들입니까?

영: 우리 모두가 그렇습니다. 우리는 오랫동안 친숙한 사이로 지내 왔습니다. 그 중 다섯 명은 특별히 절친한 사이입니다.

닥터 N: 그들 20명은 모두 배움에 있어 같은 레벨을 유지하고 있습니까?

영: 어… 그건 그렇습니다만, 그중 몇 명은 조금 더 앞서고 있지요.

닥터 N: 당신은 배움에 있어 그 그룹에서 어디쯤에 속한다고 생각합니까?

영: 한 중간쯤에 속하는 것 같습니다.

닥터 N: 당신은 공부를 할 때 그 절친한 친구들과 같은 레벨에서 하게 됩니까?

영: 우리는 거의 비슷한 수준에 있지요. 함께 배울 때가 많습니다.

닥터 N: 그 친구들을 어떻게 부릅니까?

영: (낄낄 웃는다.) 우리는 서로 별명으로 부르지요.

닥터 N: 왜 별명을 갖게 됩니까?

영: 흠… 우리들의 본질을 명확하게 하기 위해 그렇게 하지요. 우리는 서로의 특징에서 지구에 있는 것을 상징하는 것을 보게 되니까요.

닥터 N: 당신의 별명은 무엇입니까?

영: 엉겅퀴입니다.

닥터 N: 그런 별명을 갖게 된 것은 개성 때문입니까?

영: (잠시 침묵하다) 저는… 알려져 있지요… 환생할 때 새로운 환경에 부딪치게 되면 예리한 반응을 보인다고.

7. 배치   149

닥터 N: 당신하고 가장 가까운 사이에 있는 영혼의 별명은 어떤 것입니까? 그는 왜 그렇게 불립니까?

영: (부드럽게 웃으며) 분무기이지요. 그는 환생하여 지구에 살게 되면 자기의 에너지를 너무 급속히 발산시키기 때문에 물처럼 사방팔방으로 튀어요.

닥터 N: 당신의 가족 그룹은 매우 특색이 있는 것 같습니다. 이제 그 도서실에서 어떤 공부를 하게 되는지 설명해주십시오.

영: 테이블로 가서 우리 모두가 책을 보게 됩니다.

닥터 N: 책이라니요. 어떤 책 말입니까?

영: 삶에 관한 책들이지요.

닥터 N: 가능한 대로 소상히 그 책에 관해 설명해주십시오.

영: 그림책입니다. 두터운 흰 테로 둘러싸인, 5센티미터나 7센티미터 정도 두께의 제법 큰 책입니다.

닥터 N: 그 책 중 한 권을 펼쳐서 당신과 친구들이 보는 것을 설명해 주십시오.

영: (피술자의 손이 책을 펼치는 시늉을 하면서 잠시 말이 없다.) 글씨는 하나도 없습니다. 우리들이 보는 모든 것은 살아 있는 그림으로 되어 있습니다.

닥터 N: 활동하는 그림들… 사진들이 아니고요?

영: 그렇습니다. 다차원적인 것들입니다. 반사되는 빛에 의해 변하는 수정의 중심부로부터 변화되고 움직이는….

닥터 N: 그렇습니까? 사진들은 평면이 아니고, 움직이는 빛의 파도에 깊이가 있습니까?

영 : 그렇습니다. 모든 것이 살아 있습니다.

닥터 N : 당신과 친구들은 어떻게 그 책을 사용합니까?

영 : 처음 책장을 펼치면 화면은 언제나 초점이 맞지 않습니다. 하지만 우리들이 보고 싶은 것을 생각하고 있으면 수정이 어두운 빛깔에서 밝은 빛으로 변하면서… 초점이 맞추어집니다. 그리고 우리는 보게 됩니다…. 작게 축소된 형식으로… 우리들이 살아온 인생과 또 양자택일의 선택을 할 수 있었던 인생을 보게 됩니다.

닥터 N : 그 책에서 시간은 어떻게 처리되어 있습니까?

영 : 필름의 한 토막으로, 또 페이지로 처리되고… 시간은 생애의 책들로 농축되어 있지요.

닥터 N : 지금 당신의 전생을 되돌아볼 생각은 없습니다. 하지만 그 책을 들여다보면서 제일 먼저 떠오르는 것을 말해주면 좋겠습니다.

영 : 전생에서는 자아 단련이 결핍되어 있었던 것 같습니다. 그런 생각이 마음에 떠오릅니다. 그 생애에서 저는 젊은 나이로 죽었습니다…. 연인들끼리의 다툼 때문에 죽게 된 거지요… 쓸모없는 결말이었어요.

닥터 N : 그 삶의 책에서 미래의 환생을 볼 수 있습니까?

영 : 우리는 다만 미래의 가능성에 대해서만 볼 수 있지요… 아주 적은 부분에 한해서… 교훈의 형식으로 보게 되지요. 대개 그

런 것은 뒤에 다른 사람들의 도움으로 알게 됩니다. 이 책들은 주로 우리들의 과거 행위에 대해 생각하도록 마련된 것이지요.

닥터 N: 같은 그룹에 속하는 친구들과 함께 도서실에서 공부하며 느끼는 것에 대해 말해주십시오.

영: 바로 떠나온 인생에서 저질렀던 잘못에 대해 의논하면서 서로를 돕지요. 선생님도 자주 들르면서 함께 많은 공부를 합니다. 우리가 선택하였던 것에 대한 가치 판단도 얘기하지요.

닥터 N: 그 건물 속에는 다른 그룹에 속하는 영혼들이 공부하는 교실도 있습니까?

영: 아닙니다. 이 건물은 다만 우리 그룹만을 위한 것입니다. 근처에 여러 그룹이 공부하는 건물이 따로 있습니다.

도표 1에 그려져 있는 원 B는 우리가 얘기하는 것의 견본인 것을 독자들은 알게 될 것이다. 그 도표에서 그룹 3~7은 가까운 거리에 있으면서도 그룹의 교류가 잦지 않은 것을 의미한다.

닥터 N: 다른 건물에서 공부하는 그룹들은 당신들 그룹보다 앞서가거나 뒤져 가는 그룹들입니까?

영: 양쪽 다입니다.

닥터 N: 당신은 다른 그룹이 공부하는 건물로 갈 수도 있습니까?

영: (한참 말이 없다.) 우리가 정기적으로 가는 건물이 하나 있지요.

닥터 N: 어느 건물입니까?

영 : 더 어린 영혼들이 공부하는 곳이지요. 그들의 선생이 어디 가고 없을 때 가서 도와줍니다. 도움을 줄 수 있다는 것은 좋은 일이지요.

닥터 N : 어떻게 도와줄 수 있습니까?

영 : (웃는다.) 숙제를 도와주지요.

닥터 N : 하지만 그런 일은 선생이나 안내자들이 책임져야 할 일이 아닙니까?

영 : 선생님들은 발전 정도가 무척 앞서 있기 때문에, 그룹의 영혼들은 자신들의 입장을 잘 이해할 수 있는 우리들의 도움을 고맙게 생각하지요.

닥터 N : 그래서 당신은 그 그룹에 가게 되면 학생-선생 노릇을 하게 되는군요.

영 : 그렇습니다. 하지만 우리들은 그런 일을 다른 곳에서는 하지 않습니다.

닥터 N : 왜 그럴 수 없습니까? 왜 앞서가는 그룹의 영혼들이 당신들의 도서실에 와서 가끔 도와줄 수 없습니까?

영 : 그들이 그러지 않는 것은 우리들이 어린 영혼들보다 앞서가기 때문입니다. 또 우리들도 그들의 일을 침해하지 않습니다. 만약 다른 그룹에 속하는 영혼들과 연락을 취하려면 배우는 센터 밖에서 하게 됩니다.

닥터 N : 다른 영혼들이 공부하는 데 방해가 되지 않는 한, 마음대로 돌아다닐 수 있습니까?

영 : (얼버무리는 반응으로) 나는 우리들의 사원 근처에 머물기를 좋아하지요. 하지만 원한다면 누구든지 만날 수 있습니다.

닥터 N : 마음으로 멀리까지 뻗어갈 수 있지만, 영혼의 에너지는 이 영적인 공간에 한정되어 있는 것 같은 생각이 듭니다만.

영 : 나는 전혀 구속이나 제한을 느끼지 않습니다…. 우리는 넓은 공간을 마음대로 다닐 수 있습니다. 하지만 그렇다고 해서 함부로 아무에게나 이끌리지는 않습니다.

케이스 16에 언급된 영혼이 말하는 공간의 무제한은 앞에 설명한 영계 그룹의 경계선과 상반되는 말인 것 같다. 피술자들을 영혼의 세계로 인도했을 때 그들이 보게 되는 것은 모두 자연스럽고 자발적인 일들이다. 특히 영계의 질서나 공동생활에서 자기들이 하는 일에 관해서는 더 그렇다. 흔히 영혼들은 사적인 공간을 갖는 것을 말하기도 하지만, 일단 초의식의 상태에 익숙해지면 대부분의 피술자들은 자유로운 행동을 할 수 있다고 말한다. 그리고 트인 공간 속에서 모든 레벨에 속하는 영혼들이 모여서 여는 휴양과 오락의 장소로 간다고도 말했다.

영혼들은 그런 모임의 장소에서 떠돌며 많은 사교적인 행사에 참여하게 된다. 어떤 경우에는 앞서가는 영혼이 어린 영혼들에게 앞으로 겪을 일들을 과장해서 들려주는 장난을 치기도 한다.

어떤 피술자는 이렇게 말하기도 하였다.

"우리들은 어린아이들처럼 장난을 치고 속임수를 써서 서로 놀려주기도 해요. 숨바꼭질을 할 때면 어린 영들은 길을 잃거나 어찌할 바를 몰라서 헤매기도 하는데, 그럴 때는 도와주기도 하지요."

'손님'이라고 불리는 영혼이 나타나, 중세의 서정 시인들이 그랬듯이 이야기도 해주고 다른 재미있는 일들로 영혼들을 즐겁게 해주는 경우도 있었다. 또 어떤 피술자는 유머(Humor)라는 이름을 가진 괴상하게 생긴 영혼이 나타나 온갖 익살과 재주를 부려 폭소를 터뜨리게 했기 때문에 모두 그가 오면 반기게 되었다고 말하기도 하였다.

피술자들은 영혼들이 서로 어울리거나 일할 때의 느낌이나 의미를 확실히 전달하는 것은 쉽지 않다고 말하기도 한다. 또 한 가지 자주 듣는 것은 영혼이 에너지를 더 잘 전달하고 통합하기 위해 서로 모여 원을 이룬다는 것이었다. 그럴 때면 항상 더 높은 힘과 연결된다고 하기도 하였다.

"생각의 리듬은 대단히 조화로워 노래하는 듯한 현상을 자아낸다."고 말한 피술자도 있었다. 영혼들이 서로 뒤섞인 에너지가 되어 휘감고 돌 때면, 이국적인 색상과 빛의 문양을 이루는 우아하고 민감한 춤이 이루어지기도 한다. 사원이나 선박, 동물들이나 나무들, 혹은 해변가 같은 실질적인 것들이 상상으로 부각되어 그런 춤의 무대가 되기도 한다. 그런 영상들은 영혼의 그룹에 특별한 의미를 부여한다. 그러나 전생에 함께 살았던 천체에 대한 긍정적인 기억을 증가시키는 이 재현은 환생의 세계로 되돌아가고 싶어 하는 영혼의 애착이나 슬픔을 나타내는 것이 아니다. 오히려 그런 현상은 그들의 개성을 연마시켜준 역사적인 일들과 다시 만나는 기쁨을 나타내는 것이다. 영혼들의 그러한 신비한 표현은 의식적인 성격을 띠는 것이지만, 기본적인 의식들보다 훨씬 깊은 의미를 지니고 있다고 나는 생각한다.

초의식 속에 빠져 있는 피술자들의 말에 따르면, 영계에는 같은 목적으로 쓰이는 장소가 곳곳에 있다고 하였다. 하지만 그들이 묘사하는 장면은 제각기 달랐다. 그러므로 이 사례에서 희랍 사원으로 묘사된 배움의 장소는 다른 영혼의 설명에 따르면 현대적인 학교 건물로 표현되기도 한다.

또 어떤 경우에는 아주 다른 대조적인 것으로 나타나기도 할 것이다. 예를 들면 정신적으로 영혼의 세계를 여행하는 피술자들은 지난 장에서도 말한 바와 같이, 그 세계의 공간이 구형을 이루고 있다고 한다. 하지만 또 그들은 영계가 제한되거나 무엇에 둘러싸여 있지 않고 무한히 트인 공간이라는 말을 하기도 한다. 때문에 우리들이 알아두어야 할 것은, 피술자들이 최면 상태에 있을 때 표현하는 영계의 현상이 지구에 살 때 그들의 의식적인 마음이 보고 경험한 것을 토대로 묘사된다는 것이다. 또 적지 않은 피술자들은 최면 상태에서 깨어났을 때 영혼의 세계에서 일어나는 많은 것을 지구의 해석으로 표현할 수 없다고 말하기도 한다.

피술자들은 제각기 느끼는 추상적인 정신적 체험에 대해 그들 나름대로 이해할 수 있는 상징적 해석을 하기도 한다. 처음으로 영혼의 세계를 경험하는 피술자 중에는 자기들이 보게 되는 것을 의심하며 믿으려 하지 않는 경우도 있다. 그 이유는 그들 의식의 중요한 부분이 작용을 중지하지 않고 계속 살아 있기 때문이다. 하지만 그런 피술자들도 최면 상태를 계속하게 되면 곧 무의식의 상태에 순응하게 된다. 영혼들이 속하는 여러 그룹에 관한 정보를 모을 때, 나는 그 기준을 그들의 지식 레벨에 따라 구분하려 하였다. 하지만 그런 기준으로 영혼이 어떤 레벨에 속하는지 빨리 알아내는 것은 쉬운 일이 아니었다.

케이스 16은 내가 영혼의 세계에 대한 연구를 시작한 지 얼마 안 되어 알게 된 피술자였지만 그 만남은 중요한 것이었다. 그와의 대담을 통해 처음으로 영혼의 레벨을 색상으로 분별할 수 있다는 것을 알게 되었기 때문이다.

그 사례 이전에도 나는 피술자들이 영혼의 세계에서 보는 색상에 대해 들은 적이 있었다. 하지만 그때까지만 해도 나는 그 색상이 얼마나 중요한 역할을 하는지 알지 못하였다. 그들이 영혼의 에너지들이 지닌 빛깔에 대해 말할 때 나는 그 색상들이 영혼의 레벨을 상징하는 것을 알지 못하였기 때문에 중요한 사실을 추구하지 못하고 있었다.

나는 킬리언(Kirlian) 사진들에 관해 잘 알고 있었다. 또 인체는 제각기 빛깔을 지는 영기(aura)를 지니고 있다는 것을 로스앤젤레스에 있는 캘리포니아대학(UCLA)의 초심리학 연구를 통해 알고 있기도 하였다.

우리들의 인체에는 이온화된 에너지를 발산하는 곳이 있고, 그곳에서 발생된 기는 차크라(chakras)라고 불리는 혈의 망을 통해 전신을 흐르며 또 발산되기도 한다.

영혼의 에너지는 살아 움직이는 힘이라고 나는 들었다. 때문에 영혼을 지구에 머물게 하기 위해서 영계와는 다른 지구의 색상을 지니게 된 것이다. 인체의 영기는 각 개인의 생각이나 감정, 그리고 건강을 반영한다고 한다. 그래서 나는 지상의 사람들에게서 볼 수 있는 영기가 영계에서 보게 되는 색상과 어떤 연관성을 가질지도 모른다고 생각하게 되었다.

케이스 16의 대화를 통해 나는 영혼의 빛깔이 모두 희지 않다는 것을 알게 되었다. 피술자에 의하면 모든 영혼은 각각의 상황에 어울리는 빛을 띤다고 하였다. 나는 이 사례를 통해서 영혼이 말하는 빛들이 무엇을 의미하는지 비로소 알게 되었다.

닥터 N : 자, 이제는 그 공부하는 사원을 떠나서 밖으로 나가봅시다. 주위에 무엇이 보입니까? 또 멀리 있는 광경은 어떻습니까?

영 : 사람들, 많은 사람들이 모여 있습니다.

닥터 N : 대략 몇 명이나 된다고 생각하십니까?

영 : 흠… 멀리 있기 때문에… 헤아릴 수가 없군요. 기백 명 되는 것 같은데… 너무너무 많이 있어요.

닥터 N : 그 사람들은 모두 안면이 있는, 아는 사이입니까? 당신과 관련이 있는 사람들입니까?

영 : 그렇지 않습니다. 다 볼 수도 없습니다… 흐릿하게밖에 보이지 않습니다. 하지만 친구들은 모두 곁에 있습니다.

닥터 N : 만약 스무 명쯤 되는 당신의 친구들을 일차적인 그룹이라고 한다면, 주위에 이차적인 그룹으로 부를 수 있는, 관련된 집단이 따로 있습니까?

영 : 우리는 모두 관련되어 있습니다. 하지만 직접적이지는 않습니다. 저기 있는 사람들을 나는 잘 모릅니다.

닥터 N : 사원에서 친구들과 함께 있었을 때처럼 그곳에 모여 있는 영혼들도 모두 사람의 모습으로 보입니까?

영 : 아닙니다. 그럴 필요가 없습니다. 이곳… 트인 곳에서는 모든 것이 아주 자연스럽지요. 그들은 지금 모두 영혼의 모습을 하고 있습니다.

닥터 N : 지금 있는 곳에서 먼 곳을 바라보십시오. 거기 모여 있는 영혼들은 어떤 모습을 하고 있습니까? 어떻게 보입니까?

영 : 색색 가지 다른 불빛이… 반딧불처럼 웅성거리며 돌아다니고 있지요.

닥터 N : 선생과 제자의 경우처럼 함께 일하는 영혼들은 늘 함께 있게 됩니까?

영 : 우리 그룹에 있는 영혼들은 그렇습니다. 하지만 그런 경우도 우리들을 가르치지 않을 때는 선생님들끼리 따로 어울리지요.

닥터 N : 지금 있는 곳에서 선생님-안내자를 볼 수 있습니까?

영 : (잠깐 말이 없다.) 네… 약간… 물론 선생님들은 학생들보다 수가 적지요… 칼라가 그녀의 친구 두 분과 함께 있는 것이 보입니다.

닥터 N : 선생님들의 모습을 뚜렷이 보지 않고서도 그들이 안내자라는 것을 알 수 있습니까? 멀리서 밝게 빛나는 흰빛을 보는 것으로도 그들이 선생님이라는 것을 알 수 있습니까?

영 : 물론이에요. 알 수 있어요. 하지만 그들은 모두 완전한 흰빛이 아니에요.

닥터 N : 그럼 모든 영혼은 완벽한 흰빛을 띠지 않는단 말인가요?

영: 그럴 수도 있지요. 에너지의 강도에 따라 덜 밝은 경우도 있어요.

닥터 N: 그래서 칼라와 그녀의 친구들은 좀 다른 흰빛을 내뿜는단 말인가요?

영: 아닙니다. 그들은 전혀 흰빛을 띠지 않습니다.

닥터 N: 무슨 말입니까? 이해가 되지 않는데요.

영: 그녀와 두 친구는 선생입니다.

닥터 N: 선생님과 제자의 차이가 있단 말입니까? 선생님들은 흰빛을 띠지 않는단 말입니까?

영: 그렇습니다.

닥터 N: 그럼 어떤 빛깔입니까?

영: 물론 노란빛이지요.

닥터 N: 아… 그렇다면 모든 선생님들은 노란빛을 띠게 되나요?

영: 아닙니다. 그렇지 않습니다.

닥터 N: 왜 그렇습니까?

영: 칼라의 선생님은 발레이즈입니다. 그는 푸른빛을 띠고 있지요. 우리들도 그 선생님을 가끔 보게 되는데 아주 좋은 분이지요. 명석한 두뇌를 지니고 있어요.

닥터 N: 푸른빛을 띠고 있다고요? 푸른빛에 관한 것은 아직 듣지 못했는데?

영: 발레이즈는 연한 푸른빛을 발하고 있지요.

닥터 N: 생각이 헷갈리는데요. 당신은 발레이즈라는 다른 선생님이 당신의 그룹에 속한다는 이야기를 한 적이 없지 않습니까?

영 : 묻지 않았잖아요. 어쨌든 그분은 우리들 그룹에 속하지 않습니다. 칼라도 그도 제각기 속하는 그룹이 따로 있지요.

닥터 N : 그래서 그 안내자들은 노란빛과 푸른빛의 영기를 발하고 있군요.

영 : 그렇습니다.

닥터 N : 주위에 다른 에너지 빛깔을 볼 수 있습니까?

영 : 없습니다.

닥터 N : 왜 붉은색이나 초록색 에너지 빛깔은 없습니까?

영 : 붉은 빛깔을 띤 영혼은 볼 수 있어도 초록빛을 띤 영혼은 없습니다.

닥터 N : 왜 그렇습니까?

영 : 저도 잘 모르겠어요. 하지만 어느 때 주위를 살펴보면 마치 크리스마스트리같이 색색 가지 등이 밝혀져 있지요.

닥터 N : 발레이즈에 대해 좀 더 알고 싶은데요. 모든 영혼의 그룹은 선생님을 두 분씩 모시고 있나요?

영 : 흐음… 경우에 따라서 다릅니다. 칼라는 발레이즈의 지도를 받고 있기 때문에 우리들 그룹은 선생님을 두 분 모시게 되었지요. 하지만 우리들은 발레이즈를 가끔 볼 뿐입니다. 그는 또 다른 그룹도 지도하고 있으니까요.

닥터 N : 그렇군요. 칼라는 아직 초보인 견습 선생님인 셈이군요.

영 : (좀 화가 난 듯이) 저에게는 훌륭한 선생님입니다.

닥터 N : 그렇다면 그 색상이 상징하는 것을 좀 더 자세히 설명하여

주십시오. 왜 칼라는 노란빛을, 그리고 발레이즈는 푸른빛을 발산하고 있습니까?

영 : 그건 쉽게 설명할 수 있지요. 발레이즈는 우리 그룹의 그 누구보다도 지식이 앞서가고 있어요. 그래서 그가 발하는 빛은 강도가 높고 또 깊기도 하지요.

닥터 N : 푸른 빛깔을 띤 영혼은 노란빛이나 흰빛을 발하는 영혼들과 어떤 차이가 있습니까?

영 : 몇 번이나 말해야 합니까! 푸른 색상은 노란 빛깔보다 짙고 노란빛은 흰색보다 선명하니까 그만큼 영혼의 발전을 표하고 있다는 것을.

닥터 N : 그렇다면 발레이즈의 색상은 칼라의 빛보다 강도가 옅고 또 칼라의 색상은 당신의 에너지 빛깔보다 덜 반짝이는군요. 당신의 진도가 아직 뒤져 있어 그렇겠군요.

영 : (웃는다.) 뒤져 있다는 표현보다 그들보다 훨씬 아래에 있다는 것이 더 적절한 말이겠지요. 그분들은 모두 깊고 확실하게 자리 잡은 빛깔을 지니고 있어요.

닥터 N : 칼라가 지닌 노란빛은 당신이 지닌 흰빛과 어떻게 차이가 납니까? 당신의 진도가 색상에 나타나고 있습니까?

영 : (자랑스럽게) 나의 빛깔은 약간 붉은빛을 띤 흰색으로 변해가고 있습니다. 언젠가는 엷은 황금색을 띠게 될 것입니다. 최근에 칼라의 빛깔이 더 깊은 황색으로 변한 것을 보았습니다. 나는 이미 그렇게 될 것을 짐작하고 있었지요. 칼라는 참으로 현명

하고 선량하니까요.

닥터 N : 그렇습니까? 그러면 칼라의 영혼은 언젠가 짙은 푸른빛을 띠는 영혼의 레벨에 이르게 되는 것입니까?

영 : 아닙니다. 먼저 연푸른색을 띠게 되지요. 모든 것은 우리들의 에너지가 쌓여감에 따라 차례로 이루어지지요.

닥터 N : 그래서 그 근본적인 세 개의 빛깔인 희고 노랗고 푸른 색상이 영혼 발전 단계의 표식이 되는군요. 또 그 빛깔은 모든 영혼들이 볼 수 있기도 하고.

영 : 그렇습니다. 그리고 빛깔의 변화는 아주 천천히 이루어집니다.

닥터 N : 주위를 한번 돌아봐주십시오. 근처에 있는 영혼의 빛깔이 모두 같은 색상입니까?

영 : 아닙니다. 대부분 희지만 약간의 노란빛과 아주 드물게 푸른빛이 섞여 있습니다.

닥터 N : 명료하게 설명해주시고 의문을 밝혀주셔서 감사합니다.

피술자들이 최면 상태에 이르면 나는 습관적으로 그들 영혼의 색상에 대해 묻는다. 영혼의 세계 그 자체가 흰빛에 둘러싸여 있는 것은 차치하고, 피술자들은 그곳에 있는 대부분의 영혼이 흰빛을 띠고 있다고 말하기도 하였다. 상아 빛깔이나 회색은 발전하는 과정에 있는 영혼을 의미하였다. 영혼의 영기는 그런 기본 색상에 붉은빛이나 황색 또는 푸른 빛깔과 섞이게 된다. 흔히들 노란빛이나 푸른빛과 뒤섞여 있는 초록빛을 보기도 한다.

내가 피술자들과의 대화에서 들은 영혼의 색상에 관한 것이 설사 가설이라고 하여도 나는 어떤 유사점을 본다. 하늘에 있는 냉각된 별에서 발산되는 빛의 에너지는 붉은빛과 오렌지 빛을 합해놓은 것 같은데, 보다 뜨거운 별에서 보이는 빛깔은 노란빛이나 청백색이다.

온도는 다른 주파수를 가진 스펙트럼이 이루는 가시적인 빛의 파도에 영향을 미친다. 인간의 눈은 그런 빛의 굴곡을 엷은 빛깔에서 어두운 빛깔의 띠로 보게 된다.

영혼의 에너지 빛은 수소나 헬륨 같은 원소들과는 아무런 연관이 없을지도 모른다. 하지만 아마도 전자기(電磁氣)같이 더 높은 에너지의 장에서는 관련이 있을 것이다. 아마도 모든 영혼의 빛깔은 지혜와 동화되어 화합을 이루는 영혼의 진동에 영향을 받는 것 같다. 어떤 면에서 양자물리학은 우주가 진동하는 주파에 의해 이루어졌음을 암시하기도 한다. 그 진동하는 파장은 제각기 다른 파장으로 뒤섞이는 물체의 덩어리들에 영향을 준다. 빛과 운동, 소리, 그리고 시간은 모두 지구의 공간에서 서로 연관을 갖게 된다. 나는 내가 면담한 피술자들을 통해 그런 연관이 영혼의 세계에서도 존재한다는 것을 알게 되었다.

결국 나는 영적이거나 육적인 의식이 모두 빛의 에너지를 주고받는다는 결론을 갖게 되었다. 영혼의 영기는 개개인이 자아내는 진동의 파장에 의해 결정된다고 나는 믿는다. 영혼으로서 우리가 뿜어내는 빛의 밀도나 색상, 그리고 형태는 지혜나 사고의 힘에 비례한다. 그리고 그 사고나 지혜의 힘은 우리가 발전을 이룰수록 더 강한 빛의 밀도를 이루게 된다. 개개인의 에너지 형태는 우리 자신이 누구인가 하는 것을 알게 할 뿐 아니라, 타인을 치유하는 능력이나 우리 자신을 쇄신하는 능력을 알려주기도 한다.

　최면에 걸려 있는 사람들은 색상으로 영혼을 묘사한다. 특히 떨어진 곳에 있어 형태가 잘 보이지 않을 때 더 그렇다. 내가 다루어 온 사례를 통해 알게 된 것은 보다 앞선 영혼들은 빨리 움직이는 푸른 에너지의 형태로 보인다는 것이다. 또 가장 밀도가 강한 에너지는 보랏빛을 뿜는다고 하였다. 지구에서 눈으로 볼 수 있는 빛의 잔영 중에서는 청보라색이 가장 짧은 파장을 지니며 눈에 보이지 않는 자외선을 내뿜고 에너지를 상승시킨다. 만약 색상이나 밀도가 지혜를 반영하는 것이라면, 더 급이 낮은 파장을 지닌 흰빛이나 황색 빛을 발산하는 영혼들은 밀도가 낮은 진동 에너지를 지닐 것이다.

　도표 3은 내가 피술자들이 제공한 정보를 토대로 영혼의 레벨을 색상으로 분류한 것이다. 첫 번째 종렬은 영혼의 영적 레벨이나 배움의 단계를 말한다. 마지막 종렬은 안내자가 될 수 있는 경우나 또 그런 자격으로 다른 영혼들을 도울 수 있는가 하는 것을 밝힌다. 안내자에 관한 것은 다음 장에서 좀 더 상세히 설명할 것이다.

　배움은 우리가 영혼으로 창조되었을 때부터 시작된다. 그리고 처음 환생할 때부터 배움은 쌓여간다. 또 환생이 거듭될수록 지혜는 자라간다. 어떤 인생에서는 후진을 하는 경우도 없지는 않지만, 다시 배우며 발전을 계속하게 된다. 내가 알게 된 정보에 따르면, 한번 어느 단계에 이른 영혼은 그 자리에서 물러서는 일은 없는 것 같다.

영혼의 발전 단계를 위한 분류 설계도			
배움의 단계		동력적 색상 배열	안내자 자격
레벨 I	신참	흰빛 (빛이 밝고 동질적이다.)	없음
레벨 II	낮은 중간	회색 (약간 불그스름하며, 노란빛으로 변해간다.)	없음
레벨 III	중간	황색 (순수한 노란빛으로서, 흰빛이 조금도 엿보이지 않는다.)	없음
레벨 IV	높은 중간	어두운 황색 (짙은 황금색이다. 푸른빛으로 변해간다.)	주니어(초급)
레벨 V	앞서가는	연푸른색 (노란빛이 전혀 없다. 보랏빛으로 변해 간다.)	시니어(상급)
레벨 VI	많이 앞서가는	짙은 푸른빛을 띤 보라색 (눈부신 빛에 둘러싸여 있다.)	마스터(원로)

도표 3

도표 3에서 나는 육체를 갖게 된 영혼의 여섯 레벨을 제시하였다. 일반적으로 피술자들을 초보, 중간, 그리고 앞서가는 영혼의 차례로 대략 구별했지만, 레벨 II와 레벨 IV는 그 단계에 이르는 과정에서 무엇이라고 확실히 규정지을 수 없는 미묘한 점이 있기도 하다. 예를 들면 영혼이 레벨 I의 초보자 과정에서 레벨 II로 옮겨가고 있을 때, 그 영혼의 빛깔에 얼마나 흰색 에너지가 남아 있는가 알아볼 필요가 있을 뿐 아니라 배움의 정도를 밝히는 의문들에 대한 피술자의 반응도 분석해야 한다. 잘 꾸려나갈 수 있었던 전생들의 계보, 미래에 대한 기대, 그룹 속에서의 친목, 그리고 안내자와의 대화 같은 것을 통해 한 영혼의 성장을 알아볼 수 있게 된다.

피술자들 중에는 도표 3에서 보는 것 같은 사회적 구성과 조직된 관리의 방식으로 영혼의 세계를 분석하고 설명하는 나의 방식에 이의를 표하는 사람도 있다.

그럼에도 불구하고 나는 그 같은 피술자들이 동료들이나 안내자들의 지도 아래서 잘 계획된 질서 있는 과정을 밟으며 영혼의 발전을 도모한다는 말을 자주 듣게 된다. 만약 영혼의 세계가 수많은 교실을 가진 거대한 학교와 같다면, 또 영혼들의 발전을 돕는 스승-영혼들의 지도 아래서 운영되고 있다면, 그것은 조직이라고 말할 수 있을 것이다. 물론 그런 해석이 완벽한 것이 아니고 미흡한 점이 있다는 것을 모르는 것은 아니다. 앞으로 많은 퇴행치유사들이 나의 창안을 토대로 연구를 계속하여 영혼의 성숙도를 더 확실히 알아낼 수 있기를 바란다.

어쩌면 이 장은 독자들에게 빛깔로 구분되는 영혼의 세계가 계급이나 층으로 분류되는 지구의 그것과 유사할 것이라는 그릇된 해석을 전제하는 것처럼 보일지도 모른다.

지구에서 보는 사회적 상태는 영혼의 세계에서는 볼 수 없을 뿐 아니라 비교할 수도 없는 것이다. 영혼의 지성을 측정하는 모든 빛의 주파수는 동일한 에너지의 원천에서 발생한다. 영혼은 생각에 의해 완전히 통합된다. 만약 영혼의 세계에서 일어나는 모든 일이 균일한 레벨에서 행해지는 것이라면, 영혼은 수련을 위한 보다 열등한 방법을 택하게 될 것이다. 지구에서 행해지고 있는 교육제도는 옛날부터 이어오는 개념 때문에 같은 그룹에 속하는 동료들이라 할지라도 제각기 진도에 따라 배움을 계속한다. 같은 레벨에 있는 영혼들과 함께 수련을 계속하기도 하고 앞서가기도 한다. 앞서가는 원숙한 스승-안내자들은 자기들의 역할을 이어받을 제자들을 길러내기도 한다.

그리하여 그런 실질적인 이유 때문에 영혼의 세계에서는 배움과 발전을 측정하는 제도가 있는 것이다. 그런 제도는 계발을 촉진할 뿐 아니라 궁극적으로 영혼의 완성을 돕는 것이다. 설사 우리가 옳지 못한 선택으로 교육을 잘 받지 못하게 되어도 우리는 항상 보호받게 되어 있다. 전능한 영혼의 큰 설계 속에서 지지와 인도를 받으며 성장하게 될 것이다. 그런 현상이 바로 영계를 다스리는 섭리일 것이다.

영혼의 계급에 관한 개념은 오랜 역사를 통해서 동서양의 문화에 영향을 미치기도 하였다. 플라톤(Platon)은 영혼이 많은 수련의 단계를 거쳐서 유년기에서 성년기에 이를 수 있다고 말하기도 하였다. 희랍인들은 인류가 부도덕하고 미숙하고 폭력적인 윤생을 수없이 겪은 뒤 비로소 연민과 인내, 용서와 정직, 그리고 사랑으로 어울릴 수 있는 상태로 진화한다고 생각하였다. 2세기에 이르러 새로운 기독교의 학설은 플로티노스(Plotinos)의 영향을 많이 받았다. 그는 동양의 신비주의에 플라톤의 철학이 가미된 사상인 신플라톤파의 주창자로서, 영혼의 성숙도에 단계가 있다고 생각하였다. 가장 높은 자리에 있는 영혼이 초월적인 존재 혹은 창조주로 불리는 신이고, 그 존재로부터 태어난 영혼들이 인간 속에 깃든다고 생각하였다. 결국 낮은 영혼은 전능한 영혼과 완전한 화합을 이룬다. 내가 분류한 영혼 발전의 단계가 지적으로나 사회적으로 혜택 받은 엘리트를 의미하는 것은 아니다. 발전이 앞서가는 영혼들은 지구에서 흔히들 보잘것없고 하찮은 환경에 머물게 되기도 한다. 같은 이유로, 인간 사회의 상류층에 속하는 사람들이 영혼 성숙의 행복한 상태에 이르렀으리라고 생각하면 오해다. 흔히 그 반대의 경우가 진실일 수도 있다.

영혼 발전을 위한 배치로 볼 때, 그룹으로 나누어지는 방법이 효과적이고 중요한 역할을 한다고 나는 믿는다. 9장에서는 초보 영혼들(레벨 I과 II에 속하는)을 보다 자세히 관찰함으로써 영혼의 그룹이 어떻게 작용되는지 알게 된다. 그전에 영혼 그룹의 작용과 그 기본적인 원칙에 관해 알게 된 것을 요약해보고 싶다.

- 영혼 창조에 관련된 기간과 상관없이 초보자의 자격이 구비되면, 모든 초보 영혼들은 비슷한 수준의 이해력을 지닌 영혼들이 이루는 새로운 그룹에 배치된다.

- 일단 그런 그룹이 형성되면 그 후에는 새로운 영혼이 추가되지 않는다.

- 비슷한 성향을 가진 영혼들의 그룹을 형성하는 데는 특정한 선택 방침이 있는 것 같다. 에고의 유사성, 인식을 향한 자각, 그리고 표현 방법이나 소망 같은 것도 고려하게 된다.

- 크기에 관계없이 그룹들은 집단 에너지들끼리 어울리는 법은 없는 것 같다. 하지만 영혼은 개체로서 기본적이거나 이차적인 경계에 속하는 영혼들과 교류할 수 있는 것 같다.

- 레벨 I과 II에 속하는 기본적인 그룹은 배움을 위해 보다 작은 그룹으로 나누어질 수도 있다. 하지만 원래 속하는 집단의 범위에서는 벗어나지 않는다.

- 같은 그룹에 속하는 영혼들이라도 배움의 진도는 다를 것이다. 어떤 영혼은 빠른 진도로 앞서가기도 할 것이다. 자기들이 배워야 할 모든 것을 다 잘할 수는 없더라도 중간 레벨 정도에 이르게 되면 어떤 영혼은 특별한 재능, 예컨대 치유나 가르침, 창조 같은 것에 어울리는 뛰어난 능력을 발휘하게 된다. 그리하여 그들은 같은 그룹에 머물면서도 앞서가는 공부를 하는 특별한 그룹에 참가하는 것이 허용된다.

- 영혼의 레벨이 II단계에 이르면 영혼들은 모든 수련과 발전 분야의 필요성이나 동기, 능력, 실행 같은 것을 검토받게 된다. 그 후 그들은 개별적인 공부를 하는 그룹에 속하게 된다. 보통 그들을 가르치던 안내자가 원로 스승의 지도 아래 계속 그들은 돌보게 된다. 그리하여 레벨 III에 속하는 영혼들은 이차적인 그룹에 속하는 여러 일차적인 그룹에서 모였던 영혼들과 어울리기도 한다.

- 영혼이 레벨 IV에 다가가게 되면 좀 더 개별적인 활동이 허용된다. 영혼이 발전해감에 따라 원래 속했던 그룹의 영혼 수는 줄어들지만 원래 그룹 동료들과 가졌던 친밀감은 잃지 않는다.

- 영혼의 안내자는 다양한 가르침의 방법을 가지고 그룹의 성격에 따라 알맞은 교육 방법을 택한다.

8
우리들의 안내자

나는 이제까지 최면에 빠져 있는 피술자 중에서 안내자를 갖지 않은 사람을 한 번도 본 적이 없다. 최면 상태에서 대담을 하는 동안, 어떤 안내자는 보다 확실히 나타나는 경우도 있고 또 그렇지 않을 때도 있다. 나는 피술자에게 이 방 안에서 어떤, 눈에 보이지 않는 존재를 느끼거나 사람의 모습을 보느냐고 항상 묻는다. 가끔씩 피술자들은 무형의 존재를 느낀 뒤 얼굴을 보게 되거나 소리를 듣게 된다고 하였다. 명상을 많이 하는 사람들은 당연히 그런 환영이나 직감에 익숙하지만, 그렇지 못한 사람들은 안내자에 대한 인식이나 교신이 없는 경우가 많다.

그런 영혼의 스승을 인지하는 사람들은 따뜻하고 사랑에 넘치는 창조력을 느끼게 된다. 우리들은 그런 안내자를 통해서 더욱 절실히 생명의 존속을 느끼고 영혼과의 동일성을 의식하게 된다.

안내자들은 우리 삶의 운명을 완수하는 데 도움을 주기 때문에 은총을 전하는 대상이기도 하다.

　안내자들은 복합성을 지닌 영체이기도 하다. 특히 그들이 원로인 경우에는 더 그렇다. 어떤 점에 있어서 한 영혼의 발전 진도는 그들을 돕는 안내자의 지혜로 알 수 있게 되기도 한다. 사실 안내자의 원숙도는 그가 돕는 영혼의 수에 따라 알 수 있다. 원숙해진 안내자들은 보조 역할을 하는 안내자를 거느리게 된다. 내가 알게 된 바에 따르면, 모든 영혼 그룹은 대개 한두 명씩 새로운 안내자를 양성하고 있는 것 같다. 그 결과 어떤 영혼은 한 명 이상의 안내자의 도움을 받기도 한다. 피술자들이 말하는 안내자의 이름은 평범한 것에서부터 기묘하고 괴상한 것까지 매우 다양하다. 흔히 그런 이름은 특정한 환생 때 어느 선생이 학생과 함께 지낼 때 부르던 이름이기도 하다. 어떤 경우 피술자는 자기 안내자의 이름을 말할 수 없다. 왜냐하면 최면 상태에서 안내자의 모습을 보면서도 그 이름이 괴상하여 똑같이 발음을 할 수 없기 때문이다.

　나는 그런 경우 피술자들에게 이름보다도 어떤 특정한 안내자의 도움을 받게 되었는가 하는 것이 더 중요하다고 말한다. 피술자들은 일반적으로 흔히 쓰는 호칭, 예컨대 지도자나 상담자, 선생, 또는 단순히 내 친구라는 표현을 쓰기도 한다. 친구라는 표현이 어떤 것을 의미하는지는 잘 분간해야 한다. 보통 최면에 걸려 있는 사람들이 친구라는 표현을 하면, 그것은 영혼의 반려자나 같은 그룹에 속하는 동료들을 의미하며 안내자를 그렇게 부르지는 않는다.

　친구로 불리는 대상은 보통 그 레벨이 비슷한 영혼들이다. 그런 영혼의 친구들은 보통 우리들의 영혼이 지구에서 육체 속에 깃들어 있을 때도 영계에서 정신적인 도움을 베푼다. 또 그들은 환생했을 때도 친한 친구로 태어나 인생의 길을 함께 가기도 한다.

치유를 위한 시술을 할 때 가장 중요한 일은 피술자들이 의식을 잃기 전에 안내자들의 역할을 잘 설명하고 이해시키는 것이다. 그런 영혼의 선생들은 뛰어난 교육 방법으로 우리들을 가르친다. 우리들이 스스로 창안해내었다고 생각하는 좋은 발상도 알고 보면 우리들의 일을 걱정해주는 안내자의 도움일 수도 있다.

안내자들은 또 우리들이 인생을 살아가면서 어려움에 부딪히게 되었을 때도 도움을 베푼다. 특히 우리들이 철없던 어린 시절에 위안이 필요할 때 도움을 준다.

"나는 나의 안내자를 어려서 처음 학교에 갔을 때 보았어요. 나는 모든 것이 서툴러 겁을 먹고 있었지만, 그녀(안내자)가 내 책상 위에 앉아 도와주었어요. 또 내가 화장실에 가고 싶어도 선생님께 물어보기가 두려워 망설이고 있었을 때, 그곳으로 가는 길을 가르쳐주었어요."

인간으로 구현되는 영혼의 개념은 먼 고대부터 있었다. 사고하는 인간의 초창기부터 그랬다. 선사시대에 사람들이 거주하였던 곳을 연구하던 고고학자들은 그들의 토템이 개개인의 수호를 의미하는 것을 알게 되었다. 약 5,000년 전 도시국가가 융성하였을 때, 국가적으로 숭배하게 된 신들을 중심으로 종교가 형성되었다. 그러나 그런 신들은 멀리 느껴지고 두렵게 느껴지던 신들이었다. 때문에 개인이나 가족들이 숭배하던 신들은 일상생활을 보호해주는 역할을 담당하고, 위기에 처했을 때 도움을 청하게 되는 중요한 존재였다. 그런 전통은 오늘날 우리의 문화에도 계승되었다.

미국에는 또 다른 상반되는 위치에 있는 예들이 있다. 아우마쿠아(Aumakua)는 하와이에 사는 원주민들의 수호신이다. 태평양에 있는 여러 섬에 사는 폴리네시안들은 사망한 조상들이 살아 있는 후손들을 위해 신의 역할을 할 수 있다고 믿는다.

인간이나 동물 또는 생선의 형태로서 아우마쿠아는 환상이나 꿈에 나타나서 도움을 베풀거나 잘못을 문책하고 벌한다. 미국의 북동부에 사는 이로쿼이즈(Iroquois)족은 인간의 내부에 존재하는 영적인 힘을 오렌다(Orenda)라고 부르며 믿는다.

또 그 영적인 힘은 더 높은 오렌다 영혼에 개별적으로 연결되어 있다고 믿었다. 그 수호신은 사람에게 오는 악의 힘이나 해침을 막아낼 수 있다고 생각하였다. 수호적인 안내자 역할을 하는 영혼의 존재는 미 대륙에 살았던 대부분의 원주민 족속들의 신앙의 대상이기도 하였다. 남서부에 사는 주니(Zuni)족은 말로 전해오는 전설을 통해 인간의 모습을 하나의 신 같은 존재로 전승하고 있다.

그는 삶의 길을 만들고 유지하며 영혼을 돌보는 존재로 알려져 있기도 하다. 세계에 퍼져 있는 다른 문화권에서도 흔히 신 아닌 다른 존재가 제각기 인생을 살펴주고 도움을 베푼다고 믿는 경우를 볼 수 있다. 생각건대 사람들은 언제나 인간을 닮은 존재가 절대적인 신의 지도 아래서 영적인 힘을 펼쳐주고 있다는 관념을 지니고 있는 것 같다. 명상을 할 때나 기도를 드릴 때 사람들은 영감을 통해 느끼게 된 실체를 만날 수 있기를 바란다. 인간의 마음으로 뚜렷이 떠오르는 대상에게 도움을 청하는 것은 보다 쉬운 일이다. 아무도 전능한 창조주의 형상이나 실체를 그릴 수 없기 때문에 사람들은 흔히 직접적인 연결을 갖지 못하게 된다. 사람들은 다양한 믿음과 종교적인 선택이 있음에도 불구하고 이런 생각을 하게 된다. 만약 절대적인 신이 있다고 해도 그 신은 너무 할 일이 많아 사소한 개인적인 문제는 돌볼 수 없을 것이라고. 또 사람들은 위대한 신과 대면하기엔 자신들이 너무도 모자란다고 생각하기도 한다.

그리하여 현재 세계에 존재하는 주된 종교들은 모두 한때 지구에 살았던 예언자들을 신과 통하는 중계자로 모시게 되었다. 그 예언자들이 이미 전지전능한 상태에 이르게 되어 그렇게 되는지 모르겠지만, 이제는 그들도 인격보다 신격에 이른 존재들이다. 물론 그렇다는 것은 그들이 펼친 지대한 영적 힘이 감소되었다는 말은 아니다. 헤아릴 수 없이 많은 사람들이 옛날 이 지구에 예언자로 환생하였던 그 숭고한 영혼들의 가르침을 따르고 또 도움을 받았다. 하지만 그럼에도 불구하고 사람들은 가슴속 깊이 누군가 더 친숙하고 개별적인 존재가 자신들을 기다리고 있다는 것을 알고 있었다. 종교적인 믿음이 강한 사람들에게 안내자는 그들 믿음의 상징으로 나타난다. 언젠가 텔레비전을 통해 알게 된 사실엔 이런 사례가 있었다. 한 신심이 깊은 소녀가 거의 빈사 상태에 가까운 경험을 하였는데, 그때 그녀는 예수님을 보았다고 말했다. 소녀가 본 것을 그림으로 그려보라고 하였을 때, 소녀는 크레용으로 후광에 둘러싸인 푸른 사람을 그렸는데 얼굴은 그리지 않았다.

나에게 시술을 받으러 오는 사람들은 자기들이 얼마나 영혼의 안내자들에게 의지하고 있으며 또 도움을 받고 있는가를 말하곤 하였다. 이제 나는 우리들 인간들을 직접적으로 돌보는 것은 신이 아니라 바로 그런 안내자들이라는 것을 믿을 수 있을 것 같다.

그 지혜로운 스승들은 몇천 년의 세월에 걸쳐 우리들을 돌보아 왔다. 영혼의 세계에 있을 때나 수없이 많은 환생의 수련을 하고 있을 때도 도움을 베풀었다.

현실의 세계에서 자기의식으로 걸어 다니는 사람들과 달리 최면 상태에 빠져 있는 피술자들은 자기들의 불행을 신의 탓으로 생각하거나 불평하지 않는다.

나는 가끔 영계의 선생이나 안내자가 선택에 의한 것인가 아니면 일방적으로 정해진 것인가 하는 질문을 받는다. 그런 질문은 대답하기 쉬운 것이 아니다. 내가 보기에 영혼의 세계에서 안내자들은 배려와 질서로 배정되는 것 같다. 그들이 가르치는 방법이나 처리하고 다스리는 솜씨는 제각기 영혼이 지니는 영원한 개성을 이해하고 아름답게 어울리며 향상시키기 때문이다.

예를 들면 어떤 초보 안내자는 여러 전생을 통해 이겨내기 어려운 부정적인 성향을 극복한 영혼이었다. 그런데 그가 돕게 된 영혼은 과거에 그가 지녔던 것과 같은 개성을 지니고 있었다. 그렇게 통하는 안내자들은 담당한 영혼들의 성향을 긍정적으로 바꾸어가는 것으로 능력을 인정받기도 한다.

모든 안내자들은 자기 제자들에게 한결같이 따뜻하고 동정적이지만 가르치는 방법은 제각기 다르다. 어떤 안내자는 지구에 있는 그들의 제자에게 지속적인 도움을 주기도 하고, 어떤 안내자들은 약간의 격려만을 하기도 한다. 물론 그것은 영혼의 성숙도에 달린 것이다.

대학원에 다니는 학생들은 대학에 갓 들어간 1학년보다 지도를 덜 받게 되는 법이다. 하지만 그렇게 발전 레벨에 기준을 두기보다는 일에 대한 각 영혼의 열정이나 진지함에 따라 안내자의 도움이 잦아지고 또 각별해진다는 것이 나의 해석이기도 하다.

안내자의 성에 관해 생각해볼 때, 지도받는 영혼의 성이 안내자의 성과 같아야 한다는 상호 관계는 없는 것 같다. 일반적으로 영혼들은 그들의 안내자가 표출하는 성을 자연스러운 것으로 받아들인다. 그 점에 대해서는 이런 해석을 내릴 수도 있을 것이다. 수련을 쌓는 영혼들은 그들의 안내자를 오랜 연륜을 통해 알아왔기 때문에 안내자가 표출하는 성의 변화에 익숙해 있고, 또 그런 성별 문제가 배움에 큰 영향을 끼치지 않는 것을 알기 때문이다. 어떤 안내자는 양성을 띠고 나타나는 때도 있다. 그런 현상은 영혼이 여성과 남성의 성을 동시에 지닌다는 해석을 지지하기도 한다. 어떤 피술자는 이런 말도 하였다.

"나의 안내자는 때로는 아랙시이스(여자의 이름)가 되고 또 때로는 아랙스(남자의 이름)가 된답니다. 그래서 나의 필요에 따라 남자가 되었다가 또 여자로 변신하기도 한답니다."

영계에서 안내자의 선택은 신중한 과정을 통해 이루어지는 것 같다. 모든 인간들은 적어도 한 원로 안내자나 원숙한 단계에 이른 안내자의 도움을 받게 된다. 그런 안내자들은 인체에 깃든 영혼이 창조되었을 때부터 지도하는, 앞서가는 영혼들이다. 그리고 대부분의 영혼들은 발전하는 단계에서 이차적인 안내자를 이어받게 된다. 앞의 장에서 보았던 칼라의 사례가 그런 경우다.

안내자들의 구별을 명확히 하기 위해 나는 그 학생-안내자들을 후배-안내자라고 부른다. 의욕적이고 포부를 지닌 영혼은 그들의 영혼 단계가 레벨 II에 이르렀을 때부터 안내자로서 훈련을 받게 된다. 그때는 그들의 발전이 중간의 위치에서 좀 더 상승되고 있을 때이기도 하다.

영혼은 안내자가 될 훈련을 레벨 IV에 이르기 훨씬 전부터 받게 된다. 견습생-안내자인 훈련 초기에는 환생 시 친구로서 다른 사람들을 돕게 된다. 또 그 시기에 영계로 돌아오면 동료들의 의논 상대가 되기도 한다.

후배나 선배 안내자들이 가르치는 방침은 원로 안내자의 뜻이나 지도에 의해 정해지는 것 같다. 원로 안내자는 모든 안내자들을 통치하는 역할을 맡고 영계에서 그런 일을 돌보는 것 같다. 우리들은 앞서가는 영혼의 케이스를 다루는 10장과 11장에서 어떻게 안내자들이 발전을 도모하게 되는지 그 과정을 보게 될 것이다.

모든 안내자들은 가르치는 데 있어 다 같은 능력을 갖고 있는가? 그런 능력의 차이 때문에 영혼의 세계에서 그들이 담당하게 되는 그룹의 크고 작음이 결정되는 것인가?

다음에 이어지는 사례는 어느 숙달된 영혼과의 대화를 통해 그런 의문을 풀어본 것이다.

케이스 17

닥터 N: 영혼의 세계에서 안내자들이 제자들을 가르치는 것에 대해 좀 알고 싶은 게 있는데요. 안내자들이 스스로 발전을 도모해 갈수록 더 많은 제자들을 가르치게 됩니까?

영: 더 많은 자격을 갖추게 된 안내자들만이 그럴 수 있지요.

닥터 N: 많은 제자들을 거느린 수많은 안내자들을 지도한다는 것은 그들을 통솔하는 원로 지도자에겐 부담이 될 것 같은데요. 설사 돕는 보조원이 있다고 해도.

영: 그분들은 충분히 잘해 나갈 수 있습니다. 크고 작은 것은 문제가 되지 않습니다.

닥터 N: 왜 그렇습니까?

영: 일단 스승으로서 자격을 갖추고 잘 가르칠 수 있다면, 몇 명을 담당하는가 하는 숫자적인 것은 문제가 되지 않지요. 어떤 집단은 많은 영혼들로 구성되어 있는가 하면 또 어떤 집단은 그렇지 않으니까요.

닥터 N: 그렇다면 만약 당신이 푸른빛을 뿜는 선배 영혼이라면 당신이 지도하는 교실에 학생들이 얼마가 되어도 그들을 가르치는 데 문제가 없다는 말입니까?

영: 그런 의미는 아니에요. 그런 것은 집단을 이루는 영혼들의 유형이나 지도자의 능력에 의해 결정되니까요. 더 큰 집단에는 돕는 영혼이 있기도 합니다.

닥터N: 누구를 말하는 것입니까?

영: 당신이 선배라고 부르는 영혼들 말입니다.

닥터N: 누가 그들을 도와줍니까?

영: 감독하는 분들이지요. 그들이야말로 진짜 전문가들이지요.

닥터N: 그분들을 마스터-스승이라고 부르는 것을 들은 적이 있지요.

영: 그다지 그릇된 표현은 아닌 것 같은데요.

닥터N: 그들은 어떤 빛깔을 뿜고 있습니까?

영: 그건… 보랏빛이지요.

앞에서 제시한 도표 3에서 설명했듯이 레벨 V의 시작 부분은 하늘빛 푸른색 에너지 빛깔을 뿜는다. 그리고 영혼이 더 발전하게 되면 그 빛은 더 짙어진다. 처음에는 짙푸른 빛이 되었다가 드디어 짙은 보랏빛으로 변한다. 그 보랏빛은 레벨 IV의 전적인 합류를 의미하는 것으로서, 마스터-안내자가 되었다는 것을 입증하기도 한다.

닥터N: 안내자들은 저마다 다른 방법으로 학생들을 가르치는 것 같은데, 공통되는 점은 어떤 것이 있습니까?

영: 가르치는 것에 대한 성의와 사랑이 없다면, 또 잘 어울릴 수 있도록 도와줄 의욕이 없다면 안내자가 될 자격이 없지요.

닥터N: 어떤 영혼이 안내자로 선발되는지, 앞서가는 영혼이 지닌 자질의 예를 들어 설명해주십시오.

영 : 자비로워야 하지만 또 너무 안일하지는 않아야 합니다. 그리고 쉬 판단을 내리지도 않습니다. 그들의 성향이나 판단을 따를 필요도 없습니다. 또 그들은 자기가 옳다고 생각하는 것을 강요하지도 않습니다.

닥터 N : 알겠습니다. 안내자들은 그런 일을 하지 않는군요. 그들이 영혼들을 엄격하게 다스리지 않는다면, 그들은 어떤 일을 합니까?

영 : 그들은 자신들이 책임지는 집단에 도덕심과 질서를 쌓아올리고 자신감을 북돋아주지요. 우리는 모두 그들 자신들이 많은 것을 겪고 왔다는 것을 알고 있어요. 우리들은 개성을 지닌 채 있는 그대로 받아들입니다. 그리하여 우리의 개성이 저지르는 실수도 허용되지요.

닥터 N : 영혼들은 자신의 안내자에게 충실하다는 생각이 드는데요.

영 : 그런 현상은… 그들이 결코 제자들을 포기하지 않기 때문이지요.

닥터 N : 안내자들이 하는 가장 중요한 일은 어떤 것입니까?

영 : (주저 없이) 무엇을 하고자 하는 동기와 용기를 일깨워주는 것이지요.

다음은 아직도 환생을 계속하고 있는 안내자의 사례다. 오와라는 안내자는 앞의 사례에 나온 헌신적인 스승의 특질을 보여준다. 일찍이 안내자로서 그가 하였던 일은 케이스 18에서 검토되었던 피술자의 영혼을 직접적으로 돌보는 일이었다. 그의 교육 방법은 변함이 없었고, 피술자는 그 안내자의 가장 최근 환생을 알게 되었을 때 놀라움을 금치 못하였다.

오와가 그 피술자의 영혼의 안내자로 처음 나타났던 것은 기원전 50년이었다. 그는 그때 로마 군인들에게 침략당한 유대인 촌락에 살던 노인이었다. 케이스 18에서 거론되는 영혼은 그때 10대의 소녀였다. 그 지방에 있는 이교도를 없애기 위해 공격해온 로마 군대의 침략으로 부모를 잃고 고아가 된 소녀였다. 그랬던 그녀의 전생에서 그녀는 어느 선술집에서 거의 노예와 다름없는 상태로 일을 하고 있었다. 손님들에게 음식을 나르는 일을 하면서 그녀는 걸핏하면 주인에게 매를 맞아야 했다. 때때로 로마인 손님들에게 강간당하는 일도 있었다. 그녀는 지나친 노동과 부당한 대우, 그리고 절망감 때문에 스물여섯 살의 젊은 나이로 죽게 되었다. 그 피술자는 무의식 상태에서 그 마을에 살았던 한 노인에 관한 이야기를 다음과 같이 하였다.

"나는 밤낮으로 혹사당하면서 고통과 치욕으로 몸이 굳어져 있었지요. 그때 그 영감님은 저에게 유일하게 친절했던 사람이었어요. 자신을 가지고 포기하지 말며, 주위에 있는 잔인한 사람들보다 더 고결하고 훌륭한 것에 믿음을 가지라고 용기를 북돋아주었지요."

뒤에 그 피술자는 초의식 상태에 들어갔을 때 또 다른 어려웠던 전생의 얘기를 했다. 그때 오와는 다시 신뢰하는 친구로 나타났다. 또 한번은 남자 형제로 나타난 적도 있었다. 초의식 상태에서 그녀는 그들 모두가 같은 영혼이었으며 그녀의 안내자인 오와였다는 것을 알아냈다.

오와를 볼 수 없었던 환생도 많았다. 때때로 그가 도움을 베풀어 와도 그의 실체는 재빨리 스쳐가기만 할 때도 있었다. 문득 나는 그녀에게 물었다. 혹시 오와가 이 현실의 생에서도 그녀와 함께 있는가를. 약간 주저하는 기색을 보이더니 피술자는 억제할 수 없는 듯 몸을 떨기 시작하였다. 눈에 눈물이 고이기 시작하면서 그녀는 마음속으로 보는 광경을 향해 소리쳤다.

케이스 18

영 : 오, 하느님! 알고 있었어요. 나는 무엇인가 색다른 것이 있다는 것을 그를 볼 때마다 느꼈어요.

닥터 N : 누구 말입니까?

영 : 내 아들 말입니다! 내 아들 브란돈이 바로 오와랍니다.

닥터 N : 당신 아들이 바로 오와라고요?

영 : 네, 네. (동시에 울고 웃으며) 알고 있었지요. 바로 그가 태어나던 날부터 느낌이 있었어요. 무엇인가 놀랍고 친근하고 특별한 그 무엇을, 다만 의지만 하는 갓난아기만이 아니라는 것을… 오….

닥터 N : 그가 태어났을 때 무엇을 알게 되었습니까?

영 : 확실히 알지는 못하였습니다. 하지만 속으로 어머니가 첫아기를 낳을 때 느끼는 흥분과 기쁨보다 더한 그 무엇을 나는 느꼈지요. 그가 나를 도우러 이 세상으로 온 것을. 아시겠습니까?

너무나 놀랍고 기뻐요. 그가 틀림없어요. 바로 그랍니다.

닥터 N : (나는 다시 대화를 진행하기 전에 그녀를 진정시켜야 했다. 너무 몸을 움직여 그녀는 누워 있던 장의자 한쪽으로 쏠려 있었다.) 왜 오와가 당신의 아들 브란돈이 되어 이 세상에 태어났습니까?

영 : (좀 조용해졌으나 여전히 눈물을 흘리면서) 이 어려운 때를 이겨 나가게 해주려고… 나를 받아들이지 않는 딱한 사람들과 살아야 하는 이 어려움을 도와주려고. 그는 내가 오랫동안 어려움을 이겨내며 살아야 한다는 것을 알았음에 틀림이 없습니다. 그래서 내 아들로 태어나기를 결정한 것이겠지요. 하지만 내가 환생을 하기 전에 우리는 이런 사실을 의논하지 않았는데… 얼마나 멋진 선물인가요.

나와 대담을 하던 무렵 피술자는 경쟁이 심한 사업을 성공시키려 고전하고 있을 때였다. 또 가정에서는 남편과 불화가 일고 있었다. 그 이유는 남편보다 더 수입이 많다는 것이었다. 그 후 그녀가 이혼하였다는 소식이 전해졌다.

닥터 N : 아기를 집으로 데리고 간 뒤 무엇인가 이상하다는 생각이 들었습니까?

영 : 네, 그런 생각은 병원에서 시작되었고 마음에서 떠나지 않았어요. 내가 아기의 눈을 들여다보면… 아기가 나를 달래주었지요. 때로는 집에 돌아오면 너무 지쳐서… 아기 보는 사람이 자

기 집으로 돌아가고 나면 나는 조그만 일에도 화를 내곤 하였지요. 하지만 아기는 참으로 착했어요. 나는 그를 안아주지 않아도 되었어요. 나를 보는 눈이 너무도 어질고 현명하였어요. 하지만 나는 지금까지 그것이 무엇을 의미하는지 모르고 있었지요. 그러나 이제는 알아요. 오, 얼마나 큰 축복입니까? 나는 아이를 갖지 않으려는 생각까지 하였는데 이제야 모든 것을 알게 되었어요.

닥터 N: 무엇을 알게 되었단 말입니까?

영: (확실한 목소리로) 내가 하는 일을 더 잘하려고 노력하면 할수록 사람들은 더 어려워지지요…. 내가 잘 알고 할 수 있는 것을 인정해주지 않아요. 남편과도 사이가 좋지 않아요. 그는 내가 지나치게 노력해서 성취하려 한다고 책망하지요. 오와-브란돈은 나를 돕고 강하게 하기 위해 태어났지요. 그래서 내가 모든 것을 이겨낼 수 있도록.

닥터 N: 당신의 안내자가 이 생에서 브란돈이 되어 당신을 돕고 있다는 것을 우리가 알게 되어도 괜찮습니까?

영: 네. 만약 오와가 내 인생에 관여된 것을 알리려고 하지 않았다면, 나는 당신을 만나러 오지 않았을 것입니다. 그를 생각조차 하지 않았을 것입니다.

이 예외적인 사례는 피술자들이 지구의 삶에서 인간으로 태어난 안내자들을 알게 되었을 때 느끼는 감정적 도취를 표현한다. 이 경우에 주목할 것은 오와가 영혼의 짝이 보통 하는 역할에서 벗어나지 않았다는 것이다. 그는 그녀의 배우자로 환생하지 않았다. 그리고 그녀의 모든 윤생에 있어서 한 번도 그래 본 적이 없었다. 영혼의 짝이 부부가 되는 경우는 없다. 그리고 인간으로 환생하는 안내자들은 영혼의 짝과 같은 현실 속에서 살게 되어도 배우자가 되지 않음으로써 그런 영계의 법을 준수한다. 그 피술자의 영혼의 짝은 고등학교에 다닐 때 사귄 애인이었다.

내가 알아본 바에 의하면 오와는 지난 2000년 동안에 후배-안내자의 레벨에 이른 영혼이었다. 그는 피술자의 영혼이 흰빛에서 노란빛으로 변할 무렵 푸른빛을 띠는 선배-안내자의 레벨에 이르게 될 것이다.

수천 년의 시간을 거치게 되더라도 오와는 피술자의 안내자로 남게 된다. 다시 인간으로 환생하여 함께 수련하는 기회가 없을지라도 그는 안내자의 역할을 완수하게 될 것이다. 우리들의 영혼이 우리의 안내자와 같은 발전 단계에 도달하는 때가 올 수 있을 것인가? 아마 언젠가는 그럴 때가 올 것이다. 하지만 나는 아직 한 번도 그런 사례를 본 적이 없다. 빠른 발전을 이루는 영혼은 천부의 재능을 부여받았지만, 그들을 지도하는 안내자 역시 그런 재능을 지닌 영혼들이다. 한 쌍이 되어 일하지만 제각기 다른 방법으로 가르치는 안내자들도 있다. 이런 경우 한쪽이 보다 높은 레벨에 있는 안내자다. 경험이 많은 선배 안내자들은 제자들의 일상생활에서 그 자취를 보이는 경우가 별로 없다.

이런 안내자들의 짝짓기는 한쪽이 견습하는 입장(선배 안내자에게 배우고 있는 후배 같은 경우)이거나 또는 그 결합이 너무 오래되어(선배 안내자와 원로 안내자 같은 경우) 영원한 관계로 진화된 케이스 같은 것이다. 선배 안내자는 이미 지도할 영혼의 집단을 갖고 있어도, 많은 영혼의 집단을 돌보고 있는 원로 안내자의 영향과 도움을 받고 있다.

그런 영혼의 짝은 영혼의 세계를 드나들 때 서로의 일에 지장을 주지 않는다. 내가 아는 친한 친구의 사례를 보면 그런 안내자들이 어떻게 서로 도우며 완벽하게 일을 해나가는가 알게 된다. 나는 그들 안내자들이 많은 삶을 통해 함께 일하는 방법을 보았기 때문에 그들의 사례를 드는 것이 적절하다고 생각한다.

그 친구의 후배 안내자는 친절하고 푸근한 아메리카 원주민이며 마술사였는데 이름은 쿠원이라고 하였다. 사슴 가죽으로 된 가리개 같은 옷을 간소하게 입은 그녀는 긴 머리를 뒤로 빗어 묶고 있었다. 그런 그녀의 부드러운 얼굴은 나타날 때마다 선명한 빛 속에 드러나곤 하였다.

내 친구가 도움을 청하면 쿠원은 통찰하는 방법을 강구해주었다. 일어난 일들을 이해하게 해주며 그런 일을 일으켜 내 친구를 괴롭히고 있는 대상에 대해 알려주었다. 길즈라는 남자 안내자는 내 친구의 인생길에서 무거운 부담을 덜어주기도 했다. 도전적인 성격을 지닌 길즈는 선배 안내자임에 틀림이 없었고, 영계에서는 원로의 위치에 가까워지고 있는 존재였다. 그런 자격을 지닌 그는 쿠원만큼 자주 나타나지는 않았다. 그가 내 친구의 더 높은 의식 속에 나타날 때면 그는 돌연히 그런 일을 해치우곤 하였다.

선배 안내자가 하는 일이 후배 안내자와 다른 것을 사례를 들어 설명하겠다.

케이스 19

닥터 N: 어려운 문제를 해결하려고 깊은 생각에 잠겨 있을 때 길즈는 어떻게 당신에게 옵니까?

영: (웃는다.) 쿠원같이 오지는 않지요. 보통 그는… 잠깐 몸을 숨기지요… 처음엔… 그늘 뒤로… 푸른 정기의…. 나는 그를 보기 전에 낄낄 웃는 소릴 듣습니다.

닥터 N: 그는 처음 푸른 정기의 형태로 나타난다는 말입니까?

영: 네, 그렇지요… 조금 숨기려 하지요. 비밀스러운 것을 좋아하지만 오래 그러지는 않아요.

닥터 N: 왜 그러지요?

영: 나도 모르겠어요. 아마 내가 진심으로 그를 원하는지 알고 싶어 그러는 것 같기도 합니다.

닥터 N: 그가 나타날 때 어떤 모습을 하고 있습니까?

영: 아일랜드 요정(Leprechaun)이지요.

닥터 N: 아, 그렇다면 그는 몸집이 작은 남자이겠군요.

영: (다시 웃으면서) 난쟁이의 모습을 하고 있지요. 헝클어진 머리가 주름진 얼굴을 뒤덮고 있고, 정돈되지 않은 어지러운 모습으로, 가만히 있지 못하고 이리저리 몸을 움직이고 있어요.

닥터 N: 왜 그러는 거지요?

영: 길즈는 좀 걷잡을 수 없는 성격을 지니고 있어요. 참을성도 없고 얼굴을 잘 찡그리지요. 양팔을 등 뒤로 돌리고 내 앞을 왔다

갔다 하면서 말입니다.

닥터 N : 그래서 당신은 그의 그런 행동을 어떻게 해석합니까?

영 : 길즈는 다른 안내자들처럼 점잖지는 않아요. 하지만 그는 대단히 현명하고 교묘하게 모든 일을 해내지요.

닥터 N : 그의 그런 점이 당신에게 어떤 영향을 주는지 명확히 설명해줄 수 있습니까?

영 : (긴장해서) 길즈는 나의 인생을, 지구를 체스판으로 한 체스 게임처럼 만들었어요. 어떤 모든 움직임들은 제각기 다른 결과를 초래하고 쉬운 해결이란 있을 수 없었지요. 일이 잘되라고 미리 계획도 해보곤 했지만, 내 인생의 게임을 살아가는 동안 빗나가곤 했어요. 때때로 생각하기도 했어요. 그가 일부러 계략을 쓰는지도 모른다고. 체스판 위에서 게임을 이겨나갈 궁리를 하라고 말입니다.

닥터 N : 그런 선배 안내자의 테크닉이 당신에게 도움이 되고 발전을 도모한다고 생각합니까? 그런 게임을 함으로써 길즈가 당신의 문제를 해결하는 데 도움이 되었습니까?

영 : (잠깐 말이 없다.) 뒤에 더 많이… 여기서(영혼의 세계에서) 하지만 지구에서 너무나 심한 노력을 하게 하였어요.

닥터 N : 당신은 그의 도움을 거절하고 쿠원의 협조만을 받을 수 있습니까?

영 : (애처로운 미소) 영혼의 세계에서는 일을 그렇게 처리하지 않습니다. 또 그는 뛰어나게 명석하지요.

닥터 N : 그렇습니까? 우리 자신이 안내자를 선택하는 게 아니군요.

영 : 물론이지요. 우리가 하는 게 아니라 그들이 선택하는 거지요.

닥터 N : 왜 그 두 안내자가 제각기 다른 방법으로 당신을 도우려 하는지 알 수 있습니까?

영 : 모릅니다. 전혀 알 수가 없습니다. 하지만 나는 다행이라고 생각하지요…. 쿠원은 부드럽고 어질고 한결같은 도움을 베풀어 주고 있으니까요.

옛날부터 북미 대륙에 살았던 원주민인 아메리칸 인디언들의 화신은 후에 그 땅에서 살게 된 사람들을 위한 훌륭한 안내자가 되기도 한다. 그런 안내자를 갖고 있는 많은 미국인들이 있다는 사실은 나의 믿음을 확인하게 하였다. 즉, 영혼들이 일찍 환생을 해서 정들었던 땅으로 돌아가기를 좋아한다는 것은, 영혼의 환생과 지리적인 관계를 확신시켜 주는 것이었다.

닥터 N : 길즈의 지도 방법 중에서 어떤 것이 가장 마음에 듭니까?

영 : (생각에 잠기어) 오… 그가 농담을 할 때, 게임을 할 때 놀리듯이 잘하기를 권하며 자신을 잃지 않도록 도와줄 때예요. 또 어려운 일에 부딪힐 때면 좌절하지 않도록 자극과 격려를 보내며 계속해서 이겨나가도록 도와주지요…. 내가 가지고 있는 모든 능력으로 싸워나갈 것을 가르쳐줍니다. 길즈는 아무것도 함부로 하지 않지요.

닥터 N : 그의 가르침을 지구에서도 느낄 수 있습니까? 이런 대화를 우리들이 함께 알아내지 않을 때도 말입니다.

영 : 네, 명상을 하면서 깊이 내 속으로 침투할 때… 또 꿈속에서.

닥터 N : 길즈는 당신이 원할 때 만나볼 수 있습니까?

영 : (약간 주저한 뒤에) 아니, 그럴 수 없습니다. 느낌으로는 언제나 그와 함께 있는 것 같은 생각이 들지만, 쿠원을 더 자주 만나게 되지요. 길즈는 아무 때나 원할 때 부를 수 없습니다. 다만 중대한 일이 있을 때만 상담할 수 있는 대상이지요. 또 그는 걷잡을 수 없이 교묘하기도 해요.

닥터 N : 쿠원과 길즈에 대한 느낌을 정리해보십시오.

영 : 나는 쿠원을 어머니처럼 사랑합니다. 하지만 길즈의 가르침과 엄격한 사랑 없이는 지금 도달한 곳에 와 있을 수 없었을 것입니다. 그들은 모두 능력과 가르침이 뛰어났지요. 그래서 나로 하여금 내가 저지른 잘못을 통해 배우게 해줍니다.

앞에 설명한 두 안내자는 협력하는 선생들의 팀이다. 그런 팀은 안내자를 둘 갖게 되는 사람들이 겪게 되는 일반적인 과정이다. 이 사례에서 길즈는 업에 관한 공부를 소크라테스의 방식으로 가르친다. 아무런 해결책도 미리 가르쳐주지 않음으로써, 중대한 일을 해결하는 것이 쉬운 일이 아님을 내 친구에게 확실히 가르쳐주었다.

반대로 쿠원은 부드러운 위안을 베풀고 어질게 용기를 북돋아주었다. 그 친구가 나를 찾아와 최면술을 받게 될 때면 나는 길즈가 활동할 때 쿠원이 배경으로 물러서 있다는 것을 알게 된다. 길즈는 모든 안내자들이 그렇듯 진지한 관심으로 돌봐주는 스승이다. 하지만 관대함을 조금도 보이지 않는 철저한 안내자이기도 하다.

내 친구의 경우를 보면, 어려움이 더 이상 손을 쓸 수 없는 극한의 상태에 이르러서야 해결책이 갑자기 나타나곤 하였다. 솔직히 말하건대, 나는 길즈를 짓궂은 공사 감독에 비유하고 싶다. 하지만 나의 친구는 그렇게 생각하지 않는다. 그는 그 복합적인 스승이 베푼 도전과 가르침을 고맙게 생각한다.

일반적으로 안내자들은 어떤 유형을 가지는 것인가? 내 경험으로 미루어 볼 때 단 한 번도 비슷한 안내자들을 본 적이 없다. 그들, 헌신적이고 영적으로 앞서가는 영혼들은 대담할 때마다 태도가 달라진다. 어떤 경우는 같은 면담 중에도 그런 현상을 볼 수 있다. 그들은 협력적이거나 방어적이고 관대하거나 혹은 불친절하기도 하다. 또 회피하는가 하면 드러내기도 하며, 때로는 내가 어떤 일을 피술자들과 해도 그저 무관심할 때도 있다. 그런 앞서가는 영혼들은 우리들의 운명에 중요한 영향을 미치는 존재들이기 때문에, 나는 그들을 존경해 마지않는다. 하지만 그들이 나의 질문을 좌절시키는 것도 사실이다. 그들이 풀 수 없는 수수께끼같이 생각되기도 한다. 많은 것을 알려주어야 할 영혼들과의 관계가 의존할 수 없는 것이기 때문이다.

20세기 초엽에는 최면술로 영계의 일을 알아보던 영매들이, 방 안에 있는 형태를 갖지 않은 존재(영혼)를 '컨트롤(control)'이라고 불렀다. 그 이유는 그 영혼이 피술자를 위해 영계의 소식을 전하는 통신장 노릇을 했기 때문이었다.

영혼의 '컨트롤'은(그가 안내자이건 아니건 간에) 그 감정적, 지적, 그리고 영적인 에너지 문양이 피술자의 그것과 일치된다고 하였다. 또 영매와 영혼의 에너지가 조화를 이루는 것도 중요한 것이라 하였다. 나는 만약 컨트롤이 피술자를 통해 알아보고 있는 정보를 방해한다면, 왜 그런 일이 일어나게 되는지 알아보기로 했다.

어떤 방해하는 안내자들과는 단순한 정보를 얻어낼 때도 싸워야 했다. 하지만 보다 많은 해답과 질문의 자유를 주던 안내자들도 없지는 않았다.

나도 안내자들이 자기들의 지도 아래 있는 영혼들을 위해 나의 시도를 저지할 권리가 있는 것을 모르는 것은 아니다. 나는 그들과 어떤 관계를 가진 영혼들을 짧은 시간 동안만 만나기도 하니까. 솔직히 말하건대, 나는 피술자들의 안내자들과 접촉을 하지 않아도 좋은 방법이 있다면 그 길을 택하고 싶다. 그리고 설사 계속해서 순순히 정보를 주지 않더라도, 다만 한때만이라도 확실한 진실을 알려주는 대상을 알고 싶다. 안내자가 정보를 제지하는 이유가 피술자와의 대화를 통한 일시적인 심리 문제 때문이 아니라는 것을 나도 잘 알고 있다. 나는 항상 영계에 관한 새로운 자료를 찾고 있다. 피술자를 통해 흘러나오게 되는 전생의 기억들을 제지하지 않는 안내자라 할지라도, 다른 천체에 사는 생물에 관한 것이나 영계의 구조, 또는 창조 그 자체에 관한 나의 질문은 제지하고 말 것이다. 그런 이유 때문에 나는 많은 피술자들과의 대담에서 조금씩 얻게 된 정보를 통해 영계의 비밀을 알게 되었고 또 안내자들의 제지에 대해 알게 되었다. 또 내가 느끼는 것은 피술자나 그들의 안내자와 교신하고 있을 때 나도 나의 안내자의 도움을 받고 있다는 것이다.

가끔 어떤 피술자들은 그들의 안내자에 대한 불평을 말할 때도 있다. 하지만 그런 현상은 일시적인 것이다. 어떤 경우 사람들은 그들의 안내자들이 너무 어렵거나 까다로워 자신들을 위해 최선을 다하지 않는다고 생각할 수도 있다. 또 그저 무관심하다는 생각을 하기도 한다. 어떤 피술자는 안내자를 바꾸려고 오랫동안 노력했다고 말하기도 하였다. "나의 안내자는 오히려 방해만 하고 있어요. 만나보기도 쉽지 않지요." 그러나 그 피술자의 소원은 이루어지지 않았다고 하였다.

내가 관찰한 바에 따르면, 그는 최근에 있었던 두 환생을 겪은 뒤 사람들과 잘 어울리지 않았다. 그는 그가 다스려야 할 문제들에 뛰어들지 않았기 때문에 많은 경우 혼자 있었고, 그룹 속에서도 교류가 드물었다. 그는 어려운 상태에 있을 때 안내자가 도와주지 않았다고 화를 냈다. 우리들의 안내자들은 제자들과 사이가 나빠질 때까지 일을 망쳐놓지 않는다. 하지만 불만에 찬 학생이 자신의 문제 해결을 거부하면, 그들의 안내자들은 드물게 자신의 모습을 보이는 방법으로 수련을 쌓게 하기도 한다. 안내자들은 우리들이 최선을 다하기를 바란다. 때때로 그런 것은 어떤 목표를 위해 제자들이 심한 고통을 이겨내는 것을 지켜보아야 함을 의미한다. 우리들이 인생이 부여하는 그 모든 기회를 적절히 유용할 준비와 변화를 갖지 못한다면, 안내자들은 우리의 발전을 도와줄 수 없을 것이다.

우리는 영혼의 안내자를 두려워할 이유가 있는가?

5장 케이스 13에서 우리는 어린 영혼이 죽은 직후, 보고를 하기 위해 안내자 클로디스를 만나는 것을 두려워하는 것을 보았다.

일반적으로 그런 걱정은 오래가지 않는다. 영혼들은 왜 그들이 인생에서 바라고 계획했던 것을 이루지 못하였는지 안내자에게 설명해야 하는 것을 원통하게 생각할는지 모른다. 하지만 그럴 필요가 없다. 안내자들은 그 모든 것을 이해하고 있다. 그들이 보고를 듣는 것은 영혼이 저지른 잘못을 분석함으로써 도움을 베풀려고 하는 것이다. 피술자들은 여러모로 안내자에 대한 느낌을 말하게 되지만, 두려움에 관해 말한 적은 없었다. 반대로 그들은 어려운 처지에 이르게 되었을 때 안내자들이 도움을 줄 수 없을까 염려하게 된다. 영혼들과 안내자의 관계는 스승과 제자의 관계이지, 피고와 판사의 관계가 아니다. 우리들 개개인의 안내자들은 우리들이 인간으로 태어날 때부터 갖게 되는 분리나 고립감을 이겨나가는 데 도움을 주는 영혼들이다. 아무리 사랑받는 가족들에 둘러싸여 살아도 필연적으로 갖게 되는 그 운명적인 과제를 극기할 수 있게 도움의 손을 뻗어주는 친절한 스승들인 것이다. 그리하여 그들은 복잡한 세상과 많은 사람들 속에서 우리 자신을 긍정적으로 생각할 수 있도록 도움을 준다.

사람들은 언제든지 자기들이 필요할 때 안내자와 접촉할 수 있는지를 알고 싶어 한다. 안내자들은 자기들의 도움이 꼭 필요할 때만 나타나기 때문에, 그들의 도움과 출현은 일정하지 않다. 최면술을 통해 제각기 안내자를 찾는 것이 제일 좋은 방법인지 모르겠다는 사람들도 있다. 물론 나는 그렇다고 말할 수밖에 없다. 나는 경험을 통해 최면술이 영혼에 관한 모든 것을 알아내는 매개로서 얼마나 효율적이고 능률적인가를 알게 되었기 때문이다. 하지만 최면술을 전문적으로 시술하는 사람과 매일 만난다는 것은 불가능한 일이기 때문에, 명상이나 기도 같은 방법으로 안내자와의 길을 열 수도 있다. 또 영적으로 예민한 영매를 통해 안내자와의 만남을 가질 수도 있을 것이다. 깊은 명상으로 유도할 수 있는 자아최면도 안내자와의 접촉을 위한 좋은 방법이다. 그런 방법은 다른 사람들에 의해 최면당하는 것을 두려워하는 사람들이나, 자신들의 영적 문제에 타인의 개입을 싫어하는 사람들을 위해 좋은 방법일 것이다. 어떠한 방법을 쓰든 간에 우리들은 우리들의 더 높은 의식으로부터 오는 사고의 파장으로 영계와 접촉할 수 있는 능력을 갖고 있다. 개개인의 생각은 정신적 지문이 어디에 있는가 하는 것을 안내자들에게 알린다. 살아가면서, 특히 우리들이 큰 시련에 부딪히고 있을 때 사람들은 누군가 그런 자신들을 살피고 있다는 것을 느낀다. 우리들이 그런 힘을 묘사하거나 표현할 수는 없을지라도 그런 힘은 존재한다.

　우리들이 영혼을 알게 되는 것은 더 높은 힘을 발견하는 첫 단계에 이르는 것이다. 그러한 단계에서 우리의 안내자는 신을 향한 모든 정신적 교신을 조종한다. 그들 역시 자신들의 안내자인 더 높은 단계에 있는 영혼들의 지도를 받고 있는 것이다. 그렇게 존속되는 계단은 끊어지지 않고 연결되어 원천에 이르는 것이다. 그 모든 이어진 단계들이 이윽고 전체를 이루며 전능한 힘의 원천에 도달하게 되는 것이다. 기도하는 사람은 응답이 그들 자신이 속하는 더 높은 힘에서 온다는 신념을 갖는 것이 중요하다.

그 모든 이유 때문에 안내자는 영계에서나 실제의 세계에서 중요한 역할을 담당하고 있다. 우리들이 긴장을 풀고 있을 때나 초점을 집중시키고 있을 때 내부의 소리가 들린다. 그럴 때는 우리들이 청하지 않은 경우라도 들리는 말을 믿어야 한다. 심리학자들에 의한 전국적 조사에 따르면, 열 명 중 한 사람은 그런 소리를 들었다는 보고가 나왔다. 많은 경우 긍정적이고 지적인 말이었다고 한다.

그 보고는 적지 않은 사람들에게 위안이 되었을 것이다. 자기들이 들은 말이 정신병에서 오는 환청이 아니고 보통 인간들에게도 흔히 일어나는 현상임을 알게 되었기 때문이다. 내부에서 들리는 소리는 염려할 것이 아니라 의논할 수 있는 상담자가 24시간 함께 있는 것과 같다고 할 수 있다. 그리고 많은 경우 그것은 우리의 안내자의 소리이기도 하다. 제각기 다른 영혼을 돌보는 안내자들은 가끔 함께 일을 하기도 한다. 서로 긴요한 정신적 메시지를 주고받으며 적절히 일을 처리한다. 그리하여 위험한 상태에서 절망을 느끼는 사람들이 갑자기 의논할 수 있는 사람이나 친구들의 도움을 얻기도 한다. 때로는 전혀 모르는 사람이 중요한 때에 와서 도와주기도 한다. 일상생활에서 우리들이 느끼는 내적 힘은 안내자를 눈으로 확인하는 경우보다 우리가 혼자가 아니라는 감정이나 느낌 때문에 갖는 경우가 더 많다. 고요한 묵상을 통해 자신들의 내적 말을 듣고 또 장려하는 사람들은 말하였다. 그럴 때면 고무적이고 확신을 주는 보다 높은 힘과 이어지는 것을 느끼게 된다고. 그렇게 내적으로 도와주는 힘을 영감이나 직감으로 생각하고 싶다면 그래도 좋을 것이다. 우리들을 도와주는 방식은 우리 자신들의 것이기도 하면서 또 전능한 힘에서 오는 것이기도 하기 때문이다.

　삶이 순조롭지 못하거나 어려움에 부딪힐 때마다 우리들은 당장 모든 것을 해결해달라고 부탁하는 경향이 있다. 최면 상태에서 안내자와 만나는 피술자들은 안내자들이 그런 문제를 한꺼번에 처리하지 않는 것을 보게 된다. 그리고 어떤 단서를 제시하면서 해결 방법을 위한 길을 밝혀준다고 한다.

　최면에 빠져 있는 피술자들을 조심스럽게 유도하는 것도 그러한 이유 때문이다. 각 개인의 상태에 따라 조절된 방법으로 시행할 때 통찰력은 가장 잘 나타나는 법이다. 사려 있는 안내자는 제자들이 원하는 때에 모든 것을 풀어헤쳐 놓지 않을 것이다. 사람들은 제각기 다른 능력과 방법으로 계시를 받아들인다. 더 높은 영적 힘에게 도움을 청할 때는 직접적인 해결을 부탁하지 않는 것이 좋을 것이다. 우리의 성공은 각자의 인생이 계획되었을 때 이미 예견되기도 했지만, 어떤 목적과 성취를 위해 다른 길을 택하는 것도 허용되는 것이다. 내가 권하고 싶은 것은 도움을 청할 때 다만 인생의 다음 단계에 관한 것만 하라는 것이다. 그렇게 하면서 기대하지 않았던 가능성에 대해 대비해야 할 것이다. 겸손과 신념으로 해결을 위한 여러 갈래의 길로 나아갈 수 있도록 마음을 열어야 할 것이다. 죽은 뒤 영혼으로 되돌아가면, 환생하여 육체 속에 깃들어 있을 때와 같은 슬픔은 겪지 않는다. 하지만 우리들이 이미 본 것같이 영혼은 느낌을 갖지 않는 것이 아니다. 우리들을 지켜보고 있는 더 높은 영혼들도 우리들이 잘못된 선택을 하여 고통을 당하고 있는 것을 볼 때 영적인 슬픔을 느낀다는 것을 나는 알게 되었다.

우리들이 괴로워할 때 우리 영혼의 짝이나 동료들은 함께 걱정하고 근심에 잠긴다. 우리 안내자들도 예외는 아니다. 그들은 방침을 강구하는 회의에서나 영계에서 열리는 그룹 토의에서는 슬픔을 보이지 않아도, 우리 영혼의 스승으로서 책임감을 속 깊이 느끼고 있다.

11장에서 우리는 레벨 V에 이른 안내자가 하는 일을 보게 된다. 나는 인간으로 환생한 레벨 VI이나 마스터 안내자를 피술자로 맞아본 적이 없다. 그렇게 앞서가는 영혼들은 동시에 많이 지구로 오지 않는 것 같다. 대부분 레벨 VI에 속하는 영혼들은 영계에서 계획하고 지도하는 일에 몰두하고 있어서, 더 이상 지구에 태어나는 일은 없는 것 같다.

레벨 V에 속하는 영혼에게 들은 바에 따르면, 레벨 V에 속하는 영혼들은 새롭게 배우고 수련할 일이 없는 것 같다. 하지만 아직도 지구에 환생을 하고 있는 레벨 V에 속하는 영혼은 마스터 레벨에 속하는 원로 영혼들이 하는 비전(秘傳)의 과업에 대해서는 잘 모르는 것 같다.

가끔 보다 앞서가는 영혼들과 대화를 하게 될 때면 레벨 VI보다 더 앞서가는 영혼에 관련된 것을 듣기도 한다. 그런 영혼들은 그 에너지 빛깔이 가장 짙은 보랏빛이라 한다. 그렇게 뛰어난 영혼들은 창조주에 더 가까이 다가가고 있음에 틀림이 없다. 그들은 잡을 수 없는 그림자 같은 존재이기도 하지만 또 영계에서 많은 존경을 받고 있기도 한다.

일반적으로 피술자들은 영혼 안내자들의 발전도가 신성을 갖추지 못했거나 신격이 낮은 범주에 속해야 하는지 의문을 품는다. 만약 영혼에 관한 생각이 편안함을 가져다주고 향상을 도모하며 개개인의 이해를 일깨우는 것이라면, 어떤 영적인 개념도 허용될 것이다. 피술자 중에는 안내자를 신 같은 존재로 생각하는 경우도 있지만 그들은 신이 아니다. 나의 의견을 말하자면 안내자들은 인간들보다 더 신성하지도 않고 덜하지도 않다. 그렇기 때문에 그들은 아직도 인간으로 보이는 것이다. 내가 다루었던 모든 사례에서 신은 한 번도 그 모습을 드러내지 않았다. 최면술에 걸려 있는 사람들은 영계를 다스리고 있는 더 높은 힘을 느낀다고 한다. 하지만 그들은 창조주를 신이라고 부르는 데는 어색하다. 아마 철학자 스피노자의 표현이 가장 적절한지도 모른다.

"신은 누구라고 말할 수 있는 대상이 아니다. 하지만 그 무엇이라고 할 수 있는 것이다."

각각의 영혼은 더 높은 영적 힘에 그 존재가 연결되어 있다. 모든 영혼은 하나의 대령(大靈)에서 발생하는 신적 정수의 한 부분이다. 이 혜지로운 에너지는 우주적인 범위를 지니기 때문에 우리들은 모두 그 신성을 나누어 가질 수 있다. 만약 우리들의 영혼이 우리가 신이라고 부르는 대령의 작은 부분을 반영한다면, 우리들의 안내자는 우리들에게 창조주와 연결되어 있는 자신들을 볼 수 있는 거울을 마련한다.

9
어린 영혼

　어린 영혼은 두 가지 부류로 나눌 수 있다. 영혼의 세계로 갓 태어난 어린 영혼이 그 한 부류를 이루고 있고, 또 다른 부류는 더 일찍 존재하여 지구에 환생을 거듭해 수련을 했음에도 아직 미숙한 상태에 남아 있는 영혼을 말한다. 나는 그 두 부류를 영혼 레벨 I과 레벨 II에서 본다.
　오늘날 지구에 사는 사람들에게 깃들어 있는 영혼들 중 거의 2/3는 아직도 발전의 초보 단계에 있는 영혼들이다. 그렇다면 지구에 현존하는 영혼들은 낮은 레벨의 수련을 쌓고 있다는 말이 되기 때문에 사기를 꺾는 현상이기도 한다.
　하지만 다른 면으로 생각할 때, 세계에는 인류가 문화적인 차이나 알력에서 오는 오해, 갈등, 폭력을 일삼고 있는 곳이 많으므로 나는 지구에 어린 영혼이 많다는 해석에 동의하지 않을 수 없다. 그러나 각 세기가 인류에게 어떤 배움과 깨우침을 주는 것도 사실이다.

몇 해를 두고 나는 통계를 내볼 생각으로 피술자들의 사례를 정리하였다. 그런데 전체적으로 본 결과, 어린 영혼들의 사례가 훨씬 더 많았다. 하지만 나의 조사는 편중되기도 하였을 것이다. 왜냐하면 나를 찾아오는 피술자의 대부분이 그런 어린 영이 깃든 사람들이기 때문이다.

통계에 흥미를 느끼는 사람들을 위해 내가 한 조사를 소개한다. 레벨 I 42%, 레벨 II 31%, 레벨 III 17%, 레벨 IV 9%, 레벨 V 1%. 내가 조사한 한정된 사례를 자료로 해서 인구가 50억이나 되는 지구의 현실을 분석한다는 것은 무리한 일일 수도 있다. 하지만 지구에는 다만 몇십만 명에 불과한 사람들에게 레벨 V에 속하는 영혼들이 깃들어 있다는 것이 나의 의견이기도 하다.

나와 대담하던 피술자들은 영혼이 성숙하게 되면 지구에 환생하지 않는다고 말하곤 하였다. 지구에 존재하는 어린 영혼의 비율이 그렇게 높은 것은 급속히 증가하고 있는 인구 때문이기도 하다. 새로 태어나는 그 많은 영아들을 위한 영혼이 필요한 것이다. 요즘 지구에는 하루에 26만 명에 달하는 신생아들이 태어나고 있다. 그렇게 많은 육체에 깃드는 영혼을 확보하기 위해선 지구에 되돌아올 빈도가 잦은 어린 영혼들을 환생시켜야 하는 것이다. 환생을 통해 발전을 이룩할 수 있기 때문에, 어린 영혼들은 더 잦은 빈도로 지구에 태어난다. 그래서 그런 비율이 나타날 수도 있는 것이다.

발전 초기 단계에 있는 피술자들을 대할 때는 특별한 고려와 관심을 기울이게 된다. 처음 찾아온 사람들 중에는 "나는 오래된 영혼을 지니고 있는 것 같습니다만, 무엇 때문에 하는 일이 잘되지 않는지 알 수가 없습니다" 하는 식으로 말하는 피술자들이 수없이 있었다. 인간은 서툰 것을 꺼리기 때문에 모두 앞서가는 영혼이길 바란다.

하지만 모든 사례는 제각기 특징을 갖게 마련이다. 영혼의 개성이나 개별적인 발전의 진도, 그리고 배당된 안내자의 질에 따라 변화가 있다. 내가 담당하는 일은 그들 영혼의 발전상을 해석해 주는 것이다.

피술자들 중에는 지구에 3만 년 동안이나 환생을 계속하면서 수련을 거듭하여도 직 레벨 I과 II의 낮은 단계에 머물고 있는 영혼들이 흔히 있었다. 드물긴 해도 빠르게 발전하는 영혼의 경우가 전혀 없는 것은 아니다. 모든 배움에 있어서 그렇듯이 영혼의 제자들도 배움에 어려움을 느끼는 과제가 있다. 어떤 피술자는 850년 동안 많은 환생을 거듭해 수련했어도 부러움을 다스릴 수가 없었다. 하지만 편협함은 무난히 극복할 수 있었다. 또 다른 피술자의 영혼은 1,700년 동안 환생을 거듭하면서 때때로 다른 사람을 지배하는 권력을 갖고자 노력하였다. 그러나 그 영혼이 얻게 된 것은 자비였다.

다음에 설명하는 것은 절대적으로 어린 영혼의 사례다. 이 초보자는 환생하였던 전생이 너무 적기 때문에, 아직도 소속될 그룹의 배정도 받지 못한 상태에 있는 것 같다. 처음 환생 때 그녀는 시리아 북쪽에 있는 마을에 살았는데, 1260년 몽골족의 침입 때 죽게 되었다. 그녀의 이름은 샤베즈였다. 몽골족은 온 마을을 약탈하고 주민들을 학살했는데, 그때 다섯 살이었던 그 아이도 죽었다.

케이스 20

닥터 N : 샤베즈, 이제 죽어 영혼의 세계로 돌아온 느낌은 어떻습니까?

영 : (소리친다.) 속았어요! 인생은 너무나 잔인해요! 나는 거기서 머물러 살 수 없었어요. 나는 어린 계집아이였고 아무도 도와줄 수 없었어요. 잘못이었어요!

닥터 N : 누가 그 잘못을 저질렀습니까?

영 : (음모하는 소리로) 지도자가 그랬지요. 나는 그의 판단을 믿었는데, 그는 나를 잔인한 세상으로 보내는 잘못을 저지르고 삶을 시작하기도 전에 죽게 하였어요.

닥터 N : 하지만 당신은 샤베즈의 육체에 깃드는 데 동의하지 않았습니까?

영 : (화가 나서) 나는 지구가 그렇게 공포에 가득 찬 무서운 곳인 줄 몰랐어요. 모든 사실을 알려주지 않았지요. 그 바보스러운 인생은 전적으로 잘못되었어요. 지도자는 책임을 져야 해요.

닥터 N : 그 인생을 통해 배운 게 없습니까?

영 : (잠시 말이 없다.) 사랑하는 것을 배우기 시작하였지요…. 네, 사랑한다는 것은 참으로 좋았어요. 나의 오빠… 부모님들… 하지만 그건 너무 짧았어요.

닥터 N : 하지만 그 인생에서 얻은 것이 하나도 없단 말입니까?

영 : 나의 오빠 아매드…와 함께 있었던 것….

닥터 N : 아매드는 현재의 삶에서도 볼 수 있습니까?

영 : (피술자는 갑자기 의자에서 일어난다.) 믿을 수가 없어요! 아매드는 나의 남편 빌이에요. 같은 사람이에요. 어떻게 그럴 수가!

닥터 N : (피술자를 달래어 진정시킨다. 그리고 영혼이 새로운 육체에 깃드는 과정에 대해 설명한다.) 샤베즈의 생애를 죽음으로 끝내고 영혼의 세계로 돌아갈 때 아매드를 만납니까?

영 : 네, 우리의 지도자가 우리들을 다 이곳으로 오게 하지요… 우리가 지금 머물고 있는 곳으로.

닥터 N : 아매드는 당신과 같은 빛을 뿜고 있습니까, 아니면 빛깔이 다른가요?

영 : (잠시 침묵하다가) 우리는… 모두 흰빛을 뿜고 있습니다.

닥터 N : 그곳에서 어떤 일을 하게 되는지 설명해주십시오.

영 : 우리들의 지도자가 왔다 갔다 하는 사이에 아매드와 나는… 그저 일을 하지요.

닥터 N : 어떤 일을?

영 : 우리들 스스로에 대한 생각을 추구하지요. 우리들이 지구에서 경험한 것을요. 나는 아직도 우리들이 그렇게 빨리 죽음을 당한 것에 대해 불만을 가지고 있어요… 하지만 그곳에서 행복했던 때도 있었지요… 햇빛 속을 거닐 때… 지구의 공기에서 숨쉬며… 사랑….

닥터 N : 아매드를 만나기 이전의 때로 돌아가십시오. 아마 그때 당신은 혼자 있었겠지요. 창조되는 느낌은 어떠하였습니까?

영 : (불안한 표정) 모르겠어요… 나는 그저 여기에 있었지요… 생각과 더불어.

닥터 N : 당신이 창조되고 있을 때, 처음으로 지적인 존재로서 생각을 하게 되었을 때를 기억합니까?

영 : 나는 알게 되었어요… 내가 존재한다는 것을…. 하지만 나는 이 조용한 곳에 옮겨져 아매드와 함께 있기 전에는 내가 나라는 지각이 없었지요.

닥터 N : 안내자 아닌 다른 영혼과 어울리게 되었을 때 비로소 당신 개성이 확실해졌다는 말입니까?

영 : 네, 그랬습니다. 아매드와 함께 있게 되었을 때.

닥터 N : 아매드를 만나기 이전의 때에 머물러주십시오. 그때의 느낌은 어떠하였습니까?

영 : 따뜻하고… 키워지고 있으며… 마음이 열리고… 그때 그녀가 함께 있었지요.

닥터 N : 그녀라니요? 나는 당신의 지도자가 당신에게 남성으로 보였던 것으로 알았는데….

영 : 지도자를 말하는 것이 아니에요…. 그가 아닌 다른 존재가 내 주위에 있었어요… 어머니와 아버지 같은… 많은 경우 어머니 같은….

닥터 N : 어떤 형태를 지닌 존재였습니까?

영 : 잘 모르겠습니다… 부드러운 빛… 변하는 모습… 확실히 무엇이라고 말할 수 없습니다… 사랑을 전하는 말들 장려하는….

닥터 N: 당신의 영혼이 창조되고 있을 때 그랬단 말입니까?

영: 네… 모든 것은 희미하지만… 다른 존재들이 있었어요… 도와주는… 내가 태어났을 때.

닥터 N: 그 창조의 장소에 대한 것을 좀 더 말해줄 수 있습니까?

영: (잠시 침묵하고) 다른 존재들이… 나를 사랑해주지요… 양성소에서… 그리고 우리는 떠났어요…. 그리고 나는 아매드와 지도자와 함께 있었어요.

닥터 N: 확실히 말하자면 누가 당신과 아매드를 창조하였습니까?

영: 바로 그분이지요.

내가 알아낸 것에 따르면 영혼의 세계에도 새로 태어난 영혼을 위한 산부인과 병동 같은 것이 있는 것 같다. 어느 피술자는 이렇게 말하기도 하였다.

"이곳에는 어린 빛들이 아직 부화되지 않은 계란으로서 벌집처럼 배치되어 있습니다. 필요할 때 쓸 수 있도록 말입니다."

4장에서 우리들은 격리된 영혼이 어떻게 개조되는지 알게 되었다. 내가 생각건대, 샤베즈에 의해 묘사된 창조 센터도 같은 역할을 하는 것 같다.

다음 장의 케이스 22에서는 영혼의 에고 창조에 관한 것이 설명된다. 생소하고 더럽혀지지 않은 에너지가 어떻게 자아의 창조로 작용되는지 알게 된다.

케이스 20은 미숙한 영혼의 표식을 현저히 드러낸다. 피술자는 67

세 되는 여자로서, 평생을 통해 비참한 경험을 수없이 해온 사람이었다. 그녀는 다른 사람들에게 친절과 자비를 베풀어준 적이 없을 뿐 아니라 자신이 저지른 일에도 책임을 지지 않는 사람이었다. 이 피술자가 나를 찾아온 이유는 왜 자기의 인생에서 '행복을 사기당했는가 알기 위해서였다. 영혼의 대담을 통해 우리들은 그녀의 첫 남편이 빌이었다는 것을 알게 되었다. 그녀는 빌과 오래전에 이혼을 하고 다른 남자와 재혼을 했는데 그와도 이혼을 하게 되었다. 사람들과 어울리는 능력이 결핍된 성격 때문이었다. 그녀는 자기가 낳은 아이들과도 친숙하지 못하였다. 어린 영혼들은 몇 번이나 인생을 혼돈스럽게 쓸모없는 상태로 살았다. 도와주고 연합하는 영계의 조화로움과 같지 않은 지구의 교과 과정을 잘 밟아나갈 수 없었기 때문이었다. 미숙한 영혼들은 인간 세상의 지배적인 현상에 이끌려가는 경향이 있다. 인간 사회의 경제적 조직은 많은 사람들로 하여금 상하 계급에 종속하게 한다. 경험이 적은 영혼들은 자립할 수 있는 사고가 부족하기 때문에 많은 어려움을 겪게 마련이다. 그들은 또 이기적이고 사람들을 있는 그대로 받아들이지 않는 경향이 있다.

 세계 인구의 대다수를 차지하는 그런 영혼들(만약 그런 영혼의 수에 대한 나의 추측이 옳다면)에 대한 어둡고 황량한 그림을 그리려는 것이 나의 의도는 아니다. 미숙한 영혼들은 또한 많은 긍정적인 요소로 채워진 인생을 살아나갈 수도 있다. 그러지 않고서는 어떤 영혼도 발전을 도모할 수 없기 때문이다. 모든 영혼은 어린 상태에서 시작하기 때문에 미숙한 영혼들에 대한 이해와 도움이 있어야 할 것이다.

만약 우리들이 화를 내거나 원망하게 되고 또 인생살이에 혼돈을 느낀다고 해서 우리들의 영혼이 미숙하다고 정의할 수는 없다. 영혼의 발전은 복합적인 것이다.

우리들은 모든 방면에 일률적으로 발전을 하지 않고, 개개인의 경우에 따라 발전의 방식도 달라지기 때문이다. 중요한 것은 우리 자신의 결함에 눈뜨는 것이며 자신을 부정하는 일을 없애야 하는 것이다. 그리고 용기와 능력으로 항상 개선을 도모하고 살아가는 것이 가장 중요한 일일 것이다.

영혼이 어린 상태에서 헤어나고 있다는 뚜렷한 표식 중의 하나는 영혼이 고립의 상태를 떠나는 것이다. 그들은 다른 초심자들과 함께 있던 누에고치 같은 곳에서 어린 영혼들이 모여 있는 제법 큰 그룹으로 옮겨진다. 이 시점에 오면 그들은 안내자들의 각별한 도움과 지도를 덜 받게 되어도 괜찮게 된다.

어린 영혼들은 자기들이 다른 어린 영혼들과 같은 그룹에 속한다는 사실만 깨닫게 되어도 기쁨을 느낀다. 영혼에게 있어 하나의 중요한 변천기인 그 시점은 일반적으로 지구로 다섯 번의 환생을 끝낼 무렵 일어나는 것 같다. 그런 변화는 초심자가 머물렀던 반고립의 기간에는 구애를 받지 않는다. 어린 영혼이 속하게 된 새로운 그룹에서 만나는 영혼들은 그 영혼이 환생했을 때 가까이 지냈던 친척들이나 친구들이다. 새롭게 만들어진 그 영혼의 집단에서 주목해야 할 것은 그 집단에 속하는 다른 그룹의 영혼들도 모두 서로 처음 만나게 된 어린 영혼으로 구성되어 있다는 점이다.

7장 배치에서는 케이스 16이 그룹으로 되돌아갔을 때 어떻게 그 동료들이 그 영혼을 맞이했는가를 알게 되었다. 그리고 그 영혼이 보고하는 인생의 경험이 화폭으로 펼쳐지고 검토되는 것을 보았다. 케이스 21은 보다 상세한 영혼 그룹의 역할과 상호 간의 연관을 알려줄 것이다. 영혼이 어떤 것을 배우는 수용력은 기회나 동기 그리고 환생하였던 전생의 경험에 의해 제각기 강해지거나 약해지기도 한다.

집단 속에 있는 그룹들은 동료들이 서로 의지하고 도움을 줄 수 있도록 조심스레 설계되어 있다. 그런 일은 그룹에 속하는 모든 영혼 개성의 민감함을 통해서 이루어지기도 한다. 그런 결합력은 지구에서 우리들이 할 수 있는 상상을 웃도는 것이기도 하다. 다음 사례는 한 그룹에 속하는 영혼의 입장에서 말한 사실이지만, 그의 초의식은 그룹 속에서 어떤 일이 일어나고 있는가를 우리에게 알려준다.

피술자는 거만스러울 만큼 당당하게 남성적인 영혼 그룹에 관해 묘사한다. 귀에 거슬리는 말을 하는 이 그룹의 영혼들은 자가당착이라고 할 수 있는 자아선전벽에 의해 연결되어 있다. 인간적인 가치를 같은 방법으로 찾는 것으로 왜 그들이 같은 그룹에서 함께 일을 하고 있는가 하는 것을 알려준다.

그 영혼들의 비생산적인 행위는 그들의 영적 지혜에 의해 어느 정도는 상쇄되기도 한다. 영감으로 통하는 영계에서는 모든 진실이 동료들에게 알려지기 때문에 유머가 불가피한 것이기도 하다. 어떤 독자들은 영혼들이 서로의 실수에 관해 농담을 주고받는 것을 이해할 수 없을 것이다. 하지만 유머는 자기기만과 위선을 폭로하는 기반이 되기도 한다.

영계에서 에고의 방어는 너무나 잘 알려진 사실이기 때문에, 동료들 사이에서 농담으로 실수를 풀어내는 것은 영혼의 변화를 위한 한 요인이 되기도 한다. 영혼의 '치료'는 동료 간의 진정한 대담에 의해 이루어진다. 또 상호 간의 믿음이나 헤아릴 수 없는 많은 시간을 통해 발전을 도모하고자 하는 의욕에 의해 이루어지기도 한다.

영혼은 다칠 수도 있다. 그래서 주위에서 돌보아주는 영혼의 존재가 필요하기도 하다. 영혼들이 서로 도우며 치유하는 능력은 대단하다. 동일한 목표를 위해 노력하는 영혼들은 비평과 칭찬으로 짜인 그물 같은 조직을 통해 서로에게 도움을 베푼다.

내가 피술자들에게 줄 수 있는 가장 좋은 도움은 그런 영혼 그룹에서 얻게 된 정보를 통해 알게 된 것이었다. 영혼들이 그룹을 이루는 첫째 목적은 배움을 위한 것이다. 그리고 배움은 그런 그룹을 지도하는 안내자들이 주기도 하지만, 영혼 상호 간의 도움도 중요한 역할을 한다.

다음에 인용되는 사례에서 피술자의 영혼은 가장 최근에 환생했던 삶에 관해 이야기한다. 그 인생에서 그는 암스테르담에 살았던 네덜란드 화가였다. 1841년 그는 폐렴에 걸려 젊은 나이로 죽게 된다. 그가 화가로서 인정을 받기 시작할 무렵이었다. 우리가 그의 그룹과 합류한 것은 피술자가 큰 웃음을 터뜨렸을 때였다.

케이스 21

닥터 N : 왜 웃습니까?

영: 나는 지금 우리 그룹에 돌아와 있는데요. 친구들의 놀림을 받고 있어요.

닥터 N: 왜요?

영: 교묘한 장식이 달린 신을 신고 아주 밝은 초록색 벨벳으로 만든 윗도리를 입고 있거든요. 노란 장식이 옆 깃으로 달려 있어요. 나는 친구들에게 깃이 넓은 화가 모자를 자랑하고 있지요.

닥터 N: 친구들은 그런 옷을 입고 뽐낸다고 놀리는 건가요?

영: 바로 그렇습니다. 나는 옷에 대한 허영에 빠져 있었고 암스테르담에 있는 카페 사회에서는 멋쟁이 화가로 알려져 있었지요. 나는 그 역할을 즐겼고 연기도 잘해냈어요. 끝나지 않기를 바랐지요.

닥터 N: 다음엔 어떤 일이 있습니까?

영: 옛날 친구들과 어울려 인생이 얼마나 바보스러운 것인가 이야기하곤 합니다. 지구의 생활이 얼마나 극적인가, 인생을 너무도 신중하게 생각하는 친구들의 어리석음을 서로 야유하곤 합니다.

닥터 N: 당신이나 친구들은 지구에서의 삶을 중요하게 생각하지 않는군요?

영: 지구는 하나의 커다란 연극 무대에 지나지 않아요. 우리 모두가 알고 있지 않습니까?

닥터 N: 그래서 같은 그룹에 속하는 친구들은 모두 그렇게 생각하고 있는 건가요?

영 : 그렇습니다. 우리들은 우리 자신들이 거대한 무대에서 공연하는 배우라고 생각하고 있지요.

닥터 N : 영계에서 당신이 속하는 그룹은 몇 명의 영혼으로 구성되어 있습니까?

영 : (잠시 침묵하다가) 우리는 몇몇 다른 영혼들과도 함께 공부하지만, 친하게 지내는 친구들은 다섯 명이에요.

닥터 N : 그들은 당신을 어떻게 부릅니까?

영 : 러… 램… 아닙니다. 틀렸습니다… 알럼입니다. 그게 바로 제 이름입니다.

닥터 N : 됐습니다. 알럼, 이제 당신이 친하게 지내는 친구들에 관해 말해주십시오.

영 : (웃는다.) 노르크로스… 그 친구가 제일 웃기는 친구예요… 어쨌든 제일 떠들썩하지요.

닥터 N : 노르크로스는 당신들의 그룹을 지도하는 영혼입니까?

영 : 아닙니다. 그는 다만 제일 시끄러운 친구예요. 우리는 모두 동등합니다만 개성의 차이는 있지요. 노르크로스는 무딘 것 같지만 말이 많고 잘난 체를 해요.

닥터 N : 그렇습니까? 그렇다면 그가 지구에서 하는 짓은 어떻습니까?

영 : 어, 좀 나쁜 짓을 예사로 하는 그런 친구지요…. 하지만 위험하지는 않아요.

닥터 N : 그룹 구성원 중에서 누가 가장 조용하고 겸손합니까?

영: (놀리듯이) 그런 친구가 있다는 것을 어떻게 알았습니까? 그가 바로 비로이지요.

닥터 N: 비로의 그런 성격이 당신 그룹에 별 도움이 되지 않는 건가요?

영: 어째서 그런 생각을 하는 거지요? 비로는 우리들을 위해 흥미롭고 유익한 생각도 하는데요.

닥터 N: 사례를 들어 설명해주세요.

영: 제가 네덜란드에 살 때 부모님들이 일찍 돌아가시고 연로한 부부가 나를 양자로 삼아 길러주셨지요. 그분들은 아름다운 정원이 있는 집에 살았어요. 비로는 내가 그 양부모님께 진 빚을 생각하게 해요. 그 정원이 나를 화가로 만들었고 예술가의 눈으로 인생을 바라보게 했으니까요… 또 내가 나의 재능을 발휘하지 않았던 것도.

닥터 N: 비로는 다른 도움도 그런 식으로 전달해줍니까?

영: (슬프게) 그렇지요… 술을 마시고 거드름 피우고 돌아다니는 대신 그림을 더 열심히 그려야 했는데… 그즈음 나의 예술은 사람들의 관심을 끌고 있었는데…. (피술자는 어깨를 뒤로 편다.) 하지만 나는 작업실에 틀어박혀 그림만 그리고 있을 수는 없었어요.

닥터 N: 비로의 의견을 존중합니까?

영: (깊이 한숨을 쉬며) 네, 우리는 알고 있어요. 그가 우리들의 양심이라는 것을.

닥터 N: 그래서 당신은 그에게 뭐라고 대답합니까?

영 : 나는 말하지요. "야, 이 여관집 주인아. 네 할 일이나 해라. 너도 재미 보고 있잖아."

닥터 N : 비로는 여관집 주인이었습니까?

영 : 네, 네덜란드에 살 때 그랬어요. 말하자면 돈벌이가 잘되는 사업을 하고 있었지요.

닥터 N : 그런 사업을 한 것이 비로의 잘못이라고 생각합니까?

영 : (회한의 표정으로) 아닙니다… 전혀 그렇지 않습니다. 우리는 길 가는 가난한 사람들에게 먹을 것을 주고 잠자리를 무료로 제공한 것을 모두 알고 있어요. 그는 사람들에게 많은 도움을 베풀었지요.

닥터 N : 영계에서는 비밀을 간직하기 어려울 것 같군요. 영감을 통해 모든 진실이 밝혀지고 있으니까 말입니다.

영 : 네, 우리는 모두 알고 있어요. 비로가 그 누구보다 빨리 발전하고 있다는 것을. 제기랄!

닥터 N : 비로가 다른 영혼들보다 앞서가고 있다는 것이 싫습니까?

영 : 그렇지요… 우리들은 함께 즐겼거든요. (피술자는 어떤 전생에서 비로와 형제였던 때를 상기하였다. 그때 그들은 인도에서 함께 여행을 하였다.)

닥터 N : 앞으로 비로는 어떻게 될 것 같습니까?

영 : 그는 곧 우리 곁을 떠날 것입니다. 우리는 모두 그런 사실을 알고 있지요. 이미 떠나간 친구들에게로 갈 것입니다.

닥터 N : 알럼, 몇 명이나 되는 영혼들이 원래의 그룹에서 떨어져 나갔습니까?

영 : (오랫동안 말이 없다가 슬픈 표정이 되어) 한 두어 명 되지요…. 언젠가는 다시 만나게 될 것입니다…. 하지만 당장은 그럴 수 없지요…. 그들이 완전히 떠나간 것은 아니지만… 우리들은 다만 그들의 에너지를 옛날처럼 자주 볼 수 없지요.

닥터 N : 비로와 노르크로스 외에 또 다른 친한 영혼들의 이름을 말해주십시오.

영 : (표정이 밝아지면서) 다브리와 트리니안이에요…. 그 둘은 신나고 재미있게 지낼 줄 아는 친구들이지요.

닥터 N : 당신들 그룹의 눈에 뜨이는 특색은 어떤 것입니까?

영 : (즐기듯) 모험! 흥분! 진짜 선구자 타입이 여기에 다 모여 있어요. (기쁘게 서둔다.) 다브리는 바다에서 배의 선장 노릇을 하던 거친 인생을 막 끝내고 돌아왔지요. 노르크로스는 모든 것이 저절로 잘 돌아가는 무역상이었어요. 우리는 인생을 마음껏 살았지요. 인생이 부여하는 것을 마음껏 활용할 줄 아는 능력이 있었지요.

닥터 N : 대단한 자기만족인데요, 알럼.

영 : (방어적으로) 그게 어떻단 말입니까! 우리 그룹은 시들어가는 제비꽃의 모임이 아니란 말입니다. 아시겠어요?

닥터 N : 트리니안의 전생은 어떤 것이었습니까?

영 : (떠들썩한 반응) 그는 천주교 주교였지요. 믿을 수 없어요! 대단한 위선이지요.

닥터 N: 어째서 그렇단 말입니까?

영: 지나친 자기기만이지요. 노르크로스와 다브리, 그리고 나는 트리니안에게 말하곤 해요. 성직자로서의 그의 선택은 착함과 자선, 영적인 것과 아무런 관계가 없다고.

닥터 N: 그런데 트리니안의 영혼은 그런 공격에 대한 방어를 어떤 방법으로 표시합니까?

영: 많은 사람에게 위안을 주었다고 하더군요.

닥터 N: 당신과 노르크로스, 그리고 다브리의 반응은 어떠하였습니까?

영: 매끄럽게 굴러간다는 거예요. 노르크로스는 그에게 말했어요. 그가 돈을 원하지 않았다면 그저 신부직으로 만족했을 것이라고. 하, 정곡을 찌른 것이지요. 나도 동감이니까. 다브리는 어떻게 생각하는지 아십니까?

닥터 N: 몰라요. 말해보세요.

영: 흠… 트리니안이 큰 도시에 있는 부유한 성당을 택해서 그의 두둑한 호주머니 속으로 거금을 쏟아넣었다는 거예요.

닥터 N: 트리니안에 대한 당신의 의견은 어떻습니까?

영: 오, 나는 그가 입고 있는 성직자의 옷에 끌려요. 새빨갛고, 최상의 천으로 만들어진. 그가 사랑하던 주교의 반지, 그를 둘러싸고 있는 황금과 은. 신도들로부터 받는 찬미에 젖고 싶은 그의 소원도 빼놓지 말아야겠군요. 트리니안은 우리들에게 아무것도 숨길 수 없어요. 그는 다만 편안하고 쉬운 인생을 택해서 잘

먹고 잘산 거였지요.

닥터 N : 그가 그런 인생을 택한 동기를 설명하려 합니까?

영 : 네, 그러기도 하지요. 하지만 노르크로스는 그런 그를 비난해요. 트리니안이 예배실에서 젊은 여자를 유혹했던 것을 비난하면서 말입니다. (유쾌하게) 네, 정말로 그런 일이 일어났지요… 그렇게 신도들에게 위안을 주었답니다. 우리는 트리니안의 정체가 무엇인지 알아요. 한마디로 그는 철저한 위선자일 뿐입니다.

닥터 N : 트리니안은 그런 자신의 행동을 그룹의 친구들에게 변명한 적이 있습니까?

영 : (피술자는 조용해진다.) 어, 늘 하는 말을 늘어놓기도 하지요. 그 여자가 그를 필요로 했기에 일이 좀 지나치게 되었다, 그 여자에게는 가족이 없었고 자기는 성직과 독신 생활 때문에 외로웠고, 하는 등등의 이야기 말입니다. 또 그는 성직에 종사함으로써 보통 사람들이 선택하는 판에 박힌 삶에서 헤어나고 싶었지만, 그만 그 여자를 사랑하게 되어버렸다는 말도 하지요.

닥터 N : 그렇다면 이제 당신 그룹의 친구들은 트리니안을 어떻게 생각합니까?

영 : (엄격하게) 우리는 그가 비로를 (앞서가는 영혼으로서) 따르려다 실패했다고 합니다. 독실했던 의도는 그에게 도움이 되지 않았지요.

닥터 N : 알럼, 당신은 트리니안이 자신을 발전시키고 변화하려는 시도에 대해 풍자적인 태도로 대하고 있는데, 그에 대한 솔직한 느낌은 어떻습니까?

영: 오, 그저 그를 좀 놀려주고 있는 거지요.

닥터 N: 하지만 당신들의 놀림이 트리니안에게는 자신의 좋은 의도를 경멸하는 것같이 들리지 않겠습니까?

영: (슬프게) 옳은 말씀 하셨습니다… 우리들도 모두 다 잘 알고 있지요… 하지만 아시겠어요? 노르크로스와 다브리와 나는… 그저 그를 잃기 싫은 것이에요. 그룹의 친구로 머물러 있기를 바라는 거지요.

닥터 N: 트리니안에 대한 비로의 의견은 어떻습니까?

영: 그는 트리니안이 애당초 품었던 좋은 뜻을 알고 있어요. 그래서 그에게 말하지요. 교직에 종사하게 되면서 자기만족의 함정에 빠지게 되었다고. 트리니안은 지나친 찬미와 관심을 원했던 거지요.

닥터 N: 당신들의 그룹을 평하게 되어서 미안합니다만, 트리니안이 원했던 그 찬미와 관심은 당신들 모두가 원했던 것이 아닙니까? 아마 비로는 예외이겠지만.

영: 여보시오, 당신은 비로가 잘난 체하는 것을 모르신단 말입니까? 그의 약점은 자만하는 거예요. 다브리는 가차 없이 직접 말해주기도 하지요.

닥터 N: 그럴 때 비로는 부정합니까?

영: 아닙니다. 부정하지 않습니다…. 그저 그 문제에 관해 어떻게 해보려 하고 있다고 말하곤 하지요.

닥터 N: 당신들 중에서 비평에 대해 가장 예민한 반응을 보이는 것은 누구입니까?

영: (잠시 침묵하고) 아, 그야 노르크로스겠지요. 하지만 우리 모두가 잘못을 시인하는 것은 쉽지 않아요.

닥터 N: 알렘, 영계에는 비밀이 없다는 것을 당신 그룹 사람들은 싫어합니까? 전생에 저질렀던 모든 잘못이 드러나는 것을 말입니다.

영: (잠시 침묵하고) 우리는 민감하게 반응하게 돼요. 하지만 전적으로 집착하지는 않지요. 우리들은 넓은 이해로 서로를 대하게 됩니다. 나는 사람들에게 예술적인 기쁨을 주길 원했고 또 예술의 뜻 속에서 자라고 성취할 것을 바랐지요. 그랬지만 제가 한 짓은 어떤 것이었습니까? 밤이면 암스테르담 운하 근처를 설치고 다니며 재미와 노름에 사로잡혀 애초의 뜻은 팽개쳐버린 거예요.

닥터 N: 만약 당신이 그 모든 사실을 솔직히 털어놓는다고 할 때, 그룹 멤버들의 반응은 어떻습니까? 예를 들자면 노르크로스는 당신을 어떻게 대합니까?

영: 노르크로스는 종종 나에게 지적하기도 합니다. 내가 자신이나 다른 사람을 위한 책임을 기피한다고요. 노르크로스의 약점은 부귀에 관한 것이지요. 그는 권력을 사랑해요. 하지만 우리들 둘 다 이기적이기도 합니다… 나는 그보다도 더 허영심이 강하기도 해요. 우리 둘은 금메달을 많이 받지 못하게 되어 있지요.

닥터 N: 다브리의 경우는 어떻습니까?

영: 그는 지도력으로 다른 사람들을 조종하는 것을 즐기지요. 그런 능력을 지니고 태어난 것 같아요. 우리들 그 누구보다 그런 재주가 뛰어나지요. 그는 선장이었어요. 해적선의… 힘도 세지요. 적으로 삼으면 안 되는 사람이에요.

닥터 N: 잔인했습니까?

영: 그렇지는 않았습니다. 그저 대단히 억센 사람이었지요. 그는 선장으로서 존경을 받았어요. 다브리는 바다에서 싸움이 벌어질 때 적에게는 가혹했고 용서가 없었지만 부하들은 잘 돌보았지요.

닥터 N: 당신은 비로가 도움이 필요했던 나그네들에게 친절했다는 말은 하였지만, 다른 동료들의 장점에 대해서는 말한 적이 없지 않습니까? 그들 중에서 이기적이지 않은 행동으로 메달을 탈 만한 일을 한 동료는 없었나요?

영: (주저 없이) 다브리가 한 다른 일이 있지요….

닥터 N: 어떤 일이 있었습니까?

영: 대단히 훌륭한 일을 한 적이 있어요. 언젠가 바다가 몹시 거칠어졌을 때, 뱃사람이 한 명 돛대에서 떨어져 바다에 빠져 죽을 뻔했지요. 그때 다브리가 허리에 노끈을 묶고 바닷속으로 뛰어들어갔어요. 그 뱃사람을 구하려고 말입니다. 그는 목숨을 걸고 그 선원을 살렸던 것입니다.

닥터 N: 그런 사실이 그룹의 동료들에게 알려졌을 때, 다브리를 어떻게 대하게 되었습니까?

영 : 우리는 마음에서 우러나는 찬미로 그를 칭송하였지요. 또 우리는 모두 같은 결론에 도달하기도 했어요. 우리들 중에서 다브리의 그런 행동에 비교될 용감한 일을 전생에서 할 수 있었던 사람은 한 사람도 없었다고.

닥터 N : 그렇군요. 하지만 여관을 경영하면서 가난한 나그네들을 위해 먹여주고 재워준 비로는 이기적이지 않은 행동을 보다 오랫동안 한 것이 아니겠습니까? 때문에 더 많은 칭찬을 받아야 되지 않을까요?

영 : 물론이지요. 그래서 우리들은 마땅한 상을 드릴 겁니다. (웃는다) 그는 다브리보다 많은 금메달을 타게 될 거예요.

닥터 N : 당신이 전생에 한 일로 동료들의 호평을 들은 적이 있습니까?

영 : (잠시 침묵하다가) 나는 화가로서 살아남기 위해 고객들을 끌어모아야 했습니다. 하지만 나는 사람들에게 잘해드렸지요… 크게 해준 적은 없지만… 즐거움을 주는 기쁨을 느꼈지요. 나의 동료들은 내가 따뜻한 마음을 지닌 것을 인정합니다.

피술자들은 자기들이 속하는 영혼 그룹에 각별한 애착을 지닌다. 그런 관심은 그룹들의 개성에 관계없이 일어나는 현상이다. 사람들은 자유로운 상태에 있는 영혼들은 인간들이 갖는 결함을 갖지 않는다고 생각한다. 그러나 알고 보면 서로 친밀한 영혼의 그룹 멤버들은 인간 가족의 형태와 흡사한 점을 많이 지니고 있다. 사례를 들어보면, 노르크로스는 알럼과 함께 동료들의 단점 목록을 만들면서도 스스로 반항적인 희생양이 되기도 한다. 알럼의 말에 의하면, 노르크로스는 다른 동료들의 전생 경험에 관해 가장 빠른 반응을 보이는 영혼이라고 한다.

그는 보통 다른 친구들이 전생에서 저지른 잘못이나 합리화를 꼼꼼히 따지며 비평한다는 것이었다. 그는 주저 없이 감정을 고려하지 않는 태도로 그 일을 해치운다. 그런 태도는 그의 불안을 반영하는 것이기도 하였다. 왜냐하면 노르크로스는 앞서가는 영혼들을 따라가려고, 동료들 중에서도 가장 많은 노력을 기울이는 영혼이었기 때문이다.

알럼은 그 그룹의 마스코트 역할(보통 인간 가족에서는 막내가 하는 역할)을 하는 존재인 것 같다. 익살을 부리고 장난을 치고 옷 치장에 정신을 쏟기도 하고 어려운 문제들을 가볍게 취급하며 재롱둥이의 역할을 해내고 있는 것 같다. 어떤 영혼은 보다 섬세하여 다른 동료들보다 보살핌을 더 받아야 되는 경우도 있다. 비로는 자신이 행한 처신과 쌓아올린 공덕으로 현재의 영웅(혹은 집안의 연장자)이 되기도 한다. 알럼의 묘사에 의하면 비로는 동료들 중에서 가장 어진 것 같다. 그가 겪어온 몇 번의 전생을 통해 좋은 업적을 쌓을 수 있었기 때문에 그렇게 될 수 있었을 것이다.

인간 가족에서도 그럴 수 있듯이 영혼 그룹에서도 역할의 전환은 있을 수 있다. 하지만 비로의 경우, 운동에너지는 레벨 II에 이르는 분홍빛으로 변하고 있었다. 나는 영혼의 성격을 환생했을 때 나타나던 인간의 성격으로 규정한다. 영혼은 지구로 환생했을 때 그 성격을 인간의 성격으로 나타내기 때문이다. 하지만 자비로운 분위기의 영계는 증오와 의심, 불손함이 없다. 서로를 지배하려는 영혼은 자신들을 믿지 않지 남을 불신하지는 않는다. 내가 그들에게서 느낄 수 있는 것은 새로 인간으로 태어날 때 잘해보려는 꿋꿋한 의지와 바람, 노력 같은 것이다. 영혼 그룹에 관한 그런 나의 느낌과 인상을 확인하기 위해 나는 알럼에게 몇 가지 더 물어보게 되었다.

닥터 N: 알럼, 당신들이 하는 상호 간의 비평은 언제나 건설적인 것입니까?

영: 물론이지요. 진짜로 미워하는 일은 없어요. 우리는 서로의 흠을 잡으며 즐길 뿐이지요. 그런 짓을 한다는 것은 고백하겠어요. 하지만 그것은 다만 몸부림 같은 것에 불과해요. 우리들이 누구인지, 어디로 가야 할 것인지 알고 싶은.

닥터 N: 동료 중에서 전생의 일로 부끄럼이나 죄악감을 느끼는 영혼이 있습니까?

영: 그런 것은… 인간의 무기지요… 우리들이 느끼기에는 너무 좁고 가두어진 것이에요.

닥터 N: 그렇다면 다른 방법으로 영혼의 느낌을 알아봅시다. 어떤 동료에게 받는 어떤 반응이 다른 동료에게서 받는 반응보다 안전하다는 느낌을 느낀 적이 있습니까?

영: 그렇지 않습니다. 우리는 서로를 무한히 존경합니다. 가장 훌륭한 평은 우리 자신 속에서 우러나는 것이지요.

닥터 N : 어떤 전생에서 했던 일 때문에 회한을 느껴본 적이 있습니까?

영 : (오랜 침묵 후) 네. 내가 누구에게 상처를 주었다면… 미안하게 생각하고 있지요. 또 그런 일이 있었으면 이곳에 있는 친구들도 모두 나의 잘못을 알게 됩니다. 그렇게 배우는 것이지요.

닥터 N : 그런 배움은 어떻게 이루어지는 것입니까?

영 : 친구들과 의논해서 다음 기회에 고치도록 하는 거지요.

닥터 N : 당신이 앞에 한 말을 듣고서 나는 당신과 노르크로스와 다브리가 당신의 결점에 대한 속마음을 털어놓고 다투리라 생각했는데요.

영 : (생각에 잠기어) 우리는 서로 풍자하며 공격하지만 인간 세상에서 그러는 것과는 다릅니다. 육체를 지니지 않을 때 우리들은 비난을 다르게 받아들이지요. 우리는 서로를 있는 그대로 받아들여요. 원한이나 질투를 느끼지 않고 말입니다.

닥터 N : 지나친 해석일는지 모르겠지만, 당신의 동료들이 나타내는 그 화려한 행동들은 속에 깔린 불안이나 열등감을 뒤덮으려는 것인가요?

영 : 아, 그건 또 다른 것입니다. 물론 우리 영혼들도 자신을 잃기도 하고 우리의 부족한 능력 때문에 좌절감을 느끼기도 하지요… 우리들을 발전시키기 위해 주어진 능력을 발휘하지 못하는 데 대한.

닥터 N : 그렇다면 자신의 모자람을 다스리지 못하면서도, 서로의 동기에 대해 풍자해도 괜찮다는 말입니까?

영 : 물론이지요. 우리들은 각각의 계획을 실천해나가는 데 성실하였다는 것을 서로 이해하길 바랍니다. 때로는 개성이 끼어들어 일이 좀 어렵게 되는 때도 있지만, 우리는 서로 도와 문제를 해결합니다.

이어지는 대담에서는 그룹 치유에 관한 영적 형상을 소개한다. 나는 이 일에 대한 것을 여러 해석을 통해 듣게 되었다. 케이스 21은 그런 해석을 설명하게 된다.

닥터 N : 알럼, 당신 그룹 멤버들이 서로 어떤 연관을 가지고 있는지 알아보는 동안, 당신들 모두를 돕고 있는 영혼의 에너지에 관해 이야기해주십시오.

영 : (주저한다.) 그럴 수 있을지 모르겠는데요….

닥터 N : 깊이 생각해보십시오. 지적인 에너지에 의해 당신의 동료들이 화합할 수 있도록 도와주는 다른 방법도 있었나요?

영 : (긴 침묵 후) 아… 그 원추체(Cones) 말입니까?

닥터 N : (원추체라는 말은 처음으로 듣는 것이었다. 그러나 나는 바른 길로 들어섰다고 느꼈다.) 네, 그 콘-원추체, 그것이 당신의 동료들과 하는 일을 설명해주십시오.

영 : (천천히) 콘은 우리들을 도와주지요.

닥터 N : 계속해서 콘이 하는 일을 설명해주십시오. 나는 그것에 관해 들은 적이 있습니다만, 그것에 관한 당신의 의견을 듣고 싶습니다.

영: 그건 우리들을 둘러싸는 듯한 모양을 하고 있지요, 당신도 아시다시피.

닥터 N: 어떤 모양을 하고 있다고요? 조금 더 소상히 설명해주십시오.

영: 원통형을 하고 있지요. 대단히 밝고, 그것이 위쪽이나 사방을 둘러싸고 있어요. 콘은 위쪽이 좁고 아래쪽이 넓지요. 그래서 우리들 모두를 감쌀 수 있지요. 마치 커다란 흰 모자 아래 있는 것 같아요. 우리들은 그 밑을 떠돌며 콘을 사용하게 되지요.

닥터 N: 그것은 당신이 지구에서 돌아왔을 때 경험한 치유의 샤워 같은 것이 아닙니까?

영: 아, 아닙니다. 그것은 보다 개인적인 정화였지요. 지구에서 받은 상처를 치유하기 위한 것이었어요. 그 차이를 알고 있지 않았습니까?

닥터 N: 알고 있지요. 콘이 치유의 샤워와 다른 점을 설명해주십시오.

영: 꼭지에 있는 깔때기에서 에너지가 폭포처럼 떨어지면서 우리들 모두에게 골고루 내릴 수 있도록 분사됩니다. 그리하여 우리들이 정신적으로 통일되게 도와주지요.

닥터 N: 콘 밑에 있을 때는 어떤 느낌을 갖게 됩니까?

영: 우리의 생각이 확장되는 것을 느끼게 되지요. 그러다 빨려들어

가고 다시 돌아옵니다. 더 많은 혜지와 더불어.

닥터 N: 그 혜지로운 에너지는 당신의 그룹을 한 단위로 해서 생각을 집중하게 도와주는 것입니까?

영: 네, 그렇습니다.

닥터 N: (의도적인 도전적 태도로) 솔직한 느낌입니다만, 알럼, 그런 콘의 작용은 당신의 개성을 없애버리는 세뇌 작용이 아닙니까? 그룹 동료들 사이에서 있을 수 있는 말다툼이나 의견 충돌이 각자가 지닌 개성을 키워줄 수 있지 않습니까?

영: (웃으며) 우리는 세뇌당하지 않아요. 당신은 영계에 대해 모르는 것이 많군요. 콘은 함께 일할 수 있는 집단적인 통찰력을 부여해주는 것이지요.

닥터 N: 콘의 도움은 언제나 가능합니까?

영: 우리들이 필요할 때 언제나 쓸 수 있어요.

닥터 N: 누가 콘을 작동합니까?

영: 우리들을 지도하고 있는 분들이지요.

닥터 N: 당신의 안내자가 그렇단 말입니까?

영: (웃음을 터뜨린다.) 샤토? 그는 너무 바쁘지요. 서커스단을 이끌고 돌아다니느라고요.

닥터 N: 무슨 말인지요?

영: 우리는 그를 서커스 단장이라 생각하거든요. 무대 감독, 우리들 그룹의.

닥터 N: 샤토는 당신들의 그룹 토론과 협의에 적극적으로 참여합니까?

영: (머리를 젓는다.) 그러지 않습니다. 안내자들은 그런 일보다 더한 일을 하게 되지요. 우리는 우리들끼리 시간을 많이 가져요. 그런 게 좋기도 합니다.

닥터 N: 샤토가 자주 참석하지 않는 데에는 어떤 특정한 이유가 있습니까?

영: (잠시 말이 없다.) 아마 그는 우리들의 진도가 너무 느려서 따분해졌는지도 모르지요. 하지만 그는 사회자가 되거나 주관하는 역할을 맡아 앞에 나서는 것을 좋아합니다.

닥터 N: 어떻게 그럴 수 있습니까?

영: (낄낄거리며) 우리들이 열띤 토론을 하고 있을 때 갑자기 우리들 앞에 나타나곤 하지요. 푸른 불꽃을 튀기며 말입니다. 마법사 같은 모습을 하고서 아주 유능한 조정자같이 굴기도 해요.

닥터 N: 마법사?

영: (여전히 웃으며) 샤토는 사파이어 빛의 푸른 긴 옷을 입고 끝이 뾰족한 모자를 쓰고 나타나요. 거기에다 흰 수염이 휘날리고 있으니 보기에 아주 훌륭하지요. 그리고 우리는 모두 그를 찬미한답니다.

닥터 N: 나는 영혼의 마술사를 상상하게 되는데요.

영: 그렇다면 동양인 마술사라고나 할까요. 때때로 불가사의하게 여겨지는 영혼이기도 하지요. 그는 잘 차려입고 화려하게 나타나는 것을 즐깁니다. 특히 우리들이 다른 환생을 위해 영계를

떠나려 할 때 그런 그의 출현은 얼마나 고마운지 몰라요.

닥터 N: 그 모든 무대 감독 같은 일을 하느라고, 샤토가 진정한 안내자로서 당신들과 감정적 관계를 가질 수 있는지 궁금하군요.

영: (냉소하며) 여보시오, 그는 우리들이 좀 거친 무리라는 것을 알고 있단 말입니다. 그래서 다만 순응주의자가 아닌 행동을 취하고 있을 따름이지요. 그는 대단히 현명하니까요.

닥터 N: 샤토는 당신들에게 관대합니까? 그는 당신들에게 사치나 방종을 마음껏 누리게 하는 것같이 보입니다만.

영: 샤토는 그런 방법을 쓰기 때문에 우리들의 좋은 안내자가 될 수 있지요. 강요하거나 설교하는 방법은 우리 동료들에게 어울리지 않으니까요. 우리는 그를 존경합니다.

닥터 N: 당신들은 샤토를 상담자로 생각합니까? 때때로 찾아와서 관찰하는, 혹은 적극적으로 지도하는 그런 안내자로 생각합니까?

영: 그는 예고도 없이 나타나서 토론의 과제를 마련해놓고 갑니다. 나중에 다시 와서 우리들이 그 문제를 어떻게 해결하였는지 검토하지요.

닥터 N: 당신이 속하는 그룹이 지니는 주된 문제는 무엇입니까? 사례를 들어 설명해주십시오.

영: (잠시 말이 없다.) 샤토는 알고 있어요. 그는 우리들이 지구에 있는 배우들같이 연기하고 있다는 것을 지적합니다⋯ 우리들이 피상적이라는 것을. 그는 우리들이 속으로부터 우러나는 말과

행동을 하길 바라는 거지요. 그 반대가 아니고.

닥터 N : 그렇군요. 그래서 샤토의 지도는 신중한 것이군요. 하지만 그는 당신들이 모든 재미를 보면서 그런 일을 하고 싶어 하는 것도 알고 있군요.

영 : 네. 그렇기 때문에 샤토가 우리들의 안내자가 된 것이 아니겠습니까? 그는 우리들이 기회를 적절히 쓰지 못하고 있는 것을 알고 있지요. 또 그는 우리들이 빠져 있는 곤경에서 헤어나는 데 도움을 줌으로써, 우리들로 하여금 최상을 발휘하게 하지요.

닥터 N : 이제까지 들은 바에 의하면, 당신들 그룹은 안내자가 지도하는 워크숍 같은 것으로 수련을 계속하고 있는 것 같습니다만.

영 : 네. 그는 우리들의 정신을 북돋우면서 수련을 계속해가도록 해주지요.

지구에 있는 교실이나 치유 그룹과 달리, 영계의 선생(상담자)들은 계속해서 어느 일정한 그룹만 지도하지 않는다는 것을 알게 되었다. 샤토와 그의 학생들은 특이하고 다양하게 보이지만, 다른 그룹이 지니는 공통성도 나누어 지니고 있다.

안내자의 지도 방법은 독재적이지 않고 부모 같다. 이 케이스에서 샤토는 지도하는 상담자이면서도 소유적이지는 않다. 또 학생들을 어렵게 하지도 않는다. 그리하여 우리들은 이 감성적인 안내자가 따뜻한 포용으로 그 젊고 남성적인 영혼들을 받아들이는 것을 보았다. 그룹을 영계의 단위로 보는 질문을 한 뒤 이 케이스를 끝냈으면 한다.

> **닥터 N**: 왜 당신의 그룹은 환생했을 때 주로 남자로 태어납니까?
>
> **영**: 지구는 활동적인 천체라 육체적인 활동이 이득을 가져옵니다. 우리가 남성적인 역할을 택하게 되는 것은 모든 것을 마음대로 할 수 있기 때문이지요… 주위를 지배하고… 또 인정받기 위해.
>
> **닥터 N**: 여자들도 사회에 영향을 끼칠 수 있습니다. 그런데 왜 당신의 그룹은 여성의 경험 없이 발전을 희망합니까?
>
> **영**: 우리도 그런 점을 알고 있지요. 하지만 또 자립을 위한 맹렬한 욕구를 어찌할 수 없어 남자로 태어나게 되는 겁니다. 그래서 때로는 너무나 많은 에너지의 소모에 비해 보잘것없는 결과를 초래하기도 하지요. 하지만 그래도 아직 여성이 될 생각은 없어요.
>
> **닥터 N**: 만약 당신들이 짝을 지을 여성이 그 그룹 속에 없다면, 지구에서 만날 여성의 영혼은 어디에 있습니까?
>
> **영**: 근처에 있는 그룹에는 보다 여성에 어울리는 영혼들이 있어요. 나는 조시와 친하지요. 그녀는 몇 번의 인생을 나와 함께 지냈어요. 트리니안은 니아라에게 이끌립니다. 그리고 또 다른 친구들은….
>
> **닥터 N**: 알럼, 이제 당신들 그룹이 어떻게 시작되었는가 물어보는 것으로 영혼 그룹에 대한 대화를 끝내고 싶습니다.

영 : (오랫동안 말이 없다.) 나는… 모르겠습니다… 언제부턴가 우리들은 함께 있게 되었어요.

닥터 N : 누군가가 특성이 비슷한 당신들 영혼을 함께 있게 하지 않았습니까? 신이 그랬다고 생각합니까?

영 : (당혹한 표정) 아닙니다. 원천보다 아래 있는… 높은 영혼들….

닥터 N : 샤토나 또 그와 같은 다른 영혼들 말입니까?

영 : 아닙니다. 그보다 높은 영혼들이라 생각되는데… 계획하는 영혼들인지… 이젠 정말 모르겠군요.

닥터 N : 좀 전에 당신은 오랫동안 함께 있었던 동료의 진도가 앞서서 그룹의 일에 참여하는 일이 적어졌다고 했는데, 그렇다면 또 새로운 멤버가 오게 됩니까?

영 : 그런 일은 절대로 없습니다.

닥터 N : 그들이 당신들과 어울릴 수 없기 때문입니까?

영 : (웃는다.) 우리는 그토록 나쁜 놈들은 아닙니다. 다만 생각으로 너무 인접해 있기 때문에, 새로 온 사람들은 이해하기 힘들 것입니다. 그리고 그들은 우리들이 지내온 과거의 경험을 함께할 수 없을 것입니다.

닥터 N : 그룹 친구들과 과거의 환생 이야기를 할 때, 그들은 자기가 했던 일들이 인간 사회에 조금이라도 공헌하였다고 생각합니까?

영 : (잠시 말이 없다.) 우리는 인습에 도전하고 기본적인 생각들을 타진하기 위해 지역 사회에 우리들의 존재를 알렸습니다. 인간

세상에 신경을 집어넣은 것이지요. 그리고 또 웃음도….

닥터 N: 앞으로 목적을 더 추구하기 위해 무엇이 필요합니까? 그리고 그룹 친구들과 상담이 끝나면 새로운 인생에 대한 기대를 걸게 됩니까?

영: (열성적으로) 물론이지요. 언제나 새로운 인생을 향해 지구로 떠나게 될 때, 나는 작별 인사를 합니다. "모두 여기서 다시 만나자, AD(After Death, 죽은 후에)."

이 케이스는 에고 확장의 필요를 느끼는 비슷한 생각을 가진 영혼들의 사례다. 그들은 서로의 느낌과 태도를 지지하고 확인한다. 그리하여 영혼 그룹이 어떻게 형성되는가 하는 의문은 이 케이스를 타진함으로써 풀 수 있는 것이다. 많은 영혼의 그룹들은 그에 따른 집단을 갖게 마련인데, 그곳에 있는 영혼들은 비슷한 이유로 인해 발전에 저해를 받는 영혼들이다. 하지만 그 모든 영혼들은 단점이나 장점, 또 힘의 강약에 있어서는 동일하지 않다. 그룹 구성원은 각각 가족과 같은 그들의 몫을 달성하기 위해 그들이 지닌 최상의 것을 제공한다. 케이스 21의 사례를 통해 나는 몇 남지 않은 이 그룹 구성원의 행위나 성향이 집단 전체의 성격을 대표하지 않는다는 것을 말하고 싶다. 약 15명에서 20명에 이르는 기초적인 영혼의 집단이 이루어졌을 때는 재능이나 관심에 있어서 현저한 공통점을 보게 된다.

그러나 그들과 비슷한 그룹 역시 영혼의 성격이나 느낌, 그리고 반응에 있어서는 차이가 있게 설계되어 있다. 피술자들의 말을 들어보면,

남성이나 여성을 띤 다음과 같은 유형과 성격을 지닌 영혼들을 그 그룹 속에서 볼 수 있다고 한다.

① 용기, 발랄함, 불굴의 생존자
② 어질고 조용하고 희생적이고 순진한 형
③ 재미를 즐기고 유머가 있고 농담 잘하고 모험을 즐기는 형
④ 신중하고 의지할 수 있고 조심스러운 형
⑤ 화려하고 열정적이고 솔직한 형
⑥ 인내, 안전성, 지각력 있는 형
⑦ 사려 깊고, 계산하고, 확고한 형
⑧ 혁신적, 임기응변적, 적응이 잘되는 형

이 모든 차이점은 그룹에 균형을 주기도 한다. 하지만 만약 그룹 전체가 화려함이나 용감함으로 표현될 때, 가장 그렇지 못한 멤버는 다른 그룹의 영혼들에게 다른 인상도 줄 것이다.

케이스 21에서 거론된 영혼들이 앞으로도 많은 수련을 쌓아야 한다는 것은 모두 아는 사실이다. 하지만 그들 역시 지구의 활력에 도움이 된다. 계속된 면담에서 그 피술자는 같은 그룹 친구들의 환생의 길이 20세기에도 계속 마주치고 있다고 하였다. 사례를 들면, 알럼은 그래픽 디자이너이고, 기타 솜씨가 뛰어나서 가수가 된 조시와 함께 부업으로 공연하는 일에 종사하고 있었다. 이 사례에서 밀접한 연관을 가진 영혼들이 환생할 때 주로 남자로 태어난다는 사실은, 여성 선택이 우선적인 젊은 영혼들과 사귈 생각이나 능력이 없다는 것은 아니다. 집단에 속하는 그룹들은 양성을 고루 지닌다. 앞서 언급했듯이 진실로 앞서가는 영

혼들은 환생 시 양성을 고루 지니는 선택을 하게 된다.

개성을 표현하고 싶은 욕구는 실질적인 배움을 위해 지구로 환생하는 영혼들에게 중요한 동기가 된다. 때때로 어린 영혼이 느끼는 어려움이나 불편함은 그들이 인간으로서 행하는 행동 때문이 아니다. 그것은 영계에 있을 때 표출되는 개성의 차이에 기인하는 것이다. 인생을 살 때 영혼들은 자신들의 개성을 잘 모르고 혼돈을 느끼기도 한다. 케이스 21은 그런 점 때문에 어려움을 겪는 것 같지는 않다. 하지만 그런 점 때문에 지난 몇 환생을 통해 이룩한 알럼의 영혼이 현저한 발전을 보지 못했던 것을 알아야 할 것이다. 인생에 있어 기본적인 경험들이 각 인생에서 터득하지 못했던 통찰력을 어느 정도 보충할 수도 있는 것 같다.

우리들의 단점과 정신적 알력은 지구에서보다 영계에서 더 잘못으로 간주된다. 영혼의 세계에서 무엇인가 결정을 내릴 때 치밀한 해부와 분석을 하는 것을 우리들은 보았다. 같은 집단에 속하는 영혼들은 지구의 시간으로 따지면 헤아릴 수도 없는 수많은 연륜을 함께해 왔다. 그리하여 영혼들은 서로와 집단을 잘 알게 되고 또 책임감을 느끼기도 한다. 그런 점에서 영혼들은 친밀한 소속감을 느끼기도 하지만, 그 때문에 다른 집단과 벽을 두는 인상을 주기도 한다. 그런 현상은 어린 영혼들의 집단에서 더 현저하다. 그러나 그럼에도 불구하고 영혼의 세계에서는 각 존재의 에고가 동료들의 따뜻한 우정과 보살핌으로 발전해 나간다. 그러한 현상은 지구로 환생한 영혼들이 배척과 외로움을 느끼며 살아야 하는 현실과 비교될 수 없는 것이기도 하다.

영혼 그룹의 사회구조는 지구에서 보는 구조와 같지 않다. 피술자들과의 대담을 통해서, 친구들끼리 짝을 짓는 경우는 있다고 들었지만 파벌이나 인기 스타 혹은 집단 속에서 고립되어 있는 영혼에 관해 들어본 적은 없다.

영혼들이 그룹에 속해 있으면서도 때때로 자기반성을 위해 혼자서 조용히 지낸다는 이야기는 들은 적이 있다. 같은 그룹에 속하는 영혼들은 지상에서는 친밀한 가족을 이루고 영계에서는 동료들과 함께 그룹 행동을 잘해 나간다. 그러나 영혼이 혼자 있을 때 많은 것을 배우기도 한다.

흰빛을 발하는 영혼을 지닌 어느 피술자는 어린 영혼들은 단순한 에너지 프로젝트를 위해 가끔 그룹을 떠나 혼자 있게 된다는 것을 말하기도 했다. 또 다른 어린 영혼은 어떤 독방에서 혼자 '움직이는 퍼즐'을 맞추려 했다는 이야기를 하였다.

그 퍼즐은 흩어놓은 기하학적인 형태의 원통과 구형, 입방체, 정방형을 스스로 발생시키는 에너지로 맞추는 것이었다. 그것은 또 아주 다채로운 색상과 수많은 차원을 지닌 홀로그래피 같은 것이라고 묘사하기도 하였다.

"우리는 우리들의 에너지를 강렬하게 하여 어지럽게 흩어진 것에 초점을 맞추어 기존의 모양을 만드는 것을 배워야 했다."고 그 피술자는 말하기도 했다. 또 다른 피술자의 설명은 이랬다.

"그런 실험으로 관찰자는 우리들의 상상력과 창작력, 현명함에 대해 알게 된다. 그리고 그것은 비평이나 판정이라기보다 용기를 북돋우는 격려가 된다."

모든 레벨에 있는 영혼은 혼자 있게 될 때 또 다른 중요한 활동을 하게 된다. 그들은 지구나 또 다른 천체에 환생한 친근한 영혼을 돕기 위해 정신을 집중시키는 시간을 가져야 한다. 내가 알아본 바에 의하면 그들은 투사하는 곳이라고 하는 공간으로 간다. 거기서 그들은 '움직이는 차원 속의 장, 은청색 에너지' 속으로 들어가게 된다. 그래서 그곳에서 자기들이 선택한 지리적 방향을 향해 에너지를 방출한다. 그러한 활동은 일종의 정신적 운동으로서 '새로운 영역을 창출하기 위해 긍정적으로 진동하는 에너지를 품었다 내놓아주는 것'이라고 하였다. 이 말은 바로 영혼들이 특정한 사람이나 건물, 혹은 지정한 땅에 도움이나 변화를 주려고 자신들 생각의 파장을 타고 있을 때를 의미하는 것이다.

10
중간 영혼

　두 단계의 발전을 거친 영혼이 중간 단계에 이르면 집단적인 활동이 현저하게 줄어든다. 하지만 그들은 신참자들처럼 고립된 상태로 돌아가지 않는다. 중간 단계로 진화된 영혼은 초보 그룹에 속하는 영혼들과 접촉이 드물어진다. 그들은 더 숙성해졌고 독창적으로 활동할 수 있는 단계에 이르렀기 때문이다. 이 시점에 이르면 영혼들은 환생도 자주 하지 않게 된다.
　발전이 III 단계나 IV 단계에 이르면 영혼은 보다 중요한 직책을 맡는다. 안내자와의 관계도 스승과 제자 사이를 떠나 동격으로 일하는 동료가 된다. 이제까지 안내자 노릇을 하던 영혼은 새로운 그룹을 지도하게 되고, 경험을 쌓은 중간 영혼은 앞으로 다른 영혼들을 안내할 지도력을 기르게 된다.
　앞서 말했지만 II단계에서 IV단계에 이르는 영혼들은 그 발전 정도를 분간하기가 쉽지 않다. 예컨대 III단계에 속할 때부터 스승이 될 자질을 기르고 있는 영혼이 있는가 하면, 완전히 IV단계에 이른 것이 분명한 영혼 중에도 지도할 자격을 구비하지 못한 경우가 있는 것 같다.

II단계에 이르는 영혼들은 더 높아진 덕성과 품행에도 불구하고 겸손하다. 물론 그런 점은 경우에 따라 차이가 있기도 하지만 그들은 모두 사리에 밝고 침착하다. 대인 관계에 있어서도 의심하기보다 신뢰를 택한다. 의식·무의식적으로 그렇게 된다. 그런 영혼의 소유자들은 진취적인 태도로 산다. 인류의 미래에 대한 신념과 믿음을 밝힘으로써 주위 사람들의 용기를 북돋운다.

나는 그런 영혼을 대할 때 우주의 창조와 목적에 관한 비법을 묻게 된다. 그들은 성취를 통해 어린 영혼들은 알 수 없는 고차원의 지식을 지니고 있을 것 같았기 때문이다. 그 단계에 속하는 사람들 중에는 내가 너무 따진다고 말하는 사람도 있었다. 하지만 나는 그들 진화된 영혼들이 알고 있는 우주의 신비에 대해 가능한 한 많은 것을 배우고 싶은 마음을 어쩔 수 없었다.

다음에 다루게 되는 케이스는 레벨 III에 속하는 영혼의 소유자로, 레벨 III 중에서도 보다 깨달은 영혼이며 붉은 빛깔이 전혀 없는 순수한 노란빛 에너지를 지니고 있다. 이 사람은 나이가 50에 가깝고 작은 체구에 특색 없는 용모를 가진 남자였다. 처음 만났을 때 그의 태도는 엄숙함이 느껴질 만큼 조용하고 정중하였다. 하지만 나는 그러한 그의 태도가 속에 있는 강한 감정을 숨기기 위한 위장임을 감지하였다. 그의 인상에서 가장 시선을 이끄는 것은 검고 뿌루퉁한 그의 눈이었다. 솔직하고 설득력 있는 태도로 그가 이야기를 계속하는 동안, 그의 눈은 보다 강한 빛을 뿜기도 하였다.

그는 한때 기자였지만 현재는 어느 자선 사업을 하는 곳에서 집 없는 사람들을 위해 음식을 공급하고 있었다. 하지만 언제부턴가 자기가 하는 일에 대해 회의를 느껴, 그 점을 의논하러 먼 곳에서 일부러 찾아온 사람이었다. 그는 피로를 느끼고 있었고 여생을 혼자서 조용히 살기를 바랐다. 첫 번째 면담에서 나는 수많은 그의 전생의 하이라이트를 떠올리게 하였다. 그렇게 함으로써 현생에서 그가 봉착한 문제를 풀어나갈 수 있기 때문이었다.

나는 그의 기억을 퇴행시켜 3만 년 전의 석기시대로 돌아갔다. 그는 그 시대 처음으로 태어난 크로마뇽인이었다. 그때부터 시작하여 환생을 되풀이하는 동안, 그는 언제나 독불장군식의 인생을 살았다. BC 3000년에서 BC 500년에 이르기까지, 그는 중동 지방에 태어나는 환생을 거듭하였다. 수메르, 바빌로니아, 이집트의 문화가 대두되면서 도시 국가를 형성하고 있을 무렵이었다. 그의 영혼은 여자로 태어나도 아이를 낳지 않음으로써 가족적인 유대를 기피하였다. 남자로 태어날 때는 유목 민족으로 태어나거나 방랑 생활을 택했다.

그의 환생이 중세에 이르렀을 때, 그는 암흑 시대였던 유럽에 태어나 폭군이나 전제 체제에 저항하던 반동 분자였다. 사람들을 공포에서 구해내곤 하던 그는 이미 반항적이고 독불장군식의 개성을 뚜렷이 드러내고 있던 영혼이기도 하였다. 어려움과 좌절을 겪어가면서도 그의 영혼은 방랑을 계속하였고 자유로운 생존을 위해 투쟁하였다.

어떤 생애는 별로 소득이 없기도 하였지만, 12세기에 이르러 그는 남미에 있는 아즈텍(Aztec)족으로 태어났다. 민중을 억압하던 통치자에 대항해 군중을 조직하고 있던 그는 부족 간의 싸움을 말리는 비폭력 운동을 하다 역적으로 몰려 살해당했다.

14세기에 유럽에서 태어난 그는 실크로드를 여행하는 기록자였다. 실크로드를 통해 중국으로 여행하면서 동양과 서양의 이해와 화목을 도모하던 사람이었다. 항상 그랬듯이 이 생에서도 언어에 능통하였던 그는 충족한 생애를 보낸 행복한 노인으로서 중국의 어느 촌락에서 생애의 종지부를 찍었다. 17세기 초에 그는 일본에서 태어났다. 존경과 대우를 받는 사족(士族) 가문이며 두루미를 기르던 사무라이 집안에 태어났다. 그러나 말년에는 은둔 생활을 하게 되는데, 그 이유는 그 시절에 권세를 떨치던 도쿠가와 막부에 반항하던 열세한 영주를 도왔기 때문이었다.

많은 경우 고립된 인간이었지만, 넓은 땅을 헤매며 진리를 추구하고 옳은 삶을 살기 바랐던 그의 영혼은 길에서 만난 다른 영혼들의 협조자이기도 하였다. 한 가지 놀란 것은 그의 영혼이 19세기에 여자로 태어난 것을 알게 되었을 때였다. 미국에 이주한 농부의 아내가 되어 어려운 선구자의 생활을 하게 된 그 여자는 결혼 후 얼마 안 되어 남편과 사별하였다. 그 환생을 통해 알게 된 것은 그의 영혼이 고의적으로 그런 조건을 택했다는 것이다. 아이들과 농토에 얽매여 자유롭게 살지 못하게 됨으로써, 즉 구속을 통해 배우려 하였던 것이다.

그와의 면담이 여기까지 왔을 때, 나는 그가 진화된 해묵은 영혼이라는 것을 알게 되었다. 더 회고해야 할 수많은 환생을 따져보지 않아도 나는 그것을 알 수 있었다. 그의 영혼은 레벨 IV에 가까워져 있었으므로 그의 영혼이 지구상에 나타난 것은 7만 년 전일 수도 있었다. 처음 추적하였던 3만 년보다 두 배나 긴 시간을 그의 영혼은 환생을 거듭해 왔는지도 모른다. 전에도 말한 바 있지만, 영혼의 진화는 환생의 수에 비례하지 않는다. 내가 면담한 어느 영혼은 4,000년이라는 짧은 기간 사이에 레벨 III에 이르는 뛰어난 성취를 이루기도 하였다.

나는 그의 이번 삶에 대해 언급하면서, 그가 그 많은 환생을 통하여 배워온 것에 관해 말하였다. 그는 한 번도 결혼하지 않았으며, 사회적 관습에 얽매이지 않는 것이 가장 편하게 사는 것이라고 하였다. 나는 몇 가지 다른 방법도 생각해볼 것을 권했다. 무엇보다 사람들에 대한 무관심과 독불장군식으로 흘렀던 환생이 그의 진보를 늦춘다는 것을 느꼈기 때문이었다. 면담이 끝났을 때 그는 면담 시간을 늘려서라도 자신의 영혼 순례에 대해 더 깊이 알 수 있기를 바랐다. 다음 날 그가 왔을 때, 나는 그를 곧장 초의식 상태로 이끌어 대화를 시작하였다.

케이스 22

닥터 N : 영혼의 세계에서 당신의 이름은 무엇입니까?

영 : 난툼이라는 이름으로 불립니다.

닥터 N : 난툼, 지금 혼자 있습니까, 다른 영혼이 곁에 있습니까?

영 : (잠깐 침묵 후) 나는 지금 두 영혼과 함께 있습니다. 오랫동안 알

아왔던 친구들입니다.

닥터 N: 그분들의 이름은요?

영: 라울과 샌지입니다.

닥터 N: 당신들은 모두 큰 영혼 그룹에서 함께 수련하고 있습니까?

영: 전에는 그랬습니다만, 이젠 우리 셋이서 수련을 계속하고 있습니다.

닥터 N: 지금 어떤 일을 하고 있습니까?

영: 우리들이 환생했을 때 어떻게 하면 서로 도움이 될 수 있을까 의논하고 있습니다.

닥터 N: 서로를 위해 어떤 일을 할 수 있습니까?

영: 샌지가 저지른 실수를 스스로 용서하고 자신의 장점을 키워가도록 도와주고 있습니다. 샌지는 지구에서 늘 하던 모성적 역할을 이제 그만두어야 합니다.

닥터 N: 샌지는 당신에게 어떤 도움을 주고 있습니까?

영: 아무 데도 소속할 수 없는 내 성격을 반성하게 해줍니다. 일본에 환생하였을 때 그녀는 나의 아내였습니다. 무사(武士)로 지냈던 시기가 지난 뒤, 우리는 함께 살았습니다. (무엇인가 난톰을 망설이게 한다. 그러나 잠시 후 말한다.) 라울이 샌지와 짝을 짓기를 좋아하기 때문에, 많은 경우 나는 주로 혼자서 지내게 됩니다.

닥터 N: 라울은 어떻습니까? 당신과 그는 어떻게 서로에게 도움이 될 수 있습니까?

영: 나는 인내로 그를 도와줄 수 있고, 그는 공동생활을 기피하는

나를 도와줍니다.

닥터 N: 당신들은 항상 두 남자와 한 여자로 지구에 환생합니까?

영: 우리는 변할 수 있고 또 변합니다. 하지만 그렇게 되면 좀 불편하기도 합니다.

닥터 N: 어떤 이유로 당신들은 큰 영혼의 그룹에서 떨어져 나와 셋만이 수련을 계속하고 있습니까?

영: (침묵 후) 우리는 완전히 분리되지 않았습니다. 가까이에서 그룹을 볼 수 있지요. 다만 그들은 우리들과 함께 앞서게 되지 않았을 뿐입니다. 하기야 어쩌다 우리보다 더 앞서가는 팀도 가끔 있지요.

닥터 N: 당신들에게는 스승이나 안내자가 있습니까?

영: (부드러운 소리로) 이디스라는 분이 있습니다.

닥터 N: 당신은 이디스를 존경하고 있는 것 같습니다만, 그분과 자주 만나게 됩니까?

영: 네. 하지만 의견 차이가 없다고는 말할 수 없지요.

닥터 N: 주로 어떤 점에서 그렇습니까?

영: 그분은 이제 환생을 자주 하지 않습니다. 때문에 지구의 현실에 대해서 모르는 것이 많습니다. 그래서 저는 지구와 직접적인 연관을 갖고 알아보아야 한다고 충고합니다.

닥터 N: 이디스가 안내자가 될 때까지의 수련과 배경에 대해 알 수 있습니까? 당신과 이디스는 그런 것을 꿰뚫어볼 만한 사이입니까?

영 : (생각에 잠겨 머리를 흔든다.) 나는 이디스에게 물어볼 수도 있습니다. 하지만 우리는 다만 우리들이 알고 있는 것에 관해서만 물어보아야 합니다. 이디스는 내가 경험한 것과 관계있는 것만 말해줍니다.

닥터 N : 안내자는 자기의 생각을 상대가 다 알아볼 수 없게 막을 치기도 합니까?

영 : 네. 앞서가는 영혼은 그런 일을 잘합니다. 왜냐하면 불필요한 지식이 어린 영혼들을 혼돈스럽게 만드는 것을 알기 때문이지요. 필요하지 않은 것은 체에 걸러버리고 오직 적절한 것만 알게 하지요.

닥터 N : 당신도 개념을 여과하는 것을 배우게 됩니까?

영 : 네. 벌써 꽤 배웠습니다.

닥터 N : 이제야 알 것 같군요. 여기 오신 분들이 대부분 그랬거든요. 그들의 안내자들이 모든 질문에 다 대답하지는 않았다고.

영 : 그래요. 언제 무엇 때문에 묻게 되는지, 질문의 의도가 중요하거든요. 때때로 그들에게 도움이 되지 않는 해답을 줄 수도 있으니까요.

닥터 N : 가르치는 기술 말고도 그녀의 다른 점 때문에 이디스를 좋아한 적이 있습니까?

영 : 네 . 언젠가 꼭 한 번 나와 함께 갔으면 해요.

닥터 N : 오, 지구로 돌아가는 환생을 함께하고 싶은 거군요.

영 : (장난기 어린 웃음과 함께) 나는 그녀에게 말한 적이 있지요. 지구

로 함께 돌아가 부부가 되는 것을 그녀가 동의한다면 이곳에서도 더 잘 지내게 될 거라고요.

닥터 N : 이디스의 대답은요?

영 : 그녀는 웃으며 대답했어요. 한번 생각해볼 만한 일이라고요. 하지만 그런 일이 좋은 결과를 가져올 것을 내가 입증할 수 있어야만 된다고요.

이 시점에서 나는 난툼에게 물었다. 얼마나 오랫동안 이디스를 알고 있었는가, 또 그들, 난툼, 라울, 샌지 세 영혼이 III단계에 이르렀을 때 그녀가 안내자가 될 것을 알고 있었는가를. 그들 셋은 그들의 영혼이 탄생할 때부터 지도를 해온 사랑하는 노장 안내자가 따로 있었다. 보다 성취된 앞서가는 영혼들이 외롭게 지낸다는 생각은 옳지 않은 것 같다. 난툼은 많은 영혼들과 접촉하고 있으며 라울과 샌지는 그저 가장 가깝게 지내는 친구들이라고 말하였다.

레벨 III과 레벨 IV가 영혼들에게 중요한 발전의 시기가 되는 것은, 그때부터 그들에게 젊은 영혼을 도울 수 있는 책임이 부여되기 때문이었다. 안내자의 자격은 함부로 주어지는 것이 아니다. 영혼 세계의 모든 것이 그렇듯, 신중한 조사와 고려가 있은 뒤 모든 것이 결정된다. 중간 영혼의 단계는 스승이 될 소질을 가진 영혼들의 수련 기간이다. 영혼의 빛깔이 노랗게 보일 때 어린 영혼들을 돌볼 역할이 중간 영혼들에게 부여된다. 그리고 영혼 세계에서나 윤생을 통해 그 자질과 지도력이 검토된다.

이 초보적인 수련 기간이 성공적으로 끝난 뒤, 비로소 초보 안내자의 자격이 부여된다. 하지만 모든 영혼이 스승이 되거나 가르칠 자격을 갖는 것은 아니다. 그러나 그렇다고 해서 가르칠 자격을 받지 못한 영혼이 푸른빛을 띠는 레벨 V에 도달할 수 없는 것도 아니다. 모든 것이 그렇듯 안내자들도 제각기 개성과 능력과 약점을 지니게 마련이다. 영혼이 레벨 V에 도달하게 되면 영혼의 소질이 영계에 잘 알려지게 된다. 그래서 영혼의 능력에 부합되는 직무가 주어진다. 그에 관한 소상한 것은 이 장 끝에 설명하겠다. 제각기 다른 방법으로 다가가는 배움은 결국 모든 영혼들을 건전한 영혼의 성장을 도모하는 길로 이끈다. 다양한 수련 방법은 영혼의 발전을 위한 마스터플랜의 일부인 것이다. 그래서 나는 케이스 22가 레벨 III에 이르러 어떻게 발전을 이루고 있는지 궁금하다.

닥터 N : 난툼, 이디스는 당신이 안내자의 역할을 원한다고 생각하고 있습니까? 그래서 당신을 그런 목적으로 훈련시키고 있는 것인가요?

영 : (재빨리 반응하며) 저도 그런 일에 흥미를 느끼고 있어요.

닥터 N : 아, 그럼 지금 안내자가 될 수련을 받고 있는 건가요?

영 : (겸손하게) 너무 지나치게 생각하지 마세요. 지금 나는 단지 도움을 주는 사람의 일을 하고 있을 따름입니다. 이디스를 돕고 지시에 따를 뿐이지요.

닥터 N : 이디스의 교육 방법을 따를 생각입니까?

영: 아니요. 그럴 수는 없습니다. 우리는 서로 다릅니다. 이것저것 관리하는 일이나 할 수 있는 저는 아직 이디스가 이루고 있는 것을 다 해낼 수 없습니다.

닥터 N: 관리직을 맡으면서 다른 영혼들을 도와줄 수 있다는 것을 언제 알게 되었습니까?

영: 그것은 많은 윤생을 거친 뒤 갖게 되는 깨달음입니다. 그런 자각이 들 때면 내 자신이 모든 면에서 더욱 바른 균형을 이루게 된 것을 알게 됩니다. 그리하여 자연히 사람들에게 육체적으로나 정신적으로 도움이 되는 일을 할 수 있게 되는 거지요.

닥터 N: 당신은 지금 영계에서나 다른 곳에서 관리직을 맡고 있습니까?

영: (어떻게 대답해야 좋을지 모르는 반응) 나는 지금 영계 밖에 있습니다. 두 삶을 살고 있습니다.

닥터 N: 한 영혼으로서 두 개의 인생을 동시에 살고 있는 것입니까?

영: 네, 그렇습니다.

닥터 N: 또 하나의 인생은 어디서 살고 있습니까?

영: 캐나다에서 살고 있습니다.

닥터 N: 캐나다에서 수행하여야 할 과제에 있어 지리적인 것이 중요합니까?

영: 네, 그렇습니다. 나는 시골에 있는 가난한 집에 태어났습니다. 내가 없으면 안 될 그런 환경을 택했지요. 산속에 있는 조그마한 마을입니다.

닥터 N: 그곳 생활에 대해 조금 더 자세히 설명해주십시오. 거기서 당신이 책임져야 할 일은 어떤 것입니까?

영: (천천히) 나는… 내 동생 빌리를 돌보고 있습니다. 그는 네 살 때 부엌 스토브에서 번져 나온 불에 데어, 얼굴과 손에 흉측한 화상을 입었습니다. 그때 나는 열 살이 되던 해였지요.

닥터 N: 캐나다에 사는 당신과 미국에서 사는 당신의 나이는 같습니까?

영: 거의 같습니다.

닥터 N: 캐나다에서 사는 인생에 주어진 주된 사명은 무엇입니까?

영: 동생 빌리를 도와주는 겁니다. 고통을 이겨내며 세상을 보게 해주는 것이지요. 동생은 눈이 거의 멀었고 흉측한 화상 자국 때문에 동네 사람들에게 천대를 받고 있어요. 나는 그에게 생을 받아들이고 그런 외적인 것이 아닌 진정한 내적인 것으로 마음의 문을 열게 도와주고 있지요. 나는 그에게 책을 읽어주기도 하고 함께 숲으로 산책을 가기도 합니다. 산책을 갈 때 나는 그의 팔을 잡고 갑니다. 그의 손이 너무나 상해서 잡을 수가 없기 때문이지요.

닥터 N: 캐나다의 부모님은 어떤 분들입니까?

영: (겸손하게) 내가 바로 부모의 역할을 맡고 있지요. 아버지는 불이 난 뒤 집을 떠나 다시는 돌아오지 않았어요. 하기야 아버지는 불이 나기 전에도 가족들에게 자상하지 못했던 약한 사람이었지요. 어머니의 영혼도 성숙하지 못했어요. 그들은 도움을

필요로 하는 사람들이었지요.

닥터 N: 튼튼한 체력을 가진 남자의 도움이 필요했던가요?

영: (웃으며) 아니에요. 나는 캐나다에서 여자로 태어났지요. 나는 빌리의 누나입니다. 동생과 어머니에게는 정신적으로 굳건하여 가족을 이끌고 갈 수 있는 사람이 필요했던 거지요.

닥터 N: 어떻게 가족을 부양하고 있습니까?

영: 나는 빵과 과자를 만들어 파는 가게를 운영하고 있습니다. 나는 동생과 어머니를 떠날 수 없기 때문에 결혼도 하지 않을 것입니다.

닥터 N: 동생이 그 인생을 통해 배우게 된 주된 것이 무엇이라 생각합니까?

영: 아무런 보상이나 만족 없는 인생에 좌절하지 않고 겸허함을 배우게 된 것이겠지요.

닥터 N: 화상 입은 동생 대신 당신이 그 역할을 맡았다면, 그런 시나리오가 보다 나은 도전을 제공하지 않았을까요?

영: (얼굴을 찡그리면서) 허… 나는 벌써 그것을 겪었거든요.

전생퇴행을 통하여 이 영은 몇 번이나 신체적인 부상을 입은 것이 밝혀졌다.

닥터 N: 네, 그런 것 같군요. 그런데 어떤 전생에서 빌리의 영혼이 당신의 육체에 손상을 입힌 적이 있는지 알고 싶군요.

영: 그런 적이 있지요. 어떤 전생에서 빌리가 내게 손상을 입혔을 때, 도움을 주는 사람이 내 곁에 머물며 친절을 베풀었어요. 그때 나는 고맙게 그 도움을 받았지요. 이제는 빌리의 차례가 되어 내가 여기에 있게 된 거예요.

닥터 N: 캐나다에서 태어나기 전에, 동생이 불구자가 되어 무능하게 되는 것을 알고 있었습니까?

영: 그럼요. 이디스와 나는 모든 것을 의논했어요. 그녀는 빌리의 영혼이 도움을 주는 사람을 필요로 하게 될 거라고 말하였지요. 나는 전생에 빌리의 영혼과 부정적인 관계를 가진 적이 있기 때문에, 관리자의 역할을 달게 받아들였어요.

닥터 N: 이 경험은 빌리의 영혼에 업보적인 교훈을 베풂과 동시에 당신도 가르치고 있군요. 가족을 돌보아야 하는 얽매인 여자의 처지에 있게 되면서, 수많은 전생에서 그랬듯이 자유로이 돌아다니며 행동할 수 없게 되었군요.

영: 그렇습니다. 삶에서 어려움은 타인에 의해서 결정되는 것이 아니라 자신의 경험으로 알게 되는 것입니다. 저의 경우를 보면, 빌리를 돌보는 것은 제가 다른 사람에게서 도움을 받았을 때보다 훨씬 어렵습니다.

닥터 N: 빌리를 돌봄으로써 가장 어렵다고 느끼는 것은 무엇입니까?

영: 아이를 부양하는 것… 그 무력함을 통해 어른에 이르게 하는 것… 아이에게 용기로 고난을 이겨내는 것을 가르치는 것이었

지요.

닥터 N: 빌리의 인생은 좀 극단적인 예이지만, 지구에 태어난 아이들은 육체적으로나 감정적으로 적지 않은 고통을 겪고 자라나는 것 같아요.

영: 고통에 대항하고 그것을 이겨낼 의지가 없다면, 확고한 지반을 세우고 자신을 길러나갈 수 없습니다. 어린 시절에 역경과 고난을 많이 겪으면 겪을수록, 소질과 가능성을 기르고 넓힐 수 있는 기회를 갖게 될 것입니다.

닥터 N: 도움을 주는 사람의 관점에서 볼 때, 캐나다의 삶은 어떤 발전을 이루고 있습니까?

영: 미국의 생활과 달리 그곳의 생활에는 어려움이 따르게 마련입니다. 하지만 저는 자신이 있습니다. 제가 배워온 그 모든 것을 실질적으로 잘 이용할 수 있을 것입니다.

닥터 N: 이디스는 당신이 이중환생을 함으로써 발전을 촉진하는 데 찬성하였습니까, 반대하였습니까?

영: 그녀는 항상 자유로운 선택을 하게 합니다. 하지만 저는 이중환생을 적게 한 쪽에 속하지요.

닥터 N: 왜 그랬습니까?

영: 이중환생은 피로와 분열을 가져올 수도 있습니다. 또 그러한 노력은 환생을 늦게 하는 등 비생산적인 결과를 가져올 수도 있습니다.

닥터 N: 그렇군요. 하지만 당신은 이번 이중환생에서 양쪽 다 도움을 베풀고 있지 않습니까? 다른 환생에서 대조되는 경우가 있었습니까? 한쪽은 잘하고 있는데 다른 쪽이 신통치 않았을 때가 있었습니까?

영 : 네, 오래전에 지구에 환생했을 때 그런 일이 있었습니다. 하지만 한 인생이 다른 인생을 메울 수도 있는 것이 이런 인생의 편의이기도 하지요. 하지만 그런 것은 쉽게 이루어지는 것은 아닙니다.

닥터 N : 그렇다면 왜 안내자들은 이중환생을 허락합니까?

영 : (노려보면서) 영혼들은 관료주의적인 한정된 세계에 살고 있지 않습니다. 우리는 판단을 잘못해도 괜찮습니다. 그 실수를 통해서 배우게 되니까요.

닥터 N : 제 생각엔 보통 영들은 이중환생을 하지 않는 것이 좋다는 생각이 듭니다만.

영 : 많은 경우 그러는 것이 좋겠지요. 하지만 때때로 특수한 동기 때문에 재빨리 환생을 거듭해야 할 때도 있어요.

닥터 N : 어떤 경우에 그렇습니까?

영 : (즐거운 표정으로) 이중환생은 더 많이 오래 반성하고 생각할 기간을 주기 때문이지요.

닥터 N : 이중환생을 하게 되면 영계에 머무는 시간이 더 많아진다는 말인가요?

영 : (웃으며) 한 생을 되돌아보는 것보다 두 생을 회상하고 생각하는 것에 더 많은 시간이 필요하니까요.

닥터 N : 난 둘, 한두 가지만 더 묻고 싶은데요. 영혼 분할은 어떻게 하나요. 영혼 에너지를 여러 부분으로 갈라놓은 것을 어떻게 보십니까?

영 : 우리는 활력에 찬 원체에서 발생한 입자예요. 우리는 모두 한 원체에서 생겨난 에너지입니다.

닥터 N : 그 원체는 무엇입니까?

영 : 창조자이지요.

닥터 N : 영혼 에너지들은 분산되지 않고 결합되어 있습니까?

영 : 네, 그렇습니다.

닥터 N : 환생할 때 영혼은 모든 에너지를 송두리째 갖고 갑니까?

영 : 아닙니다. 우리의 일부는 항상 영혼의 나라에 남게 됩니다. 영혼은 창조주를 떠나는 법이 없으니까요.

닥터 N : 영혼이 단독환생이나 이중환생으로 지구에 와 있을 때, 영혼의 나라에 남는 에너지들은 어떻게 지내게 됩니까?

영 : 휴식 상태에 머물고 있지요. 지구로 떠나간 다른 에너지들이 돌아와 재결합을 할 때까지.

나와 같은 일을 하고 있는 동료들은 이중환생을 하는 영혼이 같은 시기에 태어나 활동하게 되는 것을 알게 되곤 하였다. 흔하지는 않지만 때때로 삼중, 사중의 환생을 하고 있는 영혼도 보게 된다고 한다. 발전의 어느 단계에 속하든 간에 영혼은 중첩환생을 할 수 있다. 하지만 내가 다루던 영혼 중에는 그렇게 많이 겹친 경우를 볼 수 없었다.

또 많은 사람들은 영혼 에너지 분열 현상이 자기들이 지녔던 선입관과 다름을 알게 되기도 한다. 개성을 지닌 독립체라고 생각했던 영혼이 나누어져서 몇 사람의 영혼 에너지가 된다는 것은 상상할 수 없는 일이기도 하였다. 솔직히 말하건대 나도 처음 그런 사실을 알게 되었을 때 마음이 편치 않았다. 때문에 나는 영혼의 에너지가 몇 사람 속에 나누어져 있을 수 있다는 사실을 알고 당혹해하는 사람들을 이해할 수 있었다. 그러나 우리는 알아야 한다. 우리의 영혼이 위대한 원천 에너지의 일부이며 나눔과 보탬을 거듭하면서 영혼을 창조하는 것을 안다면, 그렇게 태어난 영혼의 분열과 결합도 이해될 것이 아닌가?

앞서가는 영혼들에게서 영적 활동에 관한 정보를 알아내는 것은 쉬운 일이 아니다. 그 이유는 그들이 지닌 복합적인 기억이나 지식 때문이다. 그래서 그들이 고의로 대답을 하지 않는지 혹은 진실로 모르고 있는지 분간하기 어렵다. 다행히도 케이스 22의 경우는 지혜로웠고 솔직해서 대답을 잘 해주기도 하였다. 또 이 케이스는 영혼 수련의 다양성을 보여주는 다른 많은 기록들과 일치하기도 하였다.

닥터 N : 난툼, 이제 당신이 영혼 세계에 있을 때 하는 일을 알고 싶습니다. 지구로 환생하는 일이나 영혼 그룹과 사귀면서 안내자가 되기 위한 수련을 쌓기 위해 바쁠 때가 아닌 그런 때에 무엇을 하는지 알고 싶습니다. 당신이 하고 있는 또 다른 일이 있습니까?

영 : (긴 침묵) 네, 다른 일들이 있지요. 내가 알고 있는 것들이….

10. 중간 영혼   257

닥터 N : 얼마나 있습니까?

영 : (조심스럽게) 생각나는 게 네 가지 있습니다.

닥터 N : 그런 것들은 어떻게 불립니까?

영 : 에고가 없는 세계, 혜지의 세계, 창조와 비창조의 세계, 그리고 변경된 시간의 세계라고 불립니다.

닥터 N : 그 세계들은 우리가 육안으로 볼 수 있는 우주 속에 존재합니까?

영 : 하나만 그렇습니다. 나머지는 무차원의 영역에 속하지요.

닥터 N : 그러면 무차원의 영역에 속하는 것을 먼저 알아볼까요? 그 영역은 영혼의 세계에 있고, 영혼들만 존재할 수 있는 곳인가요?

영 : 네.

닥터 N : 그럼 왜 당신들은 그 영적인 공간을 세계라고 부릅니까?

영 : 나는 그곳을 영이 사는 세계라고 보니까요.

닥터 N : 그러니까 그 나머지 세계는 정신적인 세계로군요.

영 : 네, 그렇습니다.

닥터 N : 에고가 없는 세계란 어떤 곳입니까?

영 : 그곳은 배움이 시작되는 곳입니다.

닥터 N : 들어본 적이 있는 것 같습니다. 다르게 설명되기도 하였지만, 그곳은 초보자들을 위한 곳이 아닌가요?

영 : 네, 그곳은 새로 태어난 영혼들을 위한 곳입니다. 자신들에 관한 것을 처음으로 알게 되는 곳이지요. 기원의 장소이기도 합

니다.

닥터 N: 개성은 주어지는 것입니까? 새로 태어난 영혼들은 개성을 선택할 수도 있습니까?

영: 새로 태어난 영들은 선택할 능력이 없습니다. 그들은 그들의 에너지가 주어진 대로 개성을 갖게 됩니다.

닥터 N: 영혼의 개성에 관한 목록이나 명세서 같은 것이 있습니까? 그래서 영혼들은 질과 양이 정해지거나 분류되기도 합니까?

영: (긴 침묵 후) 영혼의 개성이 주어지는 데는 신중한 고려가 있는 것 같습니다. 제가 알고 있는 것은 한번 선택이 주어지면 그것은 받는 영혼과 주는 이 사이의 성스러운 약속 같은 것입니다.

닥터 N: 그것은 무엇을 의미하는 것입니까?

영: 있는 그대로 최선을 다한다는 것이겠지요.

닥터 N: 그렇다면 그 세계에서 목적은 선각자로부터 영혼증을 배부받는 것입니까?

영: 네, 새로 태어난 영혼은 순수한 에너지로 개성이 없습니다. 때문에 에고가 없는 세계에서 그런 영들에게 사명을 부여해주는 것이지요.

닥터 N: 그렇다면 왜 당신들은 그 세계를 에고가 없는 세계라고 합니까?

영: 왜냐하면 새로 태어난 영들이 에고를 갖지 않고 이곳에 도착하기 때문입니다. 자아라는 의식 없이 이곳에 온 영들이 처음으로 존재의 의미를 부여받기 때문이지요.

닥터 N: 개성을 지니는 영혼의 창조는 계속되는 것입니까?

영: 제가 알기에는 그런 것 같습니다.

닥터 N: 신중히 생각하고 이 질문에 대답해주십시오. 당신의 영혼에 개성이 주어졌다는 것은, 당신이 인간으로서 지구에 태어나는 후보 명단에 자동적으로 등록되는 것을 의미합니까?

영: 그렇지 않습니다. 지구는 영원히 존재할 수 없으니까요.

닥터 N: 영혼의 개성에 따라 우주 속에 있는 어떤 천체와 특별한 유대를 갖게 되는지 궁금하군요.

영: (잠깐 있다가) 그렇지 않다고도 말할 수는 없지요.

닥터 N: 난툼, 당신이 어린 영혼이었을 때, 지구 말고 다른 별에 살 기회가 주어진 적이 있습니까?

영: 아… 영혼이 어릴 때… 안내자들이 그런 선택을 도와주지요. 어쩐지 저는 인간 세계에 이끌렸어요.

닥터 N: 다른 선택이 주어진 적이 있었나요?

영: (한참 있다가) 있었지요… 하지만 뚜렷이 기억나지 않는군요. 보통 시작할 때는 별로 할 것도 없고 살기도 쉬운 세계로 가게 됩니다. 그러다가 이 가혹한 세계로 가라는 제의를 받게 된 거지요.

닥터 N: 지구가 살기 가혹한 곳이란 말입니까?

영: 네, 그렇습니다. 어떤 천체에서는 육체적인 불편과 괴로움을 겪게 되고 또 어떤 곳에서는 정신적인 시련을 겪게 되는데, 지구는 그 모두를 함께 겪어야 하는 곳이니까요. 때문에 그런 어려

운 곳에 가서 잘해냄으로써 명성을 얻기도 하지요. (미소 짓는다.) 또 환생 여행을 자주 하지 않는 영혼들은 우리들을 모험적인 영혼이라고 부르기도 합니다.

닥터 N : 지구의 어떤 점이 마음에 드십니까?

영 : 사람들이 서로 겨루고 다투면서도 갖는 친밀함, 경쟁과 협조가 동시에 있을 수 있는 그런 점이지요.

닥터 N : 그건 모순이 아닙니까?

영 : (웃으며) 하지만 저는 그런 점에 이끌리게 돼요… 당당한 긍지와 자존심을 지니고 있으면서도 속기 쉬운 인종들의 다툼을 중재하는 것… 아시다시피 인간의 뇌는 비교할 수 없을 만큼 특수한 것이 아닙니까?

닥터 N : 어떻게 말입니까?

영 : 인간은 이기적이면서도 또 상처받기 쉽지 않습니까? 밉살스럽고 얄궂은 성격을 드러내는가 하면, 또 한편 커다란 친절과 포용력을 발휘하기도 하지 않습니까? 지구에는 나약한 행위도 있고 용감한 행위도 있습니다. 인간의 존엄성을 위해 항상 떠밀리고 또 밀어붙이는 싸움이 벌어지고 있습니다. 이 다양함이 제 영혼에 어울리는 것이겠지요.

닥터 N : 지구에 보내진 영혼들이 좋아할 또 다른 점을 인간들은 지니고 있나요?

영 : 허… 지구에서 수련을 계속하고 있는 영혼들은… 인간에게 인생 저 너머에 영원한 것이 있음을 알리고, 그들의 정성과 열정

으로 진정한 자비를 베풀도록 돕지요. 삶을 이겨나가는 정열… 그것이야말로 인생에 있어 가장 가치 있는 일이지요.

닥터 N : 인간은 또 적지 않은 악의도 가지고 있지 않습니까?

영 : 악의 역시 정열의 일부지요. 하지만 그것도 진화되고 있습니다. 인류는 고난에 부딪힐 때 최선을 다하게 되고… 또 고귀해지기도 하지요.

닥터 N : 아마 인류에 대해 당신이 말한 그 모든 긍정적인 점을 기르는 것은 영혼이 하는 일이 아닐까요?

영 : 이미 존재하는 것을 우리는 고양시키고 촉진할 따름입니다.

닥터 N : 그곳에 가서 신원을 확인한 후에도 다시 에고 없는 세계로 돌아가는 영혼이 있습니까?

영 : (불편한 태도로) 네… 하지만 그것에 관해 언급하고 싶지 않습니다.

닥터 N : 그렇다면 묻지 않겠습니다. 하지만 제가 이미 들은 것은 어떤 영혼은 그곳으로 다시 돌아간다는 것이었습니다. 그들이 환생해서 하는 일이 계속 좋지 못한 경우에 말입니다. 생각건대, 그들은 불량품으로 간주되어 정신적 뇌 수술을 받기 위해 생산장으로 다시 보내진 것이 아니겠습니까?

영 : (당혹한 표정으로 고개를 흔든다.) 그런 묘사는 옳지 않습니다. 어찌하여 그런 생각을 하게 되었습니까? 발전에 많은 지장을 초래하게 된 영혼은 긍정적인 에너지를 보수함으로써 회복이 가능해지는데 말입니다.

닥터 N : 그런 방법은 지구에 있는 영혼에 한한 것입니까?

영 : 여러 곳에서 온 어린 영혼들이 그런 보수를 최종 수단으로 받기도 합니다.

닥터 N : 그렇게 해서 회복된 영혼들은 원래의 그룹으로 돌아가고 또 환생도 가능해지는 것입니까?

영 : (깊은 한숨을 쉬며) 네.

닥터 N : 에고가 없는 세계와 모든 것을 아는 전지(全智 : All Knowing) 세계는 어떻게 비교됩니까?

영 : 그 두 세계는 상반되는 세계입니다. 전지의 세계는 어린 영혼들이 갈 수 없는 곳입니다.

닥터 N : 당신은 전지의 세계에 가본 적이 있습니까?

영 : 가본 적이 없습니다. 아직 갈 준비가 되어 있지 않습니다. 하지만 그곳은 우리 모두가 가기를 바라는 곳으로 알고 있지요.

닥터 N : 그 영혼의 영역에 관해서 아는 것이 있습니까?

영 : (한참 동안 말이 없다.) 그곳은 명상하는 곳입니다… 설계하고 계획하는 최상의 정신세계입니다. 나는 그곳에 대해 아는 것이 별로 없습니다. 다만 그곳이 모든 사념의 최종 목적지라는 것, 또 우주에 있는 모든 것의 감각이 그곳에서 조정된다는 것밖에는.

닥터 N : 그렇다면 전지의 세계는 관념의 최상의 경지입니까?

영 : 네, 그곳은 이상과 합리 같은 것이 혼합된 내용을 이루고 있는 곳입니다. 그곳은 우리들의 모든 희망과 꿈의 실천이 가능해지는 차원이기도 합니다.

닥터 N: 당신은 그곳에 갈 수 없다고 했는데, 어떻게 그곳에 대해 알고 있습니까?

영: 우리는 언뜻 스쳐가는 그 세계를 볼 수 있지요. 왜냐하면 우리들이 해야 할 일들을 모두 끝내고 선각자들이 있는 곳으로 갈 수 있도록 노력하는 것을 격려하기 위해 아주 조금만 그 세계를 보여주기 때문이지요.

영계의 기초와 중심은 전지의 세계이지만, 그곳은 또 다른 명칭으로 불리기도 하였다. 나를 찾아오는 가장 앞서가는 영혼들도 아직 그 경지에 이르지 못해 직접적인 경험이 없으므로 나는 그곳에 대해 잘 알 수 없었다. 모든 영혼들은 이 중추의 핵에 가까이 가서 그 에너지에 합류되기를 바란다. 특히 앞서가는 영혼들이 그곳에 다가가면서 조금씩 그곳을 알게 되면 더 그렇게 되는 것 같았다. 그 전지의 세계에 대해서 말할 수 있는 영혼은 레벨 V나 그 이상의 단계에 이른, 환생을 멈춘 영혼들인 것 같다.

닥터 N: 에고가 없는 세계와 전지의 세계가 영혼 수련의 시작과 끝에 존재하고 있다면, 변경된 시간의 세계는 어디에 있는 것입니까?

영: 그것은 모든 영혼에게 열려 있는 곳입니다. 각각의 영혼이 환생하는 곳이니까요. 저의 경우 그것은 지구이지요.

닥터 N: 그럼 그곳이 바로 당신이 말했던 그 실제적 차원입니까?

영 : 아닙니다. 그것은 나의 공부를 위한 모형에 지나지 않습니다.

닥터 N : 그렇다면 영계에 있는 모든 영혼들은 같은 모형으로 공부를 하지 않겠네요.

영 : 그렇습니다. 영들은 각자 환생할 천체에 대해 공부를 합니다. 일시적이긴 하지만 모든 것이 실재하지요.

닥터 N : 그러니까 당신은 그 지구의 모형에 실제로 거주하는 것이 아니라 다만 그것을 사용하는 것이군요.

영 : 그렇습니다. 연습을 위한 것이지요.

닥터 N : 왜 당신들은 그것을 변경된 시간의 세계라고 합니까?

영 : 특정한 일을 위해 시간의 순서를 바꿀 수 있으니까요.

닥터 N : 그런 일을 하는 참 목적은 어디에 있습니까?

영 : 생을 향한 나의 결심을 향상하기 위해서지요. 또 그런 공부는 저를 단련시켜 전지의 세계로 나아갈 준비를 해주기 때문입니다.

이 피술자는 종종 실체가 없는 공간적인 작업장을 '세계'라고 표현하였다. 그런 공간은 아주 작거나 혹은 측정할 수 없이 큰 것 같다. 또 다른 차원에 속할 수도 있을 것이다. 한정된 시간권을 빠져나가면 다른 현실이 있어 또 다른 배움을 갖게 될 것 같다. 영혼이 체험할 수 있는 과거·현재·미래의 공존, 이 케이스가 암시한 그 세계는 뒤에 나오는 케이스 23과 25에서 더 깊이 추구하게 된다.

닥터 N : 우리는 아직까지 창조와 비창조의 세계에 대하여 말하지 않았군요. 그것은 당신이 언급하였던 3차원의 물질적 세계인 가요?

영: 그렇습니다. 우리는 그곳에 가는 것을 즐기지요.

닥터 N: 그곳은 모든 영혼을 위해 마련된 곳인가요?

영: 그렇지 않습니다. 저도 그곳에 가게 된 지 얼마 되지 않았습니다. 신참자 대우를 받고 있지요.

닥터 N: 그 물질적 세계가 지구와 같은 곳인지 먼저 알고 싶군요.

영: 여러 점에서 다른 것 같습니다. 더 크고 추운 곳이지요. 지구보다 물도 적고 바다도 적어요. 그렇지만 비슷한 점도 많이 있습니다.

닥터 N: 그 유성은 지구와 우리 태양의 거리보다 더 멀리 태양과 떨어져 있나요?

영: 그렇습니다.

닥터 N: 그 물질적 세계는 지리적으로 여러 면에서 우리 지구와 같은 것 같으니까 그곳을 제2의 지구라고 부른다면, 그 제2의 지구는 우리의 지구와 가까운 천상에 위치해 있나요?

영: 아닙니다.

닥터 N: 지구에서 볼 때, 그 제2의 지구는 어디에 있습니까?

영: (잠시 침묵하다) 말해드릴 수 없습니다.

닥터 N: 제2의 지구는 우리들의 은하계에 있나요?

영: (한참 말이 없다가) 아니요. 그보다 훨씬 먼 곳에 있는 것 같아요.

닥터 N: 우리 집 뒷마당에서 망원경으로 보면 제2의 지구가 속하는 성군들을 볼 수 있을까요?

영 : 아마 그럴 수 있을 것입니다.

닥터 N : 제2의 지구가 속하는 성군들은 우리 지구가 속해 있는 성군들처럼 나선의 모양을 하고 있습니까? 혹은 긴 타원형을 이루고 있습니까?

영 : 크고 거대하게 이어진… 쇠사슬…. (당혹한 표정으로) 그 이상 더 말할 수 없어요.

광막한 하늘 깊은 곳에 있는 별들을 관찰하기 위해 반사망원경을 잘 쓰는 아마추어 별 관찰자인 나는 화제가 천문적인 것에 이르면 항상 많은 질문을 하게 되곤 하였다. 하지만 그런 질문에 응하던 영혼들은 나의 기대에 어긋나곤 하였다. 때문에 나는 그런 현상이 안내자들의 제지나 방해에 의한 것인지, 혹은 지구와 우주의 구조 관계에 대해 잘 모르는 영혼의 무지 때문인지 의문을 갖게 되었다.

닥터 N : (먼저 유도하는 질문을 던진다.) 당신은 제2의 지구에 지적인 존재로 환생한다는 것입니까?

영 : (큰 소리로) 그런 것이야말로 바로 우리들이 그곳에서 하고 싶지 않은 것이지요.

닥터 N : 당신은 언제 그곳으로 가게 됩니까?

영 : 지구에 환생하는 틈틈이 갑니다.

닥터 N : 당신은 왜 제2의 지구로 갑니까?

10. 중간 영혼   267

영 : 자유로운 영혼으로서 그저 즐기고 무엇인가 창조하기 위해 가지요.

닥터 N : 그래도 그곳에 살고 있는 사람들에게 방해가 되지 않습니까?

영 : (열성적으로) 거기엔 사람들이 살고 있지 않아요. 너무나 평화로운 곳이지요. 우리는 숲이나 산, 바다 위로 자유로이 돌아다닙니다.

닥터 N : 그곳에 사는 가장 높은 수준의 생물은 어떤 것입니까?

영 : (회피하듯 얼버무린다.)… 아… 작은 동물들이지요… 지성이 발달되지 않은.

닥터 N : 동물들도 영혼을 지니고 있습니까?

영 : 모든 살아 있는 것은 영혼을 갖고 있습니다. 그들의 심적 에너지는 아주 단순하고 파편적인 것이지요.

닥터 N : 당신이나 친구들의 영혼은 창조된 이후 지구의 하등 동물에서 진화된 것입니까?

영 : 확실한 것은 모르지만, 아무도 그렇게는 생각하지 않고 있지요.

닥터 N : 왜 그렇습니까?

영 : 지적인 에너지는 앞서가는 생명에 의해 배합되니까요. 식물, 벌레들, 파충류, 그 모든 것은 제각기 영혼의 가족들과 더불어 있지요.

닥터 N : 그렇다면 모든 생물은 종류별로 분리되어 있습니까?

영 : 아닙니다. 창조자의 에너지가 존재하는 모든 생물들의 무리와

함께 있습니다.

닥터 N: 그런 분야에서 당신도 창조의 일을 하고 있습니까?

영: (소스라치게 놀라며) 아닙니다.

닥터 N: 어떤 영혼들이 선발되어 제2의 지구에 갈 수 있게 됩니까?

영: 지구와 연관을 갖는 영혼들이 그곳으로 가지요. 그곳은 지구에 비하면 잘 쉴 수 있는 휴양지 같은 곳이에요.

닥터 N: 왜 그렇습니까?

영: 거기에는 언쟁도 몸싸움도 없고 주권을 쥐려는 투쟁도 없어요. 오염되지 않은 순박한 분위기 속에서 모든 생명이 고요합니다. 그곳은 우리들에게 지구로 돌아가서 지구를 더 평화로운 곳으로 만들 것을 종용하는 곳입니다.

닥터 N: 이제야 알겠군요. 왜 그 에덴동산 같은 곳이 당신을 쉬게 하고 마음을 편안하게 해주는가를. 그런데 당신은 창조하기 위해서 그곳에 가기도 한다고 말했지요.

영: 네, 그렇습니다. 우리는 그곳에서 창조를 하기도 합니다.

닥터 N: 그렇다면 지구에서 온 영혼들이 지리적으로 비슷한 그곳으로 가게 되는 것은 우연이 아니겠군요.

영: 그렇습니다.

닥터 N: 지구로 가지 않는 다른 영혼들도 자기들이 환생하는 천체와 닮은 물질적 세계로 갑니까?

영: 네… 단순한 유기적 조직체를 가진 보다 젊은 세계로 가서… 지적인 생명이 없는 곳에서 창조를 배웁니다.

닥터 N: 계속하십시오.

영: 우리는 창조적인 실험을 하면서 그 발전상을 여기서 관찰하게 되지요. 그것은 마치 우리가 실험실에서 실험을 지켜보고 있는 것과 같습니다. 우리의 에너지로 물질적인 것을 만들어내는 실험을 보고 있는 것 같지요.

닥터 N: 그 형체를 가진 것들은 지구에서 볼 수 있는 것입니까?

영: 네. 다만 지구에서만 볼 수 있는 것입니다. 그렇기 때문에 제가 여기 와 있는 것이지요.

닥터 N: 제2의 지구에 도착할 때부터 설명해주십시오. 당신 영혼이 제일 먼저 하는 일이 무엇입니까?

영: (주춤거리다 겨우 대답한다.) 잘… 설명할 수 없습니다.

이 영혼은 방어적이기 때문에 잠깐 쉬면서 분위기를 바꾼 뒤 말한다. "내가 셋을 세는 동안 당신은 긴장을 풀고 대답할 것입니다. 이디스와 당신은 가장 적절한 대답을 나에게 해줄 것입니다. 하나, 둘, 셋!" 나는 질문을 반복한다.

영: 나는 내 앞 땅 위에 놓인 것을 봅니다. 그것은 앞으로 내가 만들어야 할 물건입니다. 나는 마음속에 그 물건의 형체를 지니고서 소량의 에너지를 써서 같은 것을 만들어보려 합니다. 선생님들은 적절히 도움을 베풀어줍니다. 나는 나의 잘못을 알고 고쳐야 합니다.

닥터 N: 어떤 분들이 선생님이십니까?

영: 이디스와 물갑길(이 영혼을 지도하는 많이 앞서가는 영혼)입니다…. 그리고 또 다른 선생님들이 계시지만… 잘 모르는 분들입니다.

닥터 N: 가능한 한 확실히 말해주십시오. 지금 하고 있는 일이 어떤 것입니까?

영: 우리는… 형태를 조성하고 있습니다.

닥터 N: 생물의 형태 말입니까?

영: 그런 것은 못 하고 있습니다. 아직도 기본적인 요소로 실험을 하고 있지요… 아시다시피 수소, 산소 같은 것으로 지구에 있는 물체들, 예컨대 바위나 공기, 물 같은 것을 만드는 실험을 하고 있지요. 아주 작은 규모로 합니다.

닥터 N: 우주에 있는 기본적인 성분을 만들 수 있다는 말입니까?

영: 아닙니다. 다만 구할 수 있는 성분을 사용합니다.

닥터 N: 어떻게요?

영: 그 기초적인 성분을 나의 에너지에서 오는 자극으로 충전하면 변화가 일어나지요.

닥터 N: 어떤 변화가 일어나지요?

영: (간단히) 나는 바위를 잘 만듭니다.

닥터 N: 당신의 에너지로 어떻게 바위를 만듭니까?

영: 에너지를 덥게 하고 차게 하는 것을 배워서 먼지를 그런 방법으로 굳히는 것이지요.

닥터 N: 먼지 속에 있는 광물질도 만듭니까?

영: 그런 것은 미리 준비되어 있어요. 선생님들이 주시지요… 물을 만들 때 쓰는 가스 증기 같은 것, 또 그 외에 필요한 것들이 준비되어 있어요.

닥터 N: 이런 점을 확실히 이해하고 싶은데요. 에너지를 뜨겁게 하고 압축하고 또 냉각시키는 것을 배움으로써 당신은 창조에 참여하는 것인가요?

영: 그렇다고 말할 수 있지요… 우리들의 에너지 방사의 흐름을 바꿈으로써.

닥터 N: 그러니까 바위나 물의 실체는 화학적인 방법으로 생산되지 않는다는 것이지요?

영: 그렇습니다. 이미 말한 바와 같이 제가 하는 일은 주어진 것을 혼합함으로써 변형을 일으키는 것입니다. 저의 에너지의 주파수와 양을 잘 조절하며 일을 합니다. 좀 정교하긴 하지만 지나치게 복잡한 것은 아니지요….

닥터 N: 복잡하지 않다니요? 나는 자연이 그 모든 것을 한다고 생각했는데?

영: (웃으며) 당신은 누가 자연이라고 생각합니까?

닥터 N: 당신이 하는 실험에 필요한 기본적인 요소들을 창조하는 존재, 실재하는 물질의 원초적인 그 무엇이 자연 아닙니까?

영: 창조자… 그리고 나보다 더 크고 웅장한 규모로 창조하는 영혼들.

닥터 N : 당신은 생명이 없는 바위 같은 것을 창조한다고 할 수 있지 않습니까?

영 : 지금은 우리들 앞에 놓인 것을 모방하는 것에 불과합니다. (문득 생각난 듯) 앞으로 식물을 다루려 생각하고 있습니다. 하지만 아직 할 수 없습니다.

닥터 N : 잘하게 될 때까지 모든 것을 작은 규모로 하나요?

영 : 그렇지요. 우리는 처음 조그마한 모형을 만들어 실체와 비교해 본 뒤 크게 만들게 되지요.

닥터 N : 알고 보니 영혼들이 하는 일은 모래가 든 샌드 박스 속에서 장난감을 갖고 노는 아이들이 하는 일과 비슷하군요.

영 : (미소 지으며) 우리들은 아이들이지요. 황토로 조각하는 것같이 기의 흐름을 조종하는.

닥터 N : 이 창조적인 훈련 교실에 있는 다른 멤버들은 최초부터 함께 있었던 그룹에 속하는 영혼들입니까?

영 : 몇몇은 그렇습니다. 하지만 대부분의 멤버는 영계에 있는 다른 여러 그룹에서 왔습니다. 공통점은 그들이 모두 지구에 환생하였다는 것입니다.

닥터 N : 그곳에 있는 모든 영혼들이 당신과 같은 것을 만드나요?

영 : 물론 어떤 영혼은 다른 일을 잘하기도 합니다. 하지만 우리들은 서로 돕지요. 선생님들도 와서 도와주고 충고도 해주며 보다 잘 발전하게 가르쳐주십니다…. 하지만….(말을 멈춘다.)

닥터 N : 하지만 어떻단 말입니까?

영: (수줍은 태도로) 만약 내가 잘못해서 좋지 못한 결과를 초래하면 나는 이디스에게 보이지 않고 없애버려요.

닥터 N: 예를 들자면요?

영: 식물에 관한 것이죠. 나는 에너지를 섬세하게 뿜을 수 없기 때문에 적절한 화학적 전환을 이룰 수 없는 것 같아요.

닥터 N: 식물의 생명을 만드는 것은 익숙하지 않다는 말인가요?

영: 그렇습니다. 그래서 실망거리를 없애고 원상복귀를 하는 거지요.

닥터 N: 그러는 것을 비창조라고 말하나요? 에너지를 파괴할 수 있나요?

영: 에너지는 파괴할 수 없습니다. 다시 모아서 달리 배합하여 씁니다.

닥터 N: 이해할 수 없는데요. 왜 창조자가 당신의 도움 같은 것을 필요로 하는지?

영: 우리 자신들에게 도움이 되기 때문이지요. 그런 일에 참여해서 언젠가 보다 훌륭한 것을 만들어낼 수 있게 되면, 그때는 진실하게 공헌할 수 있기 때문이지요.

닥터 N: 난툼, 만약 우리들이 영혼 발전의 사닥다리를 올라가고 있다면, 영계란 하나의 거대한 피라미드 조직이라는 생각이 들어요. 절대적인 권력을 행사하는 영혼이 꼭대기에 군림하는 피라미드가 생각나요.

영: (한숨을 쉬며) 그런 해석은 옳지 않습니다. 피라미드가 아닙니

다. 우리는 하나의 긴 천을 이루는 실입니다. 우리는 모두 그 천 속에 짜여 있지요.

닥터 N: 나는 그 천을 상상할 수 없습니다. 영혼들은 성취의 단계가 제각기 다르고 다양하니까요.

영: 움직이고 있는 연속체를 생각해보세요. 높고 낮은 괄호 속에 들어 있는 영혼을 생각하지 말고 말입니다.

닥터 N: 영혼은 항상 위를 향해 나아가고 있다고 생각했는데요.

영: 그렇게 생각하고 있는 것을 알고 있습니다. 하지만 그렇게 생각하지 말고 옆으로 움직이고 있다고 생각하십시오.

닥터 N: 상상할 수 있도록 설명을 해주십시오.

영: 우리들을 모두 하나의 공통된 열차의 부분이라 생각하세요. 존재의 편편한 선로 위를 달리는 그 열차의 한 칸에 지구로 환생하는 영혼들이 타고 있는 거지요.

닥터 N: 다른 곳으로 가는 영혼들은 다른 차를 타고 있습니까?

영: 네. 그렇지만 그 차들은 모두 연결된 채 같은 선로 위를 달리고 있는 거예요.

닥터 N: 이디스 같은 차장들은 어디에 있습니까?

영: 그들은 연결된 칸으로 왕래하지만, 주로 기관차 가까이 머물러 있지요.

닥터 N: 기관차는 어디에 있습니까?

영: 창조주 말입니까? 물론 맨 앞쪽에 있지요.

닥터 N: 당신이 타고 있는 칸에서 기관차가 보입니까?

영 : (놀림조로 웃는다.) 보이지는 않습니다. 하지만 연기를 맡을 수 있습니다. 기관차의 고동도 느낄 수 있습니다. 모터 소리도 들립니다.

닥터 N : 우리 모두가 기관차 가까이 머물 수 있다면 좋겠네요.

영 : 궁극적으로는 그렇게 되지 않겠습니까?

영혼들이 그들의 에너지로 생명을 창조하는 훈련을 받게 되면 환생을 필요로 하지 않는다. 그런 훈련은 그룹 단위로 이루어진다. 그렇게 하면 서로의 에너지와 지도자의 그것이 합해져 에너지의 합동을 이룰 수 있기 때문이다. 한 피술자는 그런 훈련을 이렇게 설명하였다.

"우리들이 그 훈련을 시작하였을 때 모두 샌와(안내자) 주위에 둘러앉았다. 집단적으로 우리는 어려운 훈련을 거듭해야 했다. 우리들의 생각을 화합하고 능력을 발휘하여 같은 강도로 에너지를 하나의 것에 집중시키는 훈련이었다. 어느 날 우리는 나뭇잎을 나타내는 훈련을 받았다. 샌와는 그 나뭇잎이 어떻게 우리 앞에 나타날 것인가 실연을 해보였다. 우리들이 에너지의 빛줄을 나뭇잎의 결과 색상, 모양을 향해 집중시켰지만 나뭇잎은 좀처럼 완벽한 형태로 나타나지 않았다. 우리는 완전한 화합과 통일을 이루지 못하였다. 그리하여 잎의 일부는 잎맥이나 색상이 제대로 나타나지 않았다. 공부를 할 때 나는 진지하고 완벽하게 하길 바랐지만 내미(그룹 익살꾼)는 고의적으로 그의 에너지를 다른 곳으로 돌려 일을 망쳐놓고서 웃음을 사려 하였다. 그는 어려운 훈련에 싫증을 내고 있었던 것이다. 하지만 모두가 그를 정신 차리게 도와주어 그 실험을 성공적으로 끝낼 수 있었다."

그동안의 경험으로 미루어 보아 영혼이 단독으로 창조적인 일에 참가하게 되는 것은 레벨 III의 자격을 확실히 지니게 된 뒤부터인 것 같다. 식물의 광합성 실험을 하는 것은 배우는 영혼들이 생명의 유기체 단계에 대한 것을 알기 이전이다.

초보적인 창조 훈련은 실체의 연관성을 앎으로써 자신의 에너지와 이질적인 에너지를 융합시키는 능력을 배우게 되는 것이라는 말을 들은 적도 있었다. 생명이 없는 것에서 생명이 있는 것으로, 또 단순한 것에서 복합적인 것으로 가는 길은 길고도 느린 과정을 거치도록 되어 있다. 학생들은 주어진 유기체, 어떤 환경에 적응할 수 있는 그것을 위해 지구에 미세한 서식지를 만들 것을 종용당한다. 연습과 더불어 발전이 오지만, 레벨 V에 이르러서야 비로소 생물의 발전에 도움이 될 수 있다고 내방자들은 말하곤 하였다. 케이스 23에서 이에 대해 더 알게 될 것이다.

어떤 영혼은 창조를 배우는 단계에서 자기들의 에너지를 십분 발휘하는 천부적 재능을 보이곤 한다. 하지만 그런 자질이 있다고 해서 다른 방면의 발전도 그에 보조를 맞추는 것은 아니다. 어떤 영혼은 창조의 힘을 발동시키는 적절한 기술자가 될 수 있지만, 유능한 안내자의 미묘한 테크닉은 따라갈 수 없다. 이 같은 이유 때문에 진화된 앞서가는 영혼들만이 창조에 종사해야 한다는 생각을 하게 된다.

앞 장에서 나는 영혼의 독거(獨居)가 주는 유익한 점에 대해 설명하였다. 그리고 마지막 케이스가 또 하나의 예가 되었다. 영혼의 경험은 인간의 말로 쉽게 표현되지 않는다. 케이스 22는 변경된 시간의 세계를 일시적으로 지구에 관한 공부를 하는 곳으로 간주하였다. 최면에 빠져 있는 사람들에게는 시간이 존재하지 않는 심적인 시간이 참된 현실이다. 그리고 그 모든 것은 여러 목적을 위해 만들어진 환상에 지나지 않는다. 비슷한 레벨에 있는 다른 영혼은 그 천체를 '변형의 공간' 또는 간단히 '휴게실'이라고 불렀다. 그곳이 영혼들이 배움이나 즐거움을 위해 마련된 생물이나 무생물에게 자기들의 에너지를 시험해보는 곳이라는 말을 들은 적도 있었다. 어떤 피술자는 이렇게 말하기도 하였다.

"내가 소원을 가지면 그것은 이루어졌습니다. 나는 알고 있습니다. 누군가 도와주고 있다는 것을. 우리는 경험한 것과 같은 것이라면 무엇이든지 될 수 있습니다."

예컨대 영혼은 그 밀도의 정취를 느끼기 위해 바위가 될 수도 있다. 나무는 고요를, 물은 흐름의 연속을, 나비는 자유와 아름다움을, 그리고 고래는 힘과 광대함을 느끼게 해준다. 우리는 느끼기 위해 무엇이든지 되어볼 수 있다. 사람들은 그런 현상이 전생의 윤회에서 오는 경험에 기인하는 것이 아니라고 한다. 또 영혼이 감성을 예민하게 하기 위해 실체나 결 같은 것도 전혀 없는 무형의 존재가 되어 자비 같은 특별한 느낌 속으로 합류하는 것을 알게 되기도 하였다.

어떤 내방자는 민간설화에 나오는 꼬마 요정이나 거인, 인어 같은 신비한 영혼이 되어보기도 했다고 말했다. 신화에 나오는 이상한 짐승들과 만난 사람도 있었다. 그런 이야기들은 너무도 그 묘사가 생생하여 은유적인 것이라고 단정하기 어려웠다. 나는 민화로 전해오는 많은 전설들이 미신인지 또는 여러 영혼들이 겪은 경험의 표현인지 감지하게 된다. 그 모든 전설들은 먼 옛날에 다른 곳으로부터 지구에 온 영혼들이 지니고 온 공명하는 기억들일 수 있다.

11
앞서가는 영혼

　많은 경험을 쌓고 뛰어나게 진화된 영혼을 지닌 사람은 많지 않다. 푸른 영혼의 빛을 지닌 레벨 V에 속하는 영혼과 면담할 기회는 많지 않았지만, 그런 면담은 그들의 이해와 포용력, 그리고 방대한 영혼 의식 때문에 항상 바람직했다. 실제로 영혼의 원숙함이 그 정도에 이른 사람이라면 인생의 고충과 난관을 헤어나오기 위해 우리 같은 회귀치유사를 찾지 않는다. 대체로 레벨 V에 이른 영혼들은 안내자로서 지구에 와 있다. 보통 인간들이 매일 치러야 할 기본적인 문제에서 해탈한 그 진화된 영혼들은 특정한 일을 세밀히 검토하는 데 흥미를 느낀다.
　그들이 군중 속에 나타나면 마더 테레사처럼 우리들이 알아볼 수 있기도 하지만, 많은 경우 앞서가는 영들은 조용하고 겸허한 태도로 남모르게 좋은 일을 하게 마련이다. 그들은 타인들의 삶을 발전시키는 데서 충족을 느낀다. 그들은 또 공적인 제도상의 일보다도 사적인 인간 가치 향상에 초점을 맞춘다. 하지만 그럼에도 불구하고 레벨 V에 속하는 영혼은 실질적이기도 하다. 그리하여 그들은 문화의 주류 속에 합류하며 사람들과 행사에 영향을 미치게 된다.

사람들은 흔히 앞서가는 영혼이 예민하고 심미적이고 특별히 지각적인 사람들인가 하고 질문한다. 그런 사람들은 대개 결핍 많은 인간 세계의 모순에 항거하기 때문이다. 하지만 나는 그런 상호 관계를 인정하지 않는다. 감성적이거나 아름다운 것을 좋아하거나 혹은 염력을 지녔거나 영적으로 민감하고 발달된 사람들이라 할지라도 영혼이 진화되어 그런 것은 아니다.

진화된 영혼은 인간 사회를 인내로 대하고 문제를 해결하는 데 뛰어난 능력을 보여주는 사람이다. 가장 탁월한 것은 그들이 지닌 훌륭한 통찰력이다. 그렇다고 해서 그들에게 업보의 함정이나 유혹이 없는 것은 아니다. 그렇지 않고서는 그들이 지구에 환생할 이유가 없기 때문이다. 그들은 인생의 어느 길에서도 보이지만, 특히 봉사 사업이나 사회적 부정에 항거하는 곳에서 자주 보게 된다. 앞서가는 영혼은 침착함과 친절, 타인을 위한 이해가 환하게 고인 인상을 하고 있다. 그들은 물질적인 것에 관심을 두지 않고 궁핍한 환경 속에서 살기도 한다.

영혼 레벨 V를 추구하기 위해 내가 선택한 사람은 30대 중반에 이른 여성이다. 약물 중독 환자를 주로 치료하는 큰 의료 시설에서 일하고 있는 여자였다. 나는 동료를 통해 그 여자를 소개받았는데, 그는 그녀가 약물 환자의 치유를 돕는 데 탁월한 능력을 지녔다고 말하였다.

나는 처음 그녀를 만났을 때 그 의료 시설의 혼란하고 위급한 분위기에도 불구하고 그녀가 지닌 침착하고 고요한 인상에 놀랐다. 그녀는 키가 컸고 매우 여윈 체격을 하고 있었다. 타오르는 듯한 붉은 머리는 숱이 많아 함부로 뻗어 있는 것 같았다. 따뜻하고 친절하게 보였지만, 어딘지 모르게 침투할 수 없는 느낌도 받았다. 맑은 빛을 발하는 회색 눈동자는 보통 사람들이 볼 수 없는 작은 것도 볼 수 있을 것 같았다. 그녀는 나를 보지 않고 다른 생각을 하고 있는 것 같았다.

그날 동료는 그 여자가 내가 전공하고 있는 영혼의 세계에 흥미를 느끼고 있다고 말했고, 셋이서 점심을 같이하기로 하였다. 그 여자는 최면을 통해 전생을 알아본 적은 없으나, 명상을 통해 긴 영혼의 계열이 있음을 알고 있었다. 그녀는 자기의 배움을 위해 우리들이 만난 것은 우연이 아니라고 말하였다. 그래서 우리는 그녀의 영혼이 겪어온 것을 알아보기로 약속하였다. 몇 주 후 그녀는 나의 사무실로 찾아왔다. 다른 내방자들과 달리 그 여자는 전생에 관한 것을 알려는 강한 호기심이 없었다. 때문에 나는 그 영혼이 최초로 지구로 온 때를 알아내어 초의식 기억의 시발점을 확보하였다. 그녀는 재빨리 깊은 최면 상태로 들어가 내적인 자아와 연결되었다. 그 영혼의 가장 오래된 기억을 더듬으며 곧 나는 그녀의 윤생이 지구의 태고 전부터 있어 온 놀라운 것임을 알게 되었다.

그녀가 처음으로 지구에 온 것은 두 빙하시대 사이에 온화한 기후가 지구에 머물러 있던 13만 년 전에서 7만 년에 이른 때였다. 마지막 빙하시대가 다시 지구를 뒤덮기 전이었다. 구석기시대 중기에 이르렀을 때 온화한 기후에서 살았던 기억을 되살리던 영혼은 습한 아열대의 대초원에서 수렵과 고기잡이, 푸성귀를 거두던 생활을 묘사하였다. 약 5만 년 전 빙하시대가 다시 찾아와 지구의 기후를 바꾸었을 때, 나는 그녀의 자세가 조금 구부러졌던 상태에서 보다 바른 자세로 돌아가는 것을 보았다.

재빠르게 긴 시간을 뛰어넘어 나는 그녀에게 물이 고인 곳을 들여다보면서 몸에 일어나는 변화를 보고하길 지시하였다. 그녀의 경사진 이마는 몇천 년의 윤생을 통해 점점 수직으로 변해갔다. 튀어나온 눈두덩은 점점 평평해져 눈에 띄지 않게 되었고, 몸에 난 털과 고대인의 큰 턱도 사라져갔다. 남자나 여자로 태어났던 그녀의 많은 환생을 통해 나는 서식지와 불, 기구, 옷, 음식을 사용하게 된 것을 알았다. 그리고 대략 측정한 인류학적 연대로 종족들의 의식에 관한 것을 알 수 있었다.

고생물학자들은 원숭이를 닮은 현대 인간의 조상인 호모 에렉투스(Homo erectus)가 적어도 1억 700만 년 전에 나타났다고 한다. 영혼들은 그렇게 오랫동안 지구로 환생하였던 것인가? 호미니드(Hominid)라고 불리는 두 다리족 동물의 몸을 빌려서? 나를 찾아오는 보다 진화된 영혼을 지닌 사람들은 이렇게 말했다.

"아주 진화된 영혼들은 어린 영혼들을 받아들일 적절한 몸을 찾고 있었다."

그들은 지구상에 생명체가 나타난 것은 100만 년 전부터라고 추측하였다. 그 영혼 시험관들은 초기 두 다리 동물의 원시적인 뇌와 제한된 목의 구조 때문에 20만 년 전에는 영혼의 발전이 어려울 거라는 사실을 알아냈을 것이라는 생각이 든다.

우리가 인간이라고 부르게 된 고대 호모 사피엔스(Homo sapiens)는 몇 십만 년을 진화하였다. 지난 10만 년 안에서 우리는 영혼 의식과 교류에 대한 두 개의 확실한 표식을 발견한다. 그것들은 바위에 그려진 그림들과 조각된 토템들이다. 고고학적인 연구에 의하면, 네안데르탈인들이 지구에 나타나기 전에는 그런 일이 행해지지 않았다고 한다. 결국 영혼이 인간을 만난 것이지 그 반대는 아닌 것 같다.

어떤 앞서가는 영혼을 지닌 피술자는 "영혼은 지구에 제각기 다른 주기를 통해 씨를 뿌렸다."라고 말하였다. 피술자들의 영혼이 준 정보에 의하면, 지금 지구의 땅덩어리들은 오랜 옛날에 있었던 대륙이 격변하는 화산이나 자력에 의한 지각의 융기 때문에 붕괴되고, 바다에 침몰되면서 떨어져나간 것이라 한다. 예컨대 대서양에 있는 아소르스는 침몰한 아틀란티스 대륙에 있던 산의 꼭지 부분이라고 한다. 어떤 영혼이 살았다는 지구의 어느 곳은 현재 지구의 지도에서는 찾을 수 없는 땅이기도 하다.

그러므로 약 25만 년 전에 사라졌던 호모 에렉투스보다 진보된 몸체에 영혼이 존재하였다는 것은 가능했던 것 같다. 오늘날 지질학적인 변화 때문에 화석이 된 증거는 볼 수 없게 되었지만, 그런 가설에 따라 인간의 육체적인 진화 시기를 당겼다 늦췄다 하는 해석에는 동의할 수 없다.

이제 나는 그녀의 영혼을 9,000년 전으로 가게 한다. 그때가 그 영혼의 발전에서 획기적인 시기였다고 그 영혼이 알려주었기 때문이다. 그 시기는 그녀의 안내자인 카마라와 함께 보낸 마지막 생애이기도 했다. 카마라는 이때 이미 진화된 영혼이었다. 인자한 추장의 현명한 아내이며 상담자로서 활약하던 때였다. 그들이 살던 곳은 에티오피아에 있는 어느 고원 지대인 것 같았다. 그녀의 영혼은 적지 않은 환생을 통해 카마라를 알고 있었다. 몇천 년의 세월을 통해 이루어졌던 인생에서의 만남은 카마라가 지구에의 환생을 끝냄으로써 종지부를 찍었다. 인간으로서 그들의 유대가 종지부를 찍게 된 것은 그녀가 강 위에 뜬 배를 타고 있던 카마라를 살리기 위해 스스로 목숨을 버렸을 때였다. 그때 그녀는 카마라를 향해 날아오는 적의 창을 맞고 대신 죽었던 것이다.

하지만 카마라는 아직도 사랑이 가득한 모습으로 그녀의 영혼을 찾아오곤 하였다. 길이 잘 든 마호가니 빛을 발하는 커다란 몸집에다 깃털로 장식된 숱이 많고 새하얀 머리를 하고서. 카마라는 옷을 입고 있지 않았다. 풍성한 허리와 엉덩이에 짐승의 가죽을 걸치고 있다. 그녀는 여러 색깔의 돌로 된 화려한 목걸이를 하고 있었다. 밤에 카마라가 그녀의 꿈에 나타날 때면, 카마라는 그 목걸이를 그녀의 귀에 대고 흔들어 소리를 내면서 그녀의 주의를 환기시켰다.

카마라가 그녀를 가르치는 방법은 지난 생애에서 배운 것을 상징적인 기억으로 스쳐가게 하는 것이었다. 문제를 해결하는 옛날 방법은 새로운 가설적인 선택과 뒤섞이기도 하는데, 그것이 뒤바뀌는 수수께끼 같은 그림으로 나타나곤 하였다. 그래서 카마라는 자기 제자가 지닌 풍요한 지식을 명상이나 꿈을 통해서 시험하곤 하였다.

시계를 보니 더 이상 배경을 알아볼 여유가 없었다. 그녀가 영계에 있을 때의 경험을 알아야 했다. 나는 기대하는 마음으로 그녀를 초의식의 상태로 이끌었다. 그녀는 나를 실망시키지 않을 것이다.

케이스 23

닥터 N: 영혼의 이름은 무엇입니까?

영: 테스.

닥터 N: 당신의 안내자를 아직도 아프리카인의 이름인 카마라로 부르고 있습니까?

영: 네, 그렇습니다.

닥터 N: 영계에서 당신은 어떤 모습을 하고 있습니까?

영: 빛의 파편이지요.

닥터 N: 당신의 에너지는 어떤 빛입니까?

영: 하늘빛, 푸른빛입니다.

닥터 N: 그 영혼의 빛에 다른 빛깔이 섞여 있습니까?

영: (잠시 있다가) 금빛이 조금… 하지만 많지는 않아요.

닥터 N: 카마라의 에너지 빛은 어떤 색입니까?

영: 보라색입니다.

닥터 N: 영혼의 성숙도를 색상이나 빛이 어떻게 입증합니까?

영: 지혜가 쌓이면 빛깔이 짙어지지요.

닥터 N: 최고의 발전을 이룩한 에너지는 어디에 그 원천을 두고 있습니까?

영: 짙은 빛깔의 에너지가 우리에게로 뻗어 있다는 깨달음은 원천에서 오는 것이지요. 우리의 빛은 원천에 이어져 있어요.

닥터 N: 당신이 원천이라고 하는 것은 신을 말하는 것인가요?

영: 그 단어는 잘못 쓰이고 있습니다.

닥터 N: 어떻게요?

영: 너무나 인격화하는 것으로요. 그리하여 원천의 진실이 잘못 해석되어 있기도 하지요.

닥터 N: 인격화하는 것이 잘못입니까?

영: 우리 모두는 통일체인 그 원천의 일부이긴 하지만 인격화한다는 것은 함부로 인간으로 만들어버리는 행위이기도 하지요.

닥터 N: 테스, 우리가 영혼의 세계나 그곳의 생활에 관해 이야기하는 동안에도 원천에 관해 계속 생각해주십시오. 뒤에 다시 이 통합체에 관해 묻고 싶으니까요. 하지만 이제 영혼들이 에너지를 표현하는 것에 대해 알고 싶습니다. 왜 영혼들은 인체로 있지 않을 때 두 개의 검은빛을 띠는 동공 같은 눈만 보이게 되나요?

영: (웃는다. 조금 긴장이 풀린 것같이 보인다.) 그런 기억 때문에 귀신에 대한 지구의 전설이 그렇게 알려진 것이겠지요. 영혼의 에너지는 획일적이지 않고 다양합니다. 말씀하신 그 눈은 생각의 농도가 짙을 때 일어나는 현상이지요.

닥터 N: 그렇다면 귀신에 대한 전설은 공상만은 아니네요. 그리고 그 검은 눈은 영혼의 에너지를 위한 유용한 연장이 될 수도 있겠고.

영: 눈이라기보다… 그것은 사라져간 몸들의 창문 같은 것이에요… 모든 전생의 육체 속에 깃들었던 영혼의 표현이지요. 그

검은빛은… 존재의 집결이에요. 우리는 대상의 에너지를 흡수하는 것으로 교류합니다.

닥터 N : 영혼의 세계로 돌아가면 그런 귀신같이 보이는 영혼들과 에너지의 교류가 있습니까?

영 : 네. 하지만 모습은 각기 취향에 따라 달라집니다. 물론 주위에는 수많은 생각의 물결이 있어서 돌아오는 나의 에너지와 어울리지요. 하지만 저는 너무 많은 접촉은 피합니다.

닥터 N : 왜 그렇지요?

영 : 그 시점에서 어떤 관계를 만들 필요가 없기 때문입니다. 저는 당분간 혼자 지내면서 지난 생의 일을 되살리고 잘못을 찾아냅니다. 그리고 카마라를 만나 의논합니다.

이러한 태도는 케이스 9에서도 언급되었듯이 인간의 세계에서 영혼의 나라로 돌아오는 앞서가는 영들이 취하는 전형적인 과정이기도 하다. 하지만 이 영혼은 진화의 정도가 많이 앞섰기 때문에 당장 안내자를 만나지 않아도 된다. 또 만남도 자기의 뜻에 의해 결정된다.

닥터 N : 카마라처럼 더 앞서가는 원로 영혼들에 대해 잠깐 알아보고 싶습니다. 카마라는 다시 환생하게 됩니까?

영 : 아닙니다. 그녀는 환생하지 않을 것입니다.

닥터 N : 카마라 말고도 일찍부터 지구에 환생하였지만 이제는 하지 않는 다른 영혼들도 있습니까?

영: (조심스럽게) 네… 꽤 있습니다. 하지만 그들 대부분은 너무도 일찍이 시작했기 때문에 제가 지구로 가기 전에 이미 환생을 끝내고 있었지요.

닥터 N: 그중에는 예외의 경우도 있습니까?

영: 무엇을 묻고 싶은 건가요?

닥터 N: 영혼의 세계에서만 머물러도 괜찮은 원로 영혼 중에서도 지구로 환생하는 영들이 있지 않습니까?

영: 아, 현자들 말인가요?

닥터 N: 네, 현자들 말입니다. 그들에 대해 말해주십시오. (현자라는 표현은 처음 듣는 것이었다. 하지만 나는 앞서가는 영혼을 대할 때 그들에게서 보다 많은 것을 알아내기 위해 아는 척하곤 하였다.)

영: (존경을 표하며) 그들은 지구를 위한 진실한 감시자지요. 지구에 머물면서 모든 것을 잘 지켜보고 있어요.

닥터 N: 앞서가는 영혼들이지만 계속 지구로 환생하는 영혼들이 그렇다는 말이지요?

영: 네.

닥터 N: 현자들은 지금도 지구에 와야 하는 것에 싫증을 내지 않나요?

영: 그들은 지구에 헌신하는 영들이기 때문에 그곳에 머물면서 직접 인간들을 도와주고 있는 거지요.

닥터 N: 현자들은 어디서 살고 있습니까?

영: (동경하듯) 그들은 소박하게 살지요. 나는 몇천 년 전에 그런 분

들을 처음 만나게 되었어요. 요즈음은 그런 분들을 만나보기가 어렵습니다… 현자들은 도시를 좋아하지 않아요.

닥터 N : 그렇게 지구로 온 분들이 많습니까?

영 : 아닙니다. 그런 분들은 조그마한 마을이나 인적이 없는 산이나 사막 같은 곳에 있는 소박한 거처에 머물게 됩니다. 또 여러 곳으로 돌아다니기도 하지요.

닥터 N : 어떻게 그런 분들을 알아볼 수 있습니까?

영 : (한숨 쉬며) 보통 사람들은 많은 경우 그런 분들을 알아볼 수 없어요. 고대에 살았던 사람들은 그들을 진리를 말하는 신탁자로 알고 있었지요.

닥터 N : 좀 실용주의적으로 들리겠지만, 그렇게 고도로 진화된 영혼들은 은자의 생활을 하기보다 국제적인 영도자가 되는 것이 인류에 더 도움이 되지 않을까요?

영 : 누가 그들을 은자라고 하였습니까? 그들은 다만 그런 세도가들의 잘못에 영향 받게 된 사람들과 어울리려 할 따름이지요.

닥터 N : 지구에서 현자를 만나면 어떤 느낌을 받게 됩니까?

영 : 아… 좀 특별한 존재를 의식하게 되지요. 그들의 통찰력과 충고는 현명하고 지혜로운 것입니다. 그들은 소박하게 살고 물질적인 것에는 관심이 없습니다.

닥터 N : 테스, 당신도 그런 현자가 될 생각이 있습니까?

영 : 흐음… 아닙니다. 그들은 성자라서 그렇지만, 저의 경우는 윤생이 끝나기를 바라고 있어요.

닥터 N : 현자라는 호칭은 카마라 같은 영혼이나 또 그녀가 의논하는 영혼에게도 해당됩니까?

영 : (잠깐 있다가) 아닙니다. 그들은 그렇게 불리지 않습니다… 그들은 현자의 경지를 넘어선 분들입니다. 저희들은 그들을 원로라고 부릅니다.

나는 그 원로들이 레벨 VI을 넘어선 영혼이라고 생각한다.

닥터 N : 카마라의 레벨이나 또 그보다 더 앞선 원로들이 영혼들과 함께 일하는 경우가 많습니까?

영 : 그렇게 생각되지 않습니다… 저희들보다 낮은 레벨에 있는 영들이 하는 일에 비해서요… 하지만 저희들은 그 영향을 느끼게 되지요.

닥터 N : 그들과 함께 있으면 어떤 것을 느낍니까?

영 : (생각에 잠긴다.) 지혜와… 지도의… 농축된 힘을 느낍니다.

닥터 N : 원로들은 원천의 구현인가요?

영 : 그것은 말할 수 없습니다. 저희 의견은 아직 그렇지 않다는 것입니다. 그들은 다만 원천에 가까워지고 있을 따름입니다. 원로들은 사념의 가장 순수한 요소를 상징합니다… 실체를 계획하고 정돈하는 일을 하면서.

닥터 N : 원로들이 원천 가까이 있다는 말이 무엇을 의미하는지, 조금 더 이해할 수 있게 말해줄 수 있습니까?

영 : (모호하게) 다만 그들이 원천과의 결합에 더 가까워져 있을 것이라는 것입니다.

닥터 N : 카마라는 자기를 도와주고 있는 영혼에 관해 이야기한 적이 있습니까?

영 : 좀 한 적이 있지요. 우리들 모두가 그렇듯 그분도 그 스승처럼 되길 바랍니다.

닥터 N : 카마라는 원로들처럼 지혜로워지고 있습니까?

영 : (낮은 소리로) 다가가고 있지요… 우리들이 그녀에게 다가가고 있듯이. 우리들은 아직 많이 모자라기 때문에 원천과의 동화는 느리게 이루어지고 있어요.

앞서가는 영혼들에게 안내자의 역할이 부여되면 그들은 두 개의 공을 한꺼번에 굴려야 한다. 이전만큼은 아니지만 계속 환생을 거듭하면서 아직 끝나지 않은 자신의 수련을 계속하는 동시에 영계에서는 다른 영혼들을 도와야 한다.

닥터 N : 영계로 돌아와서 홀로 있는(스스로 택한) 기간이 끝나고 나면 다음엔 어떤 일을 합니까?

영 : 제가 속하는 그룹으로 되돌아갑니다.

닥터 N : 그 그룹엔 영혼의 수가 몇이나 됩니까?

영 : 아홉.

닥터 N : (재빨리 결론에 도달한다.) 아, 그렇다면 열 명으로 구성되어 있는 그 그룹의 영혼들은 모두 카마라의 지도 아래 있습니까?

영 : 아닙니다. 그들은 내가 돌보아야 합니다.

닥터 N : 그렇다면 그 아홉 영혼은 당신이 가르치는 학생들입니까?

영 : 흐음… 그렇게 말할 수도 있겠지요.

닥터 N : 당신이 주관하는 그 집단은 모두 한 그룹에 속해 있습니까?

영 : 아닙니다. 저의 집단은 두 그룹으로 나누어져 있습니다.

닥터 N : 왜 그렇습니까?

영 : 서로 다른 레벨에 속하니까요.

닥터 N : 당신은 그 아홉 명을 모두 가르치는 선생입니까?

영 : 저는 스승이라기보다 주시자(注視者)라는 호칭을 택하고 싶습니다. 저의 그룹에는 저 말고 주시자 역할을 하는 영혼이 셋 더 있지요.

닥터 N : 그러면 나머지 여섯 명은 어떤 영혼들입니까?

영 : (당연하다는 듯이) 주시하지 않는 영혼들이지요.

닥터 N : 죄송합니다만, 제가 하는 방법으로 체계를 세워보아도 괜찮을까요? 테스, 만약 당신이 고급 주시자라면 다른 세 사람은 초급 주시자라고 부를 수 있을까요?

영 : 하지만 고급이니 초급이니 하는 표현은 권위주의적인 느낌을 주는데, 우리들은 그렇지 않습니다.

닥터 N : 나의 의도는 계급을 나타내려는 것이 아닙니다. 그것은 다만 책임을 구별하는 기준에 지나지 않아요. 고급이라는 표현은 앞서가는 선생을 뜻함을 알아주십시오. 그런 의미에서 나는 카마라를 교장이나 교육국장으로 부를 수도 있을 것입니다.

영: (어깨를 움츠리며) 상관없겠지요. 다만 교장이니 국장이니 하는 것이 독재자를 의미하는 것이 아니라면.

닥터 N: 물론 아니지요. 자, 테스. 이제는 마음을 당신 그룹으로 돌려주십시오. 그룹 영혼들의 빛깔이 어떻습니까? 주시자가 아닌 여섯 영혼의 빛깔은 어떤 색상입니까?

영: (미소 짓는다.) 더러워진 눈덩이 같아요.

닥터 N: 만약 그들의 빛이 흰 것이라면, 나머지 영혼의 빛깔은 어떻습니까?

영: (잠시 있다가) 글쎄요… 두 영혼은 누런빛을 띠고 있지요.

닥터 N: 아직 하나 남았군요. 그 아홉째 영혼의 색상은 무슨 빛깔입니까?

영: 그는 안라스입니다. 아주 잘하고 있지요.

닥터 N: 그 영혼의 색상은?

영: 푸르게 변하고 있어요… 그는 훌륭한 주시자이지요… 곧 제 곁을 떠날 거예요.

닥터 N: 반대쪽에 있는 그룹을 살펴봅시다. 그 여섯 명 중에 어느 영혼이 가장 마음에 걸립니까? 왜 그렇습니까?

영: 오자노원입니다. 그녀는 적지 않은 환생을 통해 사랑과 믿음은 다만 마음의 상처를 가져온다는 생각을 저버릴 수 없게 되었지요. (생각에 잠기며) 그녀 속에 있는 좋은 자질을 꺼내고 싶은데 그런 태도 때문에 잘 되지 않아요.

닥터 N : 오자노원은 다른 영혼들보다 진도가 느립니까?

영 : (보호하듯) 오해하지 마세요. 나는 그녀의 노력을 자랑스럽게 생각하고 있어요. 그녀는 대단한 감수성과 성실함을 지니고 있고, 그 점을 제가 좋아하지요. 그녀는 다만 도움이 조금 더 필요할 따름이에요.

닥터 N : 주시자 – 선생으로서 안라스가 갖게 된 성취 중에서 오자노원이 가졌으면 하는 것이 있다면 말해주세요.

영 : (주저하지 않고) 변화에 대한 적응이죠.

닥터 N : 그 아홉 영혼이 당신의 지도 아래 한결같이 고른 발전을 이루는지 알고 싶군요.

영 : 그건 대단히 비현실적인 생각이에요.

닥터 N : 왜요?

영 : 왜냐하면 성격과 성실함이 다르니까요.

닥터 N : 만약 그 때문에 배움의 정도가 다르다면, 영혼이 선택한 인간 뇌의 능력과는 어떤 연관을 갖고 있습니까?

영 : 그런 연관 관계는 없습니다. 저는 동기에 관해서 말한 것입니다. 지구에서 우리들은 발전을 위해 여러 방법으로 뇌를 사용합니다. 영혼들은 그 성실함에 의해 발전되기 때문입니다.

닥터 N : 영혼이 성격을 가졌다는 것은 그런 것을 의미하는 것입니까?

영 : 네. 소망의 농도는 성격의 일부이지요.

닥터 N : 만약 성격이 영혼의 표식이라면, 소망은 어떤 역할을 하고 있습니까?

영 : 잘하려는 의지는 모든 영혼들에게 있지요. 하지만 그 역시 환생에 따라 변화되기도 합니다.

닥터 N : 그렇다면 영혼의 성실성은 어디에 해당되는 것입니까?

영 : 소망의 연장이지요. 성실함이란 자신에게 정직하려는 소망이에요. 그리고 원천에 이르는 길을 열어주는 깨달음의 동기가 되기도 합니다.

닥터 N : 만약 기본적인 지혜의 에너지가 같다면, 왜 영혼은 그 성격과 성실함에 다른 점이 있습니까?

영 : 그건 환생의 경험이 달라서 그렇지요. 그리고 그것은 의도적이기도 합니다. 그런 변화를 통해서 새로운 성분이 모든 영혼의 집단적인 지능에 첨가되는 것이지요.

닥터 N : 바로 그 때문에 환생한다는 것입니까?

영 : 네. 환생은 소중한 수련의 연장입니다. 어떤 영혼은 더 많이 자기들의 가능성을 넓히고 성취하려 합니다. 하지만 결국은 우리 모두가 다 그 일을 성취하게 될 것입니다. 각각 다른 곳에서 많은 환생을 경험한다는 것은 참된 자아를 넓히고 높이는 것이니까요.

닥터 N : 그러면 영혼의 참된 자아를 실현하는 것이 지구에 사는 인간들의 목적이며 사명이란 말인가요?

영 : 지구뿐 아니라 어떤 세상에서도 그럴 것입니다.

닥터 N : 하지만 모든 영혼이 자아의 일에만 몰두하게 된다면, 그 때문에 인간 세상에 이기적인 인간들이 많은 것 아닌가요?

영: 그것은 오해입니다. 자아실현은 이기적인 면으로 발전시키는 것이 아닙니다. 오히려 다른 사람들과의 화합을 통해 성취되는 것입니다. 그런 측면 역시 영혼의 특성과 성실함을 보여줍니다. 윤리적 행위이지요.

닥터 N: 오자노원은 안라스보다 정직성이 모자라는 편입니까?

영: (잠시 있다) 자아 기만에 빠질 때가 있는 것 같아요.

닥터 N: 아홉 영혼의 안내자로서의 책임을 완수하면서 지구로 환생하여 자신을 연마하는 일을 어떻게 해낼 수 있습니까?

영: 한때는 집중력에 지장을 가져오기도 하였지요. 하지만 이제는 그렇지 않습니다.

닥터 N: 그렇게 하기 위해서 영혼의 에너지를 나누어야 합니까?

영: 네, 그래야 했습니다. 영혼은 그런 일을 함께할 수 있는 포용력을 지니고 있으니까요. 지구에 있으면서 그룹의 영혼을 도와줄 수도 있고 또 스스로의 수련도 하게 되지요.

닥터 N: 영혼의 에너지를 나눈다는 것은 어떻게 하는 것인지 좀 이해하기 어려운데요.

영: 나눈다는 표현은 정확한 표현이 아닙니다. 왜냐하면 에너지가 분리되어도 분신은 전체성을 그대로 지니고 있으니까요. 제가 쉽지 않다고 말한 것은 한꺼번에 여러 일을 하는 것에 적응하는 시간이 걸린다는 것입니다.

닥터 N: 여러 일을 해도 선생으로서의 역할에 지장이 없다는 것입니까?

영 : 그렇습니다. 전혀 없지요.

닥터 N : 제일 중요한 가르침은 영혼의 세계에서 이루어지는 것입니까? 또는 지구에서 인간으로 살 때 이루어집니까?

영 : 제각기 다릅니다. 저의 가르침은 다양하지만 그 효과는 같습니다. 어느 것이 더하고 덜한 것이 없지요.

닥터 N : 하지만 그룹 멤버에 대한 태도는 각각의 개성과 경우에 따라서 달라져야 하지 않습니까?

영 : 물론 그렇게 되어야지요.

닥터 N : 영혼의 세계가 배움의 주된 센터라고 생각되지 않습니까?

영 : 그곳은 평가와 분석의 센터이지만, 또한 영혼은 그곳에서 쉬기도 하지요.

닥터 N : 당신의 제자가 지구에 살 때 그들은 당신이 그들의 안내자인 것을 알게 되나요? 또 당신은 그들과 늘 같이 있나요?

영 : (웃으며) 오래 함께 있는 경우도 있고 또 곧 헤어지는 경우도 있어요. 하지만 그들 모두 언젠가는 저의 영향을 느끼게 되지요.

닥터 N : 테스, 당신은 지금 여자로서 지구에 있고 또 저와 함께 있습니다. 지금 당신은 당신 그룹에 속하는 분들과 연락할 수 있습니까?

영 : 그렇게 할 수 있다고 말하지 않았습니까?

닥터 N : 내가 묻고 싶은 것은 이제 당신이 환생하는 빈도가 적어졌으니까 가르치는 데 곤란한 점은 없는가 하는 것이에요.

영 : 만약 제가 자주 환생하여 인간 대 인간으로 그들과 맞선다면 오히려 그들의 자연적인 발전을 방해하게 됩니다.

닥터 N : 영혼의 세계로 돌아간 뒤는 어떻습니까? 그곳에서도 같은 방법으로 가르칩니까?

영 : 그렇습니다. 하지만 가르치는 테크닉은 좀 다르지요.

닥터 N : 정신적으로 한다는 말인가요.

영 : 그렇습니다.

닥터 N : 영혼의 선생들이 어떻게 제자들과 접촉하는지 좀 더 소상히 알고 싶습니다. 지구에 환생해 있는 아홉 멤버에게 충고나 위로를 어떤 방법으로 전합니까?

영 : (대답하지 않는다.)

닥터 N : (대답을 들으려 애를 쓴다.) 내가 묻고 싶은 것이 무엇인지 알지요? 생각을 어떻게 전달합니까?

영 : (드디어) 알려드릴 수 없습니다.

무엇인가 가로막는 것을 느꼈지만 나는 불평할 수 없었다. 테스는 그동안 많은 것을 알게 해주었다. 그녀의 스승인 카마라도 그랬다. 나는 면담을 잠시 멈추고 직접 카마라에게 물어보기로 하였다. 이것은 내가 전에 해본 방법이다.

닥터 N : 카마라, 테스를 통해 당신에게 묻는 것을 양해하여 주십시오. 제가 지금 하고자 하는 것은 좋은 일입니다. 당신의 제자에게 묻는 것은 치유에 종사하고 있는 저의 지식에 도움이 될까 해서입니다. 저는 사람들이 자기 속에 있는 더 높은 창조적 힘을 발휘하게 하고 싶습니다. 저에게 주어진 커다란 과제는 죽음에 대한 인간의 두려움을 이겨나가게 하는 것입니다. 영혼과 영혼의 세계에 대해 올바른 것을 알림으로써 미신과 오해에서 오는 폐단을 없애려는 것입니다. 도와주시지 않겠어요?

영: (테스는 이상한 목소리로 대답한다.) 우리는 당신이 누구인지 알고 있습니다.

닥터 N: 그럼 두 분이 저를 도와주시겠습니까?

영: 우리들이 알아서 말하겠습니다.

이런 대답은 내가 확실히 모르는 그들의 방위선을 넘게 되면 대답을 할 수 없다는 것을 뜻한다.

닥터 N: 테스, 그럼 내가 셋을 세면 당신은 보다 편안한 마음으로 말하게 될 것입니다. 영혼이 어떻게 안내자의 역할을 하는가 말할 수 있게 될 것입니다. 첫째, 지구에 있는 제자들이 어떻게 당신과 통신할 수 있습니까? 하나, 둘, 셋! (강조하기 위해 손가락을 마찰시켜 소리를 낸다.)

영: (오랫동안 말이 없다가) 첫째, 마음을 조용히 가라앉혀야 합니다. 그리고 주위에서 관심을 해방시켜야 합니다.

닥터 N: 어떻게 하면 그렇게 할 수 있습니까?

영: 침묵으로… 내면을 향해… 내면의 소리를 따르며.

닥터N: 그렇게 해서 영적인 도움을 받게 됩니까?

영: 적어도 저의 경우는 그렇습니다. 누구든지 저와 생각의 중심에서 접촉하려면 내적 의식을 확대해야 됩니다.

닥터N: 그럴 때는 당신에게 초점을 맞추어야 합니까? 또는 그들을 괴롭히고 있는 문제를 생각해야 합니까?

영: 저와의 연결은 그들이 그런 문제를 이겨나가려 했을 때 비로소 가능해집니다. 침착하지 않으면 그런 일은 어렵습니다.

닥터N: 그 아홉 명의 멤버는 모두 당신에게 접촉할 수 있는 능력을 지니고 있습니까?

영: 그렇지 않습니다.

닥터N: 아마 오자노윈이 가장 많은 문젯거리를 지니고 있겠군요.

영: 아마 그럴 것입니다. 그런 영혼에 속하지요.

닥터N: 왜 그렇습니까?

영: 제가 신호를 받는 것은 쉬운 일이지요. 하지만 지구에 환생한 사람들에게는 그게 어렵지요. 보내려는 생각의 에너지는 인간의 감정을 넘어서야 하니까요.

닥터N: 영혼의 세계에서 수억의 영혼들이 제각기 안내자들에게 괴로운 사연의 신호를 보내고 있는데 어떻게 당신의 멤버에게서 온 신호임을 알 수 있습니까?

영: 당장 알 수 있지요. 사람들은 각각 생각의 원형을 갖고 있기 때문에 모든 주시자들도 다 알 수 있어요.

닥터 N : 생각의 분자들로 이루어진 전자장의 진동 암호처럼 말입니까?

영 : (웃으며) 에너지의 형태를 그렇게도 설명할 수 있겠지요.

닥터 N : 그러면 안내자의 도움이 필요한 사람과는 어떤 방법으로 연락을 취합니까?

영 : (싱긋 웃으며) 귀에다 속삭이지요.

닥터 N : (가볍게) 친절한 영혼이 지구에서 어려움을 겪고 있는 제자에게 할 수 있는 일이 그뿐입니까?

영 : 경우에 따라 다를 수도 있지요.

닥터 N : 어떤 경우에 말입니까? 영혼의 스승은 인간들의 일상생활에 무관심하다는 말입니까?

영 : 무관심한 것은 아닙니다. 그렇다면 전혀 연락을 안 하게 되지요. 우리는 그때그때의 상태를 측정하게 됩니다. 우리는 인생이 무상하고 덧없다는 것을 알고 있어요. 또 육체에 깃들어 있지 않고 영계에 있을 때는 인간 감정의 촉박함에 대해 무디어지기도 하지요.

닥터 N : 하지만 그들이 정말 도움을 필요로 할 때는 어떻게 도울 수 있습니까?

영 : (무거운 표정으로) 고요히 주시하면서 우리들은 어려움을 겪고 있는 생각들의 흔들림을 감지하게 됩니다. 우리는 조심스럽게 그 생각 속으로 들어가 부드럽게 마음으로 다가가지요.

닥터 N : 그렇게 접촉하는 진행 방법을 더 자세히 설명해주십시오.

영 : (말이 없다가) 곤란을 당하고 있는, 도움이 필요한 에너지는 재빨리 흘러내리는 물살 같습니다. 저도 처음엔 그런 곤란한 입장을 돕는 일에 서툴렀지요. 카마라가 지니고 있는 기술을 갖지 못하였어요. 가장 좋은 반응을 위해 적절하게 기다리고 어울려야 합니다.

닥터 N : 수천 년의 경험을 쌓은 안내자들이 왜 그런 일에 서투릅니까?

영 : 교류하는 것은 모두 같을 수가 없습니다. 안내자들도 제각각 능력을 지니고 있습니다. 만약 우리 그룹에 속하는 멤버가 부상을 입었거나 비탄에 빠졌을 때, 또 불안하거나 원망에 차 있을 때, 그들은 많은 양의 혼돈스럽고 부정적인 에너지를 보내어 경고합니다. 그리하여 그들은 기진맥진해집니다. 그럴 때 안내자들은 언제 어떻게 다가갈까 하는 것을 결정해야 하지요. 사람들이 당장 도움받기를 바란다면 그것은 반성에 도움이 되지 않지요.

닥터 N : 안내자로서 경험이 많지 않을 때에는 어떤 불편을 겪었습니까?

영 : 저는 우리들이 말한 바 있는 그 생각의 양상을 조정하지 않고 무조건 도우려 했던 실수를 저지르곤 했어요. 예컨대 사람들이 깊은 비탄에 잠겨 있을 때 그렇게 다가가면 그들은 감각이 얼어붙어 반응이 없어집니다. 주의력이 산만해지고 생각의 에너지가 통제되지 않아 어지러운 마음이 받아들이는 것을 거부하

니까요.

닥터 N : 당신에게 도움을 청하는 아홉 멤버들은 그들의 마음으로 침투하는 당신을 알아봅니까?

영 : 안내자들은 침투를 해서는 안 됩니다…. 보다 부드러운 화합이어야 하지요. 나는 해결하는 방법을 알고… 그들은 그것을 영감이나 묘안으로 받아들여요. 다시 노력해보고 평화로워지려는 것이죠.

닥터 N : 지구에 있는 사람들과 교신할 때 가장 어려운 문제는 무엇입니까?

영 : 두려움이지요.

닥터 N : 좀 더 구체적으로 설명해주실 수 있습니까?

영 : 사람들이 삶을 너무 쉽고 편안하게 살지 않도록 돌보아야 하는 것이지요. 가능한 한 모든 문제를 스스로 해결할 수 있도록 도움의 손을 쉽게 뻗지 않아야 됩니다. 안내자들은 만약 너무 일찍 도와주면 결과적으로 그들이 더 많은 괴로움을 겪어야 된다는 것을 알고 있어요. 카마라는 그런 일을 적절히 처리할 줄 아는 전문가입니다.

닥터 N : 그분이 당신과 아홉 명의 영혼을 돌보며 최종적인 결정을 내리는 분입니까?

영 : 네, 그렇습니다. 우리는 모두 그녀의 보살핌과 영향 아래 있지요.

닥터 N : 당신은 동료들과 만날 때가 있습니까? 당신과 같은 레벨의 영혼으로서, 가르치는 방법 같은 것을 의논할 수 있는 그런 사람 말입니다.

영: 오, 나와 함께 자라온 친구들 말입니까?

닥터 N: 네.

영: 그중에서도 세 사람, 특히 가까이 지내는 친구가 있지요.

닥터 N: 그들 역시 제각기 그룹을 지도하고 있습니까?

영: 네, 그렇습니다.

닥터 N: 그분들이 지도하는 그룹의 인원수가 당신 그룹과 비슷합니까?

영: 그렇습니다. 와루만 다르지요. 그의 그룹은 두 배나 큽니다. 그는 잘해내고 있어요. 곧 한 그룹을 더 맡게 됩니다.

닥터 N: 당신이나 당신의 친구들 같은 그룹 지도자들이 충고나 지도를 받을 수 있는 앞서가는 영혼들은 몇이나 됩니까?

영: 오직 한 분이지요. 우리는 모두 카마라에게로 갑니다. 그녀와 더불어 관찰한 것을 이야기하고 발전시킬 길을 모색하지요.

닥터 N: 당신과 와루 같은 영혼을 카마라는 몇 명이나 지도하게 됩니까?

영: 오… 그런 것은 알 수 없어요.

닥터 N: 몇 명이나 되는지 추측이라도 해보십시오.

영: (생각에 잠겼다가) 적어도 30명은 될 것입니다. 그보다 더 많을지도 모르지요.

카마라의 영적 지도에 관한 것은 그 이상 알 수 없었다. 그리하여 나는 테스의 창조 훈련에 초점을 맞추었다. 내가 줄여서 말하게 되는 그녀의 경험은 지난 장에서 난톰이 묘사한 것보다 많이 앞서 있는 것이었다. 과학적인 독자를 위해 말해둘 것은, 영혼이 나에게 그들의 창조적인 경험에 관해 이야기할 때 그들의 표현 방법은 지구의 과학에 기초를 두지 않았다는 것이다. 나는 주어진 대답으로 적절한 해석을 내려야 하였다.

닥터 N: 테스, 영혼이 배우는 과정은 광범위한 것 같은데, 당신이 하고 있는 다른 수련에 대해 이야기하고 싶습니다. 생명을 창조할 때 당신의 에너지는 빛과 열과 운동의 특성을 이용하게 됩니까?

영: (놀라운 표정) 아… 그런 것도 알고 있나요….

닥터 N: 더 해줄 말이 있습니까?

영: 제가 잘 알고 있는 일에 한해서요.

닥터 N: 불편을 끼쳐드릴 생각은 없습니다만, 영혼의 활동이 생물학적 영향을 미칠 수 있는지 확인하고 싶습니다.

영: (주저하면서) 아니… 나는 할 수 없을….

닥터 N: (빨리 가로막으며) 최근에 카마라에게 칭찬받을 만한 어떤 창조물을 만들었습니까?

영: (주저 없이) 나는 물고기들에 숙달한 편이지요.

닥터 N: (그녀가 계속 말하기를 바라기 때문에 고의적으로 과장된 태도로) 아, 그렇다면 당신은 영적 에너지로 생선 한 마리를 만들어 낼 수 있다는 말입니까?

영 : (당황하며) 농담하고 있는 건가요?

닥터 N : 그렇지 않다면 어떻게 그 일을 합니까?

영 : 물론 엠브리오(모든 생명의 초기, embryo)에서 시작하지요. 그런 것은 이미 알고 있는 줄 알았는데….

닥터 N : 그저 물어본 거예요. 언제 포유류를 취급할 수 있을 것이라고 생각합니까?

영 : (대답이 없다.)

닥터 N : 테스, 조금만 더 협조해준다면 그 일에 관해 더 묻지 않을 것을 약속할 수 있습니다. 동의하시겠습니까?

영 : (잠시 있다가) 두고 봅시다.

닥터 N : 기본적인 것을 알아봅시다. 당신의 에너지가 생명체를 생선의 단계로 이르게 하기까지 어떤 일을 해야 합니까?

영 : (본의가 아니라는 듯이) 우리는 지시를 내리지요… 조직체에게… 주어진 조건에서.

닥터 N : 그런 일은 어느 특정한 세계에서 합니까, 혹은 여러 곳에서 행해지는 것입니까?

영 : 한 곳만은 아니지요. (하지만 그런 곳이 어딘지 정확하게 밝히지 않는다. 다만 지구와 같은 곳이라는 표현 외에는.)

닥터 N : 당신은 지금 어떤 환경에서 작업을 하고 있습니까?

영 : 바다에서 합니다.

닥터 N: 조류나 플랑크톤 같은 바다의 기본 생명을 다루고 있습니까?

영: 처음 시작했을 때는 그랬지요.

영: 네.

닥터 N: 그렇다면 영혼이 생명체를 창조하게 되면 미생물부터 시작하게 되나요?

영: 네, 작은 세포부터 시작하지요. 배우기 쉽지 않아요.

닥터 N: 왜 그렇습니까?

영: 생명체의 세포…를 분자로 바꿀 수 있을 만큼 에너지를 구사할 수 있어야 하니까요.

닥터 N: 그러면 당신은 바로 새로운 화학 물질을 생성시키고 있는 것입니까? 당신의 에너지로 기본적인 원소를 혼합해서?

영: (고개를 끄덕인다.)

닥터 N: 조금 더 자세히 설명해주실 수 있습니까?

영: 아니요, 그럴 수 없습니다.

닥터 N: 그렇다면 내가 결론을 내려볼까요? 만약 내가 잘못하면 교정해주세요. 생명을 창조하는 데 익숙해진 영혼은 세포를 분열시켜 유전자를 배치하게 되는데, 그것을 해내는 방법은 에너지의 입자를 원형질 속으로 보내는 것으로 할 수 있다.

영: 네, 그렇습니다. 우리는 그렇게 하는 것을 배워야 하지요. 태양에너지와 보조를 맞추는 것도 알아야 합니다.

닥터 N: 왜 그렇게 해야 합니까?

영: 왜냐하면 제각기 태양은 둘러싸고 있는 세계를 향해 개별적으로 다른 영향을 미치고 있으니까요.

닥터 N: 그렇다면 당신들은 왜 태양이 그 에너지를 유성들에 자연스럽게 작용하는 것을 방해하고 있습니까?

영: 방해가 아닙니다. 우리는 새로운 구조를 검토하지요… 돌연변이…를 관찰함으로써 어떤 것이 쓸 만한가 알게 됩니다. 우리는 실체들이 가장 효과적인 방법으로 각자의 태양을 적절히 이용할 수 있도록 도와주지요.

닥터 N: 여러 생명체들이 유성에서 발전을 도모하고 있을 때, 선택이나 친화를 위한 환경적 조건은 자연적으로 오는 것입니까, 혹은 그것이 지적인 영혼에 의해 조종되는 것입니까?

영: (얼버무리듯) 보통 생명체가 살 수 있는 유성은 영혼이 연관되어 있어요. 그리고 우리들은 자연히 관여하지요.

닥터 N: 원시시대부터 몇백만 년의 세월 동안 진화를 계속해온 생명체를 영혼이?

영: 영혼의 시간은 지구의 시간과 같지 않습니다. 우리는 시간을 우리의 실험에 알맞도록 사용합니다.

닥터 N: 우주에 있는 태양도 창조할 수 있습니까?

영: 진짜 크기의 태양 말입니까? 말도 안 돼요. 그건 저의 능력 밖의 일이지요. 그러기 위해서는 많은 힘이 합쳐져야 합니다. 나는 다만 작고 조촐한 규모의 것만 생성합니다.

닥터 N: 어떤 것을 만들 수 있습니까?

영 : 아… 아주 농축된 적은 덩어리… 가열된.

닥터 N : 완성된 것은 어떤 형태를 하고 있습니까?

영 : 작은 태양계이지요.

닥터 N : 당신이 만든 그 작은 태양과 유성들의 크기는 얼마만 합니까? 바위나 건물, 달만 한 크기입니까?

영 : (웃으며) 내가 만든 태양은 농구공만 한 크기예요. 그리고 유성들은 어린아이들이 갖고 노는 유리알만 하고요… 그만한 크기가 내가 만들 수 있는 가장 큰 크기이지요.

닥터 N : 왜 그렇게 작게 만들게 됩니까?

영 : 연습이니까요. 앞으로 크게 만들 태양을 위해 연습하고 있으니까요. 충분히 압축하면 원자는 폭발하고, 그다음에는 농축되지요. 하지만 나 혼자서는 큰 것을 이룩할 수 없어요.

닥터 N : 무엇을 의미하는 것입니까?

영 : 가장 좋은 결과를 얻기 위해선 우리들이 합심하여 일하며 에너지를 어울리게 하는 것을 배워야 합니다.

닥터 N : 천체와 천공을 창조하는 거대한 열핵반응 폭발은 누가 할 수 있습니까?

영 : 원천… 원로 영혼들의 집결된 에너지가 하게 됩니다.

닥터 N : 아, 그렇다면 원천은 하나가 아니라 도움이 있군요.

영 : 그렇게 생각합니다.

닥터 N : 카마라나 더 앞서간 영혼들처럼 이미 훌륭한 창조 능력을 지닌 영혼들이 많이 있는데, 왜 당신은 우주적인 것을 창조하려고 노력하고 있습니까?

영: 그들이 진화된 에너지로 원천에 다가가려 하듯이, 우리도 그들에게 다가가려고 그러는 것이지요.

창조에 관한 의문은 항상 원초에 관한 의문을 야기한다. 우리들의 별과 천체를 탄생하게 한 그 폭발하는 성군 사이의 덩어리는 자연 속에서 우발된 사고였던가, 혹은 그것은 전지한 창조자의 계획에 의한 것이었던가? 테스 같은 영혼의 말을 들을 때면 나는 스스로 묻게 된다. 만약 영혼들이 실재하는 것처럼 거대한 규모의 천체를 만들 생각이 없다면, 왜 그들이 에너지의 연쇄적인 작용을 작은 규모로 배우고 있는 것인가? 나는 레벨 VI이나 그 이상의 영혼들을 다루어본 적이 없기 때문에, 그들이 창조하는 일을 어떻게 발전시켜 갈지는 알 수가 없다. 만약 영혼이 진화한다는 것이 확실하다면, 레벨 VI에 속하는 영혼은 영계를 위한 더 높은 지성을 발전시키고 천체를 탄생시키는 일에 합류할 수도 있을 것이다.

아직도 미숙한 영혼들이 왜 창조하는 일에 가담하는가 하는 의문은 다음과 같은 결론을 내리게 하였다. 모든 영혼에게는 자신의 진화를 위해 너무 어렵지 않은 지적인 발전을 도모할 기회가 부여되었다. 이런 이론은 영혼이 실체를 지니고 환생하는 것에도 해당될 것이다. 테스는 암시하였다. 그녀가 원천이라고 부르는 최고의 지성은 원로라고 불리는 창조자들로 이루어져 있고, 그들은 에너지를 모아 우주를 탄생시키기도 한다고 하였다. 그런 사실은 때때로 다른 피술자를 통해서도 알게 되었다. 다른 방법으로 표현하긴 하였지만, 그들도 환생을 하지 않게 된 원로 영혼들의 화합된 에너지에 대해 언급하였다.

그러한 개념이 새로운 것은 아니다. 예컨대 인도에서 성행하고 있는 자이나교는 유일신이 아니라는 철학으로 이루어진 종교이기도 하다. 그 교인들은 시다스라고 불리는 완벽해진 영혼들이 우주를 창조하는 그룹을 이루고 있다고 생각한다. 그들은 또 윤회를 거듭하지 않아도 되는 해방된 영혼이기도 하다. 그들 아래는 알 하트라 불리는 지혜의 영혼들이 있다. 그들은 아래에 있는 세 단계의 진화 중에 있는 영혼들과 함께 환생을 하게 된다. 자이나 교인들에게 현실은 창조된 것이 아니고 영원한 것이다. 때문에 시다스들은 창조자를 필요로 하지 않는다. 대부분의 동양철학은 그러한 자이나교의 교리를 거부한다. 그들은 회장이 선출한 성스러운 이사진이 이끄는 종교를 더 좋아한다. 그러한 결론은 서구인도 동의할 수 있을 것이다.

어떤 면담자들과는 짧게 농축된 기간 동안 다양한 화제에 관해 이야기할 수 있다. 테스는 영혼의 우주적인 수련에 관해 이야기하게 되었을 때 다른 천체에 사는 지적인 존재에 관해 말한 적이 있다. 그런 사실은 영혼에 관한 다른 면을 알게 하지만, 사람들이 쉽게 받아들이려 하지 않는 부분이기도 하다. 나를 찾아오는 사람들 중에 극히 일부인 사람들, 대개 연륜이 많고 앞서가는 영혼의 소유자인 그들은 다른 세계에 사는 인간이 아닌 이상한 지적인 생물로 존재했던 기억을 지니고 있었다. 보통 그들의 기억은 스쳐가는 순간적인 것이었고, 환경에 관해서도 명확한 기억이 없었다. 신체에 관한 것도 자세히 몰랐고, 우리의 우주에서 볼 때 어디쯤에 있는 천체인지 그 위치에 대해서도 모호하였다. 나는 테스도 오래전에 그런 경험을 한 적이 있는지 궁금하였다. 때문에 나는 그런 방향으로 관심 있게 질문을 계속하였다.

닥터 N: 전에 당신은 지구 외에도 영혼이 갈 수 있는 세계가 있다고 말한 적이 있지요?

영: (주저하며) 네.

닥터 N: (예사롭게) 그렇다면 그런 천체들은 태어나기를 바라는 지적 생명들에게 도움을 주겠군요.

영: 그렇습니다. 그런 곳에는 여러 배움의 장소가 있으니까요.

닥터 N: 다른 영혼들이 거쳐온 배움의 장소에 대해 이야기를 들은 적이 있습니까?

영: (한참 말이 없다가) 그러는 것은 저의 성격에 맞지 않는 일입니다. 또 저는 다른 배움의 장소에 이끌린 적이 없었지요.

닥터 N: 그런 배움의 곳이 어떠한지 간단히 설명해줄 수 있습니까?

영: 어떤 곳은… 분석하는 학교이고, 또 다른 곳은 정신적인 세계이고… 포착하기 어려운 곳….

닥터 N: 그런 곳들과 비교할 때 지구의 배움은 어떻습니까?

영: 지구의 배움은 아직도 불완전하지요. 서로를 향한 적대감에 차 있는 지도자들과 그들에게 지배당하는 인간들의 불만이 가득 차 있는 곳이지요. 지구에는 이겨나가야 할 두려움이 너무나 많습니다. 수많은 사람들이 다양한 차이점을 지니고 있기 때문

에 알력이 끊어질 틈이 없는 곳이기도 해요. 다른 세계는 보다 인구가 적어 조화를 이룰 수 있습니다. 지구의 인구는 지적인 발전을 능가하고 있지요.

닥터 N: 그래서 다른 천체에서 수련받기를 원하는 것입니까?

영: 그렇지는 않습니다. 지구에는 싸움과 잔인함이 있지만 또 열정과 슬기로움도 공존합니다. 저는 위기에 처한 입장에서 일하길 바랍니다. 혼란 속에서 질서를 찾아내야 하지요. 우리는 모두 잘 알고 있습니다. 지구가 어려운 학교라는 것을.

닥터 N: 그러니까 인간의 몸은 영혼을 위한 안식처가 아니군요.

영: 그렇지요. 더 쉽게 살 수 있는 생명체가 있지요. 그런 생명체는 영혼과의 알력이 적어요.

닥터 N: 하지만 어떻게 그런 사실을 알 수 있겠습니까? 당신의 영혼이 그런 것을 겪지 않고서는.

이렇게 대화를 그 방면으로 흐르게 해놓자 테스는 숨을 쉬기 어려울 정도로 죽어가고 있는 어느 천체의 이상한 환경에서 날개를 지닌 작은 인체로 살았던 경험을 말하기 시작하였다. 그녀의 표현에 따르면 그 유성계의 태양은 이미 노바(nova) 단계에 이르고 있었다. 그녀는 가쁜 숨을 쉬면서 토막토막 끊어지는 말을 하였다.

테스는 그 세계에 있는 습한 밀림에서 살았다. 그곳의 밤하늘은 별들이 너무 촘촘히 박혀 있어서 하늘이 조금도 보이지 않았다고 했다. 그런 표현으로는 그때 그녀가 있던 곳이 은하계의 중심쯤이라고 짐작할 수 있었다. 아마 그것은 우리들이 볼 수 있는 그 은하계였는지도 모른다. 테스가 그 세계에 살았던 때는 그녀의 영혼이 아주 어렸을 때였고, 카마라가 그녀를 지도하고 있었다. 그 세계에서 생존이 불가능하게 되자, 그녀와 카마라는 지구로 와서 함께 수련을 쌓았다. 그들이 살다 떠나게 된 세계와 지구는 지적인 발전을 도모하는 데 유사점을 지니고 있었다. 날아다니던 그 사람들은 두려움을 느끼며 고립되고 서로에게 위험한 존재가 되었다. 하지만 또 지구에 사는 인간들같이 가족의 유대를 소중히 여겨 충성과 헌신을 다하기도 했다. 다른 천체에 대한 질문을 끝내게 되면서 또 다른 것을 알게 되었다.

닥터 N: 이미 죽은 그 세계에 거주했던 사람 중에서 지금 지구에 살고 있는 사람을 본 적이 있습니까?

영: (잠시 말이 없다가, 더 참을 수 없다는 듯이) 실제로 한 분 만난 적이 있습니다.

닥터 N: 어디서 어떻게요?

영: (웃는다.) 어느 파티에서 한 남자를 만났지요. 그분은 나를 알아보았어요. 모습을 보고 안 것이 아니라 마음으로 알게 된 거지요. 그것은 좀 묘한 만남이었기도 했어요. 그가 다가와서 나의 손을 잡았을 때 나는 몸의 균형을 잃고 비틀거렸어요. 그 남자가 나를 안다고 했을 때는 좀 뱃심이 좋은 사나이로 생각했지요.

닥터 N: 그래서 어떻게 되었습니까?

영: (부드럽게) 나는 멍해져 있었지요. 평소의 나답지 않게 말입니

다. 그와의 어떤 유대가 느껴졌는데, 그때 나는 그것이 성적인 것이라고 생각했어요. 하지만 이제 나는 확실히 알게 되었어요. 그는 이카크(그 이름은 목 뒤에서 나오는 소리로 찢어지듯 발음되었다.)였지요. 그는 말했어요. 우리들이 한때 같이 먼 곳에서 왔다는 것을. 그리고 그때 알았던 사람들이 몇 사람 더 이곳에….

닥터 N : 그 사람들에 대해 더 말한 것이 있습니까?

영 : (듣기 힘들게 낮은 목소리로) 아니요… 누군가… 나도 그들을 알아볼 수 있을 텐데….

닥터 N : 이카크는 지구에서 있었던 전생의 육체적인 관계에 대해 얘기했습니까?

영 : 아닙니다. 그는 내가 혼란스러운 것을 알아차리고 그 이상 말하지 않았어요. 설사 그랬더라도 저는 그가 무슨 말을 하는지 알아차리지 못했을 테니까요.

닥터 N : 그는 어떻게 그 정체를 알아차렸습니까? 당신은 모르고 있었는데.

영 : (알 수 없다는 듯이) 그는… 나보다도 앞서가고 있지요…. 그는 카마라를 알고 있어요. (나에게 말하기보다 독백하듯이) 그는 여기서 무얼 하고 있는 건가?

닥터 N : 왜 파티에서 그가 한 일들을 끝까지 말해주지 않습니까?

영 : (다시 웃는다.) 나는 그가 유혹하려고 그러는 줄 알았어요. 좀 어색했지요. 그에게 끌리고 있었으니까요. 그는 나를 보고 대단

한 매력을 지녔다고 했어요. 보통 남자들은 저에게 그런 소리를 한 적이 없었거든요. 꿈에 나오는 짧은 장면처럼 스쳐가는 생각이 있었지요. 우리들이 전에 함께 있었던 장면이에요.

닥터 N : 그와의 대화는 어떻게 끝났습니까?

영 : 그는 내가 불편해하는 것을 눈치챘습니다. 그 이상 저에게 다가오지 않는 것이 옳다고 생각한 모양입니다. 그날 이후 한 번도 그를 본 적이 없으니까요. 하지만 저는 그에 대한 생각을 하곤 했어요. 아마 다시 만나게 될지도 모를 일이지요.

나는 영혼들이 서로 만나기 위해 시공을 헤치며 다가선다고 믿는다. 최근에 나는 두 친한 친구가 동시에 회기요법을 받으러 온 것을 알게 되었다. 그들은 지구로 환생하였던 수많은 생에서 다정했던 영혼의 친구였을 뿐 아니라, 아름다운 물의 세계에서 생선처럼 생긴 지적인 존재로서 함께 짝을 지은 기억이 있었다. 또 그들은 둘 다 그 아름다운 물속에서 노닐다 물 위의 세상을 보려고 수면으로 떠오르곤 했던 즐거움을 말하곤 했다. 하지만 그들은 모두 그 천체에 관한 것을 잘 기억하지 못하였다. 그 물속에 살았던 족속이 어떻게 되었는가 알지 못하였다. 어쩌면 그들은 육지에 서식하는 포유류가 영혼을 담기 위한 가장 적절한 신체로 발달하기 이전에 경험했던, 성공하지 못한 지구 실험의 하나였는지도 모른다. 그리고 그곳이 지구가 아닌지도 모른다는 생각도 하게 된다. 전에 면담했던 다른 영혼들도 물속에 살았던 경험을 말한 적이 있었는데, 그곳은 지구 같지가 않았다. 또 그들 중의 한 사람은 이렇게 말하기도 하였다.

"내가 살았던 물속의 세계는 매우 따뜻했다. 맑고 밝기도 하였다. 왜냐하면 그 세계에는 세 개의 태양이 있었기 때문이다. 어두운 곳이 조금도 없는 물속은 편안하였고, 사는 곳을 마련하는 데도 도움이 되었다."

나는 가끔 밤에 꾸는 꿈에서 날기도 하고 물속에서 숨을 쉬기도 하는, 보통 인간들이 할 수 없는 그런 신체적 기능을 하는 것은 우리들이 전생에 다른 환경 속에서 했던 경험 때문이 아닌가 하고 생각한다.

내가 영혼에 관한 연구를 시작했을 무렵에는 영혼이 다른 천체에 살았다는 말을 들었을 때 그 천체가 태양계에 속하고 태양 가까이에 있는 것으로 생각하였다. 그러나 그런 가정은 어리석은 것이었다. 지구는 은하계 중에서도 별의 밀도가 드문 곳에 있고 주위엔 다만 여덟 개의 별밖에 없으며 그 별들도 태양에서 10광년이나 떨어진 곳에 있다. 우리들은 지구가 속하는 은하계에는 2,000억이 넘는 별이 있고 우주엔 1,000억이 넘는 은하계가 존재할 것이라는 것을, 그리하여 생명을 유지하는 태양의 영향을 받고 있는 별들에 존재할 수 있는 생명체는 상상을 초월할 것이라는 것을 알게 되었다. 예컨대 우리가 속하는 은하계의 천체 중 1%에 영혼을 맞을 수 있는 지적 생명체가 있다 하여도, 그 수는 100만대에 이른다.

전생에 관한 이야기를 할 수 있고 또 면담하길 원하는 피술자들의 말에 의하면, 영혼은 어느 곳이든 적절한 수동체가 존재하는 곳에 보내어 진다고 한다. 우리들에게 알려진 별들 중 다만 4%만 우리들의 태양과 같은 천체라고 한다. 하지만 영혼에게 있어 그런 점은 문제가 되지 않는 것 같다. 그들이 환생하는 곳은 지구와 비슷한 곳이나 두 다리로 땅을 걷는 지적 존재가 있는 곳에만 제한되지는 않는 것 같다. 다른 세계를 경험한 영혼들은 마음에 드는 천체가 있으면 그곳으로 주기적으로 돌아가게 되며, 여러 생을 살게 된다고 말하기도 하였다. 또 지구도 그런 별 중의 하나라고 말한다. 전생에 살았던 다른 세계에 관한 세밀한 것을 설명할 수 있는 영혼은 아직 만나보지 못하였다. 그런 점은 어쩌면 경험 부족이나 기억의 억제 때문인지도 모른다. 또 마스터 안내자들이 지구 아닌 곳에서 살았던 다른 생을 회상하는 데 따르는 불편과 불안을 갖지 않게 하려고 제지하는 것인지도 모른다.

다른 세계에 살았던 경험을 말하는 영혼들은 그들의 영혼이 지구로 오기 전에 인간보다 낮은 지능을 지녔던 생물의 몸속에 자주 머물렀던 것을 말하기도 하였다(테스의 경우와 달리). 하지만 일단 인간의 몸으로 들어오게 된 영혼은 지적 진화의 계단을 아래로 내려가지는 않는다. 그래도 실체적인 대조가 심해서 지구를 떠나 다른 곳으로 가는 여행은 즐거운 것이 못 되는 것 같다. 중간 레벨에 속하는 어느 영혼은 이렇게 말하기도 하였다.

"수많은 지구의 환생을 가진 뒤 나는 안내자에게 말하였습니다. '나는 얼마 동안 지구를 떠나 있고 싶습니다. 다른 환경으로 가보고 싶습니다.' 안내자는 충고하였습니다. '그런 변화는 이제 당신의 마음에 들지 않을 것입니다. 당신은 오랫동안 인간의 몸과 마음의 속성에 익숙해졌기 때문입니다.'"

그러나 그 영혼은 우겨서 다른 세계로 가게 되었다. 그곳의 환경은 전원적이었고 주민들은 몸집이 작고 땅딸막하게 생긴 족속이었다. 그들은 친절하고 사려가 깊었으나 웃음을 볼 수 없는 작고 창백한 얼굴을 지닌 우울한 사람들이었다. 인간들의 웃음과 신체적인 유동성이 없는 곳에서, 그들은 균형을 잃고 조금도 발전을 할 수 없었던 것이다. 그러한 경험이 그 영혼에게 특별히 어려운 과제로 느껴졌던 것은 영혼의 세계에서 익숙하였던 유머와 웃음을 볼 수 없기 때문이었으리라.

나는 이제 케이스 23을 다루는 최종 단계에 다가가고 있다. 테스의 최면 상태를 더 깊게 하는 테크닉을 쓴다. 공간과 시간, 그리고 원천에 관한 것을 더 알기 위해 그녀가 더 깊은 초의식 상태에 몰입되기를 바란다.

닥터 N : 테스, 이제 우리가 함께한 시간도 끝나려 하고 있습니다. 마지막으로 다시 한번 원천의 창조자에게로 마음을 돌려주십시오. (잠시 있다가) 그렇게 해주시겠습니까?

영 : 네.

닥터 N : 영혼의 최종 목적은 창조적 에너지의 원천에 동화하는 것이라고 당신은 말한 적이 있었습니다. 기억하십니까?

영 : 네. 그 연결을 말하는군요.

닥터 N : 그 원천은 영계의 어느 특별한 중심 부분을 차지하고 있습니까?

영 : 원천이 바로 영혼의 세계이지요.

닥터 N : 그렇다면 왜 영혼은 영혼 생활의 핵심에 도달하려고 합니까?

영 : 우리들이 젊은 영혼일 때 우리는 주위와 모든 곳에 존재하는 힘을 느낍니다. 하지만 우리들은 그 힘의 가장자리에 있음을 느낍니다. 우리들이 나이를 먹게 되면 우리는 농축된 힘을 느끼게 되지요. 하지만 가장자리에 있다는 느낌은 마찬가지입니다.

닥터 N : 당신은 그곳을 원로들의 자리라고 말했는데도 불구하고 그렇습니까?

영 : 네, 그렇습니다. 그들은 원천의 농축된 에너지의 일부이지요. 우리들을 영혼으로서 존속하게 하는 힘이지요.

닥터 N : 그 뭉쳐진 힘을 원천으로 생각하고, 창조자를 보다 인간적으로 설명해줄 수 있습니까?

영 : 우리들이 지향하는 자아를 초월한 최상의 존재이지요.

닥터 N : 만약 원천이 모든 영혼의 세계를 대표한다면, 그 영적인 곳은 별과 지구와 생물이 살고 있는 실체의 우주와 어떻게 다릅니까?

영 : 우주들은 원천의 힘으로 살고 또 죽기 위해서 창조되었습니다. 영혼이 머물 곳은 바로 그 원천입니다.

닥터 N : 우리는 확장을 계속하다 언젠가는 다시 줄어들어 죽게 될 우주에서 살고 있는 것 같습니다. 우리는 시간의 제한을 받는 공간에 살고 있는데, 어찌하여 영혼의 세계에는 시간이 존재하지 않습니까?

영 : 왜냐하면 우리는 무공간에 살고 있기 때문에 그곳에는 시간이 존재하지 않지요… 어떤 구역만 제외하고요.

닥터 N : 그런 구역이 어떤 곳인지 설명해주십시오.

영 : 그것은 서로를 연결시키는 문이지요. 우리들이 시간이 작동하는 실체적인 우주로 갈 수 있게 열어놓은 문이지요.

닥터 N : 어찌하여 시간의 문이 무공간에 있을 수 있습니까?

영 : 그 열려 있는 문이 두 현실을 갈라놓는 경계선이지요.

닥터 N : 만약 영혼의 세계가 무차원의 것이라면 그것은 어떤 상태입니까?

영 : 끊임없는 실재의 상태지요. 물질적이고 가변하는 차원의 세계에 반대되는.

닥터 N : 과거, 현재, 그리고 미래는 영혼의 세계에 사는 영들과 어떤 연관을 갖게 됩니까?

영 : 다만 신체적으로 이어지는 것을 이해하는 데 도움이 되지요. 영혼의 세계에 살 때는 변화가 없어요. 실체와 시간이 존재하는 우주들로 가는 경계선을 건너지 않고 영혼의 세계에서만 존재하는 영들에게는 말입니다.

영혼이 주로 사용하는 시간의 경계선에 관한 것은 앞으로 설명하게 될 인생 선택의 장에서 검토된다.

닥터 N : 당신은 우주를 복수로 말하는데, 지구가 속하는 우주 외에 또 다른 우주가 있습니까?

영: (모호하게) 원천이 의도한 또 다른 실체가… 있지요.

닥터 N: 그렇다면 영혼은 시간의 경계선을 통해 여러 다른 실재적 현실의 공간으로 들어갈 수 있겠군요.

영: (고개를 끄덕인다) 네, 그렇습니다. 영혼들은 그렇게 할 수 있지요. 또 실제로 그렇게 합니다.

이 매우 앞서가는 영혼과의 대화를 끝내기 전에 말해둘 것이 있다. 깊은 최면 상태에 빠져 있는 대부분의 사람들은 3차원적인 공간인 지구의 현실을 떠나서 시간이 존재하지 않는 또 다른 상태로 갈 수 있다. 그런 잠재의식 속에서 피술자들은 시간을 연대적으로 경험한다. 의식을 회복한 상태에 있을 때처럼 과거와 현재의 삶을 회상한다. 하지만 그들이 초의식 상태나 영혼의 나라로 들어가면 변화가 일어난다. 거기서 그들은 현재의 시간을 과거·현재·미래의 한 묶음의 단위로 본다. 영혼의 세계에서 1초는 지구에서 겪는 몇 년의 세월과 같을 수도 있다. 면담이 끝나고 나면 피술자들은 가끔 영계 시간의 단일성에 대해 놀라움을 표하곤 한다.

양자역학(量子力學)은 현대 물리학의 새로운 분야로, 전자석 에너지 단계에서 아원자(亞原子: 陽子, 電子)의 역할을 연구하는 학문이다. 그 단계에서는 생에 있는 모든 것이 궁극적으로 고정되어 있지 않으며 동일한 장에 존재한다고 생각한다. 또 뉴턴의 인력설을 넘어서서 시간의 운동 요소 역시 광파장이나 활동적인 에너지와 같은 장에 있다고 생각한다. 이미 들은 바와 같이 영혼은 영계에 있을 때도 때로는 흐르는 시간을 연대순으로 느낄 수 있다고 하니, 그런 점은 과거·현재·미래를 단일시한다는 관념과 모순되지 않는가 생각되기도 할 것이다. 하지만 그것은 그렇지 않은 것 같다. 내가 조사한 결과에 의하면, 시간 진행에 관한 환상은 실체의 세계로 왔다 갔다 하는 영혼들에 의해 만들어지고 또 유지되어 왔다(그들은 늙어가는 것 같은 생물적 현상에 익숙해져 있다.). 때문에 그들은 보다 쉽게 발전을 측량할 수도 있다. 그리하여 나는 양자물리학자들이 과거·현재·미래를 따지기보다 시간이란 다만 변화의 표현이라고 한 것을 긍정하기도 한다.

　영혼들이 구부러진 선으로 여행을 한다고 이야기할 때 나는 천체물리학자들의 공간-시간 이론을 생각하였다. 그들은 빛과 운동이 시간의 결합이며, 공간은 그 자체가 굴곡을 이룬다고 생각하였다. 그들은 만약 공간이 지나치게 휘면 시간이 정지한다고 말하기도 하였다. 실제로 피술자들과의 대화를 통해 시간대라든가 다른 차원으로 연결되는 터널 같은 통로에 관한 것을 듣게 되면, 요즈음 알려지고 있는 천문학적 학설과의 유사점을 느끼게 된다. 그 학설은 실재하는 공간이 무엇에 싸여 있거나 혹은 광대한 우주적 둥근 테 속으로 말려들어 3차원의 세계를 헤쳐 나오게 하는 블랙홀이나 초공간의 출구 역할을 한다는 것이다. 아마 공간과 시간에 관한 우주물리학과 형이상학은 그 생각의 차이가 좁혀지고 있는 것 같다.

　나는 영혼의 세계로 돌아간 영혼에게 그곳이 둥글게 느껴지고 빨리 여행할 때 구부러져 보이는 것은 영혼의 세계가 무한한 곳이 아니고 한

정된 닫힌 공간을 의미하느냐고 물어본 적이 있다. 그들은 그런 차원적인 경계를 부정하였지만, 나에게는 은유로밖에 들리지 않았다. 케이스 23은 영혼의 세계 그 자체가 창조의 원천이라고 하였다. 어떤 영혼은 그곳을 신의 심장이나 숨결이라고 부르기도 하였다. 케이스 22는 영의 세계를 직조물 같다고 하였지만, 또 다른 영혼도 그곳이 이은 곳 없는 겹겹의 옷이 획획 앞뒤로 휘둘러지고 있는 것 같다고 말하였다. 때때로 그들은 빛의 에너지에서 오는 물결 같은 움직임을 감지하게 된다고 하였다.

그 에너지는 물결이 거센 곳에서 밀려 나오는 파도나 소용돌이 같다고 했다. 보통 초의식에 빠져 있는 사람들의 표현에 따르면, 영혼 세계의 지리는 평탄하고 열려 있다는 일관성을 지니고 있기도 하였다. 실재 우주의 혼돈과 연관되는 인력이나 온도·압력, 물질·시간 같은 것이 작용되지 않는 곳이었다. 그러나 그런 영혼의 세계가 공허한 곳 같다고 했을 때 영혼들은 동의하지 않았다.

최면 시술을 통해 면담할 수 있는 영혼들은 그들이 환생하지 않을 때 있게 되는 곳을 확실히 표현하지 못하였다. 하지만 그들은 모두 그곳이 최종 목적지이고 현실임을 거리낌 없이 말하였다. 또 그들은 영혼의 세계가 지구가 속하는 우주에서 먼 곳에 있는지 가까이에 있는지 알지 못하였다. 하지만 신기하게도 영적인 것을 현실의 것에 비교하였다. 가볍고 무거운 것, 두텁거나 얇은 것, 크거나 작은 것 같은 비교로 지상과 영계의 삶이 비교되었다.

최면에 의해 유도된 영혼들은 영계의 절대적인 현실을 항상 염두에 두고 있는 데 비해, 다른 실재하는 세계에 대해서는 그런 태도를 지니지 않는다. 생각건대 우리가 속하는 우주를 제외한 나머지 우주들은 우리들이 상상도 할 수 없는 생물들을 살게 해놓고서 영혼의 성장을 위해 적절한 환경을 부여할 수 있도록 마련된 것 같다.

앞서가는 한 영혼에 따르면, 긴 세월 동안 윤회를 거듭해오면서 그는 여러 세계에서 경험을 하였다. 또 그의 영혼은 한꺼번에 두 개 이상으로 나누어진 적이 없었다. 어떤 인생은 성인이 된 후 지구의 시간으로 몇 달밖에 살지 못하기도 하였다. 그 세계에 사는 우등 동물의 수명이 짧거나 그때그때 살게 된 천체의 상태 때문에 그렇게 되기도 하였다. '낙원 같은 천체'에 관해 이야기하던 피술자는 고요하고 인구가 적으며 지구를 단순하게 한 것 같은 그 천체가 지구에서 멀지 않은 곳에 있다고 말했다. 그의 말을 가로막으며 나는 말하였다.

"아! 그렇다면 그곳은 지구에서 몇 광년쯤 떨어진 곳에 있겠군요."

그는 참을성 있게 설명하였다.

"그 천체는 지구가 속하는 우주에 존재하지는 않지만, 우리의 은하계 먼 곳에 있는 천체보다 훨씬 가까운 곳에 있습니다."

영혼들이 다른 세계에서 살았던 기억을 되살릴 때, 그들은 우리들이 속하는 우주의 차원적인 제한에 얽매이지 않는다는 것을 독자들은 알아야 할 것이다. 영혼이 천체 여행을 할 때 그것이 다른 우주들을 향했든 차원의 세계를 향했든 간에, 영혼은 그 여행을 영계로부터 초시간의 터널을 통해 목적지까지 가는 시간을 계산한다. 또 공간의 넓이와 천체들의 상대적인 위치도 고려해야 할 것이다. 내가 면담한 몇몇 영들로부터 복합적 차원의 현실에 관해 들었다. 나는 모든 차원의 흐름들이 합류하여 하나의 거대한 강인 영혼의 세계로 흘러서 간다고 그들이 믿고 있다는 것을 알게 되었다. 만약 내가 뒤로 물러서서 피술자들의 마음을 채우고 있는 교체되는 현실들을 일일이 따진다면, 그것은 돼지감자(artichoke: 긴 양배추 같음)의 겹겹이 싸인 잎을 하나씩 벗겨 마지막 심 하나만 남겨놓는 격이 될 것이다.

오랜 질문에 테스가 피곤해하는 것 같았다. 이런 고도의 영적 수용을 오래할 수 있는 피술자는 많지 않다. 나는 창조의 기원에 대해 몇 가지 물어봄으로써 이 면담을 끝내기로 하였다.

닥터 N: 테스, 원천에 대한 것을 조금만 더 묻고 이 면담을 끝내도록 하겠습니다. 당신은 영혼으로서 오랫동안 존재하면서 연륜을 쌓아왔습니다. 당신이 말했던 그 창조주에게 얼마만큼 다가갔습니까?

영: (오랫동안 말이 없다가) 동작의 감각으로써, 처음에는 원천으로부터 영혼의 에너지가 바깥쪽으로 흘렀지요. 하지만 언제부턴가 우리는 안쪽을 향해 움직이고 있지요… 결합과 통일을 위하여….

닥터 N: 마치 살아 있는 유기체가 커졌다 작아졌다 하는 것같이 들리는데요.

영: 폭발적인 방출… 그리고 돌아오는 것. 네, 그렇습니다. 원천은 고동치고 있지요.

닥터 N: 당신은 그 에너지 원천의 중심을 향해 가고 있습니까?

영: 중심은 없어요. 원천은 우리들을 둘러싸고 있지요. 마치 우리들이 고동치는 심장 속에 들어가 있듯이.

닥터 N: 당신 영혼이 지혜로워져 앞서가는 것을 당신은 오히려 원초로 되돌아가고 있다고 말하는 건가요?

영: 네. 제가 아이였을 때 저는 밖으로 떠밀렸지요. 하지만 이제 유년기가 지나니 이끌리고 있어요.

닥터 N: 어디로 말입니까?

영: 원천으로 더 깊이.

닥터 N: 영혼의 활동과 창조의 범위를 색깔로 표현하면서 원천을 더 상세히 설명해줄 수 있습니까?

영: (한숨을 쉬고) 영혼들은 마치 폭발하는 거대한 전력의 모든 부분 같습니다. 그 폭발은 무리를 이룹니다. 그… 둥근 무리 안에는 짙은 보랏빛이 타오르고 있습니다. 가장자리는 흰빛으로 보입니다. 우리들의 깨달음은 그 가장자리의 눈부신 빛에서 시작됩니다. 그리고 자라감에 따라 우리는 더 어두운 빛 속으로 휩쓸려 들어갑니다.

닥터 N: 창조의 신이 차고 어둡다니 좀 상상하기 어려운데요.

영: 그건 아직도 제가 그 핵심과 접촉하기엔 많이 모자라 설명을 잘 못하는 탓이겠지요. 그 어두운 빛은 가림이지요. 그 너머로 우리들은 강렬한 열을 느낍니다. 또 전지전능의 존재로 가득 차 있어 그게 저희들을 위한 것이라는 것을… 생생히 살아 있

다는 것을 알게 되지요.

닥터 N : 그 빛무리의 가장자리에서 솟아나온 뒤 스스로 영혼의 존재인 것을 알게 되었을 때 그 느낌은 어떠하였습니까?

영 : 존재한다는 것은… 봄에 처음으로 피어나는 꽃을 바라보는 것과 같아요. 그리고 그 꽃이 자신인 것을 알게 됩니다… 그리고 뒤따라 수많은 꽃이 피어나고 아름다운 들판에 흐드러진 다른 꽃들을 알게 되지요…. 그것은 비할 수 없는 큰 기쁨입니다.

닥터 N : 만약 그 폭발적이고 다양한 빛깔의 에너지 원천이 쇠퇴하여 스스로 무너진다면, 다른 꽃들도 다 죽게 됩니까?

영 : 아무것도 무너지지 않을 것입니다. 원천은 끝이 없습니다. 또 영혼은 죽는 법이 없습니다. 우리는 어쩌다 그런 것을 알게 됩니다. 우리가 화합하여 뭉치게 되면 지혜가 늘어나고 그 지혜는 원천을 강하게 합니다.

닥터 N : 원천의 그 모든 작용은 그런 것을 위해 있습니까?

영 : 네, 그렇습니다. 우리들을 완전한 상태로 이끄는 생명을 부여하기 위해서이지요.

닥터 N : 원천은 이미 완벽한데, 왜 완벽하지 못한 영혼을 만들려 합니까?

영 : 창조주의 창조를 돕기 위해서예요. 이렇게 해서 스스로의 변천과 더 높은 성취로 우리들은 생명을 향상하는 기반이 될 수 있는 것이지요.

닥터 N : 영혼들은 원죄나 신의 노여움 때문에 영혼의 세계에서 쫓겨나와 지구로 오는 것입니까?

영 : 그건 틀린 말입니다. 영혼들이 지구에 오는 것은 다양한 창조의 경험으로 성장하고 훌륭하게 되기 위해서이지요.

닥터 N : 테스, 이 질문에 신중하게 답을 해주십시오. 만약 원천이 어린 영혼을 창조하여 그들이 커지고 훌륭하게 되길 바라며 또 그런 일로 해서 원천 자체가 더욱 현명해지고 강해지길 바란다면, 원천이 완벽하지 않다는 것이 아니겠습니까?

영 : (잠시 말이 없다.) 원천은 그 자체의 충족을 도모합니다.

닥터 N : 그게 바로 내가 묻고자 하는 것입니다. 어찌하여 완벽한 것이 더 완벽을 기할 수 있습니까? 무엇인가 결핍된 게 있어야 되지 않습니까?

영 : (주저한다.) 그건 두고 봐야 합니다. 원천은 우리가 알 수 있는 모든 것입니다. 우리는 창조주가 영혼의 탄생을 통해서 자신을 표명하려 한다고 생각합니다.

닥터 N : 그래서 당신은 원천이 영혼들의 존재 때문에 강해진다 생각하나요?

영 : (한참 말이 없다가) 나는 창조주가 완벽한 것을 압니다. 영혼들과 함께 완벽의 가능성을 이해하며 돌보고 기르고 풍요롭게 합니다. 그것이 바로 최상의 의도 그 자체이기도 하지요.

닥터 N : 그래서 원천은 고의적으로 모자라는 영혼을 만들고 불완전한 생의 형태를 만들어 지켜보는 것입니까? 어떤 일을 도와줄 수 있을까 하고?

영 : 네, 그렇습니다. 우리들은 원천의 결정을 신뢰해야 하고 생의 기원으로 돌아가는 절차를 믿어야 합니다. 우리들은 굶주려 보아야 음식을 고맙게 여기게 되고, 추위를 겪어 보아야 따스함의 축복을 알게 됩니다. 또 아이가 되어 봐야 부모의 고마움을 알게 됩니다. 변형은 목적을 주는 것이지요.

닥터 N : 당신은 영혼의 부모가 되길 원하십니까?

영 : 창조적인 생각에 동참하는 것은 저의 꿈이기도 합니다.

닥터 N : 만약 우리들의 영혼이 환생하여 실재의 삶을 경험하지 않았다면, 당신이 말한 그 모든 것을 알 수 있을까요?

영 : 우리는 그런 일이 있다는 것만 알 수 있을 것입니다. 하지만 그 내용에 관해서는 모릅니다. 그것은 마치 영혼의 에너지에게 피아노를 단 하나의 음으로만 치라는 것과 같을 것입니다.

닥터 N : 만약 원천이 영혼을 가르치고 성장시키기 위해 창조를 하지 않는다면 그 숭고한 에너지가 표현 부족으로 수축해버릴 것이라고 생각합니까?

영 : (한숨을 쉬며) 아마 그것이 그들의 목적이겠지요.

테스의 이 예언적 발언을 끝으로 나는 면담에 종지부를 찍었다. 내가 그 여자를 깊은 최면 상태에서 깨어나게 하였을 때, 그녀는 마치 긴 시간과 먼 공간을 지나 돌아오는 나그네 같았다. 그녀가 정상의 상태로 되돌아오려고 조용히 주위를 살피고 있을 때, 나는 앞서가는 영혼과 대화하며 많은 것을 알게 된 것에 감사를 표했다. 미소로 대답하면서 그녀는, 만약 이런 심문이 기다리고 있었던 것을 미리 알았다면 면담을 사양했을지도 모른다고 말했다.

작별을 고하면서 나는 그녀가 마지막으로 말했던 원천에 관해 생각하였다. 고대 페르시아에 살던 수피 신자들은 이렇게 믿었다고 한다.

"만약 창조자가 절대적인 옳음을 대표한다면 그것은 바로 절대적인 아름다움이며, 아름다움의 본질은 변화를 필요로 한다."

12
환생의 선택

원로가 되어 환생할 필요가 없게 된 매우 진화된 영혼이 아니면 언젠가는 성역의 휴식처였던 영의 세계를 떠나 지구로 가는 여행을 하게 될 때가 온다. 그러나 그런 결심은 쉬운 것이 아니다. 자유와 기쁨이 충만하였던 전지전능의 환경을 떠나 육체와 두뇌의 지배를 받는 인간 세계로 가야 하기 때문이다.

우리들은 영혼의 세계로 돌아오는 고달픈 영혼들의 모습을 보았다. 그래서 적지 않은 영혼들이 다시 지구로 환생하는 것을 꺼린다. 인생의 말기에도 소원이나 의도했던 것을 이루지 못했던 사람들에게 특히 그런 현상이 두드러진다. 일단 영혼의 세계로 돌아오면 영혼들은 비록 잠시라도 그 이해와 우정과 자비의 세계를 떠나서 불안과 공포, 공격적이고 경쟁하는 인간들이 사는 지구로 되돌아가는 것을 꺼리게 된다. 지구에 친구와 가족들이 있음에도 불구하고 환생한 영혼들은 잘 알지 못하는 군중 속에서 낯섦과 외로움을 느낀다. 하지만 영혼의 나라는 그와 반대라는 것을 앞의 사례들이 입증했으리라 믿는다. 영혼의 세계에서는 영원히 변함없는 감정을 친밀하게 나누고 있다. 영혼의 개성은 설명이 필요 없는 이해로 통하고 무한한 사랑을 주는 많은 동료들의 지지를 받는다.

영혼의 회복과 반성은 각기 다르다. 어떤 영혼은 보다 오랜 시간을 필요로 하지만 언젠가는 모두 스스로 환생 준비를 한다. 편안한 영혼의 세계를 떠나는 것이 쉬운 일은 아니지만, 또 영혼들이 인간 세계에서 겪었던 일이 즐거운 향수로 되살아나기도 한다. 전생에서 가졌던 상처의 아픔도 가시고 진실한 자아로 되돌아가면 영혼들은 다시 개성을 발휘하고 싶어 한다. 상담역을 맡은 사람들과 동료들의 협조로 환생의 준비가 되어간다. 인간으로서 우리가 쌓게 된 업이나 전생에 저지른 잘못, 성취 같은 것을 감안하여 환생을 위한 적절한 계획과 선택이 이루어진다. 영혼은 그 모든 정보를 참고로 하여 다음 같은 세 가지 기본적인 결심을 바탕으로 현명한 결정을 내려야 한다.

- 새로운 환생의 준비가 되어 있는가?
- 배움과 발전을 위해 어떤 특별한 수련이 필요한가?
- 목적을 달성하기 위해서 어디로 가야 하고, 어떤 인간이 되어야 하는가?

앞서가는 영혼들은 도와야 할 천체에서 필요로 해도 환생을 자주 하지 않는다. 만약 영혼들이 수련하던 천체가 살지 못할 곳이 되면, 수련을 끝내지 못한 영혼들은 자기들이 하고 있던 일에 적합한 다른 천체로 옮겨가게 된다. 영원한 영혼의 환생 사이클은 우주에 있는 환생할 세계의 필요보다는 영혼의 내적 희망에 의해 조종되는 것 같다.

어쨌든 지구는 역사상의 그 어느 때보다 영혼을 필요로 하고 있는 것 같다. 오늘날 지구에는 약 50억의 인구가 있다. 지난 20만 년을 통해 얼마나 많은 인간들이 지구에서 살았는가 하는 계산은 인구통계학자들에 따라 다르다. 평균적으로 추산되는 숫자는 500억이다. 좀 적게 산출되었다고 생각되는 이 계산은 모두 다른 영혼의 왕래를 의미하지 않는다. 같은 영혼이 되풀이해서 환생을 하기도 하고, 한 영혼이 여러 사람의 몸에 깃드는 것도 염두에 두어야 할 것이다. 오늘날 지구에 살고 있는 사람이 이제까지 지구로 온 영혼들의 수와 비슷하다고 말하는 환생학자도 있다. 영혼이 환생하는 빈도는 제각기 다르다. 지나간 시대보다 오늘날 지구가 더 많은 영혼을 필요로 하는 것은 확실하다. 1세기 때 지구의 인구는 약 2억이었다. 1800년대에 이르러 인구는 4배로 증가하였다. 그리고 불과 170년 후에 다시 4배로 늘어났다. 1970년에서 2010년 사이 인구는 다시 배가 될 것이라고 한다.

한 피술자를 위해서 환생의 연대를 조사한 결과, 구석기 유목 시대에는 보통 100년에서 1,000년의 간격을 두고 환생하기도 하였다. 7,000년에서 5,000년 전인 신석기시대, 농사짓고 가축을 기르던 그 시기엔 보다 잦은 환생이 이루어졌음도 알게 되었다. 하지만 그래도 영혼들이 환생하는 시간적 간격은 500년 만에 한 번씩인 경우도 있었다. 많은 도시가 생기고 무역이 빈번해지면서 먹을거리가 많아지자 영혼들의 환생도 잦아지는 것을 인구 증가로 알게 되었다. AD 1000년에서 1500년 사이 피술자의 영혼은 보통 200년에 한 번씩 환생하였다. 1700년대를 지나서는 100년에 한 번씩으로 변했다. 1900년 이후는 한 세기에 한 번 이상 환생하게 된 것을 피술자의 영혼을 통해 알게 되었다.

이런 환생의 증가는 영혼의 기억이 최근에 가까울수록 명료해지기 때문이라고 말하는 사람도 있다. 그런 해석도 일리가 있을 것 같다. 하지만 어떤 환생이 영혼 진화에 중요한 역할을 했다면 그것은 어느 시대의 것이든 잘 기억될 것이다. 지구의 인구가 크게 늘어나는 첫째 원인은 그만큼 영혼들의 환생이 빈번해졌기 때문이라는 데는 의심의 여지가 없을 것이다. 만약 지구로 환생하게 될 영혼들의 수를 줄인다면 큰 파도처럼 다가오는 인구 증가를 어느 정도 조절할 수 있을까?

나는 피술자의 영혼에게 환생할 영혼이 얼마나 되는지 물어본 적이 있다. 그때 영혼은 영계의 상황보다는 지나친 인구 증가로 인해 죽어가는 지구에 더 관심을 가져야 한다고 말하기도 했다. 늘어나는 인구를 위한 새로운 영혼의 공급엔 어려움이 없다고 한다. 만약 지구가 우주의 지적 생물을 수용하는 천체의 견본이라면 영혼의 수는 천문학적인 숫자가 될 것이다.

이미 언급한 것같이 영혼은 환생할 때 언제 어디서 어떤 인간으로 태어나게 될지 스스로 결정할 수 있는 자유를 갖고 있다. 어떤 영혼은 보다 빠른 발전을 위해 영계에 오래 머물지 않지만, 그 반대로 영혼의 세계를 떠나는 것을 꺼리는 경우도 있다. 물론 안내자들은 그런 영혼들에게 각각 도움이 되어주고 보다 나은 결론에 이르게 하기도 한다. 영혼이 영계로 돌아갔을 때 절차를 밟고 도움을 받아야 되듯이 환생을 할 때도 앞서간 영혼의 심의를 거치고 지도를 받는다. 다음에 언급하는 사례는 전형적인 초급 영들이 환생하기 전에 영계에서 일어나는 일들이다.

케이스 24

닥터 N: 지구로 환생하는 것을 언제 알게 되었습니까?

영: 가슴으로 부드러운 소리가 다가와서 말했어요. 때가 다가온 것 같은데 그렇게 생각하지 않느냐고요.

닥터 N: 누가 그런 말을 했나요?

영: 나의 선생님이요. 때때로 선생님들은 우리들의 주의를 환기시키지요. 다시 환생할 준비가 되면 말입니다.

닥터 N: 지구로 돌아갈 준비가 되어 있습니까?

영: 네, 그렇게 생각합니다. 하지만 저의 수련은 지구의 시간으로 계산할 때 너무나 긴 시간을 필요로 할 것 같아 준비는 되어 있지만 벅찬 느낌입니다.

닥터 N: 윤생을 끝낼 때까지 늘 지구로 되돌아갑니까?

영: (한참 말이 없다.) 아… 아마 그렇지 않을 것입니다…. 지구 외에 또 다른 세계가 있지요… 지구에서는 사람들이….

닥터 N: 지구의 사람들이 어떻단 말입니까?

영: 지구에서는 보다 적은 수의 사람들이 살게 될 것입니다. 인구

밀도가 작아질 것입니다. 확실한 것은 모르겠습니다만….

닥터 N : 그때 당신은 어디에 있으리라고 생각됩니까?

영 : 명확하지는 않습니다만, 어딘가 새로운 이주지가 있으리라는 생각이 듭니다.

전생회귀에 반대되는 것은 미래 진행이다. 미래를 예견할 때 피술자의 영혼들은 문득문득 스쳐가는 미래의 장면을 보게 된다. 어떤 영혼은 그런 경험을 통해 22세기가 끝날 무렵쯤 되면 지구의 인구가 현저하게 줄어들 것이라는 말을 하기도 하였다. 병든 토질과 대기의 변화 때문에 그렇게 된다는 것이었다. 어떤 영혼은 또 이상한 모양의 돔 같은 건물들도 보인다고 하였다. 미래에 대한 것은 항상 제한되어 상세한 묘사는 듣기 어려웠다. 그런 현상은 업보적인 억제에서 오는 건망증에 기인하는 것 같다. 다음 케이스를 통해 그것에 대해 좀 더 알아보기로 하겠다.

닥터 N : 영계의 선생님들이 한다는 환생의 권고에 대해 좀 알고 싶습니다. 당신은 그분들이 그런 충고를 하지 않기를 바랍니까?

영 : 아… 저야 물론 영혼의 세계를 떠나지 않기를 바라지요. 하지만 선생님들은 우리들이 너무 오래 머무는 것을 좋아하지 않아요. 그러면 발전할 수 없으니까요.

닥터 N : 그래도 그곳에 머물겠다고 우길 수 있습니까?

영 : 네, 그럴 수 있지요. 선생님들은 어질고 (웃음) 강요 같은 건 하지 않으니까요. 하지만 선생님들은 때가 오면 나름대로 알맞은

방법으로 권하고 장려합니다.

닥터N: 지구에 다시 태어나길 원하지 않는 영혼을 아십니까?

영: 네, 저의 친구 마크가 그렇지요. 그는 지구의 생활에 진절머리를 내요. 그곳에서 더 공헌할 일이 없다고 돌아갈 것을 원치 않아요.

닥터N: 그는 많은 환생을 했던 영혼입니까?

영: 그다지 많이 한 것 같지는 않습니다. 적응이 잘된 것 같지 않다고요.

닥터N: 선생님들은 어떻게 그의 문제를 해결할 수 있었나요? 그가 원하는 대로 영혼의 세계에 남아 있도록 했나요?

영: (깊이 생각하며) 우리들은 준비가 다 되었을 때 환생을 결정합니다. 아무도 강요하는 사람은 없습니다. 마크에게 그가 환생하였을 때 주위 사람들에게 무엇인가 공헌한 것이 있음을 선생님들이 알게 해주었지요.

닥터N: 그래서 마크는 어떻게 되었습니까?

영: 좀 더 알게 되고 교화당한 뒤 자신의 생각의 잘못을 인정하고 지구로 환생하였지요.

닥터N: 교화라니요! 그런 표현은 위압감을 느끼게 하는데요.

영: (내가 한 말에 동요하듯) 그렇게 해석해서는 안 됩니다. 마크는 지치고 용기를 잃고 있는 거지요. 다만 누군가 계속해서 노력할 수 있도록 자신감을 북돋아줄 사람이 필요했을 따름이에요.

4장 케이스 10에 거론된 격리된 영혼에서는 지구에 있을 때 지나친 부정적인 에너지 때문에 손상되었던 영혼의 치유에 대해 말하였다. 케이스 22도 그런 영혼들의 치유에 대해서 말하였다. 그러한 예들은 기본적인 조절을 해야 했던 마크의 경우와는 달리 보다 강화된 방법으로 재활의 도움을 받게 된 경우들이다.

닥터 N: 만약 안내자들이 권고하지 않는다면 영혼은 환생을 거부할 수 있습니까?

영: (잠시 말이 없다.) 그토록 다시 인간으로 태어나는 것이 싫다면 아마 영계에 계속 머물 수도 있을 것입니다. 하지만 선생님들은 만약 환생의 경험을 하지 않는다면 배움이 잘 이루어지지 않고 진도가 늦어진다고 마크에게 말했지요. 또 그런 직접적인 경험을 하지 않는다면 많은 것을 잃게 된다고요.

닥터 N: 그 반대의 경우는 어떻습니까? 예컨대 인간으로서 때 아닌 죽음을 당해 영계로 돌아온 영혼이 당장 다시 환생하길 우긴다면요?

영: 그런 경우도 보았지요. 하지만 그렇게 성급한 결정은 점차적으로 잦아지게 마련이지요. 선생님들은 그렇게 서둘러 다시 어린아이로 태어나도 억울하게 죽어야 했던 그 경우를 되돌릴 수 없다는 것을 알려주지요. 만약 어른으로서 죽기 전의 환경으로 되돌아갈 수 있다면 모르지만 그럴 수는 없는 법이니 말입니다. 어쨌든 쉬고 반성해야 한다는 것을 모두 깨닫게 됩니다.

닥터 N: 다시 인간으로 태어나게 될 느낌이 어떻습니까? 소감을 말해주십시오.

영: 기대하고 있어요. 인생의 경험이 없다면 불만스러울 것입니다.

닥터 N: 환생의 준비가 다 되었을 때 어떤 일을 해야 합니까?

영: 특별한 곳으로 가게 되지요.

일단 영혼의 환생이 결정되고 나면 다음에 할 일은 행선지를 정하는 것이다. 영혼은 어떤 인간으로 태어날 것인가 결정을 하기 전에 언제 어디로 갈 것인가 하는 것을 먼저 결정한다. 이런 환생의 절차 때문에 나는 독자들의 보다 정확한 이해를 위해 환생의 선택과 육체의 선택을 따로 나누어 설명하기로 한다.

환생의 때와 장소의 선택이 어떤 인간으로 태어날 것인가 하는 결정과 완전히 분리된 것은 아니다. 하지만 영혼은 먼저 어떤 곳이 환생할 시기에 적당한 곳인가 알아보게 된다. 그리고 다음 관심은 그곳에 살고 있는 사람들에게 쏠리게 된다. 나는 처음 그러한 절차에 대해 좀 의아함을 느꼈다. 그러나 역사를 되돌아볼 때 영혼에게 가장 큰 영향을 주는 것이 문화이고 그러한 행사들이며 스스로 그런 일에 참여하는 것임을 깨닫게 된 뒤 의문이 풀리기도 하였다.

전체적으로 볼 때 영혼의 세계는 그 기능적인 면에서 일률적이지 않음을 감지하기도 한다. 영계를 여행하는 영혼들은 모든 영혼들이 한결같이 영묘한 공기 같은 공간에 머무는 것을 본다. 하지만 그 공간들이 모두 동일한 작용을 하는 곳은 아니다. 예컨대 영계로 되돌아오는 영혼들을 맞이하는 공간과 또 환생하려고 영계를 떠나는 영혼들이 머무는 공간은 대조를 이룰 것이다. 그 두 경우에 인생을 훑어보는 것이나 환생할 곳의 장면들을 보는 것은 비슷하지만 유사점은 거기서 끝난다. 돌아오는 영혼을 맞이하는 곳은 그들에게 편안한 느낌을 줄 수 있는, 너무 넓지 않은 아늑한 공간이라고 했다. 그러나 그래도 영혼들의 정신적 태도는 어느 정도 방어적이다. 그 이유는 떠나온 인생에 대한 미련 때문일 것이다. 그때 안내자들은 항상 적절한 도움을 준다.

반대로 영혼이 환생을 선택하는 곳으로 가면, 그곳은 희망과 약속과 큰 기대를 예감하는 분위기에 싸여 있다. 그곳에서 새로 맞을 인생을 검토하는 동안, 영혼은 안내자의 도움 없이 혼자서 있게 된다. 이 열띠고 자극적인 공간은 영계에 있는 그 어느 배움의 공간보다 넓다고 모두들 말한다. 케이스 22의 영혼은 그곳이 아주 특별한 곳으로, 천체들에 관해 알아볼 수 있도록 전능한 에너지가 시간을 변경하는 곳이라고 하였다.

영계에 있는 다른 곳은 영혼들이 잘 묘사할 수 없는 경우가 많지만, 한결같이 그 환생의 장소에 대해서는 말하기를 좋아한다. 그리고 그들은 놀라울 만큼 비슷한 표현을 하기도 한다. 그곳은 영화관을 닮았는데, 거기서 영혼은 자신의 환생에 대한 영화 같은 장면들을 보게 된다. 제각기 다른 환경에서 다른 인물로 사는 것을 보는데, 그중에서 가장 자신의 수련에 어울리는 시나리오를 선택한다. 선택한 인생의 진짜 공연을 펼치기 전에 총연습을 하는 것이다. 그에 관해 자세히 이야기를 듣기 위해 나는 한 남자 영혼의 케이스를 예로 들겠다. 그는 그런 도움을 받아 선택하는 데 익숙한 영혼이었다.

케이스 25

닥터 N: 지구로 환생할 결정을 내린 뒤 어떤 절차를 밟게 됩니까?

영: 안내자와 수련의 시기가 일치되면 나는 생각을 보내지요….

닥터 N: 계속하십시오.

영: 나의 메시지는 진행하는 영혼들이 받게 됩니다.

닥터 N: 그들은 누구입니까? 당신들의 안내자나 선생들이 환생에 관한 모든 일을 도와주지 않습니까?

영: 그렇지도 않습니다. 안내자는 코디네이터라고 불리는 그들에게 저에 관한 것을 부탁하지요. 그러면 그들은 링이라는 곳에서 보게 되는 환생에 관한 모든 것에 도움을 주지요.

닥터 N: 링이란 무엇을 말하는 것입니까?

영: 지금 내가 가고 있는 곳이지요. 우리는 그곳을 운명의 링이라고 부릅니다.

닥터 N: 영혼의 세계에는 그런 곳이 하나밖에 없습니까?

영: (잠시 있다가) 오… 그렇지 않아요. 많이 있는 것 같아요. 하지만 지금 볼 수는 없어요.

닥터 N: 자, 그럼 그 링에 함께 가봅시다. 내가 셋을 세고 나면 당신은 링에서 있었던 모든 일들을 기억해낼 것입니다. 준비가 다 되었습니까?

영 : 네.

닥터 N : 하나, 둘, 셋! 당신은 이제 환생 선택의 장소를 향해 가고 있습니다. 보이는 것을 설명해주세요.

영 : (한참 있다가) 나는… 지금 링을 향해 떠가고 있습니다… 그건 둥글고… 거대한 수포 같습니다.

닥터 N : 설명을 계속하십시오. 또 무엇이 보입니까?

영 : 농축된 에너지의 힘이 느껴집니다…. 빛이 너무나 강렬하고… 저는 안으로 빨려들어 가고 있습니다… 환기통 같은 것을 통해서… 조금 어두워지고 있습니다.

닥터 N : 두렵습니까?

영 : 흠… 그렇지 않습니다… 전에 이곳에 온 적이 있으니까요. 흥미로운 일이 벌어질 것 같습니다. 앞으로 일어날 일들이 기대됩니다.

닥터 N : 그 링으로 빨려들어 가면서 느끼는 첫인상은 어떤 것입니까?

영 : (낮은 소리로) 좀 염려되지만… 그 에너지는 마음을 편안하게 해주기도 해요…. 누군가가 나를 돌보아주고 있다는 것을 느낍니다…. 따뜻한 관심을 느끼기 때문에… 외로운 생각이 들지 않습니다…. 나를 도와주던 선생님의 존재도 느낍니다.

닥터 N : 계속 일어나는 것을 모두 이야기해주세요. 또 무엇이 보입니까?

영 : 링은 흰 스크린으로 둘러싸여 있습니다…. 나는 지금 그것을 바

라보고 있습니다.

닥터 N: 스크린이 벽에 걸려 있습니까?

영: 스크린 그 자체가 벽처럼 보이는 거지요. 하지만 아무것도 고정된 것은 없습니다…. 모든 것이 늘어났다 줄었다 하고 있습니다. 스크린이 내 주위로 구부러져 돌고 있습니다.

닥터 N: 스크린에 대해서 좀 더 자세히 설명해주십시오.

영: 지금은 텅 비어 있습니다…. 아무것도 상영되지 않고 있지요. 유리처럼 어른어른한 빛을 반사하고 있습니다… 거울….

닥터 N: 다음에는 어떤 일이 일어나고 있습니까?

영: (불안한 태도로) 잠시 조용합니다. 이 순간은 늘 이런 법이지요. 그러다 누가 파노라마 영화를 상영하는 극장의 영사기 스위치를 누른 듯 스크린이 살아납니다. 영상과 색상 활동… 빛과 소리가 넘쳐흐르면서.

닥터 N: 계속 보고해주십시오. 지금 당신의 영혼은 스크린과 어떠한 관계에 있습니까?

영: 나의 영혼은 지금 중심부에서 떠돌고 있어요. 주위의 스크린에서 펼쳐지는 인생의 파노라마를 바라보면서… 장소와… 사람들. (쾌활하게 으스대며) 아, 나는 이 도시를 알고 있어요.

닥터 N: 어느 도시입니까?

영: 뉴욕입니다.

닥터 N: 뉴욕을 보여달라고 부탁하였습니까?

영: 그곳으로 되돌아갈 것을 의논하였지요…. (화면을 주시하면서)

참 많이 변했네요… 건물도 더 들어서고… 그리고 차들… 더 시끄러워졌군요.

닥터 N: 뉴욕에는 다시 돌아가기로 하고, 지금 링에서 당신은 어떤 일을 해야 합니까?

영: 나는 영사기를 조종하는 패널을 마음으로 움직일 것입니다.

닥터 N: 어떻게 그렇게 할 수 있습니까?

영: 스크린 앞에 있는 주사관을 조종하지요. 그건 빛과 버튼의 뭉치처럼 보여요. 나는 마치 비행기의 조종실에 있는 것 같지요.

닥터 N: 그럼 당신은 그 기계들을 영적인 입장에서 보는군요.

영: 듣기엔 좀 이상하겠지만 그런 것이 저에게 전달되어 오니까 그대로 전하는 겁니다.

닥터 N: 좋습니다. 너무 염려 마십시오. 다만 그 주사관으로 어떤 일을 하는지 알려주십시오.

영: 주사관을 내 마음으로 조종하면서 도와주는 사람들이 스크린에 화면을 바꾸게 하지요.

닥터 N: 아, 그럼 당신은 영화관에서 그러듯 영사기를 조종하나요?

영: (웃는다.) 영사기가 아니라 주사관이랍니다. 어쨌든 그것은 영화가 아닙니다. 나는 바로 뉴욕 시에서 실제 행해지고 있는 생활을 보고 있지요. 주사관에 연결되어 있는 내 마음이 이 도시의 장면들을 변하게 조종하고 있어요.

닥터 N: 그 조종하는 것은 컴퓨터와 같은 것입니까?

영: 좀 비슷한 데가 있다고 말할 수 있지요…. 그건 궤도적인 시스

템에서 이루어지는 것으로… 변경하는….

닥터 N: 무엇을 변경한다는 말입니까?

영: 원하는 대로 장면을 조종하기 위해 나의 지시가 주사관에 입력되지요.

닥터 N: 주사관을 조종하면서 일어나는 일들을 모두 이야기해주십시오.

영: (말이 없다가) 조종을 떠맡았습니다. 여러 장면의 도처에서 선이 한 점으로 모입니다…. 나는 그 선상에 있는 시간을 통해 여행을 합니다. 그러면서 스크린 위에서 변해가는 장면들을 보고 있습니다.

닥터 N: 그리하여 그 모든 장면들은 항상 당신 주위를 맴돌고 있습니까?

영: 네, 제가 장면의 움직임을 정지시키면 점들이 궤도 위에서 밝아집니다.

여행의 궤도라는 표현은 전에도 들은 바 있다. 다른 곳에서 영혼의 변천을 설명할 때 언급되기도 하였다(케이스 14).

닥터 N: 당신은 왜 그런 일을 해야 합니까?

영: 나는 움직이는 장면들을 훑어보고 있습니다. 중요한 결정이나 가능성, 시간을 변경해야 할 일이 생기는 인생의 기로에 서게 되면 화면은 멈추게 됩니다.

닥터 N : 그러면 그 선은 시공에서 일어나는 일들을 통과하는 길을 표시하는 것입니까?

영 : 네, 그 궤도는 링에서 조종되어 저에게 전달됩니다.

닥터 N : 궤도를 따르면서 스스로 인생의 장면을 만들어내는 것입니까?

영 : 아! 아닙니다. 그렇지는 않습니다. 나는 다만 그들의 움직임을 조종할 따름입니다. 선 위에 있는 시간을 통해서.

닥터 N : 그 선에 관해서 좀 더 자세히 설명해줄 수 있습니까?

영 : 그 에너지의 궤도는⋯ 길 표시를 하는 색 등이 점을 이루는 길입니다.

닥터 N : 마치 비디오테이프를 돌릴 때처럼 시작하고, 빨리 돌리고, 정지시키고, 또다시 시작하게 하는 것처럼 말입니까?

영 : (웃으며) 바로 그렇습니다.

닥터 N : 그러면 당신이 궤도를 따라가면서 장면들을 들추어보다 정지할 것을 마음먹습니다. 그러고 나서 어떤 일을 하게 됩니까?

영 : 장면을 멈추게 한 뒤 그 속으로 들어갑니다.

닥터 N : 무엇이라고요? 당신이 바로 그 장면의 일부분이 된다는 말입니까?

영 : 네, 이제부터 직접적으로 행동하게 되지요.

닥터 N : 어떻게요? 당신이 그 장면 속에 있는 한 인물이 되는 것입니까? 혹은 당신의 영혼이 움직이고 있는 사람들의 머리 위로 떠돌아다니는 것입니까?

영: 양쪽 다 할 수 있지요. 그 장면 속에 있는 사람들과 같이 그곳의 삶이 어떤 것인가 경험해볼 수도 있고, 또 편안한 입장에서 그저 바라볼 수도 있지요.

닥터 N: 링에서 조종을 하면서 어떻게 주사관을 떠나 지구의 장면 속으로 합류할 수 있습니까?

영: 아마 이해 못 하실지 모르지만, 나의 일부는 주사관에 머물러 조종을 계속하지요. 그래야만 임의로 장면들을 멈출 수 있고 또 시작할 수 있으니까요.

닥터 N: 이해할 것 같아요. 당신은 에너지를 나눌 수 있습니까?

영: 네, 그럴 수 있습니다. 또 생각도 분신으로 보낼 수 있습니다. 물론 제가 스크린으로 들락날락하는 동안 도와주는 사람들인 컨트롤러들의 협조도 있지요.

닥터 N: 그러니까 원칙적으로 궤도를 따라갈 동안 당신은 시간을 전진시킬 수도 있고 후진시킬 수도 있고 또 정지시킬 수도 있군요.

영: 네, 링에서는 그럴 수 있지요.

닥터 N: 링 밖, 영혼의 세계에서는 시간이 공존합니까? 혹은 진행합니까?

영: 영혼의 세계에서는 공존합니다. 하지만 우리는 지구에서 시간이 진행되는 것을 볼 수 있지요.

닥터 N: 영혼들이 운명의 링에 있을 때는 시간을 마치 연장처럼 사용하는 것 같군요.

영 : 영혼으로서 우리들은 시간을 주관적으로 사용합니다. 물건이나 일들은 조절할 수 있습니다. 그리고 때가 되면 객관적이 됩니다. 하지만 영혼에게 있어 시간은 한결같습니다.

닥터 N : 시간 여행이 역설적으로 느껴지는 것은 언젠가 일어날 것으로 생각했던 일이 벌써 일어나버리고 있는 것입니다. 그래서 당신의 영혼이 미래에 당신이 살게 될 장면 속에 나타나는 사람 속으로 들락날락하는 것을 보게 되는 것입니다.

영 : (묘한 웃음을 띤다.) 그렇게 지상과 연결될 때 영계에 있는 영혼은 잠시 모든 활동을 중지하게 됩니다. 비교적 짧은 기간 동안이지만요. 시간의 궤도에서 일을 하게 될 때, 생명의 순환에 지장을 초래하지는 않습니다.

닥터 N : 그런 경험을 할 동안 과거·현재·미래가 분리되지 않고 한결같다면, 미래를 이미 볼 수 있는데 왜 체험을 하려고 장면을 정지하고 그 속으로 들어가게 됩니까?

영 : 당신은 링에서 도와주는 사람들이 어떻게 시간을 사용하는지 그 진정한 목적이 무엇인지 잘 알지 못하고 있는 것 같습니다. 앞으로 전개될 인생은 아직도 조건부입니다. 그리고 진행되는 시간은 우리들을 시험해보기 위해 있는 것입니다. 우리는 그 장면들이 어떻게 끝나게 될지 그 가능성에 대해 알 수 없습니다. 인생의 일부분은 분명치 않습니다.

닥터 N : 그렇다면 시간은 촉매 역할을 하게 되는군요. 어떤 일이 일어날지 다 알 수 없는 미래의 인생들을 관망하며 배우게 될 때 말이죠.

영: 네, 그렇습니다. 해결 방법을 찾을 수 있는 능력을 시험당하는 거지요. 우리는 어려운 일들로 우리의 능력을 측정당하는 겁니다. 링에서는 선택을 위한 여러 경험을 하고, 지구에서는 그것을 해결하려 노력하게 되지요.

닥터 N: 링에서 지구 말고 또 다른 천체에서의 생활을 볼 수 있습니까?

영: 그럴 수는 없습니다. 저의 경험은 지구의 시간 궤도에 맞추어져 있으니까요.

닥터 N: 시간을 뛰어넘어 다닐 수 있다니 재미있겠네요.

영: (싱글 웃으며) 그래요. 재미있고 자극적인 것은 사실이지요. 하지만 그것은 함부로 즐길 수 없는 것이기도 합니다. 환생을 위한 중요한 결정을 해야 할 경험이니까요. 만약 그때 옳지 못한 결정을 내리게 된다면, 그 결과 다음 생을 잘 살지 못하는 책임을 져야 하는 입장에 처하게 되니까요.

닥터 N: 하지만 아직도 이해할 수 없는 점이 있어요. 당신이 살아갈 인생을 직접 경험한 뒤 하게 된 선택인데, 어찌 큰 잘못이 있을 수 있습니까?

영: 제가 환생할 환경이나 인물에 대한 선택은 무한하게 많습니다. 전에도 말하였지만 어느 정한 시간 동안 그 모든 것을 다 본다는 건 불가능하지요. 우리들이 보지 못하는 것 때문에 육체 선택에 있어 잘못을 저지를 수도 있어요.

닥터 N : 만약 미래의 운명이 이곳에서 미리 결정되지 않는다면, 왜 그 공간을 운명의 링이라고 부릅니까?

영 : 하기야 운명이 그곳에서 결정된다고 말할 수도 있지요. 인생 순례가 결정되는 곳이니까요. 하지만 그 외의 잡다한 변화 같은 것은 확실하지 않아요.

영혼을 환생 선택의 다른 공간으로 가게 하였을 때, 그들은 과거·현재·미래의 시간이 원을 이루고 있는 것을 보게 되었다. 그것은 링의 경우와 같았다. 그 순환 속에 있는 현재라는 시간을 떠나는 것을 깨닫게 된 영혼들은 관찰과 시험의 기간을 거치느라 선택한 궤도를 오가고 있었다. 시간의 모든 양상이 그들에게 주어져 있어 반복되는 현실로 비었다 또 채워지곤 하였다. 왜냐하면 하나 이상 병행되는 현실은 서로 겹쳐지기 때문에 그 역시 실제 삶의 가능성을 제시한다. 특히 경험이 많은 영혼들에게는 더 많은 가능성이 있다.

그 지혜롭다는 영계에서 왜 나와 대담하는 영혼이 자기가 가는 미래를 볼 수 없는가는 의문이다. 그런 의문을 풀고 싶은 마음 끝에 나온 결론은 영혼의 세계가 모든 영혼의 개성을 존중하고 보호하기 때문이라는 것이었다. 일반적으로 나를 찾아오는 사람들은 대부분 젊은 영혼을 지니고 있었다. 그래서 그들은 지금도 환생이 잦은 영혼들이었다. 그렇기 때문에 그들은 먼 미래에 일어날 중요한 일들을 확실히 알 수 없을 것이다. 왜냐하면 그들이 현실에서 일어날 일에서 멀어져 가면 갈수록 그들의 이미지를 흐리게 할 가능성이 커지기 때문이다. 그렇게 멀지 않은 과거의 일에도 그런 점은 해당되지만 한 가지 예외가 있다. 그것은 영혼이 자신의 전생은 보다 확실히 회상할 수 있다는 것이다. 하나의 현실 속에는 그 영혼을 단련시키려고 확실한 동작으로 모든 것이 결정되어 있다. 때문에 그것은 그 영혼의 기억 속에 각인되어 있다.

5장 케이스 13은 우리가 태어날 때 과거의 경험들이 현실의 수련을 방해하지 못하게 하기 위해 강요된 기억상실증을 설명한다. 영혼이 미래에 대해서 알고자 할 때도 그런 일은 일어난다. 흔히 대부분의 사람들은 그 이유도 분명치 않으면서 자기들 삶에 계획된 그 무엇이 있음을 믿는다. 물론 그들의 믿음은 옳다. 태어날 때 갖게 된 건망증 때문에 그런 계획이 전부 기억되지는 않는다. 하지만 우리들 속에 잠재하는 무의식은 각자 삶의 청사진을 영혼의 기억을 통해 알 수 있는 열쇠를 지니고 있다. 환생 선택은 영혼을 위해 일종의 타임머신을 제공한다. 그래서 영혼들은 주된 길로 가는 다른 길을 보게 되기도 한다. 영혼들에게 그 길은 잘 알려져 있지 않지만, 그들은 그 지도를 지구로 가지고 가기도 한다. 어느 피술자는 이렇게 말하기도 했다.

"인생을 어떻게 살 것인가, 무엇을 해야 할 것인가를 생각하느라 마음이 어지러워질 때면 나는 조용히 앉아 생각합니다. 그리고 내가 해온 일과 앞으로 하고 싶은 일들을 비교해봅니다. 그러면 대답은 내 속 깊은 곳에서 자연히 나옵니다."

그렇다고 인생을 살아가면서 겪게 되는 어려움을 신의 행위나 영혼을 감금해버리려는 운명으로 받아들이는 것은 아니다. 만약 모든 것이 미리 결정되어 있다면 우리들의 노력은 무의미한 것이 되고 말 것이다.

좋지 못한 일들이 생길 때 운명적인 것으로 간주하며 주저앉고 당장 변화를 일으킬 노력을 하지 않는 것은 수련을 목적으로 하는 환생의 의도가 아닐 것이다. 모든 사람들은 인생을 살아가는 동안 위험이나 어려움이 따르는 변화의 시기를 경험하게 된다. 그런 시기가 때 아닌 어려운 시기에 닥칠지도 모를 일이다. 우리가 만약 그 기회를 택하지 않는다 해도 보람 있는 일을 할 기회가 주어지는 것은 매한가지다.

환생의 목적은 자유혼의 실천이다. 그런 능력이 없다면 우리는 거세된 인간에 불과할 것이다. 그렇기 때문에 업보(카르마)적인 운명이란 우리가 어쩔 수도 없는 일들에 사로잡혀 있다는 것을 의미하는 것은 아니다. 다만 업보와 책임감을 피할 수 없다는 뜻이다. 그 때문에 케이스 25의 영혼은 자신에게 어울리지 않는 인생을 택하는 데 신중을 기해야 했다. 하지만 우리들 삶에서 어떤 일이 생기든 간에 우리는 알아야 할 것이 있다. 우리들의 행복이나 불행은 전능한 신이나 영혼의 안내자들이나 환생 선택을 돕는 영들의 배신이나 축복에 의한 것이 아니다. 우리는 우리의 운명을 좌우하는 주도자다.

케이스 25의 영혼은 환생의 목적이 음악적 성취에 있어서 좀 이기적인 것으로 들릴지 모른다. 그러나 케이스 25의 대담이 끝날 때쯤 그 생각을 지우게 될 것이다. 선망받는 음악가가 되고 싶은 그의 욕구는 앞서가는 영혼들에게서는 보기 드문 개인적인 보상을 나타내고 있기도 하다. 하지만 그의 영혼은 또 많은 것을 베풀려고도 한다.

닥터 N : 이제 다시 뉴욕에서 보게 되는 장면들에 관한 이야기를 듣고 싶습니다. 링에 가기 전에 지리적인 선택에 관한 준비를 한 적이 있습니까?

영 : 좀 했습니다. 전생에 뉴욕에서 젊은 나이로 죽었던 것을 선생님과 이야기하면서 그 역동적인 도시로 되돌아가 음악을 공부할 것을 의논하였습니다.

닥터 N : 선생님께 다른 영혼에 관한 이야기를 한 적도 있습니까? 당신과 함께 환생하고 싶어 할지도 모르는 친구에 관한 이야기 같은 것을?

영 : 그런 이야기도 한 적이 있지요. 몇몇 친구들은 어떤 환경이 우리 모두를 위해 적절한 곳인가 알아보기도 했습니다. 하지만 나는 내가 죽음을 당했던 곳에서 다시 시작하길 바랬지요. 선생님과 친구들이 조언을 해주었어요.

이 영혼은 전생에 미국에 이민 간 러시아인이었다. 그는 기차 철도 일을 하다 스물두 살이 되던 해였던 1898년에 사고로 사망하였다. 그리고 그는 1937년에 다시 뉴욕에서 태어났다.

닥터 N : 친구들과 선생님들은 당신에게 어떤 도움을 주었습니까?

영 : 고전 음악을 전공하는 피아니스트가 되고 싶은 저의 희망에 대해 서로 이야기했어요. 저는 용돈을 벌기 위해 연회나 결혼 피로연에서 아코디언을 연주하기도 했지요.

닥터 N : 그런 경험이 피아노에 대한 관심을 갖게 하였나요?

영: 네, 그렇습니다. 뉴욕에서 얼음을 배달하고 있을 때 콘서트홀을 지나가면서 언젠가는 음악을 공부해서 큰 도시에서 이름을 떨칠 수 있기를 바랐어요. 하지만 시작도 하기 전에 그만 죽고 말았지요.

닥터 N: 마지막으로 링에 갔을 때, 뉴욕에서 젊은 나이로 죽은 당신을 보셨습니까?

영: (슬픈 표정으로) 네. 그 삶에 주어진 조건으로서 그 죽음을 받아들였지요. 하지만 그 인생은 좋았습니다…. 다만 조금 짧긴 하였지만 이제 저는 다시 돌아가 좋은 시작과 노력으로 유명한 음악가가 될 생각입니다.

닥터 N: 지구상에 있는 어떤 곳이라도 선택이 가능합니까?

영: 흠… 선택은 다양합니다. 만약 희망하는 곳이 있다면, 가능한 한 원하는 곳으로 가게 해줍니다.

닥터 N: 그 선택이란, 이용할 수 있는 육체가 있는 곳을 의미합니까?

영: 네, 장소에 따라 그럴 수도 있습니다.

닥터 N: 음악가가 되기 위한 좋은 기반과 기회를 갖기 위해 뉴욕에서 다시 태어나기를 바라는 것입니까?

영: 그 도시는 피아노를 공부하고 싶은 저에게 그 방면으로 발전할 최상의 기회를 베풀어줄 것입니다. 저는 좋은 음악 학교가 있는 큰 규모의 국제적인 도시를 원했으니까요.

닥터 N: 파리 같은 도시도 있지 않습니까?

영: 파리에 환생할 기회는 주어지지 않았습니다.

닥터 N: 선택에 관해 좀 더 확실히 알고 싶습니다. 링에서 환생에 관한 예견을 할 때, 어느 쪽에 더 중점을 두게 됩니까? 장소를 더 보게 됩니까, 아니면 육체에 더 비중을 둡니까?

영: 장소 먼저 보게 됩니다.

닥터 N: 그렇다면 지금 뉴욕에 있는 거리들을 보고 있습니까?

영: 그렇습니다. 아주 신나는 일입니다. 보기만 하지 않고 그 속을 떠돌아다니며 음식점에서 흘러나오는 냄새도 맡고… 자동차의 경적 소리도 듣지요. 지금 저는 5번가에 있는 상점 앞을 걸어가고 있는 사람들을 따라가면서, 그곳의 분위기를 다시 느끼고 있지요.

닥터 N: 지금 그 시점에서 거리를 지나치는 사람들의 마음속을 들여다볼 수 있습니까?

영: 아닙니다. 아직은 아닙니다.

닥터 N: 다음엔 어떤 일을 합니까?

영: 다른 도시로 갑니다.

닥터 N: 아, 그럴 수도 있습니까? 나는 당신의 선택이 뉴욕 시에만 한정된 것으로 생각했는데요.

영: 저는 그렇게 말하지 않았습니다. 로스앤젤레스나 부에노스아이레스, 오슬로도 갈 수 있답니다.

닥터 N: 다섯까지 세겠습니다. 다섯에 이르렀을 때 당신은 그 모든 가능성 있는 도시들을 돌아보세요. 그러면서 이야기를 계속합시다. 하나… 둘… 셋… 넷… 다섯! …지금 무엇을 하고 있습니까?

영: 콘서트홀과 음악 학교에 가서 학생들이 연습하고 있는 것을 보고 있습니다.

닥터 N: 학생들 사이를 떠돌면서 그곳의 분위기나 환경을 돌아보고 있습니까?

영: 그 밖에 또 하는 일이 있어요. 학생들의 머릿속으로 들어가 그들이 어떻게 음악을 이해하는지 알아보기도 합니다.

닥터 N: 링 같은 특별한 곳에서만 사람들의 정신적인 진행을 알 수 있습니까?

영: 과거와 미래의 일들을 알려면 링에 있어야 합니다. 하지만 현재 지구에 살고 있는 사람들에 대해 알려면 영혼의 세계 어느 곳에서도 관찰이 가능합니다.

닥터 N: 다른 영혼에 접촉하는 방법을 설명할 수 있습니까?

영: (잠시 말이 없다.) 부드러운 붓으로 가볍게 스치듯이….

우리 인간들도 흔히 그런 경험을 하듯이 영혼들도 서로의 의사를 정신적이거나 세속적인 세계에서 쉽게 전달하고 교환할 수 있다. 하지만 그런 일시적인 연결은 순식간에 이루어졌다 사라진다. 잉태 초기 영혼이 아직 들어오지 않은 태아들에게 평생 함께 있어야 할 영혼의 합류는 쉽게 이루어지지 않는다. 그에 관한 것은 케이스 29에서 보다 상세히 설명된다.

닥터 N : 지금 보고 있는 환생은 지구의 달력으로 볼 때 어느 해에 해당됩니까?

영 : (망설인다.) 지금은… 1956년입니다. 그리고 제가 보고 있는 환생들은 모두 10대의 나이입니다. 1956년 전후에 어떤 일이 있는지 알려드리지요.

닥터 N : 그렇다면 링은 아직 태어나지 않은 여러 삶을 체험할 기회를 주는군요.

영 : 허허, 그렇지요. 어떤 인생이 더 적절한지 시험해볼 기회를 주는 거예요…. 그들의 재능과 부모들의 소원을 이루는 데 적합한가 알아보게 해주지요…. (결정적으로) 나는 뉴욕을 선택합니다.

닥터 N : 다른 도시도 충분히 타진해보았습니까?

영 : (성급하게) 네, 그랬어요. 하지만 다른 곳은 가고 싶지 않아요.

닥터 N : 잠깐만, 만약 당신이 오슬로에 있는 학생을 좋아하는데 뉴욕 시에서 살기를 바란다면.

영 : (웃는다.) 하기야 로스앤젤레스에는 장래가 촉망되는 여자가 있었지요. 하지만 그래도 저는 뉴욕을 택할 것입니다.

닥터 N : 그럼 좀 더 앞으로 나가봅시다. 링에서 떠날 시간이 다가오고 있으니, 선택한 환생에 대해 자세히 설명해주십시오.

영 : 나는 음악가가 되기 위해 뉴욕으로 갑니다. 하지만 아직도 어떤 인생을 선택할 것인가 최종적인 결정은 내리지 못한 상태입니다. 하지만 (웃음이 나오기 때문에 말을 중지한다.) 나는 어차피 선택하게 될 것입니다. 멀쑥하고 잘생기지는 못하였지만 재능이

뛰어난 소년 쪽을 택할 것입니다. 그 소년은 내가 전생에 지녔던 것 같은 열정은 지니지 않았지만, 금전적으로 넉넉한 부모의 혜택을 받을 수 있습니다. 또 그들은 제가 음악가로서 성장하는 데 격려와 도움을 줄 것입니다.

닥터 N: 돈이 중요한 역할을 합니까?

영: 욕심 많고 이기적으로 들릴지 모르겠습니다만, 전생에 저는 가난해서 하고 싶은 일을 못 하였거든요. 음악의 아름다움을 표현함으로써 나 자신이나 다른 사람들을 기쁘게 하려면 적절한 배움과 수련, 또 부모들의 도움이 필요하니까요. 그렇지 못하면 탈선하여 잘못된 길로 들어선다는 것을 누구보다 제 자신이 잘 알고 있으니까요.

닥터 N: 만약 링에서 주어진 선택이 마음에 들지 않았다면, 또 다른 인생과 장소를 보여달라고 할 수 있습니까?

영: 적어도 제 자신의 경우엔 그럴 필요가 없었지요. 충분한 선택이 주어졌으니까요.

닥터 N: 솔직히 말하건대 만약 링에서 보여준 환생 속에서만 선택이 가능하다면, 선생들이 자기들 마음대로 당신을 유도하고 있다고 생각할 수 있지 않습니까?

영: (잠시 말이 없다.) 그렇지 않습니다. 링으로 수없이 많이 갔었지만 그런 일은 없었습니다. 우리들은 환생에 대한 계획과 결정이 있기 전에는 링에 가지 않으니까요. 그리고 저는 늘 제 자신의 생각과 희망에 의해 흥미로운 선택을 할 수 있었지요.

닥터 N: 링에서 환생에 대한 모든 것을 알아낸 후에는 어떤 일이 진행됩니까?

영: 도와주는 사람들이… 제 마음속으로 들어와서 보게 되지요. 제가 관찰한 것들이 마음에 들었는지 그렇지 않은지 알아봅니다.

닥터 N: 도와주는 분들은 항상 같은 영혼들입니까?

영: 제가 기억하는 한 그런 것 같습니다.

닥터 N: 링에서 떠나기 전에 꼭 결정을 하도록 강요당하기도 합니까?

영: 그런 일은 전혀 없습니다. 결정을 내리기 전에 링 밖으로 나가 동료들과 의논한 뒤 어떤 삶을 택할 것인가 선택을 하니까요.

물론 링 같은 극장은 지구에 관한 것만 보여주지 않는다. 환생이 가능한 다른 천체에 대한 것도 보여준다. 앞 장에 언급되었던 영혼들 중에는 지구가 아닌 곳에 환생하여 즐겼던 것을 말한 사례도 있었다. 10장에서는 영혼의 세계에서 일어나는 공간의 변화가 지혜나 휴식을 위한 모양이나 형태를 이루는 것을 언급하기도 하였다. 하지만 영혼들은 우리들이 사는 우주에 존재하는 천체나 또 다른 차원에 있는 별로 환생하기 위해선 그들의 그룹 센터 근처에 있는 시공의 터널이나 또 다른 통로를 거쳐가야 한다는 것을 알려주었다(뒤에 언급할 케이스 29에선 환생 시 그런 터널을 지나갈 때의 느낌이 설명된다.).

그런 통로의 입구는 큰 기차역에서 보게 되는 거대한 활 모양의 천장 같은 선으로 상징된다. 어떤 여자 피술자는 이렇게 말하였다.

"우리는 그 통로의 입구를 밝거나 혹은 어두운 빛깔의 텅 빈 공간으로 보게 됩니다. 제 느낌으로는 밝은 빛깔의 공간이 더 활동적이고 상호 관계가 빈번한 생명들의 서식지로 보입니다. 어두운 쪽은 밀도가 희박한 정신적인 세계로, 혼자 있을 때가 더 많은 곳으로 느껴집니다."

뒤에 말한 정신적인 세계의 예를 들어 보여 달라는 나의 말에 그녀는 대답하였다.

"안스(Arnth)의 세계에서 우리들은 솜사탕 같았습니다. 아무것도 확실한 형체를 지닌 것이 없는 공간 속으로 물결 같은 가스에 의해 움직여졌습니다. 서로를 맴도는 것은 격렬한 흥분을 느끼게 하기도 하였습니다."

또 다른 피술자는 밝은 공간으로 들어갔던 경험을 이렇게 말했다.

"인간으로 환생하는 사이사이 저는 영혼들의 그룹에 섞여 불의 나라인 제스터(Jesta)로 갔습니다. 그 화산 같은 분위기 속에서 우리들은 심신으로 불꽃같은 지적 분자로 변신하는 자극을 느끼게 됩니다. 이제야 알게 되었어요. 지구에서 화씨 100도를 넘는 더위를 좋아했던 이유를."

영혼의 환생지는 중요한 역할을 한다. 케이스 25는 환생지로 네 개의 도시 중에 하나를 선택하였다고 말했다. 인간으로 태어나기 전에 보게 되는 장면들은 그곳으로 갈 때마다 물론 다를 것이다. 개개인의 환생은 선택에 의한 것이다. 때문에 태어날 곳을 선택하는 것을 도와주는 영혼들은 환생할 영혼들이 링에 도착하기 전에 열심히 모든 것을 알아보고 준비를 해두었을 것이다. 링에서 환생 선택을 도와주는 전문적인 일을 하는 영혼들은 그 수가 많은 것 같지 않았다. 영혼들의 설명에 따르면,

그들은 형체가 확실치 않은 환영 같은 존재로 느껴지기도 하였다. 하지만 영혼들은 원로나 각자의 안내자들도 그 일을 함께 돕고 있다고 믿고 있었다.

　세계의 인구가 매우 적었던 선사 시절, 영혼들은 항상 인적이 드문 곳에서 태어나곤 하였던 것을 상기하였다. 마을들이 늘어나고 고대 문화의 중심지가 된 도시들이 생겨났을 때도 영혼들은 전에 살았던 곳으로 되돌아간다는 것을 말하곤 하였다. 환생지의 선택은 사람들이 새로운 이주지를 개척하게 되자 지리적으로 분포되었다. 특히 지난 400년 동안에 많은 사람들이 이주지로 옮기면서 그런 현상이 뚜렷해졌다. 인구 과다를 염려하게 된 20세기에 이르러서는 더 많은 영혼들이 전에 살았던 곳을 환생지로 선택하고 있다.

　오늘날에 볼 수 있는 이런 현상은 영혼들이 느끼는 민족의식 때문에 그런 것인가? 영혼은 인종이나 국수주의적인 생각 때문에 환생지를 택하지는 않는다. 그런 인종 차별적인 생각은 어린 시절 배우게 된 소산물이다. 영혼은 태어날 곳을 택할 때 편안하고 친숙함을 느끼는 곳을 (그런 점은 인종 차별과 같은 것이 아니다.) 찾지만 또한 사막이나 산, 바다 같은 지리적인 점에 이끌려 선택하기도 한다. 시골이나 도시를 택하는 것도 그런 이유다.

　영혼들이 전생과 같은 지리적인 환경을 택하는 것은 전생에 함께 살았던 가족들과 재회하기 위해 그 집안의 새로운 자손으로 태어나는 것인가? 아메리칸 인디언 같은 풍습과 전통을 가진 민족들은 영혼이 같은 혈통 속에 머물기를 바란다. 죽어가는 노인은 아직 태어나지 않은 손자가 되어 환생할 것을 기대한다. 하지만 내가 접한 피술자 중에서 그런 경험을 한 영혼은 극히 드물었다. 그런 선택은 영혼의 성장과 기회를 방해하는 것이기 때문이다.

어쩌다가 영혼이 전생의 친척으로 태어나는 경우가 있는데, 그것은 보기 드문 업보적인 이유 때문이다. 예컨대 아주 친밀한 유대로 이어졌던 남매 중에서 한 사람이 젊은 나이로 갑자기 죽었을 경우, 죽은 형제의 영혼이 살아남은 사람의 아이로 태어나는 경우가 있다. 그런 현상은 중단된 유대를 이어서 중요한 환생의 목적을 달성하기 위한 것이다.

내가 경험한 바에 의하면, 그런 환생은 유아의 경우에 빈번히 나타났다. 그런 유아들의 영혼은 생후 얼마 안 되어 영아의 육체가 죽게 되면 같은 부모 아래 태어나는 다음 아이의 영혼이 되기도 한다. 그런 설정은 비극적인 가족의 경험을 겪어야 하는 영혼이 미리 계획한 것이기도 하다. 또 그런 경우는 업의 미로에 휘말리는 것이기도 하다. 최근에 나는 출산 때 잘못되어 죽은 전생을 경험한 피술자를 다룬 적이 있었다. 그때 나는 며칠도 못 살고 죽을 인간으로 태어난 목적이 무엇이냐고 물었다. 그는 대답하였다.

"나의 부모를 위한 교훈이지요. 그래서 나는 다시 그들의 아이로 태어나 빈자리를 메워줄 생각을 했던 거지요."

영혼이 자신을 연마하기보다 다른 영혼을 돕기 위해 잠시 환생하였다 다시 영계로 되돌아가는 경우를 '채우는 생명'이라고 부르기도 한다.

앞에 말한 경우는 그 부모들이 전생에서 아이를 학대해서 죽게 했기 때문이었다. 피술자의 영혼이 그들의 아기로 태어났을 때, 그들은 그 아이를 몹시 사랑하는 젊은 부부였다. 하지만 그들은 전생의 업 때문에 그 귀한 아기를 잃는 슬픔을 겪지 않으면 안 되었다. 하지만 그 쓰라린 경험과 깊은 슬픔을 통해 그들은 혈육을 위한 보다 깊은 통찰력을 갖게 되었다. 케이스 27에서 이 같은 주제의 예를 들게 될 것이다.

영혼들은 보통 미래에 살 삶의 죽음을 예견하지 않는다. 하지만 만약 그 죽음이 어린 나이일 때는 종종 환생 선택의 장에서 그 죽음을 보게 된다. 미리 갑작스런 죽음을 당하는 육체를 자원하는 영혼들은 누구에 의해 살해되거나 또는 파국적인 사건 때문에 갑자기 죽음을 당하는 사람들과 함께 생명을 잃게 된다. 그런 비극 속으로 휘말리는 영혼들은 변덕스런 신 때문에 장소나 기회를 잘못 택한 것이 결코 아니다. 모든 영혼들은 참여하는 일들에 대한 동기나 이유를 제각기 갖고 있다. 어느 피술자는 그의 전생은 일곱 살 때 죽은 아메리칸 인디언 소년으로 미리 설정되어 있었다고 말하기도 하였다.

"나는 겸손을 배우기 위해 짧지만 강렬한 삶을 원했습니다."

그래서 천대받고 언제나 배고팠던 인디언 혼혈아의 짧은 삶은 그의 목적을 위해 적절한 것이었다.

어려운 역할을 자원하는 다른 생생한 예는 같은 그룹에 속한 세 영혼과 함께 유대인 여자로 태어난 케이스였다. 그들은 뮌헨에 살았으나 나치에 붙잡혀 1941년 다하우에 있는 강제수용소로 이송되었다. 그들은 모두 같은 곳에 갇혀 있다가 죽게 되었는데 그런 것도 모두 환생 전에 계획된 것이었다. 피술자의 전생은 그곳에서 1943년 18세의 나이로 끝나는데, 죽음에 이르기까지 어린아이들을 돌보고 그들이 살아남기를 바랬던 그녀의 용감한 의도가 그로써 완수되었다.

  환생 선택을 위해 링으로 가면 선택을 하는 과정에서 민족이나 문화, 그리고 지리적인 선택 같은 것이 먼저 진행 순서에 나타나지만, 그것들이 환생을 위한 가장 중요한 여건은 아니다. 다른 모든 것은 미루어놓더라도 환생을 위한 가장 중요한 결정은 영혼이 선택하는 특정한 육체다. 또 그 육체에 속하는 뇌를 통해 무엇을 배우는가 하는 것이다. 다음 장에서는 영혼의 다양한 생리적, 심리적 이유를 전제로 하여 육체 선택을 하는 것을 알아보게 된다.

13
새로운 육체의 선택

　영혼들은 환생 선택의 장소인 링에서 같은 시기에 사는 몇 케이스의 인생을 미리 본다. 그래서 링을 떠날 때 대부분의 영혼은 어떤 인간으로 환생할 것인가 대략 짐작한다. 영혼의 지도자들은 그 모든 것을 상세히 검토한 뒤 신중한 결정을 내리도록 충분한 기회를 준다. 이 장은 그런 결정을 내리는 데 도움이 되는 모든 요소에 대해 토의한다.

　영혼이 다음에 태어날 인생과 육체에 대해 신중하게 생각하는 것은 링으로 가기 훨씬 전부터다. 영혼이 그런 과정을 밟게 되는 것은 지구에 있는 여러 다른 문화권의 사람들을 관찰하는 데 도움이 되도록 스스로 준비를 하고자 하기 때문이다. 그 때문에 링에서 도와주는 영혼들은 환생 선택을 하러 가는 영혼들에게 무엇을 보여주어야 좋은지 미리 준비를 할 수 있는 것 같다. 의도한 인생의 목적에 맞도록 육체를 선택하는 데 모든 노력을 기울여야 할 것이다.

피술자들이 환생할 육체 선택에 관한 그 모든 준비나 신중함에 관해 말할 때 나는 항상 영계 시간의 변화와 이동을 느끼곤 하였다. 영혼의 스승들은 비교적 가까운 미래의 시간을 환생 선택을 위해 쓰는데, 그 이유는 영혼들이 끝맺지 못했던 수련 과정을 거치기 위해서는 인생의 과정이 필요함을 알려주기 위해서다. 다음 생을 위한 청사진은 영혼 스스로가 결정하는 수련의 심도에 따라 달라진다.

만약 어떤 영혼이 비교적 쉬운 인생을 살기 원해서 대인 관계나 자신의 발전에 기여한 것이 적다면, 다음에는 더 어려운 삶을 택하여 환생하게 될 것이다. 또한 비극적이고 괴로운 인생을 택한다면, 쉬운 인생에서 배우지 못했던 그 모든 것을 알게 될 것이다.

그런 케이스는 나에게 상담하러 오는 피술자 중에서 흔히 볼 수 있다. 전생을 무난하고 쉽게 살았던 영혼들이 이 생에서 그들의 배움을 촉진하기 위해 모든 혼란과 비극을 한 몸에 지니고 찾아오는 경우다.

인간의 두뇌와 함께 움직이는 영혼의 마음은 완벽할 만큼 과실이 없다. 어느 영혼의 단계에 속하든 간에 일단 인간으로 태어나면 우리들은 잘못을 저지르게 마련이다. 그리하여 살아가는 동안 그 잘못을 수정하는 때를 갖게 될 것이다. 그러한 점은 어떤 인간을 대상으로 해도 한결같을 것이다. 영아의 뇌에 깃들 영혼의 결정을 돕는 복합적인 정신적 요소에 관해 언급하기 전에 육체 선택에 대한 물리적 양상에 대해 설명하겠다.

모든 영혼은 태어나기 전에 이미 자신들의 모습이 어떠할 것인가를 알고 있음에도 불구하고, 미국에서 실시한 전국적 조사에 의하면 거의

90%에 가까운 남녀들이 자신들의 육체적인 특징에 대해 불만을 가지고 있는 것이 밝혀졌다. 그런 점은 의식적인 건망증의 영향력 때문이다. 인간 사회는 전형적인 이상형을 내세움으로써 많은 불만과 불행을 있게 하기도 한다. 하지만 그 역시 영혼 수련의 한 방법이기도 하다.

인간들은 자주 거울을 들여다보면서 생각한다.

"이게 진짜 나인가? 나는 왜 이렇게 생겼나? 나는 꼭 이렇게 생겼어야 하나?"

그런 의문들은 삶에 대한 성취를 마음껏 이루지 못한 사람들의 경우 더 통렬한 아픔으로 느껴질 것이다.

나를 찾아온 사람들 중에도 신체적인 문제 때문에 불만족스러운 삶을 산다고 확신하는 사람들이 있었다. 불편한 신체를 가진 사람들은 유전적인 잘못이나 또는 그들의 몸을 상하게 한 사고가 없었더라면 더 보람 있는 인생을 살 수 있었을 것이라고 생각한다. 좀 무정하게 들릴지 몰라도 내가 다룬 케이스 중에는 영혼의 자유로운 의사와 상관없이 사고를 당하고 불구가 된 경우는 드물다. 영혼은 이유가 있기 때문에 특정한 육체를 택한다. 불구자들 모두가 다 업보를 갚기 위해 그렇게 된 것은 아니다. 전생에 다른 사람을 상하게 한 보복을 스스로 짊어지는 경우가 아닐 수도 있다.

다음 케이스에서 설명되듯이 영혼이 불구의 몸속에 있게 되면 또 다른 배움의 길로 들어서게 된다. 상처를 받거나 불구가 된 지 얼마 안 되어 그 어려움을 이겨나가기 어려운 사람들이 심신이 건강한 사람들보다 빠른 진도로 영혼의 발전을 도모하고 있다고 말하기는 어렵다. 그러한 인식은 자아의 발견을 통해서 이루어져야 한다. 나를 찾아오는 사람들의 경우를 보아도 신체적인 장애를 극복하려고 노력하는 사람은 영혼의 발전이 촉진되는 것을 알 수 있다. 일반적으로 사회에서 장애자로 취급받는 사람들은 그런 편견으로 인한 부담감 때문에 한층 더 큰 괴로움을 겪어야 한다. 하지만 그런 괴로움과 부담감을 이겨내려는 노력은 극기를 북돋우기도 한다.

인간의 육체는 영혼이 인생에서 바라는 시련의 중요한 한 부분이기도 하다. 인체를 선택하는 자유는 유전으로 받은 10만 개의 유전자보다 더 큰 역할을 하게 된다. 하지만 이 장을 시작하면서 나는 왜 어떤 영혼들은 깊은 심리적 요인보다 다만 육체적인 이유 때문에 어떤 인생을 선택하게 되는지 사례를 들어 설명하겠다.

그 경우는 또한 영혼이 제각기 다른 삶에서 대조되는 육체를 선택하는 이유를 밝히기도 한다. 이 케이스를 다룬 뒤 영혼이 다른 이유로 환생할 육체를 선택하게 되는 것을 알아보겠다.

케이스 26은 키가 크고 균형이 잘 잡힌 체격을 가진 여자였다. 그녀는 되풀이되는 다리의 통증에도 불구하고 평생 운동을 즐겼다. 처음 면담을 하게 되었을 때 그녀는 양쪽 다리에서 느껴지는 무딘 통증을 호소하였다. 그 통증은 대퇴골 중간쯤에서 시작되어 아래로 뻗는 것이었다. 몇 년에 걸쳐 그녀는 여러 의사들과 상담을 하였지만 그 누구도 아무런 병인을 발견하지 못했다. 의학적 진단으로 볼 때 그녀의 다리는 그런 고통을 일으킬 수 없는 건강한 다리였다. 그래서 아무런 도움을 받을 수 없었던 그녀는 지친 나머지 고통을 더는 일이라면 무엇이든지 해볼 생각이었다.

의사들이 그녀의 고통을 정신신체적(psychosomatic)인 것으로 결론을 내렸다는 소식을 듣게 되었을 때, 나는 그 고통의 원인이 전생에 기인하는지도 모른다고 생각하게 되었다. 그 문제의 핵심으로 들어가기 전에 나는 그 피술자의 전생을 몇 개 훑어봄으로써 육신을 선택하는 그녀의 관점을 알아보았다. 그녀의 환생 가운데 어떤 인생이 가장 행복하였나 하는 질문을 했을 때 그녀는 AD 800년경에 레스라고 불리는 바이킹의 몸속에 있었을 때가 가장 행복했다고 대답하였다. 레스는 '자연의 아이'였으며 발트 해를 거쳐 서방 러시아로 여행하였다고 그녀는 말하였다. 또 그는 털을 댄 긴 외투에다 부드럽게 몸에 달라붙는 동물의 가죽으로 만든 바지를 입었으며 끈으로 묶어 올린 장화를 신었고, 쇠로를 두른 모자를 쓰고 있었다. 그는 또 도끼를 지니고 있었고, 전쟁터에서 쉽게 휘두를 수 있는 무겁고 폭 넓은 칼을 지니고 있었다.

그런 말을 계속하던 피술자는 마음의 화폭에 떠오르는 그 늠름하고 잘생긴 장사의 영혼을 재현하면서 스스로 놀랍고 흥미진진해하는 것 같았다.

'때 묻은 머리카락, 붉은빛을 발하는 금발이 어깨를 뒤덮고' 있던 그 장사는 키가 6척을 훨씬 넘고 막강한 힘과 넓은 가슴, 힘센 팔다리를 지닌 그 시대의 거인이었다. 강인한 지구력을 가졌던 레스는 다른 노르웨이 사람들과 함께 배를 타고 긴 항해를 하며 강을 따라 올라가기도 하고, 또 울창한 원시림 속을 헤매며 주위에 있는 마을을 습격하고 약탈하였다. 그리고 그는 어느 마을을 공격하여 약탈을 하다 피살되었다.

케이스 26

닥터 N: 지금 회상하고 있는 바이킹 레스의 삶에서 가장 중요하게 느껴지는 것은 무엇입니까?

영: 건장하고 훌륭한 몸집과 생생하고 거친 체격을 경험하는 것입니다. 나는 어떤 환생에서도 다시 거친 육체를 가져본 적이 없습니다. 상처를 입어도 고통을 느끼지 않았기 때문에 두려움을 몰랐습니다. 모든 면에서 조금도 손색이 없는 신체였습니다. 한 번도 병들어 본 적이 없었습니다.

닥터 N: 레스는 어떤 일로 정신적인 고통을 느낀 적이 있습니까? 일생을 통해 감성적, 서정적 감수성을 느낀 적이 있습니까?

영: (크게 웃음을 터뜨린다.) 농담 마시오. 나는 그저 하루하루를 멋있게 살았다오. 내가 걱정한 것은 싸움거리나 약탈할 것, 또 음식이나 술, 섹스할 여자들에 관한 것뿐이지요. 나의 모든 느낌은 육체적인 목적에만 쏠렸어요. 참으로 당당하고 거창한 육체였지요.

닥터 N: 자, 그럼 당신이 환생 선택을 할 때 레스 같은 거창한 육체를 가진 인간을 택한 이유를 알아봅시다. 당신이 영혼의 세계에서 그런 선택을 마음먹었을 때 당신은 그러한 유전 인자를 가진 육체를 신청하였습니까, 혹은 안내자가 당신의 소원을 알고 선택을 해준 것입니까?

영: 도와주는 사람들은 그런 일을 하지 않습니다.

닥터 N : 그렇다면 어떻게 그런 육체를 선택하게 되었는지 설명해 주십시오.

영 : 그때 저는 지구상에서 가장 훌륭한 육체를 원했고, 레스는 하나의 가능성으로 저에게 주어졌던 것이지요.

닥터 N : 선택할 것이 하나밖에 없었습니까?

영 : 아닙니다. 그 시대에 사는 인물 두 사람이 소개되었습니다.

닥터 N : 주어진 육체가 그 시기에 환생하는 것이 싫다면 어떻게 됩니까?

영 : (생각하면서) 제가 택한 환생은 항상 저의 의도와 맞아떨어졌어요. 인생에서 경험하고 싶었던 것을 하게 해주었지요.

닥터 N : 안내자나 도와주는 사람들이 어떤 육체가 가장 당신의 목적에 알맞은 것인가를 미리 알고 있다고 생각하십니까? 혹은 그들이 아무렇게나 닥치는 대로 육체를 선택하여 제시하는 것입니까?

영 : 영혼의 세계에서는 아무것도 함부로 하지 않습니다. 도와주는 영혼들이 모든 것을 적절히 처리하지요.

닥터 N : 이런 생각도 드는데요. 혹시 도와주는 영혼들이 이따금 혼돈을 일으켜 일을 잘못하지 않을까 하고 말입니다. 많은 아이들이 태어나니까 어쩌다가 한 아이에게 영혼을 둘 깃들게 한다든지 또는 어떤 아이에게는 영혼이 깃들게 하지 않고 한참 버려둘 때도 있지 않을까요?

영 : (웃으면서) 영혼은 일관 작업을 하는 사람들이 아닙니다. 전에

도 말씀드렸듯이 그분들은 확실한 의도와 능력으로 모든 일을 합니다. 그런 잘못 같은 것은 저지르지 않습니다.

닥터 N : 그런 것 같군요. 그런데 선택에 관해 묻고 싶은 것이 있습니다. 링에서 환생 선택을 할 때 다만 두 인간의 경우만 보는 것으로 충분합니까?

영 : 일단 카운슬러들이 영혼이 원하는 것을 알고 의논을 할 때면 많은 선택을 거치지 않아도 됩니다. 또 그 두 케이스를 보기 전에 저는 이미 제가 원하는 몸의 크기와 모습, 그리고 성에 관한 것을 생각하고 있었지요.

닥터 N : 레스를 택할 때 선택하지 않은 몸은 어떤 것이었습니까?

영 : (잠시 말이 없다.) 로마 태생의 군인이었지요…. 그 생에 원했던 건장한 체격을 한 사람이었지요.

닥터 N : 이탈리아 태생 군인이라는 데 무슨 잘못이 있습니까?

영 : 나는 정부에 의해 조종당하는 게 싫습니다. (피술자는 부정하듯 고개를 젓는다.) 너무 제한이 많습니다.

닥터 N : 내 기억이 틀리지 않다면 9세기 때 유럽은 거의 대부분의 나라가 샤를마뉴라는 신성로마제국의 세력 아래 있었습니다.

영 : 군인들의 생활에서 바로 그런 점이 문제였지요. 나는 바이킹을 택함으로써 누구의 명령에도 따르지 않았습니다. 나는 자유로웠고 어떤 정부의 간섭도 받지 않고 한 무리의 침략자들과 함께 원시적인 자연 속을 돌아다닐 수 있었지요.

닥터 N : 그렇다면 자유 역시 선택의 요점이었군요.

영 : 물론이지요. 마음대로 움직일 수 있는 자유… 전쟁터의 격렬한 광폭… 내 힘을 마음대로 쓰고 제한 없는 행동을 힘껏 할 수 있는 자유가 없어서는 안 되지요. 바다에서나 삼림에서의 생활은 강하고 건실하였지요. 그런 삶이 잔인하다는 것을 모르지는 않았어요. 하지만 그 시기는 짐승 같은 인간들이 살던 시대이기도 했어요. 우리는 그때 살았던 다른 인간들보다 낫지도 나쁘지도 않았어요.

닥터 N : 하지만 인간성 같은 것에 관해 생각해본 적이 있습니까?

영 : 아무것도 문제가 되지 않았어요. 육체적으로 내 역량을 한껏 발휘할 수 있다면 그것으로 만족했으니까요.

닥터 N : 아내가 있었습니까… 아이들도?

영 : (어깨를 으쓱한다.) 너무 구속당하지요. 항상 돌아다니고 있었거든요. 많은 여자를 소유했어요… 몇몇은 스스로 원해서 그렇게 되었고, 또 몇몇은 강제로 소유하기도 했지요. 그리고 그런 즐거움이 육체적인 힘의 발휘에 도움이 되기도 했어요. 어쨌든 한군데 묶여 사는 것은 질색이었지요.

닥터 N : 그래서 레스의 육체는 당신이 원했던 관능적 느낌의 완벽한 육체적 표현이었습니까?

영 : 그렇습니다. 나는 온몸의 감각을 극도로 느끼고 싶었습니다. 다른 것엔 흥미가 없었지요.

피술자가 현재 당연한 문제를 다룰 때가 온 것을 느끼고 나는 그녀를 초의식 상태에서 무의식 상태로 이끌었다. 그리고 그녀를 다리에 고통을 느끼는 전생으로 유도하였다. 그 여자는 곧 가장 최근에 겪었던, 1871년 뉴잉글랜드 지방에 사는 여섯 살 난 아슈리라는 소녀로 돌아갔다. 아슈리는 짐과 사람이 가득 찬 마차를 타고 가다 갑자기 문이 열리는 바람에 차 밑으로 굴러떨어졌다. 그녀가 돌이 깔린 길 위에 떨어졌을 때 무거운 마차 뒷바퀴가 무릎 위쪽의 허벅지 위로 지나가면서 뼈를 부러뜨렸다. 그 사고 현장을 설명할 때 피술자는 자신의 허벅지 같은 부분에 날카로운 고통을 느꼈다. 의사들의 도움이나 오랜 부목 치료에도 불구하고 아슈리의 다리는 치유되지 않았다. 그녀는 다시 설 수도 걸을 수도 없었고, 혈액 순환이 잘 되지 않아 길지 않은 여생 동안 자주 다리가 부었다. 1912년 아슈리는 사망하게 되는데, 그때까지 그녀는 불우한 아이들을 위해 책을 쓰고 또 가르치기도 하였다. 아슈리의 생애에 대한 묘사가 끝났을 때 나는 피술자를 영혼의 세계로 돌려보냈다.

닥터 N: 당신의 육체 선택의 역사를 볼 때 신체적으로 강인한 남자에서 불구가 된 여자를 택하기까지 1,000년의 세월이 흘렀는데, 그동안은 어떻게 지냈습니까?

영: 그동안 환생할 때마다 배움을 쌓으면서 내가 진실로 원하는 것이 무엇인지 알게 되었어요. 그리하여 육체를 망가지게 하면서 지적인 집중을 이룩하는 선택을 하게 된 것이었지요.

닥터 N: 왜 지적인 것을 위해 육체를 망가뜨려야 합니까?

영: 걷지 못해서 누워 있게 되면 책을 많이 읽게 되고 공부도 많이

하게 되지요. 그러는 동안 나는 마음을 닦고… 마음의 소리에 귀를 기울였지요. 또 항상 침대에 누워 있어야 했기 때문에 집중력을 흩뜨리지 않고 일을 계속할 수 있었지요. 그래서 글도 잘 쓰게 되고, 다른 사람들과 의사소통도 잘하게 되었어요.

닥터 N: 당신 영혼의 개성이 아슈리나 바이킹 레스를 통해 뚜렷이 나타나 있는 점이 있습니까?

영: 격렬하고 불같은 표현을 갈망하는 성격이 그 두 육체에 고루 깃들어 있었습니다.

닥터 N: 이제는 아슈리의 생애를 선택하던 때로 돌아가주십시오. 왜 많은 불구자 중에서도 아슈리 같은 케이스를 선택했습니까?

영: 미국에 있는 평화롭고 안정된 고장에 사는 가족을 택했지요. 도서관도 있고 자상하게 돌보아주는 부모들도 있어 공부에 집중할 수 있는 환경을 택한 거지요. 그렇게 해서 나의 목적이 이루어졌을 때 나는 많은 불행한 사람들에게 편지를 썼고 좋은 선생이 되었습니다.

닥터 N: 아슈리로 살 때 당신을 그렇게 잘 돌봐주던 고마운 부모들에게 무엇을 해줄 수 있었습니까?

영: 그런 일은 항상 상호적으로 작용하지요… 이익과 부채. 제가 그 가족을 택한 것은 그들이 사랑의 짙은 표현을 필요로 했기 때문입니다. 한평생 그들에게 의지해서 살면서 마음껏 그들의 애정을 받아들이는 자식이 필요했기 때문입니다. 우리는 아주 화

목한 가족이었지요. 부모들은 제가 태어나기 전에 외로웠지만 저는 뒤늦게 태어나 사랑받는 외동딸이 되었어요. 부모들은 결혼을 해서 그들을 외롭게 남겨두고 떠나가는 딸을 원치 않았습니다.

닥터 N : 그래서 상호적이란 말입니까?

영 : 물론입니다.

닥터 N : 그렇다면 그런 결정을 환생 선택의 장소에서 다시 한번 살펴봅시다. 아슈리의 생애를 링에서 처음 보았을 때 마차 사고에 관한 상세한 것을 보았습니까?

영 : 물론입니다. 하지만 그것은 사고가 아니었지요. 일어나게 되어 있던 일이에요.

닥터 N : 마차에서 굴러떨어진 것은 영혼의 마음이 시킨 일입니까, 혹은 아슈리의 생리적인 마음이 시킨 일입니까?

영 : 우리는 함께 그 일을 했어요. 아슈리는 마차 문손잡이를 가지고 놀았고 나머지 일은 제가 한 것이었지요.

닥터 N : 링에서 아슈리가 마차에서 떨어져 사고를 당하는 것을 보았을 때 영혼의 마음은 어떤 생각을 하였습니까?

영 : 불구의 몸으로 어떤 좋은 일을 할 수 있는가 생각했지요. 다른 불구자를 보기도 하였지만 아슈리를 택하기로 결정했어요. 잘 움직일 수 있는 경우를 원하지 않았기 때문이에요.

닥터 N : 그 사고에 대해서 좀 더 상세히 알고 싶은데요. 만약 그때 아슈리의 영혼이 당신이 아니고 다른 영혼이었더라도 아슈리는 어차피 마차에서 떨어졌을까요?

영: (방어하는 태도로) 우리는 서로 잘 어울리지요.

닥터 N: 그건 나의 질문에 대한 대답이 아닌데요.

영: (한참 동안 말이 없다.) 한 영혼으로서 내가 알 수 없는 힘이 존재합니다. 제가 처음 아슈리를 보았을 때 내가 그녀의 영혼이 되지 않은 경우를 보기도 하였지요… 건강하고… 좀 더 오래 살 수 있는 또 다른 가능성을 보기도 했어요.

닥터 N: 이제는 알고 싶었던 말을 듣게 되는군요. 만약 아슈리에게 다른 영혼이 깃들어 태어났다면 그런 사고가 일어나지 않아도 괜찮았다는 말인가요?

영: 네… 그럴 가능성도 있어요…. 그 외 또 있을 수 있는 많은 가능성 중의 하나이지요. 또 그녀는 조금 덜 다칠 수도 있었어요. 지팡이에 의지해 걸을 수도 있었겠지요.

닥터 N: 당신의 영혼이 아닌 다른 영혼이 깃든 아슈리가 건강하고 행복하게 사는 것을 보기도 했습니까?

영: 저는 보았지요. 정상적인 다리를 하고… 성장한 여인으로서… 남자와 불행한 관계에 빠져 있고… 보람 없고 소득 없는 삶 속에서 허덕이고 있는… 슬픔에 빠져 있는 부모들… 하지만 보다 순조롭게 보이고 쉽게 살 수 있는…. (목소리가 더 딱딱해진다.) 아닙니다. 그런 인생은 우리 서로를 위해 도움이 되지 않았을 것입니다. 나는 그녀가 지닐 수 있었던 최상의 영혼이었지요.

닥터 N: 아슈리의 영혼이 된 뒤 당신이 그 사고를 주도하였습니까?

영 : 그것은… 우리 둘이 함께 한 것이었지요…. 그 순간 우리들은 하나가 된 것이지요. 아슈리는 장난꾸러기였어요. 마차 속을 뛰어다니기도 하고 문손잡이를 갖고 놀기도 했지요. 아슈리의 어머니가 그러지 말라고 만류했을 때… 나도 준비가 되어 있었고 또 아슈리도 준비가 되어 있었던 거지요.

닥터 N : 당신의 운명은 꼭 그렇게 강직해야 했습니까? 아슈리의 영혼이 된 뒤, 그 마차 사고 같은 것을 없애버릴 수도 있지 않았습니까?

영 : (잠시 말이 없다.) 사실 마차에서 떨어지기 전에 번개같이 스쳐간 느낌이 있었습니다. 그때 누가 아슈리를 붙들어 사고가 나지 않게 할 수도 있었습니다. 그러나 내 속에 있는 소리가 속삭였습니다. "기회가 왔다. 더 이상 기다리지 마라. 떨어져야 한다. 이건 네가 원하던 것이다. 이건 최상의 길이다."

닥터 N : 그때가 중요한 때였습니까?

영 : 아슈리가 그 이상 나이 먹기 전에 해야만 했어요.

닥터 N : 하지만 그 어린아이가 겪어야 했던 심한 고통과 어려움, 두려움….

영 : 그건 지긋지긋하고 무서운 경험이었어요. 처음 다섯 주 동안 겪어야 했던 괴로움은 말로 다 표현할 수 없습니다. 나는 죽어가고 있었어요. 하지만 그 모든 것을 이겨나가는 데 큰 배움이 있었지요. 지금 돌이켜보니 고통을 이겨내던 바이킹 레스의 능력이 도움을 주기도 했더군요.

닥터 N: 고통이 격심해서 이겨내기 힘들 때 당신의 결정을 후회한 적도 있습니까?

영: 고통과 어려움이 극치에 달하면서 혼수상태에서 들락날락하고 있을 때 내 마음에선 힘이 솟아나기 시작했지요. 아픈 몸을 억누르면서 고통을 조금씩 이겨나갔지요… 침대에 누워서… 의사의 도움 없이… 그때 고통을 극기하려 생각해낸 방법은 후에 공부를 위해 정신을 집중하는 데 도움을 주기도 했어요. 그리고 카운슬러들도 눈에 띄지 않는 아주 미묘한 방법으로 도움을 주기도 하였지요.

닥터 N: 그러니까 그 생애에서는 걷지 못하게 됨으로써 얻은 것이 많군요.

영: 그렇습니다. 거동이 불편해지면서 저는 모든 소리에 귀를 기울이고 또 생각하는 시간을 많이 갖게 되었어요. 또 많은 사람들과 서신을 교환하면서 영감으로 편지를 쓰는 법을 배웠지요. 젊은이들을 가르치는 방법도 알게 되었고 안에서 솟아나는 힘에 인도되어 그 모든 일을 할 수 있게 된 것을 느꼈어요.

닥터 N: 영혼의 세계로 돌아갔을 때 당신의 카운슬러들이 칭찬을 했습니까?

영: 네, 대단히 많은 칭찬을 받았지요. 하지만 너무 귀여움을 많이 받고 호강하며 살았다는 평을 듣기도 했어요. (웃는다.)

닥터 N: 육체적으로 강건하였던 레스와 연약한 불구자였던 아슈리의 인생에서 얻은 경험은 지금 인생에 어떤 도움을 줍니까? 혹은 그것은 아무런 영향도 미치지 않습니까?

영 : 매일매일 보다 큰 배움을 위해선 마음과 육체의 결합이 있어야 한다는 것을 깨달음으로써 도움을 받고 있지요.

   피술자가 다리 다친 장면을 재현하고 있을 때 나는 그 기억의 감도를 줄여주었다. 대담이 끝날 무렵 대대로 전해지던 다리 통증의 기억을 완전히 제거하였다. 그 후 그 여자는 다리의 통증이 없어지고 테니스를 즐기고 있다는 소식을 전해왔다. 앞서 두 전생의 케이스는 아주 다른 환경에서 영혼이 깃들 육체를 택하는 것에 관해 언급하였다.
   영혼은 제각각 성격의 여러 면을 발전시킴으로써 진정한 자아를 추구한다. 수많은 육체로 환생하면서 육체적, 정신적으로 많은 방법을 강구하면서 수련에 임해도 결국은 업의 법이 우세하게 된다.
   만약 영혼이 어떤 극단적인 선택을 하여도 환생을 거듭할 동안 그와 반대의 선택이 올바른 발전을 위한 균형을 이루게 된다. 레스와 아슈리의 환생은 그런 업적인 보상의 좋은 예다. 부자들은 언젠가 거지가 되어야 그 영혼이 바로 성장할 수 있다고 힌두교에서는 믿고 있다.
   여러 어려운 일을 이겨나감으로써 우리들의 영혼은 더욱 단련된 본질을 갖게 된다. 단련이라는 말을 오해해서는 안 된다. 내가 대담하였던 피술자들의 영혼은 모두 이렇게 말하였다.
   "인생에 있어서 진실한 배움은 올바른 인간의 길을 인정하고 따르며 화합하는 것이다."
   설사 손해를 보거나 희생할지라도 우리들은 덕을 본다. 왜냐하면 실패나 억압에 대항하는 의지나 노력이야말로 발전의 교두보가 되기 때문이다. 때때로 가장 중요한 배움은 과거를 그냥 흘려보내는 것이기도 하다.

영혼들은 여러 다른 문화권에 있는 육체를 선택하는 데도 신경을 쓰지만 그보다 더 세밀한 관찰과 선택으로 인간의 심리적인 면을 살피고 택한다. 그러한 선택은 영혼의 진화를 위한 그 모든 선택 중에서도 가장 중요한 것이다. 인생 선택을 하는 링에 가기 전에 영혼은 환생의 삶에 미칠 유전적인 면이나 환경적인 면에 대해 깊이 생각해야 한다. 영혼의 영적 에너지는 현생을 사는 인간의 성격에 영향을 미친다고 한다. 인간의 성격이 외향적이거나 또는 내향적으로 되는 것, 또 합리적이거나 이상적이 되는 것, 감정적이거나 지적으로 되는 것 모두가 영혼 에너지의 영향을 받고 있다고 한다. 그러한 이유 때문에 영혼은 앞으로 살아갈 인생을 위해 어떤 육체를 선택해야 좋을지 신중을 기해야 한다.

그동안 알게 된 사실에 의하면, 영혼들이 다가올 환생에 바라는 것을 안내자들이나 링에서 도와주는 카운슬러들은 미리 알게 된다고 한다. 생각하건대 어떤 영혼은 그런 책임감을 보다 강하게 느끼고 실천하는 경우도 있는 것 같다.

하지만 인체 선택의 단계에 있는 영혼들은 선택할 특정한 인체에 어떻게 적응할 수 있을까 하는 것에 대해서는 깊이 생각하지 못하게 되어 있다.

영혼이 링에 가게 되면 추측은 끝난다. 거기서 영혼은 제각기 영적 본질을 육체와 겨누어보아야 한다. 다음에 드는 예는 왜 한 영혼이 심리적인 이유로 수천 년의 사이를 두고 태어난 두 인간에 깃들게 되었는지 설명하게 될 것이다.

케이스 27은 텍사스에서 큰 규모의 의류 회사를 경영하는 사업가에 대한 것이다. 스티브라는 이름으로 불렸던 그는 캘리포니아에 휴가를 왔다가 친구의 권유로 나를 찾아왔다. 사무실에서 지나온 일에 관한 질문을 하고 있는 동안, 그는 긴장을 하고 있었고 불면증에 시달리고 있는 것 같았다. 대담을 하는 중에도 열쇠가 달린 쇠사슬을 가지고 놀면서 불안한 시선으로 방 안을 두리번거렸다.

나는 그가 불안하거나 최면술을 두려워하고 있는지 물었다. 그러나 그는 대답하였다.

"그런 건 아닙니다. 하지만 제가 두려워하는 것은 당신이 알아낼 일들입니다."

그는 자기 회사 직원들이 말썽을 부리고 충실하지 않으며 불만과 요구 조건을 늘어놓는다며 회사 운영의 어려움을 토로하였다. 그런 문제가 일어날 때마다 그는 규제를 강화하거나 직원들을 해고하는 것으로 해결하려 하였다.

그는 또 두 번 결혼에 실패한 경력을 지니고 있었고 술주정꾼이기도 하였다. 그는 최근에 알코올 의존증을 회복하는 프로그램에 참가하였으나 중도에서 그만두었다고 하였다. 그 이유는 함께 그 일을 돕는 사람들이 '너무 비난이 심해서' 그렇게 되었다고 하였다. 대담이 진행되어 감에 따라 그는 그의 어머니가 생후 1주도 안 된 영아였던 자기를 교회 문 앞 계단에 버려두고 간 사실을 밝혔다.

몇 년의 외롭고 불행한 유년기를 고아원에서 보낸 뒤, 그는 어느 나이 든 부부의 양자가 되었다. 그 양부모들은 엄격히 규율을 지키는 사람들로 자기를 못마땅하게 생각하였다. 그는 10대에 그 집을 떠났고 법에 접촉되는 일을 수없이 하였다. 자살을 기도한 적도 있었다. 나는 그의 성격이 지나치게 독선적이고 권력 기관을 불신한다는 것을 알게 되었다. 그의 노여움은 고립감과 버림받은 것에 뿌리를 두고 있었다.

그는 자신을 어떻게 해야 좋을지 모르는 파국에 이른 상태였고 진정한 자아를 찾기 위해선 어떤 일이든 해볼 각오가 되어 있다고 했다. 나는 그가 사는 도시에 있는 치료인에게 계속 상담과 치료를 받는 것을 전제로 짧은 기간이나마 그의 무의식을 답사해보기로 하였다.

이 케이스를 다루게 되면서 우리는 스티브가 인간의 몸으로 현생의 삶을 살면서 어떻게 그 영혼의 본질을 유지해나갔는가를 알게 될 것이다.

그런 영혼과 육체의 결합은 피술자들이 최면 상태에서 선택의 취지를 말하게 될 때 그 농도가 훨씬 강해진다. 이 케이스를 예로 드는 또 하나의 이유는, 영혼 본질의 탐사를 쉽지 않게 만드는 어린 날에 받은 상처를 드러나게 하기 위함이기도 하다.

일찍부터 인격 장애를 일으키는 인간들 속에 깃드는 영혼들은 고의적으로 어려운 상황 속에 자신들을 휘말리게 하기도 한다. 피술자를 영혼의 세계로 유도해서 왜 그러한 인생을 택하게 되었는가 알아보기 전에 어린 날의 기억을 되살려보아야 한다.

간략하게 요약된 방법으로 시작된 이 대담에서 피술자의 영혼은 자기를 낳은 친어머니를 만나게 되는데, 그것은 내가 경험한 것 중에서 가장 통렬한 장면이었다.

케이스 27

닥터 N: 지금 당신은 태어난 지 일주일쯤 된 영아입니다. 당신을 낳은 어머니가 떠나려 마지막 작별을 고하고 있습니다. 당신은 갓 태어난 아기이지만 그것은 문제가 되지 않습니다. 왜냐하면 당신 속 깊이 존재하는 어른은 지금 진행되고 있는 일을 모두 이해하고 있으니까요. 그곳에서 일어나고 있는 일을 설명해주십시오.

영: (피술자의 몸이 떨리기 시작한다.) 나… 나는 지금 광주리에 들어 있습니다…. 영아인 저는 색이 바랜 푸른빛 담요에 감싸여 있습니다…. 어떤 계단 위로 광주리가 내려지고 있습니다…. 매우 춥습니다.

닥터 N: 그 계단은 어디에 있습니까?

영: 텍사스에 있는… 교회 앞에….

닥터 N: 누가 당신을 그곳에 내려놓고 있습니까?

영: (떨림이 더욱 더 심해진다.) 어머니가… 허리를 굽히고 저를 내려다보면서… 작별을 고하고 있습니다. (울기 시작한다.)

닥터 N: 어머니가 그렇게 떠나야 하는 이유를 말해줄 수 있습니까?

영: 어머니는… 젊은 여자입니다…. 저를 낳게 한 아버지와 결혼한

사이가 아닙니다. 아버지는 이미 결혼을 하였습니다…. 어머니는 울고 있습니다. 어머니의 눈물이 저의 얼굴로 떨어지고 있습니다.

닥터 N : 위를 쳐다보십시오. 또 무엇이 보입니까?

영 : (눈물로 목이 멘다.) 흘러내리는 검은 머리… 아름다운 모습… 나의 영혼은 그녀의 입술로 다가갑니다…. 어머니는 아기인 저에게 입을 맞춥니다…. 부드럽고 어진 키스 촉감… 어머니는 저를 거기에 두고 갈 수 없어 마음이 천 갈래 만 갈래로 찢어집니다.

닥터 N : 떠나기 전에 어머니가 하신 말이 있습니까?

영 : (피술자는 감정이 복받쳐 겨우 말을 한다.) 나는 너를 위해 떠나지 않으면 안 된다. 나는 너를 양육할 돈이 없다. 부모님들도 도와주지 않는다. 나는 너를 몹시 사랑하지만 어쩔 수가 없다. 하지만 나는 너를 영원히 사랑하고 내 가슴속에 품고 있을 것이다.

닥터 N : 그리고 무슨 일이 일어납니까?

영 : 어머니는… 교회 문을 두드리는 무거운 손잡이를 잡습니다. 그 손잡이에는 짐승 문양이 조각되어 있습니다… 그 손잡이로 교회의 문을 두드립니다…. 안에서 걸어오는 소리가 들립니다… 이제 어머니는 떠났습니다.

닥터 N : 지금 그 일을 겪은 당신의 마음은 어떤 느낌입니까?

영 : (감정에 휘말려) 오… 어머니는… 결국 저를 마음으로 버리지 않으셨군요…. 저를 원하셨고… 사랑하셨고… 버리고 떠나기를

원치 않으셨군요.

닥터 N: (나의 손을 피술자의 이마 위에 얹고 최면술을 끝낼 때 하는 암시를 되풀이한다. 그리고 다음과 같은 말로 그 암시를 끝낸다.) 스티브, 앞으로 당신은 이제까지 무의식 속에 잠재되어 있던 그 모든 기억을 의식적인 마음으로 상기하게 될 것입니다. 당신은 그렇게 사랑하던 어머니의 기억을 평생 간직하게 될 것입니다. 이제 당신은 어머니가 어떻게 당신을 생각하고 있었는지 확실히 알게 되었고, 그런 어머니의 에너지가 아직도 당신과 함께 있는 것을 알게 되었습니다. 이 말이 틀림없지요?

영: 네… 그렇습니다.

닥터 N: 이제 시간을 좀 앞당겨 양부모와 함께 살았던 때 이야기를 합시다. 그분들에 대한 당신의 느낌은 어떠하였습니까?

영: 그분들은 한 번도 저를 흡족하게 생각한 적이 없었던 것 같습니다. 언제나 무엇인가 잘못을 저지른 것 같은 죄책감을 느끼게 하고 조종하고… 판단을 내리곤 했지요. (피술자의 얼굴은 눈물과 땀으로 흠뻑 젖어 있다.)… 나는 정말 내 자신이 누구인지, 무엇이어야 하는지 몰랐지요. 정말 살고 있는 것 같지 않았어요.

닥터 N: (소리를 높여서) 무엇 때문에 살고 있는 것 같지 않았습니까?

영: 자신을 드러내지 못했기 때문이었지요…. (갑자기 말을 멈춘다.)

닥터 N: 계속하세요.

영: 내 스스로 자신을 어쩔 수 없었지요…. 늘 화가 치밀고… 사람

들에게 잘못을 저지르고 싸움을 걸고… 절망감에 빠져들고….

다른 조치를 한 뒤 나는 이제 피술자를 잠재의식과 초의식 사이로 오가게 한다.

닥터 N: 스티브, 이제 당신이 이 세상에 태어나지 않았을 때로 돌아갑시다. 당신은 어떤 전생에서 당신을 두고 떠났던 그 생모의 영혼과 함께 산 적이 있습니까?

영: (한참 말이 없다가)… 네, 있습니다.

닥터 N: 그 영혼과 함께 산 어느 전생에서 감정적 또는 육체적 고통을 느끼는 사건에 휘말린 적이 있습니까?

영: (잠깐 말이 없다가 피술자의 손이 의자의 가장자리를 잡는다.) 아… 참… 그랬군… 그게 바로 그녀였어!

닥터 N: 진정하세요. 너무 그렇게 빨리 가면 따라갈 수가 없습니다. 지금 보고 있는 그 생애로 들어가주십시오. 셋을 세는 동안 그 생에서 그 영혼과 함께하였던 가장 결정적인 시점으로 돌아가십시오. 하나, 둘, 셋!

영: (깊은 한숨을 쉬며) 아… 그랬군… 같은 사람이었군… 몸은 달랐지만… 그때도 그녀는 나의 어머니였군.

닥터 N: 계속 그 지구의 장면에 머물러주십시오. 지금은 밤입니까, 낮입니까?

영: (잠깐 말이 없다가) 지금은 한낮입니다. 햇볕이 뜨겁고 모래….

닥터 N: 뜨거운 햇볕이 내리쪼이는 백사장에서 어떤 일이 일어나고 있는지 말해주십시오.

영: (말이 막히는 듯) 나는 지금 나의 사원 앞에 서 있습니다… 그 앞으로 많은 군중들이 모여 있습니다… 나의 호위병들은 내 뒤를 둘러싸고 있습니다.

닥터 N: 당신의 이름은 무엇입니까?

영: 하롬입니다.

닥터 N: 지금 어떤 옷을 입고 있습니까?

영: 하얀 천으로 만든 긴 옷을 입고 샌들을 신고 있습니다. 손에는 지팡이를 들고 있는데 뱀 문양이 장식되어 있는 금으로 만든 것입니다. 그 뱀은 내 권위의 상징입니다.

닥터 N: 하롬, 당신은 어떤 권력을 지니고 있습니까?

영: (자랑스럽게) 나는 족장입니다.

잇따른 질문으로 하롬은 BC 2000년경 홍해 근처에 있는 아라비아반도에 살았던 부족의 족장이었음이 드러났다. 고대에 이 지역은 세바(Sheba)나 사바(Saba)의 왕국으로 알려졌던 지역이었다. 그리고 그의 사원은 진흙과 돌로 만들어진 것으로서 달의 신을 위해 지어진 것이었다.

닥터 N: 지금 그 사원 앞에서 당신은 무엇을 하고 있습니까?

영: 지금 어떤 여자를 심판하고 있습니다. 그녀는 나의 어머니입니다. 그녀는 지금 내 앞에서 무릎을 꿇고 있습니다. 나를 쳐다보

는 눈빛은 두려움과 연민을 띠고 있습니다.

닥터 N : 어떻게 두려움과 연민을 동시에 눈빛으로 나타낼 수 있습니까?

영 : 그 연민의 빛은 나를 온통 지배해 버린 권력 때문입니다…. 내 지배 아래 있는 사람들의 일상생활까지 침식하게 된 그 권력 때문입니다. 그리고 두려움은 곧 내가 하려는 일 때문입니다. 그 일로 내 마음도 좀 심란합니다. 하지만 나는 그런 내색을 보이지 말아야 합니다.

닥터 N : 왜 당신의 어머니가 사원 앞 계단에 서 있는 당신 앞에 무릎을 꿇고 있습니까?

영 : 어머니가 창고를 부수고 들어가 먹을 것을 훔쳐서 사람들에게 나누어주었기 때문입니다. 1년 중 이 계절은 많은 사람들이 굶주리는 때입니다. 하지만 오직 나만이 먹을 것을 나누어주라는 명령을 내릴 수 있습니다. 식량은 신중히 고려해서 분배해야 합니다.

닥터 N : 어머니는 분배의 법에 어긋난 행동을 했습니까? 그런 행위는 생사까지 위협받는 문제입니까?

영 : (갑자기) 그보다 더한 잘못이지요. 나의 명령을 어겼으므로 그녀는 나의 권력을 훼손했어요…. 나는 식량 분배를 부족 다스리는 도구로 쓰면서 그들이 모두 나에게 충성을 다하기를 바랐지요.

닥터 N : 어머니를 어떻게 할 작정입니까?

영 : (확신의 태도로) 어머니는 법을 어겼습니다. 나는 그녀를 구제할 수도 있습니다. 하지만 그녀는 본보기로 벌을 받아야 합니다. 나는 어머니를 죽이기로 결정하였습니다.

닥터 N : 하롬, 자신의 어머니를 어떻게 죽일 수가 있습니까?

영 : 이 일은 해치워야 됩니다. 어머니는 늘 문제를 일으켰고 나에겐 가시 같은 존재였습니다. 그녀의 지위 때문에 부족들 사이에 혼란이 일어나기도 하였습니다. 지금 현재도 그녀는 오만하고 도전적입니다. 나는 사형을 내렸습니다.

닥터 N : 어머니를 처형하라는 명령을 내린 것을 후에 슬퍼하였습니까?

영 : (보다 시달린 목소리로) 권력을 유지하기 위해선 그런 생각을 하지 말아야 합니다.

이 시점에서 스티브의 마음은 두 가지 감정적으로 왜곡된 사실, 자신과 어머니 사이에 일어난 자발적인 이별로 인한 비극을 재생하게 된다. 그러나 그런 업보의 유대는 알게 되지만 영아로서 버려진 사실을 순수한 응보의 역사로 취급해서는 안 된다. 치유가 시작되기 위해선 더 많은 것을 거쳐야 한다.

대담의 다음 단계는 스티브의 영혼의 본질을 되찾는 것에 집중되었다. 그러기 위해 나는 그를 영혼의 세계로 인도하였다. 케이스에 따라서 가장 적절한 영적 장소로 그들을 인도해야 좋은 효과를 얻을 수 있다. 케이스 13에서 나는 그 장소를 오리엔테이션의 장소로 택했었다.

하지만 케이스 27에서는 그가 환생 선택을 마친 시점으로 돌아갈 것이다. 그런 설정 속에서 나는 스티브가 현재의 육신을 택한 이유를 알게 할 것이다. 그리고 그는 현실에서 그와 관련된 다른 사람들과의 인연도 알게 될 것이다.

닥터 N : 영혼의 세계에서 당신은 어떻게 불립니까?

영 : 스무스.

닥터 N : 자, 그럼 스무스. 우리는 지금 영혼의 세계에 다시 와 있으니까 당신이 스티브를 링에서 보고 온 후의 시점으로 돌아갑니다. 그에 대한 느낌은 어떻습니까?

영 : 무엇엔가 굉장히 분개하고 있군요…. 어머니가 교회 문 앞에 그를 버려두고 갔다고 화를 내고 있군요…. 그리고 그 콧대 높은 사람들, 양부모가 된 사람들에게도 화를 내고 있군요. 저런 육체를 택하다니 생각 좀 해봐야 되겠어요.

닥터 N : 그런 느낌 이해합니다. 하지만 다른 것을 의논할 동안 그런 생각은 좀 접어두도록 합시다. 환생 선택을 하고 링을 떠난 뒤 어떤 일을 하게 됩니까?

영 : 때때로 혼자 있는 시간을 택하기도 하지만, 보통 나는 나의 결정에 대한 친구들의 의견을 참조합니다. 특히 그같이 험난한 생애에 관해선 더더욱 그렇지요.

닥터 N : 그 인생만 있는 게 아니라 또 다른 선택의 여지가 있지 않습니까?

영 : (고개를 젓는다.) 하지만 그 선택은 불가피한 것이었습니다… 정말 결정하기 힘들었습니다.

닥터 N : 스무스, 당신이 같은 그룹에 속하는 친구들에게로 돌아가면 다음 환생 때 그들 중 몇 사람과 연관을 갖게 될 것인가를 의논한 적이 있습니까?

영 : 네, 그런 의논은 자주 하게 됩니다. 친한 친구들은 환생 후에도 내 주위에 있게 됩니다. 나도 그들의 환생에 있게 되듯이 말입니다. 어떤 인생에선 그들 중 몇몇이 빠지는 경우도 있지만 그런 것은 문제가 되지 않아요. 우리는 모두 털어놓고 진지하게 다음 생에 관한 것을 의논합니다. 나는 그들의 의견을 소상히 검토하게 됩니다. 우리들은 모두 서로를 너무나 잘 알고 있으니까요. 우리들의 장점과 단점, 전에 겪었던 성공이나 실패, 무엇을 조심해야 하는지 따위 말입니다.

닥터 N : 환생 선택을 하러 링에 가기 전에 어떤 인간으로 태어나야 할 것인지 그들과 상세히 의논을 한 적이 있습니까?

영 : 물론이지요. 세세한 것은 말할 수 없었어도 대략 윤곽만은 이야기했지요. 하지만 이젠 스티브의 삶을 봤으니까 예약이 되었어요. 그래서 나는 졸에게 이야기합니다.

닥터 N : 졸은 당신의 안내자입니까?

영 : 네, 그렇습니다. 링으로 가서 환생을 선택하기 전에 졸에게 어떤 인간으로 태어나야 할 것인지 의논하곤 했지요.

닥터 N : 그럼 스무스, 이제 당신은 링에서 당신의 그룹이 있는 곳으로 돌아왔습니다. 먼저 어떤 일을 하게 됩니까?

영: 나는 스티브에 관한 이야기를 합니다…. 불행하고… 친어머니가 없고… 하는 등등의 이야기며… 어떤 사람들이 그의 주위에 있게 되며… 그런 사람들의 계획이나 목적 같은 것을 말입니다. 그런 계획은 우리 그룹에서 참여하려는 모든 영혼들의 목적과 맞아떨어져야 하거든요.

닥터 N: 누가 어떤 역할의 인간으로 태어나는가 하는 상담인가요?

영: 그렇습니다. 우리들은 그런 사실을 확실하게 해야 하니까요.

닥터 N: 그 시점에서도 환생의 선택이 유보되거나 다른 선택이 가능합니까? 아니면 링에서 떠날 때 어떤 인생을 살 것인지 결정되는 것입니까?

영: 영혼은 어떤 일에 있어서도 강요당하는 일은 없습니다. 우리 스스로가 무엇을 해야 하는지 알고 있습니다. 졸이나… 다른 친구들은 우리들이 조절하는 데 도움을 줍니다… 그들이 그림을 완성시키는 것이지요. (피술자의 얼굴이 어두워진다.)

닥터 N: 스무스, 무슨 일이 잘못되었습니까?

영: (기운이 빠진 모습으로) 아… 친구들이 떠나고 있습니다… 다른 영혼들이 오고 있습니다… 오!

닥터 N: 추측건대 영혼에 관한 일이 검토될 것 같군요. 가능한 한 긴장을 푸십시오. 제가 질문하면 일어나고 있는 일을 모두 말해 주십시오. 아시겠습니까?

영: (신경질적으로) 네.

닥터 N : 시작! 다가오는 영혼이 몇 명이나 됩니까?

영 : 네 명이… 오고 있습니다. 그 속에 졸도 있습니다.

닥터 N : 앞장선 이가 누구입니까?

영 : (피술자는 닥터 N의 손을 잡는다.) 이언입니다… 그녀는 다시 나의 어머니가 되려 합니다.

닥터 N : 그 영혼이 바로 하롬과 스티브의 어머니가 된 여자의 영혼입니까?

영 : 네, 바로 그 영혼입니다… 하지만… 나는 그렇게 되길 원치 않는데요.

닥터 N : 어떤 일이 일어나고 있습니까?

영 : 이언이 이제 우리 사이의 일을 결정해야 한다고 말합니다… 다시 어머니와 아들이 되어 어렵고 혼란스런 삶을 경험하는 것으로써.

닥터 N : 하지만 스무스, 당신은 링에서 이미 그런 사실을 알고 있지 않았습니까? 스티브의 어머니가 아기를 교회로 데리고 가는 것을 보고서 말입니다.

영 : 나는 사람들을 보았고… 가능성을 보았습니다. 하지만 그것은 여전히 추상적인 생각들이었지요. 그것은 아직도 확실한 나 자신은 아닙니다. 나는 조금 더 설득당할 필요가 있는 것 같습니다. 이언은 이유가 있어 저에게로 왔을 테니까요.

닥터 N : 지금 다가온 그 영혼들은 당신의 그룹에 속하는 친구들이 아닌 것 같은데요.

영 : (한숨을 쉬면서) 네. 그들은 그룹에 속하는 친구들이 아닙니다.

닥터 N : 아라비아에서 당신이 이언에게 했던 그 일을 바로잡는 의논을 하게 된 것이 지구의 시간으로 볼 때 4,000년이나 걸렸는데, 왜 그렇게 오랜 시간을 기다려야 했습니까?

영 : 영혼들에게 있어 지구의 시간은 무의미합니다. 그들에게 4,000년 전이란 어제와도 같을 수 있습니다. 그동안 나는 하롬으로서 그녀에게 끼친 피해를 보상할 준비가 되어 있지 않았던 것이지요. 하지만 이언은 이제 때가 되었다고 합니다.

닥터 N : 만약 당신의 영혼이 텍사스에 있는 스티브의 육체에 깃든다면 이언은 이번의 만남이 빚을 갚는 업보의 기회라고 생각합니까?

영 : (잠깐 말이 없다가) 스티브로 태어난 인생은 벌이 아닙니다.

닥터 N : 옳은 판단을 하셨군요. 그래서 그 생에서 배워야 할 것은 어떤 것일까요?

영 : 가족의 유대를 포기한다는 것이 어떤 것인가… 고의적인 가혹한 행위란 어떤 결과를 가져오는가 하는 것을 알게 되고 느끼는 것입니다.

닥터 N : 어머니와 아들의 유대를 참혹하게 잘라버리는 고의적인 행위를 말하는 겁니까?

영 : 네, 버려지는 인생이 어떤 것인가를 체험하기 위해서였지요.

닥터 N : 이언은 떠나게 하고 다른 영혼들이 다가오도록 하십시오.

영 : (근심스러운 표정으로) 이언은 떠돌아가고… 졸…이 다가오고

있습니다…. 아이, 저런… 저들은 타루와 카리슈가 아닌가! (피술자는 앉아 있던 의자를 움직이며 다가오는 두 영혼을 멀리하려고 손으로 미는 시늉을 한다.)

닥터N: 그들은 어떤 영혼들입니까?

영: (재빠른 말로) 타루와 카리슈가 스티브의 양부모가 될 것을 자원하였습니다. 그들은 함께 일을 잘 하지요.

닥터N: 그런데 무슨 잘못이 있나요?

영: 자주 만나는 게 싫어요.

닥터N: 스무스, 진정하고 좀 천천히 말해주세요. 그분들과 함께 일한 적이 있습니까?

영: (여전히 혼자서 중얼거리며) 네, 그런 적이 있어요. 하지만 그들은 나에게 좀 지독하게 대했지요. 함께 있기 어려웠어요. 특히 카리슈는 더했어요. 그들은 내가 독일에 환생하였을 때 장모와 장인이었어요. 또다시 함께 지내야 하다니! 너무 자주 만나는 것이 싫어요.

스무스가 유럽에서 살았던 전생을 설명할 동안 우리들은 잠깐 본론에서 벗어난 이야기를 계속한다. 전생에 유럽에 살던 고급 장교였던 그는 가족을 소홀히 대했기 때문에 권세 있는 가문이었던 아내의 부모에게서 자주 꾸지람을 듣던 처지였다.

닥터N: 그럼 당신은 타루와 카리슈가 텍사스에서 당신의 양부모가 될 자격이 없다고 생각합니까?

영 : (체념하듯 고개를 흔든다.) 아닙니다. 그들은 자기들의 역할을 잘 알고 또 잘 해내기도 합니다. 하지만 저에겐 카리슈가 문제이지요. 항상 험난한 만남이어야 하니까요.

닥터 N : 카리슈는 환생할 때 늘 그런 역할을 맡게 됩니까?

영 : 나를 대할 때는 언제나 그랬어요. 카리슈는 아무나 쉽게 사귈 수 없는 영혼입니다. 그녀는 개성이 강하고 단호한 성품을 지니고 있지요.

닥터 N : 양아버지로서 타루는 어떻습니까?

영 : 엄격하고… 하지만 카리슈의 말은 잘 따르고… 지나치게 고립되어 있고… 감정도 잘 나타내지 않고… 나는 아마 이번 기회에 철저히 반항하게 될 것입니다.

닥터 N : 하지만 그들이 당신에게 가르쳐주는 것도 있지 않을까요?

영 : 그럴 수도 있을 것입니다. 하지만 어쨌든 저는 그 문제를 쉽게 소화시킬 수는 없습니다. 졸과 이언이 왔습니다.

닥터 N : 이 회의에서 당신은 어떤 말을 합니까?

영 : 이언이 나의 양부모가 되었으면 합니다. 하지만 모두 나를 보고 웃습니다. 졸은 설명도 듣지 않으려고 합니다. 졸은 알지요. 내가 이언과 가깝게 지낸다는 것을.

닥터 N : 스무스, 그들은 당신을 놀리고 있습니까?

영 : 아닙니다. 전혀 그렇지 않습니다. 타루와 카리슈는 나의 잘못을 그들과 함께 다루는 것에 대한 나의 망설임을 문제 삼고 있습

13. 새로운 육체의 선택 399

니다.

닥터 N : 나는 그들이 모두 한 패거리가 되어 당신의 영혼이 텍사스에 있는 그 영아에게 깃들도록 결정을 내리라고 억지를 부리고 있는 줄 알았지요.

영 : 영혼의 세계에서는 아무것도 그런 식으로 결정되지 않습니다. 우리는 다만 인생에 대한 나의 불안에 대해 의논하고 있을 따름입니다.

닥터 N : 하지만 나는 당신이 타루와 카리슈를 좋아하지 않는 것 같은 생각을 하게 되었거든요.

영 : 그들은 나에 대해 잘 알고 있지요. 나는 엄격한 지도를 필요로 하지요. 그렇지 않으면 나는 그들을 앞지르는 일을 저지르고 마니까요. 여기에 있는 모든 영혼들은 내가 마음대로 하려는 경향이 있다는 것을 알고 있지요. 그들은 나에게 그들이 없는 쉬운 인생이란 물 위로 흘러가는 것 같다는 것을 납득시킵니다. 그들은 많은 단련을 거친 영혼들이지요.

닥터 N : 그럼 이제 당신은 그런 마음의 결정을 내린 것 같군요. 그들과 함께 텍사스의 인생을 살기로.

영 : (생각에 잠기어) 네. 그들은 아이인 저에게 많은 것을 강요하게 될 것입니다… 카리슈의 비꼼… 타루의 완벽주의… 이언은 잃게 되고… 정말 거친 인생이 기다리고 있어요.

닥터 N : 당신 부모의 역할을 맡게 된다는 것은 타루와 카리슈에게는 어떤 의미입니까?

영 : 타루와 카리슈는… 나의 그것과는 다른 구성에 속합니다. 나는 그들의 일에 휘말리지 말아야 합니다. 그들의 문제는 강직함과 긍지를 이겨내는 것입니다.

닥터 N : 지구에서 살 때 우리들에게 긍정적이거나 부정적인 영향을 미치는 사람들이 우리에게 중요한 역할을 한다는 것을 영혼의 마음은 항상 알고 있습니까?

영 : 네, 그렇습니다. 하지만 그렇다고 해서 인생을 사는 사람이 영혼이 알고 있는 것을 모두 알고 있다고는 말할 수 없지요. (미소 짓는다.) 그것은 지구에서 우리들이 알아내야 할 과제이기도 합니다.

닥터 N : 지금 우리들이 하고 있듯이 말입니까?

영 : 그렇지요… 나는 지금 당신의 도움으로 조금 속이고 있기는 하지만… 괜찮아요… 그런 것도 쓸모가 있으니까.

평상시의 의식으로 우리의 영혼이 어떤 것인가를 안다는 것은 너무나 어려운 일이기 때문에 수수께끼같이 느껴지기도 한다. 이제 독자들은 초의식 상태에서도 우리의 의식적인 정신 상태의 비평적인 눈은 우리 자신을 관찰하고 있음을 알아내었을 것이다. 피술자들을 도와서 마음의 모든 면을 연결시키고 심오한 자아에 이르게 하는 것이 최면요법의 가장 중요한 한 면이기도 하다.

나는 스티브가 자기의 영혼을 앎으로써 그의 행동에 대한 통찰력을 갖게 되기를 바랐다. 다음 대담으로 스무스의 영혼이 왜 스티브의 몸에 깃들게 되었는지 알게 된다. 졸, 이언, 타루, 카리슈와 함께한 영혼의 회의가 끝난 뒤, 나는 스무스를 조용한 영혼의 세계로 데려가 대화를 시작하였다.

닥터 N : 스무스, 인체에 깃든 영혼은 그 인간의 성격에 얼마나 영향을 미치게 됩니까?

영 : 많은 영향을 미치게 됩니다. 하지만 모두가 다 같지는 않아요. (웃는다.) 아시다시피 좋은 육체와 영혼의 만남은 항상 있는 일이 아니지요. 저도 많은 환생을 하는 동안 좀 더 마음에 들었던 육체가 있었고 또 그렇지 않은 때도 있었지요.

닥터 N : 영혼의 영향이 인간 뇌의 작용보다 우세합니까? 아니면 뇌의 작용이 더 우세합니까?

영 : 그건 좀 대답하기 어려운 질문입니다. 왜냐하면 제각기 육체가 지닌 뇌의 작용은 같지 않고, 그런 뇌의 변화에 따라 영혼의 역할도 달라지기 때문입니다. 만약 영혼이 없다면 인간은 무척 공허해질 것입니다. 영혼은 인체를 소중히 다룹니다.

닥터 N : 만약 육체에 영혼이 깃들지 않으면 어떤 현상이 일어난다고 생각합니까?

영 : 감각과 감정에 지배되어….

닥터 N : 그리고 인간이 지닌 뇌는 영혼으로 하여금 각각 다른 반응을 하게 합니까?

영 : 저의 경우를 보면 어떤 육체는 보다 잘 적용되기도 합니다. 하

지만 항상 인간 속에 나의 전부가 깃들어 있지는 않습니다. 어떤 육체적 감정은 견디기 어렵습니다…. 그럴 때 나는 영향력을 미칠 수 없습니다.

닥터 N: 스티브가 보였던 격렬한 노여움은 그의 육체의 중추신경에서 온 것이었습니까?

영: 네, 그건 유전적인 것이지요.

닥터 N: 하지만 당신은 그의 육체를 선택하기 전에 그가 어떤 인간이라는 것을 알고 있지 않았습니까?

영: (혐오스러운 표정으로) 맞아요. 그건 좋지 못한 것을 더욱더 그렇게 만드는 내 못된 버릇이지요. 나는 인간의 마음에서 이는 폭풍우가 잠잠해져야만 해석을 내릴 수 있는데, 그럼에도 불구하고 나는 과격한 인간에게 깃들게 되지요.

닥터 N: 해석이라니요? 무엇을 해석한단 말입니까?

영: 생각을 해석하는 거지요. 혼란을 대하는 스티브의 반응을 긍정적으로 이끄는 겁니다.

닥터 N: 솔직히 말해서 스무스, 당신은 스티브에게 어울리지 않는 낯선 영혼 같아요.

영: 그런 인상을 주어서 미안합니다. 영혼은 인간의 마음을 조종하지 않습니다. 우리는 다만 존재함으로써 이 세상의 의미를 보게 하고… 덕을 쌓게 하고 이해를 더 높이는 거지요.

닥터 N: 그 모든 것은 참으로 좋은 일입니다. 하지만 영혼 역시 인간의 육체에 깃들어 자신의 발전을 도모하지 않습니까? 그렇지 않습니까?

영 : 그렇습니다. 그건 혼합이지요. 우리는 서로 에너지를 주고받는 겁니다.

닥터 N : 그렇다면 당신은 자신의 에너지를 깃드는 육체에 맞춥니까?

영 : 개체의 감정 표현에 따라 각각 다른 표현을 한다는 게 옳은 표현일 것입니다.

닥터 N : 스무스, 이제 구체적인 예를 한번 들어봅시다. 지금 스티브의 뇌와 영혼인 당신은 지구에서 어떤 일을 하고 있습니까?

영 : 나는… 지금 물속에 빠져 있는 것 같습니다. 때로 많은 부정적인 힘과 맞서게 되면 나의 에너지는 과로로 인해 반응이 없어지지요.

닥터 N : 당신이 선택한 하롬이나 스티브, 그리고 그 사이에 있었던 많은 환생을 통해 당신의 성향에 맞는 어떤 인간의 전형이 있었습니까?

영 : (한참 동안 말이 없다) 나는 접촉하는 영혼입니다. 나는 다른 사람들과 도전적으로 교류하는 사람을 찾습니다.

닥터 N : 도전적이라는 표현에는 적개심이 느껴지는데요. 적극적이거나 능동적이라는 표현을 그렇게 말하였습니까?

영 : (잠시 침묵한다.) 나는 다른 사람들에게 왕성한 영향력을 미치고 힘껏 일하는 사람에게 이끌립니다.

닥터 N : 당신은 다른 사람들을 지배하길 좋아하는 영혼입니까?

영 : 지배한다는 표현은 부당합니다. 나는 다만 주위에 있는 사람들과 열성적으로 사귀지 않는 사람이 되고 싶지 않을 따름입니다.

닥터 N : 스무스, 환생한 다른 영혼들을 지도하고 감독하는 것은 지배하는 것이 아닙니까?

영 : (반응이 없다.)

닥터 N : 당신의 인간관계에 대해 졸의 의견은 어떻습니까?

영 : 흠… 내가 권력을 좋아한다고 말합니다. 결정권을 가진 인간들의 행위에 영향을 미칠 수 있는 매체로서, 또 내가 이끌 수 있는 사회적, 정치적 단체를 갈망한다고.

닥터 N : 그래서 당신은 조용하고 겸손한 사람의 몸에 깃드는 것을 좋아하지 않는군요.

영 : 물론이지요.

닥터 N : (더 세게 밀어붙인다.) 스무스, 그래서 당신은 아라비아에서 하롬이 권력을 잘못 썼을 때도 그것을 즐겼고 또 텍사스에서 스티브가 직원들에게 잘 대하지 않았을 때도 흡족하게 생각하지 않았습니까?

영 : (큰 소리로) 아닙니다, 그건 사실이 아닙니다! 사람들을 다스리게 되면 뜻하지 않은 일이 일어나곤 합니다. 모든 일을 엉망으로 만드는 것이 지구의 상황이지요. 그건 나의 잘못만으로 그렇게 된 것이 아닙니다.

닥터 N : 당신의 영혼이 하롬이나 스티브와 함께 있었기 때문에 그들의 행동이 더 극단적으로 흐르게 된 것이 아닙니까?

영 : (무겁게) 내가 잘한 것도 없지요. 나도 알고 있습니다.

닥터 N : 하지만 스무스, 나는 당신 영혼이 나쁘다는 생각은 하지 않아요. 다만 인간 권력의 함정 속에 쉽게 휘말려들었을 뿐이지요. 그래서 이제는 사회와도 알력을 갖게 되었고.

영 : (혼란한 모습으로) 당신은 점점 졸을 닮아가고 있어요!

닥터 N : 나는 그럴 의도가 전혀 없는데 어쩌면 졸이 우리들을 도우려고, 당신 속에서 일어나고 있는 일을 이해시키려고 그렇게 하고 있는지도 모르지요, 스무스.

영 : 그럴 수도 있지요.

스티브와 나는 그의 영혼의 생산적이고 긍정적인 면에 도달할 수 있었다. 나는 그의 무의식과 의식 사이에 있는 현을 조종해가면서 마치 두 사람이 대화하듯 그의 영혼과 이야기를 나누었다. 그 두 힘을 가까이 다가가게 하는 조치를 한 뒤 나는 마지막 물음을 던지는 것으로 그 대담을 끝냈다. 이 시점에서는 그의 마음이 표류하거나 그의 기억이 분리되는 것을 방지하여야 한다. 반응을 촉진하기 위해 나의 물음은 대결하듯 빠르게 던져진다. 피술자도 빠르게 반응한다.

닥터 N : 스무스, 왜 스티브의 육체에 깃들려 하였는가 하는 것부터 이야기해주십시오.

영 : 다른 사람들을 이끌고 싶은 나의 소원을 이루기 위해… 언제나 주도권을 갖고 싶은….

닥터 N : 스티브의 인생이 택한 길은 당신의 영혼이 원치 않던 길이 었습니까?

영 : 나는 스티브의 그런 면이 마음에 들지 않습니다. 언제나 정상에 머물려고 온갖 노력을 기울이고 싸우면서도 한편에서는 스스로 파괴와 도피를 생각하고 있는 그런 점이.

닥터 N : 만약 그런 게 모순으로 생각된다면 왜 그런 일이 있었습니까?

영 : 어린 시절의… 슬픔…. (그 이상 말하지 않는다.)

닥터 N : 지금 누가 말하고 있습니까? 스무스, 왜 당신은 좀 더 적극적으로 스티브를 돕지 않습니까? 이언에게 버림받은 수치심을 이겨내고, 그리고 타루와 카리슈에게 사랑받지 못하고 자란 유년 시절의 노여움을 극복해야 하지 않나요?

영 : 나는 이제 어른이 되었어요… 그리고 다른 사람들을 통솔하고 있어요…. 이제 아무도 나에게 마음의 상처를 줄 수 없어요.

닥터 N : 스무스, 지금 당신과 스티브가 동일한 지성이 되어 말하고 있다면 왜 당신의 인생살이가 그렇게 파괴적인가를 나는 묻고 싶습니다.

영 : (한참 말이 없다) 왜냐하면 나의 약점은… 지구에서 권력을 자기 보존의 방법으로 쓰기 때문입니다.

닥터 N : 만약 어릴 때 처했던 환경이나 관계가 그렇지 않았다면, 성인이 된 뒤 사람들을 덜 조종하고 힘에 집착하지 않았을 것이라고 생각합니까?

영 : (화가 나서) 그랬겠지요.

닥터 N : 당신이 선택한 육체를 통해 바라던 것이 이루어지지 않는다면 영혼으로서 당신은 어떤 일을 하게 됩니까?

영 : 나는… 함께 박자를 맞출 수 없게 됩니다.

닥터 N : 그런가요? 그렇다면 그런 일은 어떻게 하게 됩니까, 스무스?

영 : 활동적이… 되지 않음으로써.

닥터 N : 감정에 휩싸인 육체의 으름장 때문에 그렇게 된 건가요?

영 : 그저… 조가비 속으로 들어가버리는 거지요.

닥터 N : 그렇게 함으로써 당신은 지구로 오게 된 가장 중요한 목적인 배움의 길을 피하게 되는군요.

영 : 어…허….

닥터 N : 스티브, 당신의 양부모는 당신을 학대했지요. 그렇지 않습니까?

영 : 네, 그랬습니다.

닥터 N : 이제는 알겠습니까, 왜 그들이 그래야 했는가를?

영 : (잠시 말이 없다) 항상 심판당하는 것이 어떤 것인가를 깨닫기 위해서.

닥터 N : 그 외에 또 무엇이 있습니까?

영 : 어려움을 이겨내고… 온전해지기 위해. (씁쓸한 표정으로) 모르겠어요….

닥터 N : 스티브, 당신은 모든 것을 알고 있습니다. 당신이 상처받은 마음으로 주위의 사람들을 대할 때 어떻게 했는지 이야기해보세요.

영: (한참 망설이다가) 일부러 행복한 척하고… 술을 마시거나 사람들을 푸대접하는 것으로 감정을 가장하고….

닥터 N: 이제 그런 가장을 벗어버리고 진지하게 시작해보겠습니까?

영: 네, 그러고 싶습니다.

닥터 N: 어떤 사람이 되고 싶은지 말해보십시오.

영: (눈물을 글썽이며) 나는… 사람들에게 적개심을 품고 싶지 않습니다…. 하지만 또한 대우받지 못하는 인간은 되고 싶지 않습니다…. 존경받고 인정받는 인간이 되고 싶습니다.

닥터 N: 그래서 기회를 노리고 있었군요?

영: (조용히) 네. 인생은 참으로 고통스러운 것이지요.

닥터 N: 무엇이 잘못되어 그렇게 되었다고 생각합니까?

영: 그렇게는 생각지 않습니다.

닥터 N: 스티브와 스무스, 내가 하는 말을 반복해주십시오. "나는 이언과 타루, 그리고 카리슈에 대해 느낀 고통, 그들이 나를 위해 주었던 그 고통에서 헤어납니다. 그리고 내 인생을 바로잡아 내가 진실로 원하는 영혼과 인간이 되려 합니다." (피술자는 세 번 그 말을 반복하였다.)

닥터 N: 스티브, 앞으로는 어떻게 당신을 표현할 것입니까? 발전을 위해 책임 있는 일을 할 수 있겠습니까?

영 : (몇 번 말을 잘못 시작했다가) 보다 더 정직해질 것을 배우는 것이 겠지요.

닥터 N : 그리고 당신이 사회의 희생자가 아니라는 믿음을 굳히 고….

영 : 그래야겠지요.

이 케이스는 스티브의 이해를 굳히는 것으로 끝났다. 그의 진실이 무엇인지, 또 그의 사명이 어떤 것인지 이해하고 재확인시키는 것으로써 마쳤다. 나는 그가 가치 있고 사회에 공헌할 수 있는 사람인 것을 확인시킴으로써 그가 불행했던 과거에서 해방되길 바랐다. 우리는 또 그가 좋아하거나 두려워하는 일들에 관해 이야기를 주고받았다. 참다운 자신을 자주 환기해야 하는 것도 거론되었다. 나는 우리들이 미움과 불화를 다루는 기초적인 일을 해냈다는 것을 느낄 수 있었다. 나는 그에게 계속적인 상담의 필요를 일깨워주었다. 그는 회복이 잘 되어가고 있고 자기 속에 있는 길 잃은 아이를 찾았다는 편지를 보내왔다. 스티브는 지난날의 잘못이 실수 때문이 아니라 발전을 위한 것임을 깨닫게 되었던 것이다.

케이스 27은 사람들이 어려운 과제를 자기의 인생에 설정하는 것이 어릴 때부터라는 것을 증명한다. 그렇기 때문에 영혼이 환생 선택을 할 때 가족의 선택에 중점을 두게 되는 것이다. 어떤 사람은 우리들이 태어나기 전에 선정된 부모들의 자식으로 자원하여 태어난다는 설정에 대해 의문이나 반감을 품기도 할 것이다. 일반적으로 자식들은 부모들에게서 사랑받은 경험이 있겠지만 또 많은 사람들이 해결하지 못한 아프고 슬픈 경험을 지니고 있을 것이다. 우리들은 자라면서 사랑받고 보호받아야 할 사람들에게서 받은 그런 기억이나 상처, 또 선택의 여지도 없이 태어나게 된 생리적인 부모나 형제들 속에서 희생하는 삶을 사는 것에 대해 생각하게 된다. 하지만 그런 생각은 옳지 않다.

가족들 때문에 괴로움을 많이 겪는다는 사람들의 말을 들을 때마다 그들의 의식적인 마음을 향한 나의 질문은 이러하다.

"만약 당신이 어릴 때 그런 경험을 하지 않았다면, 오늘날 어떤 이해를 하는 데 어떤 결핍이 있었을까요?"

시간은 좀 걸릴지 모르지만 대답은 이미 우리들 속에 존재한다. 우리들이 어른이 되었을 때 만나 가까이 지내야 될 사람들이 있듯이, 어릴 때 특정한 사람들과 함께 지내야 되는 데는 영혼적인 이유가 있어서 그렇게 되는 것이다.

우리 자신들을 영적으로 알려면 왜 우리가 부모나 형제, 남편, 친구 같은 주위 사람들의 영혼과 어울리게 되었나 하는 것에 대한 이해가 있어야 한다. 우리들이 가깝게 지내는 사람들에게서 고통이나 기쁨을 체험하는 것은 업보적인 이유 때문에 그렇다. 우리는 지구로 올 때 우리 자신의 배움을 위해 오기도 하지만 다른 사람들의 배움을 위한 연극 속에서도 한 역할을 담당하게 된다는 것을 잊지 말아야 할 것이다.

어떤 사람들은 몹시 불우한 환경 속에서 살아야 하기 때문에 영혼의 세계가 성스러운 자비의 중심지가 아니라고 생각한다. 하지만 서로 유대를 가진 영혼들이 환생하여 미리 동의한 사랑과 미움의 역할을 하면서 수련을 계속할 때면 최상의 자비가 작동한다. 또 그런 경험을 통해 상호 간의 문제를 해결한다는 것은 앞으로는 다시 그런 어려움을 경험하지 않게 된다는 것이기도 하다.

지구에서 그런 시련을 이겨낸다는 것은 새로운 환생을 할 때마다 우리들을 더 높은 지각으로 인도하고 영혼의 본질을 향상하게 하는 것이다. 최면에 빠져 있는 사람들은 인간의 에고와 영혼의 정체를 분간하지 못할 때가 있다. 영혼이 인체에 깃들기 전에 인간의 성격이 오감(五感) 이상의 것을 갖지 못하고 기본적인 생존 방식만 알고 있다면, 그 인체에 깃드는 영혼의 정체가 그 인간의 성격이 될 것이다. 예컨대 질투를 잘 하는 성격을 가진 인체에 질투를 할 줄 모르는 영혼은 깃들 수 없는 것이다.

그러나 나의 경험에 의하면 인체의 성격에서 표명되는 것과 영혼의 정체는 미묘한 변화를 나타내기도 하였다. 케이스 27은 하롬과 스티브의 성격의 같은 점과 다른 점을 보이기도 하였다. 인간들 속에 상주하는 영혼은 인간의 기질을 다스리는 기관 같지만 그 역시 개개인의 경우에 따라 달라지기도 한다.

나를 찾아오는 피술자들의 영혼들은 자신들의 성향에 어울리는 특정한 성장 양상을 가진 인체를 택한 것 같았다. 어떤 인생은 지나치게 조심스럽고 낮은 에너지를 지닌 영혼이 조용하고 가라앉은 성격을 지닌 인체에 깃들어 있기도 하였다. 하지만 그 같은 영혼이 다음 환생 때는 보다 큰 모험을 하도록 장려되어 그 영혼의 성향과 반대되는 강직하고 공격적인 성격을 지닌 인간의 육체에 깃들기도 한다. 삶에 있어서 영혼은 인간의 뇌세포와 지적인 에너지의 공생을 통해서 정신적인 기여를 하기도 하고 또 받기도 한다. 영원한 지각에 의해 생성된 심오한 느낌은 꼭 그렇게 되어야만 하는 한 성격으로 표현되는 인간의 감정과 결합된다. 영혼은 인생의 경험을 통해 개성을 바꾸지 않는다. 다만 사건에 대한 부정적인 반응만이 바뀐다. 불교에서는, 깨달아서 승화된다는 것은 절대적인 영혼의 에고가 상대적인 인간의 에고에 반영되어 그 인생에 작용되는 것이라 말한다.

시작과 중간, 그리고 앞서가는 영혼의 장에서 나는 성숙한 영혼의 케이스를 들어 보였다. 생각건대 영혼들은 제각각 깃든 육체를 통해 자기들의 에고를 표명하는 것 같다. 그리고 그런 영혼의 에고는 인체의 행동에 강력한 영향을 미치기도 한다.

하지만 영혼의 진화를 그 행위로만 판단할 수는 없는 것 같다. 어떤 인생에서는 영혼의 에너지를 일부 유보하는 것도 영혼 작용의 계획 속에 미리 설정되어 있는 것 같다. 때때로 어떤 인체에는 고의적으로 부정적인 영혼의 성향이 선택되기도 한다.

우리는 영혼이 어떻게 주어진 인생을 함께 살아갈 인간을 선택하는가 하는 것을 보았다. 하지만 그렇다고 해서 영혼이 인체를 마음대로 좌우할 수는 없다. 극단적인 예를 들면 내적인 갈등으로 고심하고 있는 상처받은 인간성은 현실과 격리되는 반응을 보일 때도 있다.

아마 그런 현상은 영혼이 언제나 인간의 마음을 통일하고 온당하게 하지 않고 있다는 표식같이 생각되기도 한다. 감정적으로 불완전한 육체에 너무 깊이 관여되어 인간의 감정에 휘말리는 바람에 죽음에 이르렸을 때 오염된 영혼이 되어버리는 것을 앞에서 언급한 바 있다. 만약 인간이 지나치게 육체에 집착하거나 감정의 기복에 휘말리게 되면, 영혼은 그런 인생 때문에 파괴되기도 한다.

역사상 존재했던 수많은 학자들은 영혼이 결코 인체와 같을 수 없으며 인간은 두 개의 지성을 지니고 있다고 믿었다. 나는 인간의 생각과 상상력이 영혼에서 발산되어 인간의 뇌에 촉매작용을 일으킨다고 생각한다. 영혼이 없다면 얼마만 한 사고력을 지닐 수 있는지 그것을 판단하는 것은 불가능하다. 하지만 영혼을 인체에 깃들게 하면 통찰력과 추상적 사고력이 부여된다고 생각한다.

만약 모든 인간의 뇌가 초보적인 지성을 구비하고 있거나 발명할 수 있는 여건이 갖추어진 생리적인 특질을 지니고 있고 그런 점에서 영혼으로부터 독립되어 있다면 인체 선택은 좀 중요한 문제와 맞서게 된다.

영혼이 육체를 택할 때, 그 지성이 영 자체의 발전에 어울리는 것을 택하게 되는가? 예를 들면 앞서가는 영혼은 인간의 뇌에 높은 지성을 깃들게 하는 것인가?

피술자들의 학구적인 면이나 학력 성취 등을 대조하여 보아도, 또 낮은 지성으로 육체적인 것에만 집착하는 어린 영혼의 케이스를 참조해도 그런 상호 관계는 없는 것 같다.

철학자 칸트는 인간의 뇌는 다만 의식의 작용이며 참다운 지식의 원천이 아니라고 그의 책에 썼다. 어떤 인체를 선택하든 간에 영혼이 인간의 마음을 통해 자신들의 개성을 발휘하는 것을 나는 보아왔다. 지성이 발달되어 있어도 새로운 환경에 잘 어울리지 않고 세상에 대해 호기심을 전혀 느끼지 않는 사람이 있다면, 그 사람은 어린 영혼에 속한다고 나는 생각한다. 또 만약 성품이 고르고 능력이나 흥미가 인류 발전을 도모하는 일에 집중되어 있거나 관여하고 있다면 그는 앞서가는 영혼일 것이다. 그들은 또한 에고를 극기하고 진리를 찾아나선 영혼들이기도 하다.

영혼들이 환생할 때마다 참된 자신을 찾고 연마할 수 있는 육체를 추구하는 일은 부담스러운 작업이기도 하다. 하지만 영혼 수련의 어려움을 알고 있는 영혼의 원로들은 그 어두움에 싸인 탐구에 빛이 깃들게 해주기도 한다.

지상에서 영혼의 반려자를 찾게 될 때, 또 환생 선택의 장소에서 영혼이 본 인생의 여러 양상을 기억할 때, 다음 생으로 가기 전에, 영혼에게는 아주 기발한 도움이 베풀어진다. 이제 그 일이 어떻게 이루어지는지 다음 장에서 알아보기로 하자.

14
출발의 준비

영혼은 새로 선택한 인생과 육체에 대한 정신·신체적인 모든 것을 안내자나 동료들과 소상히 의논한 뒤 환생을 결정한다. 하지만 결정한 후에도 바로 지구로 가게 되지는 않는다. 또 다른 중요한 준비가 필요한 것이다.

새로운 인생을 선택하는 링에서 돌아온 영혼들은 자신의 환생에 가장 적합한 인생이나 육체를 택할 뿐만 아니라, 또 함께 살아갈 다른 사람들과도 의견을 교환하고 동의를 얻게 된다는 것을 이제 여러분은 알게 되었을 것이다. 그리하여 지구라는 큰 무대에서 행하여지는 연극과 같은 인생에서 영혼은 각기 여자나 남자가 되어 주역을 맡게 되는 것이다. 또 그 연극 속에서 우리들이 하는 역할은 시나리오에 쓰여 있는 모든 다른 배역들(자기의 입장에서 볼 때는 주역)에게도 영향을 미치게 된다.

하지만 그들의 역할도 주역에 의해서 변화될 수 있고 또 주역의 역할도 그들에 의해 변화될 수 있다. 연극이 진행되는 동안 시나리오가 바뀔 수 있기 때문이다(자유로운 의지 때문에). 우리의 인생에서 중요한 역할을 하는 사람은 그 인생의 무대에서도 중요한 배역을 맡게 된다. 하지만 우리는 어떻게 그들을 알아볼 수 있을 것인가?

나를 찾아와 최면퇴행(Hypnotic regression)을 받고 싶어 하는 사람들의 가장 중요한 목적은 영혼의 반려자나 자기의 삶에서 중요한 역할을 할 영혼이 깃든 사람들을 아는 것이다. 결과적으로 대부분의 피술자들은 초의식 상태에서 스스로 그 답을 알게 된다. 그 이유는 그런 영혼들을 찾는 것이 그들이 영혼의 세계를 떠나게 된 가장 중요한 이유이고 또 완수해야 할 일이기 때문이다.

영혼들이 영계에서 그런 것을 알기 위해 가는 장소가 있다. 그곳은 인지의 클래스(Class)로 불리기도 한다. 그곳에서 하는 일은 마지막 시험을 치르는 것 같기도 하다. 그 때문에 지구로 돌아가기 전에 영혼이 받게 되는 모든 보강이나 도움에 대해 피술자들은 흔히 예비 학급(prep-class)이라는 표현을 쓴다. 다음 케이스는 그런 경험에 관한 것이다.

인지의 클래스에서 행해지는 영혼의 행위를 정확하게 알기 위해선 영혼의 동반자(soul mate)가 무엇인지 정의하지 않으면 안 된다. 많은 경우 우리와 가장 가까운 사랑하는 영혼의 동반자는 우리의 배우자다. 하지만 앞에서 본 케이스들처럼 우리의 생에 필수적인 영혼은 다른 가족에 속해 있거나 또는 친한 친구일 수도 있다. 그들이 지구에서 우리와 함께 지내는 시간은 짧을 수도 있고 또 길 수도 있다. 문제는 지구에 있는 동안 어떤 영향이나 충격을 줄 수 있었는가 하는 것이다. 복합적인 것을 지나치게 간소화하는 폐단이 있기는 하지만 그런 연관성을 몇 가지 부류로 나누어보기로 한다.

첫째는 서로의 사랑이 너무 깊어서 서로가 떨어져 사는 것을 상상도 할 수 없는 애정적 연관성으로 맺어진 관계가 있다. 이 경우는 정신적, 육체적으로 깊이 매료되어 양쪽 다 서로를 위해 태어났다는 것을 알게 된다.

둘째는 동반자 우정, 그리고 상호 존경에 의해 이루어진 유대가 있다.

마지막으로, 예사로운 관계이지만 우리의 삶에 소중한 요소를 부여해 주는 사람들이 있다. 이렇게 영혼의 반려는 여러 형태로 나타나게 된다. 그리고 이런 부류에 속하는 사람을 만난다는 것은 예사로운 일이 아니다.

영혼의 반려자는 서로를 돕기 위해 이미 결정되어 있는 사람이다. 여러 환경이나 입장에서 서로를 돕고 상호 간의 목적을 완수하기 위해 만나는 인연이다. 우리들이 친구나 애인을 알아볼 수 있는 것은 우리들이 지닐 수 있는 더 높은 인식으로부터 온다. 그것은 정신적으로도, 육체적으로도 놀랍고 신비한 경험이다.

영혼의 세계에서 알았던 존재를 여러 변형된 형태로 만나게 되는 것은 조화롭기도 하고 또 실망스러울 때도 있을 것이다. 인간관계에 있어서 우리가 배워야 할 것은 아무런 바람 없이 있는 그대로를 받아들이는 일일 것이다. 우리들의 행복은 어느 누구의 도움으로 이루어지지 않는 것임을 알게 되는 것이다.

나를 찾아왔던 어떤 부부가 있었다. 그들은 결혼 생활이 너무 순조롭지 않아 자주 싸웠고 가슴앓이도 많이 해서 서로가 다 영혼의 반려자가 아니라고 생각했다. 그들은 업보의 배움이란 어려운 것이며 시련과 아픔을 겪지 않으면 발전이 있을 수 없다는 것을 인정하지 않았기 때문에 불행 속으로 빠져들 수밖에 없었던 것이다. 그런 케이스는 가장 다루기 힘든 예이기도 하다.

어떤 경우에서도 인간관계는 우리의 삶에서 가장 중요한 자리를 차지한다. 어떤 조화로운 시간과 장소에서 당신이 처음으로 당신의 삶에 의미를 부여할 사람을 만났다면, 그것은 우연이나 영감, 이미 알았던 것 같은, 또는 동일시 같은 것 때문일까? 당신의 마음 뒤 안쪽에서 무엇인가 익숙한 것이 이끌고 있는 것 같은 느낌—어떤 잊었던 기억—이 있는가?

나는 독자들에게 과거에 있었던 중요한 만남의 첫인상에 대한 기억을 되살려보라고 권하고 싶다. 학교에서? 이웃에서? 또는 어느 휴게소나 여흥을 위한 장소에서? 누가 당신에게 소개를 하였던가? 혹은 그것은 우연한 만남이었던가? 그 순간 당신의 느낌은 어떠하였는가?

그러한 만남의 아련한 추억에 찬물을 끼얹게 되어 미안하지만, 그런 기회나 우연 또는 충동 같은 장면은 진짜 중요한 만남에선 있을 수가 없다. 그렇다고 해서 낭만이 없는 것은 아니다. 나는 영혼의 짝에 관해서 가슴에 와닿는 수많은 일화들을 들었다. 지구의 어느 시공에서 서로 만나기 위해 길고 힘든 여행도 마다하지 않았던 영혼들에 대한 이야기도 들었다. 하지만 우리들의 의식적인 건망증이 일부러 그런 만남을 어렵게 하는 경우도 있는데, 어떤 길에서 방향을 잘못 잡아 만날 장소에 도달하지 못하게 하는 것이다. 그러나 그런 경우를 위해 미리 대책이 강구되어 있기도 하다. 다음에 얘기하는 케이스에서 나는 피술자의 영혼에게 그가 이 삶에 태어나기 직전에 영혼의 세계에서 있었던 일들을 묻는다.

케이스 28

닥터 N: 다른 인생을 위해 영혼의 세계를 떠날 때가 가까워왔습니까?

영: 네, 거의 준비가 다 되었습니다.

닥터 N: 링에서 떠난 뒤 어떤 인간으로 태어날 것인지, 지구에서 누구를 만날 것인지 결정하였습니까?

영: 네, 모든 일이 잘되어 가고 있는 것 같습니다.

닥터 N: 만약 당신이 다른 때에 다른 환생을 하고 싶다면 이 시점에서 변경할 수 있습니까?

영: (한숨을 쉰다.) 네, 그렇게 해본 적이 있습니다. 우리 모두가 그러지요. 적어도 내가 아는 영혼들은 그런 적이 있어요. 많은 경우 지구로 되돌아가 산다는 것은 흥미로운 일이기도 하지요.

닥터 N: 하지만 환생 직전에 당신의 마음이 변해 영계를 떠나지 않겠다면요?

영: 그 일은 그렇게 까다롭지 않습니다. 우리는 언제든지 그런 가능

성을 의논할 수 있습니다. 확실한 결정을 하기 전에 스승과 친구들에게 의논합니다. 선생님은 우리의 망설임을 꿰뚫어보지요. 하지만 나는 이미 마음을 결정하였습니다.

닥터 N: 좋습니다. 지구로 환생하는 결정을 확실히 하였다면 영계에서 해야 할 중요한 일이 또 있습니까?

영: 나는 인지의 클래스에 가야 합니다.

닥터 N: 그곳은 어떤 곳입니까?

영: 지상에서 함께 지낼 사람들을 만나보는 곳입니다. 그래야 그들을 알아볼 수 있겠지요.

닥터 N: 내가 손가락으로 딱 하고 소리를 내면 당장 그 클래스로 가주세요. 준비가 되었습니까?

영: 네.

닥터 N: (손가락으로 딱 소리를 낸다.) 지금 무엇을 하고 있는지 설명해주세요.

영: 나…는 지금… 떠가고 있습니다… 다른 영혼들과 함께… 연설하는 말을 들으려고.

닥터 N: 나도 당신과 함께 가고 싶습니다. 하지만 당신은 나의 눈이 되어줘야 합니다. 그럴 수 있습니까?

영: 그러지요. 하지만 우리는 서둘러야 합니다.

닥터 N: 그곳은 어떤 곳입니까?

영: 음… 둥근 공간의 강당인데, 중간에 좀 높은 연단이 마련되어 있고 그곳에 연설하는 사람들이 서 있지요.

닥터 N: 우리는 그곳까지 떠가서 의자에 앉게 됩니까?

영: (고개를 젓는다.) 왜 의자가 필요합니까?

닥터 N: 그저 그렇게 생각해본 거지요. 우리 주위엔 영혼이 몇 명이나 있습니까?

영: 오… 한 열댓 명쯤 됩니다. 모두 환생 후 가까이 지낼 영혼들이지요.

닥터 N: 그들이 다입니까?

영: 아닙니다. 당신은 내 주위에 몇 명이 있느냐고 묻지 않았습니까? 저쪽에 또 한 그룹이 있지요. 그들의 연설하는 사람 근처에 말입니다.

닥터 N: 당신 근처에 있는 그 댓 명 되는 영혼들은 모두 당신의 그룹에서 온 영혼들입니까?

영: 몇 명은 그렇습니다.

닥터 N: 이 모임은 당신이 지난 인생을 끝내고 영계로 돌아왔을 때 관문을 지난 뒤 갖게 되었던 모임과 같은 것입니까?

영: 아, 아닙니다. 그때는 더 조용했어요… 그저 가족들만의 모임이었지요.

닥터 N: 왜 귀향의 모임은 지금 우리가 있는 이 모임보다 더 조용합니까?

영: 그때 나는 육체를 잃은 지 얼마 안 되어 멍한 상태였어요. 아, 많은 이야기가 오가고… 영혼들이 기대에 차서 움직이고 있어요. 에너지가 아주 높이 상승되고 있어요. 우리들도 빨리 움직여야

합니다. 연설하는 사람이 무슨 말을 하는지 들어야 합니다.

닥터 N: 연설자는 당신의 스승입니까?

영: 아닙니다. 그들은 격려하는 사람들입니다.

닥터 N: 그분들은 그런 일을 전문적으로 하는 사람입니까?

영: 네. 그분들은 영묘한 생각에서 오는 신호를 우리에게 알려줍니다.

닥터 N: 자, 그럼 격려자 쪽으로 가까이 갑시다. 그동안 어떤 일이 일어나는지 계속 이야기해주세요.

영: 우리는 연단 주위에 둘러섭니다. 격려하는 영혼은 연단 위에서 떠돕니다. 우리들에게 손가락질하면서 잘 들어야 한다고 말합니다. 나도 잘 들어야 합니다.

닥터 N: (목소리를 낮추며) 잘 알겠습니다. 하나도 빠뜨리지 않고 잘 듣길 바랍니다. 하지만 한 가지만 알게 해주십시오. 신호란 무엇을 뜻합니까?

영: 격려자는 우리가 환생할 때 무엇을 찾아야 하는지 가르쳐주는 영혼이지요. 인간으로 살 때 되살아나도록 그 신호를 지금 우리의 마음에 새겨두는 겁니다.

닥터 N: 어떤 신호입니까?

영: 깃발이지요… 인생길에 있는 신호입니다.

닥터 N: 조금 더 소상히 설명해주시겠습니까?

영: 길에 있는 신호는 인생의 어느 지점에서 우리를 새로운 방향으로 가게 합니다. 무엇인가 중요한 일이 일어나게 되었을 때 말

입니다… 그리고 우리는 또 서로를 알아볼 줄 아는 신호를 알아야 합니다.

닥터 N: 그래서 새로운 인생이 시작되기 전에 영혼들이 항상 클래스를 거쳐가야 하는군요.

영: 물론이지요. 우리는 소상한 것까지 다 기억해야 하거든요.

닥터 N: 하지만 당신은 이미 링에서 다가올 인생의 모든 것을 미리 보지 않았습니까?

영: 그건 사실입니다. 하지만 세밀한 부분은 보지 못했어요. 그리고 함께 꾸려나갈 사람들을 보지 못했어요. 이 모임은 마지막 점검입니다. 새로운 인생에서 만나게 될 사람을 함께 모은 곳이지요.

닥터 N: 서로의 인생에 영향을 미치거나 충격을 줄 사람들의 모임인가요?

영: 그렇습니다. 바로 예비 학급 같은 거지요. 우리들은 그곳에서 처음 만났을 때처럼 서로를 알아보지 못하니까요.

닥터 N: 당신에게 제일 중요한 영혼의 반려자도 그곳에 있습니까?

영: (얼굴을 붉히며)… 그녀도 여기에 와 있습니다…. 그리고 내가 연락을 취해야 하거나 나에게 다가올 사람들도 와 있습니다…. 그런 사람 모두가 신호를 필요로 하지요.

닥터 N: 아… 그래서 이 모임은 다른 그룹에서 온 영혼들의 모임이기도 하군요. 그들은 모두 다가오는 새 인생에서 서로에게 중요한 역할을 하게 되는군요.

영: (참을성 없게) 하지만 당신이 자꾸 말을 시키니 격려자의 말을 들을 수 없어요… 쉿!

닥터 N: (다시 말을 낮추며) 자, 그럼 셋을 세고 나서 나는 당신이 빠짐없이 모든 것을 들을 수 있도록 잠깐 멈추겠습니다. (조용히) 하나, 둘, 셋! 격려자는 이제 말을 하지 않습니다. 깃발과 신호에 대한 것을 조금 더 상세히 이야기해주십시오. 그럴 수 있겠지요?

영: 해보지요.

닥터 N: 나는 그 신호들을 기억의 방아쇠라고 부르겠습니다. 지금 함께 있는 사람들 모두가 각기 특별한 방아쇠를 갖게 된다는 것이지요….

영: 그렇지요. 그래서 여기에 모두 모인 것입니다. 내 생의 어느 지점에서 그들을 만나게 될 것입니다. 나는 기억해야 합니다. 그들이 하는 어떤 행동, 모습… 동작… 말.

닥터 N: 그래서 그 모든 것이 당신의 기억을 이끌어내는 방아쇠가 되는군요.

영: 그렇지요. 하지만 나는 그중 몇 개는 알아차릴 수 없게 되기도 합니다. 그 신호들은 보는 순간 당장 기억을 불러일으키며 이렇게 말하지요. "어, 좋아. 이제 너는 여기에 왔어." 또 속으로 말하게 되지요. "이제 다음 단계로 옮겨가게 되었구나." 보기엔 별것 아니지만 그 깃발은 우리 인생에 있어서 소중한 전환기의 역할을 하게 됩니다.

닥터 N : 만약 사람들이 그 도표인 깃발을 보지 못하거나 인지의 신호를 놓치게 되었을 때, 또는 격려하는 사람이 무엇이라고 말했는지 기억하지 못하게 되었을 경우, 또는 당신에게 어울리는 길을 버리고 다른 길을 택하게 되었을 경우, 어떤 일이 일어납니까?

영 : (잠시 말이 없다가) 다른 선택을 할 수도 있습니다… 앞선 선택보다 못할 수는 있지만… 고집을 부릴 수도… 하지만…. (말을 끝내지 않는다)

닥터 N : 그보다 어떤 일이 일어난단 말입니까?

영 : (확신에 찬 태도로) 이 클래스를 거치고 나면 우리들은 중요한 일들을 잊지 않게 됩니다.

닥터 N : 왜 안내자들은 지구에서 필요한 해답을 알려주지 않고 이렇게 복잡한 방법으로 신호를 기억하게 합니까?

영 : 그건 우리들이 지구로 갈 때 앞으로 일어날 일들을 자세히 모르고 가는 것과 같아요. 우리 영혼의 힘은 우리가 무엇인가 찾아냄으로 해서 자라게 되어 있어요. 때때로 우리의 배움이 급속히 이루어질 때도 있지만… 일반적으로 그렇지 않을 때가 더 많아요. 가장 흥미로운 부분은 인생길이 방향을 바꿀 때이지요. 그리고 우리들 마음속에 있는 깃발에 유념하는 것입니다.

닥터 N : 자, 그럼 열에서 거꾸로 세어가겠습니다. 내가 하나까지 세었을 때 클래스가 다시 시작되고 당신은 격려자가 알려주는 신호를 보게 될 것입니다. 나는 당신이 오른손 집게손가락을 들어 보일 때까지 말을 하지 않겠습니다. 그게 클래스가 끝났다는 표시입니다. 그리고 당신은 클래스에서 배운 신호, 당신이 앞으로 기억해야 할 그 신호에 대해 이야기하게 될 것입니다. 자, 이제 준비가 다 되었습니까?

영: 네.

나는 열에서 하나까지 거꾸로 센 뒤, 피술자가 오른손 집게손가락을 들어 올릴 때까지 잠깐 기다린다. 이것은 영계와 지구의 시간을 비교한다는 것이 무의미하다는 것을 알려주는 간단한 예다.

닥터 N: 벌써 끝났습니까?

영: 네, 격려자는 많은 것에 대해 지도해주었습니다.

닥터 N: 이제 알아볼 수 있는 신호가 확실히 마음에 새겨졌겠네요.

영: 그렇기를 바랍니다.

닥터 N: 좋습니다. 클래스가 끝날 무렵에 배운 마지막 신호에 관해 이야기해주십시오.

영: (잠시 침묵한 후) 은으로 된 목걸이… 나는 그 목걸이를 일곱 살이 되는 해에 보게 됩니다…. 우리 이웃에 사는 어느 여인은 언제나 그 목걸이를 하고 있습니다.

닥터 N: 그 목걸이는 어떻게 기억의 방아쇠 역할을 합니까?

영: (멍한 표정으로) 그 목걸이는 햇빛을 받아 반짝입니다… 나의 관심을 끕니다… 나는 기억해야 합니다….

닥터 N : (명령하는 어조로) 당신은 영적 인식과 지상의 배움을 함께 발휘할 능력이 있습니다. (손으로 피술자의 이마를 짚는다.) 왜 그 여인의 영혼을 아는 것이 소중합니까?

영 : 나는 그녀가 우리 집 근처에서 나의 자전거를 타고 있는 것을 봅니다. 그녀는 나를 보고 미소 짓습니다… 그 은목걸이는 밝게 빛을 발합니다… 나는 그 목걸이에 대해 묻습니다… 우리는 친구가 됩니다.

닥터 N : 그래서 어떻게 됩니까?

영 : (생각에 잠기어) 우리가 이사할 때까지 짧은 기간 동안만 그녀와 가까이 지내게 됩니다. 하지만 그것으로 족합니다. 그녀는 책도 읽어주고 인생에 관한 이야기도 해주었습니다. 또 사람들을 존경할 것을 가르쳐주었습니다.

닥터 N : 나이 들어감에 따라 사람들 자체가 신호가 되거나 관계를 이루는 깃발을 제시한 적이 있습니까?

영 : 그런 적이 있지요. 적절한 때에 소개를 해줄 때가 있어요.

닥터 N : 지구에서 당신에게 의미를 부여해줄 사람들을 거의 다 만났습니까?

영 : 네. 만약 다 못 만났다면 클래스에서 만날 것입니다.

닥터 N : 사랑을 위한 만남도 갖게 해주나요?

영 : (웃는다.) 오… 중매하는 사람들 말인가요? 네, 그런 일도 하지요. 하지만 우정으로 시작하게 합니다… 사람들을 서로 만나게 해서 직장 일을 도와주기도 하는 그런 일들을 하지요.

닥터 N: 그렇다면 지금 그 강당에 있는 영혼들은 또 다른 곳에 있는 영혼들과 연관을 가질 수도 있겠네요.

영: (적극적으로) 물론이지요. 나는 야구팀에 있는 친구와 가까워질 것이고, 또 다른 친구는 농사를 짓고 있어요. 그리고 평생 가까이 지내는 초등학교 때 친구도 있지요.

닥터 N: 만약 당신이 사업이나 애정 문제에 있어서 옳지 않은 상대를 만났다면… 그런 현상은 당신이 신호나 중요한 사실을 위한 붉은 깃발을 놓쳤다는 말인가요?

영: 흠… 잘못이 아닐 수도 있어요. 그건 새로운 방향으로 가는 신속한 출발일 수도 있어요.

닥터 N: 자, 이제 말해주세요. 그 예비 학급에서 알게 된 가장 중요한 인지의 신호, 꼭 기억해두어야 할 그 신호가 어떤 것인가를.

영: 멀린다의 웃음입니다.

닥터 N: 멀린다는 누구입니까?

영: 나의 아내가 될 사람입니다.

닥터 N: 멀린다의 웃음에서 무엇을 기억해야 합니까?

영: 우리들이 만났을 때 그녀의 웃음소리는 작은 방울 소리나 차임 소리…처럼 그 소리를 어떻게 표현해야 좋을지… 모르겠네요. 그리고 우리들이 처음 춤을 추었을 때 풍기던 향수 냄새… 무엇인지 모르게 익숙했던 그 향기… 그녀의 눈.

닥터 N: 그러니까 당신은 영혼의 반려자를 알아내는 몇 개의 방아쇠를 지니고 있는 셈이군요.

영 : 저는 좀 둔한 편이니까. 격려자는 내가 방아쇠 하나로 부족할 것이라는 생각을 했겠지요. 또 저도 저의 반려자를 놓치고 싶지 않았거든요.

닥터 N : 멀린다는 당신을 어떻게 알아내었습니까? 멀린다의 방아쇠는 무엇이었습니까?

영 : (웃는다.) 나의 큰 귀였지요. 또 춤을 출 때 발을 밟는 것… 그리고 서로 껴안았을 때 느낀 감정이었지요.

옛말에 우리들의 눈은 영혼의 창이라는 말이 있다. 영혼의 반려자들이 지구에서 만났을 때 눈보다도 더 강한 영향을 주는 것은 없는 것 같다. 인체의 감각으로 볼 때, 앞 장에서도 언급했듯이 영혼은 소리와 냄새의 기억도 간직하는 것 같다. 또 모든 오감은 환생 시 서로를 알아내는 신호로 사용되는 것 같다.

케이스 28은 영혼을 인지하는 클래스에 더 이상 머무는 것을 불편해하기 시작했다. 나는 연단 주위를 떠도는 그의 시야를 선명하게 조치하였다. 그리고 그가 모든 지도를 받고 친구들과 의논을 다 끝낸 뒤 그 강당에서 나오게 하였다. 나는 피술자들과 인터뷰를 할 때 영혼의 환경을 급히 바꾸지 않는다. 그렇게 하면 그들의 집중력과 기억하는 에너지가 약해진다는 것을 알게 되었기 때문이다. 강당을 나와 다른 영혼들과 헤어지자 나는 그에게 멀린다에 관한 것을 물었다. 때때로 다른 관계를 갖기도 하지만 그들은 부부의 관계를 가장 편하게 가질 수 있는 영혼들이었다. 그리하여 환생을 하게 되면 그들은 연관을 가질 수 있도록 서로가 노력하는 사이이기도 했다. 실제로 그들이 어떻게 그런 일을 하였는가 알아보기로 하였다.

닥터 N: 당신과 멀린다가 지구에 온 뒤 어릴 때부터 가까이에서 살았습니까?

영: 아닙니다. 나는 아이오와에 살았고 멀린다는 캘리포니아에 살았습니다…. (생각에 잠기면서) 아이오와에서 알았던 여자는 클레어였지요.

닥터 N: 클레어와는 낭만적인 관계였습니까?

영: 네, 그랬습니다. 거의 결혼할 뻔했지요…. 그랬다면 실수였겠지만요. 클레어와 나는 어울리지 않는 사이였지요. 하지만 고등학교 시절부터 알아온 사이라 습관화된 관계였지요.

닥터 N: 그래서 당신은 그녀를 떠나 캘리포니아로 갔군요.

영: 그랬지요… 클레어는 헤어지기 싫어했지만 부모님은 농장을 떠나서 캘리포니아로 가기로 마음먹었지요. 나는 아이오와를 좋아했고 이사하는 데 마음이 내키지 않았어요. 또 아직 고등학교에 다니던 클레어를 두고 떠나는 것이 괴로웠지요.

닥터 N: 그때 어떤 신호가 있었습니까?… 깃발이나 그 비슷한 어떤 것이 당신이 부모님과 함께 캘리포니아로 가는 결정을 도와주었습니까?

영: (한숨을 쉰다.) 여동생이 나를 향해 붉은 깃발을 흔들었지요. 또 그녀가 나를 설득했어요. 부모들이 이사하려는 서부로 가면 더

많은 기회가 열릴 것이라고.

닥터 N: 영혼의 세계에서도 그 동생을 알고 있었습니까?

영: 네, 알고 있었어요. 그녀는 우리 그룹(영혼의 집단 그룹)에 속해 있었지요.

닥터 N: 클레어는 당신 영혼의 반려자입니까?

영: (잠시 침묵하고) 친구라는 게 옳은 표현이지요… 그저 친구일 뿐이었어요.

닥터 N: 클레어와 이별은 어려웠습니까?

영: 오… 네. 어려웠어요… 그녀 쪽이 더 어려웠을 겁니다. 우리들은 고등학교에 다닐 때 성적으로 서로 이끌렸거든요. 하지만 그런 유혹엔 정신적인 것이 결여되어 있었지요. 지구에서는 대인 관계가 어떠해야 하는가 하는 것을 알아내기가 힘들지요… 성은 커다란 함정이기도 하고… 클레어와 함께 살았다면 곧 싫증이 났을 거예요.

닥터 N: 멀린다에게 느낀 육체적인 이끌림은 클레어에게 느낀 그것과 또 달랐습니까?

영: (잠시 침묵한 뒤) 멀린다와 댄스 파티에서 만났을 때 나는 강한 육체적 이끌림을 느꼈습니다…. 그리고 그녀도 내 모습을 좋아했던 것 같아요… 하지만 우리들은 그런 육체적인 것보다 더 깊은 그 무엇을 느꼈어요.

닥터 N: 나는 이 점을 좀 확실히 알고 싶습니다. 멀린다와 당신은 영계에 있을 때 환생 후 서로를 끌기 위해 일부러 남자와 여자의 성을 선택했나요?

영 : (고개를 끄덕인다.) 어느 정도는 그랬지요. 하지만 지구에서 서로 이끌리게 된 참된 원인은 우리들 마음속에 있던 기억 때문이었지요. 우리들이 어떻게 생겼으리라는.

닥터 N : 춤을 추게 되었을 때 당신의 느낌은 어떠하였습니까?

영 : 이제야 훤히 이해가 됩니다. 우리 영혼의 선생이 그때 저희들을 도와주고 있었지요. 춤추러 갈 생각은 갑자기 일어났어요. 나는 몸짓이 서툴렀기 때문에 춤추는 것을 좋아하지 않았어요. 또 새로 이사한 곳에서 잘 아는 사람도 없어 모든 것이 어색했지요. 하지만 저는 그곳으로 인도되어 가게 된 것이지요.

닥터 N : 당신과 멀린다는 영혼의 예비 학급에서 그 춤추는 장면을 구상하고 계획했습니까?

영 : 네, 그랬습니다. 그래서 내가 무도장에서 그녀를 보게 되었을 때 경종이 울렸던 거지요. 그때 나는 참으로 나답지 않은 일을 하기도 했어요…. 나는 그녀가 춤추고 있던 남자를 밀어내고 그녀와 춤추기 시작하였지요. 그녀의 몸을 잡게 되었을 때 나의 다리는 고무로 만든 것처럼 되고 말았어요.

닥터 N : 그리고 당신과 멀린다는 그 순간 또 어떤 다른 느낌을 받았습니까?

영 : 마치 우리가 다른 세계에 와 있는 것 같은 느낌이었지요… 그러면서도 어떤 친밀함을 느끼게 되었고. 춤을 추는 동안 참으로 이상한 기분이 들었지요…. 무엇인가 중요한 일이 시작되고

있다는 틀림없는 예감… 인도되어지고 있는 느낌… 우리가 만나게 된 의도… 우리의 가슴은 뛰놀고 있었지요… 정말 그것은 황홀한 순간이었어요.

닥터 N : 그렇다면 왜 클레어는 일찍부터 당신의 삶을 복잡하게 만들었습니까?

영 : 나를 그 농장에서 떠나가지 못하게 하려고… 그런 잘못된 길로 들어서게 하는 시험 같은 것이었지요. 내가 떠난 뒤 클레어는 자기에게 어울리는 사람을 만났어요.

닥터 N : 만약 당신과 클레어가 결합하여 최상의 선택이 아닌 다른 길로 들어서면서 당신 동생이 흔들었던 그 깃발을 보지 못했다면 그 인생은 완전히 잘못된 것입니까?

영 : 그렇지는 않을 것입니다. 하지만 멀린다와 사는 삶보다는 못했을 것입니다. 우리는 미리 인생의 주된 길을 선택하게 되지만 또 다른 길은 항상 존재하고 우리는 그런 길에서 배우기도 합니다.

닥터 N : 여러 환생을 통해서 당신은 잘못된 생각으로 옳지 못한 길로 들어선 적이 있습니까? 환생 선택을 하는 링에서나 또는 예비 학급에서 배운 것이 확실히 가슴에 새겨져 있지 않아서, 직장을 바꾸거나 이사를 하거나 중요한 사람을 만나야 할 때 신호의 깃발을 못 보거나 또는 옳지 않은 길로 들어선 적이 있었습니까?

영 : (한참 말이 없다.) 신호는 서로 볼 수 있어도 어느 인생에서는 내

가 해야 할 일을 무시해버릴 때가 있지요. 어떤 인생에서는 지나친 생각이나 따짐, 분석 때문에 그렇게 되고 또 어떤 때는 그저 아무것도 하기 싫어 그렇게 되기도 하지요.

닥터 N : 아, 그렇다면 영혼의 세계에서 계획했던 것과 다른 인생을 살 수도 있군요.

영 : 그렇지요. 그런 일들은 잘되어 나가지 않을 수도 있지만 우리들은 신호의 붉은 깃발을 잃어버릴 자유도 있는 거지요.

닥터 N : 인지의 장소에 관한 이야기는 재미있게 들었습니다. 그런데 그 인지의 장소에선 젊을 때 말고 나이 든 뒤를 위해서 해주는 것이 있습니까?

영 : (멀리서 들려오는 것 같은 목소리로) 네. 때때로 내가 나의 인생에 대해 혼돈을 일으키고 어디로 가야 할지 모를 때… 나는 상상하지요… 어디론가 갈 곳을… 생각합니다. 그때까지 있었던 곳보다도 앞으로 갈 곳을 생각합니다. 그러면 무엇을 해야 되는지 생각이 떠오릅니다.

내가 하는 일 중에서 보람을 느끼는 것은 피술자들에게 자기들 삶에 영향을 미치도록 운명 지어져 있는 사람들을 알게 하는 것이다. 나의 사무실로 영혼의 유대에 관해 알고자 오는 사람들은 인생의 어느 시점에서 우연히 나에게로 온 것이 아니다.

내가 기억하게 하는 단서를 줌으로써 인지의 클래스가 의도한 것을 잘못되게 한다고 생각하는 사람도 있을 것이다. 하지만 나는 그렇게 생각하지 않는다. 그것은 두 가지 기본적인 이유 때문이다. 그들이 알아서는 안 되는 것은 최면요법을 통해서도 알 수 없는 것이다. 또 적지 않은 피술자들은 다만 자기들이 이미 알아낸 것이 진실인지 아닌지 확인하려고 할 뿐이었다.

나는 인지의 신호를 내 경험을 통해 말할 수 있다. 나는 다행스럽게도 세 개의 표식을 가지고 나의 아내 될 사람을 찾을 수 있었다. 10대의 소년이었을 때 나는 룩(Look) 잡지를 뒤적이고 있었다. 그때 나는 해밀턴 시계의 광고를 보게 되었는데, 그것은 크리스마스 선물을 위해 고안된 것이었다. 그 시계를 선전하고 있는 여자는 새까만 머리에 흰 옷을 입은 아름다운 여자였다. 그 여자가 손에 들고 있는 시계는 남편이 준 것이어서 '페기에게'라는 글이 쓰여 있었다. 그 사진을 보았을 때 이상한 느낌이 나를 엄습하였다. 그리고 나는 그 여자의 이름과 얼굴을 잊은 적이 없었다. 내가 스물한 살이 되던 해 생일날, 나는 좋아하는 숙모로부터 해밀턴 시계를 선물로 받았다.

몇 년 뒤 애리조나주 피닉스 시에 있는 대학에서 대학원 과정을 밟고 있을 때였다. 어느 토요일, 많이 쌓인 흰 빨래를 하고 있던 나는 첫 번째 방아쇠가 마음속에서 당겨지며 메시지를 전하는 것을 느꼈다.

'이제 그 흰 옷을 입은 여자를 만날 때가 왔다.'

나는 그런 생각을 날려버리려고 고개를 저었다. 그러나 그 광고에 나와 있던 얼굴이 오히려 모든 생각을 날려버렸다. 나는 빨래를 하던 손을 멈추고 해밀턴 시계를 들여다보았다. 그때 '지금 가야 한다'는 명령을 들었다.

나는 어떤 사람들이 흰 옷을 입는가 생각해보았다. 그리고 마치 무엇에 사로잡힌 사람처럼 그 도시에 있는 제일 큰 병원으로 달려갔다. 안내하는 곳으로 가서 그 광고에 있던 모습을 닮은 페기라는 이름을 가진 간호사가 있는지 알아보았다. 안내원은 그런 사람이 있다고 했고, 곧 일을 끝내고 집으로 돌아가게 될 것이라고 했다.

처음으로 그녀를 보게 되었을 때 상상 속의 모습과 너무나 닮은 그녀를 보고 나는 놀랐다. 만남의 시작은 좀 어색하였고 당황스럽기조차 했지만, 후에 우리들은 병원의 로비에 앉아 4시간 동안이나 쉴 새 없이 이야기를 계속하였다.

오랫동안 만나지 못했던 옛 친구를 만난 것 같았다. 영계의 인연을 생각할 때 옛 친구라는 표현은 사실이었다. 나는 결혼 후 처음으로 그녀에게 그 병원으로 갔던 이유며 그녀를 찾게 된 단서에 대해 이야기하였다. 그때 나는 그녀가 나의 이상한 행동을 이해해주길 바랐지만 아내는 더 놀라운 사실을 말해주었다. 그녀는 그날 나와 만난 뒤 그런 사실을 알고 놀라워하는 친구에게 이렇게 말하였다고 한다. '나는 지금 앞으로 결혼할 남자를 만나고 오는 길'이라고.

독자들이 뜻있는 만남을 가지고 싶다면 나는 다가올 일을 너무 어렵게 생각하지 말라고 충고하고 싶다. 우리들이 내린 가장 좋은 결정은 흔히 말하는 직관에서 온다. 마음에서 우러나는 일을 하면 될 것이다. 인생에서 특별하게 일어날 일이 있다면 그것은 반드시 일어나고야 말기 때문이다.

영혼들이 인생을 향한 출발을 하기 전에 해야 할 필수적인 일 중의 하나는 원로 의회에 가야 하는 것이다. 어떤 영혼은 영계에 있는 동안 원로들의 모임에 한 번만 가기도 하지만, 대부분의 경우 인생에서 돌아올 때와 또 새로운 인생을 향해 떠나기 전에 원로들을 만나게 된다. 영혼의 세계는 질서로 상징되는 환경에 있다. 그리하여 원로들은 다음 생에서 영혼들이 이룩해야 할 일과 명심해야 할 것을 강조한다.

원로와의 만남이 있은 후 어떤 영혼은 바로 환생을 향해 출발을 하고 또 어떤 영혼들은 다시 그룹으로 돌아가 작별을 고하고 떠난다고 피술자의 영혼들은 말한다. 원로와의 만남 뒤에 바로 환생하는 영혼은 그 마지막 만남을 이렇게 설명하였다.

"나의 안내자 마그라는 부드럽고 하얀 구름에 둘러싸인 것 같은 곳으로 나를 안내하였다. 여느 때와 마찬가지로 세 명의 원로들이 나를 기다리고 있었다. 중간에 있는 원로가 가장 강한 통솔 에너지를 지니고 있는 것 같았다. 그들은 타원형의 얼굴에 광대뼈가 눈에 띄게 튀어나왔고 머리털이 없는 작은 용모를 드러내고 있었다. 그들의 성별은 알 수 없다기보다 남성과 여성을 혼합해놓은 것 같았다. 나는 마음이 고요했다. 분위기는 좀 엄숙하였지만 안주하기 어려운 것은 아니었다. 원로들은 부드러운 태도로 제각기 질문하였다. 원로들은 내가 살았던 그 모든 환생에 대해 알고 있었지만 직접적인 어려운 질문은 하지 않았다. 그들은 내게 부여된 원동력을 알게 함으로써 새로운 육체 속에서 일을 해야 할 나의 결심을 강조하려 하였다. 나는 그들이 환생 선택의 뛰어난 전문가들로서 나의 선택에 도움을 준다는 것을 느낄 수 있었다. 그 원로들은 내가 결정한 인생을 잘 살아나가며 결심한 것을 성취하길 바랐다.

그들은 끈기 있는 노력의 미덕에 대해 말했고, 역경 속에서도 믿는 것을 위해 견딜 것을 권고하였다.

원로들은 나의 지난 환생들을 되돌아보면서 내가 화를 잘 내는 것을 보고 그 점에 유의할 것을 충고하였다. 원로들과 마그라는 나에게 영감과 희망과 용기를 주었고 어떤 역경에 처해도 자신에 대한 믿음을 가지고 실수를 하지 않게 되길 바랐다. 그리고 그들은 내가 떠날 때 마지막으로 나를 북돋아주려고 그들의 팔을 들어 힘찬 전광 같은 긍정적 에너지를 지구로 가는 내 마음속으로 흘려보냈다."

그런 원로와의 만남에서 좀 이상하게 생각되는 것은 같은 그룹에 속하는 영혼들이 같은 원로들에게 가지 않는다는 사실이었다. 얼마 동안 나는 한 그룹에 속하는 영혼들이 같은 안내자를 가진다는 생각에서 그런 원로들과의 만남에도 상호 관계가 있는 것으로 알았다. 그러나 나의 생각은 옳지 않았다. 피술자들의 영혼이 볼 때 아무리 앞선 선배 안내자라 할지라도 안내자는 원로 자격을 지닐 수 있는 전능한 존재에 가까이 가고 있는 원로들보다는 그 발전이 뒤져 있었다.

그 원로들은 11장에서 테스가 말했던 원로들과 같은 것 같았다. 하지만 그들은 영혼이 선택하게 될 인체에 대해 더 특수한 책임을 지니고 있는 것 같았다.

어떤 면에서 안내자들은 영혼의 사적인 비밀을 의논할 수도 있지만 이런 친근한 유대는 원로들과의 관계에는 존재하지 않는 것 같았다. 사실을 알아감에 따라 안내자와 다른 원로들의 권위는 다른 그룹에 속하는 많은 영혼들에게도 영향을 미친다는 것을 알게 되었다. 모든 영혼들은 철저하게 사적이고 개인적인 그 원로와의 만남을 존중하는 것 같았다. 그들은 모두 그 원로들을 신적인 것으로 생각하였다. 또 그들에게는 밝은 빛이 내리쪼이고 있었으며 그런 그들이 존재하는 공간은 신비로웠다고 하였다. 어떤 영혼은 이렇게 말하기도 하였다.
"우리가 그렇게 거룩한 영혼의 영역에 속하는 뛰어난 존재에 다가가면 창조적인 원천을 확인하게 된다."

15
새로운 탄생

우리는 영혼이 어떤 특정한 시간과 공간에 태어나는 것을 결정하는 데 있어 계획적이고 필수적인 진행 과정을 보아왔다.

영계를 떠날 때 영혼 의식을 보면 어떤 영혼은 내성적인 데 비해 다른 영혼은 친구들과 장난하며 놀고 있는 것을 볼 수 있다. 태어나기 전의 그런 태도 차이는 지난 환생으로부터 얼마나 시간이 지났는가 하는 사실보다도 영혼의 개성에 따르는 것 같다.

새로운 탄생은 어디에도 비할 바 없는 깊은 의미를 지닌 경험이다. 영혼들이 지구를 향해 출발하는 것은 전쟁터에 익숙한 고참병들이 새로운 전투를 위해 준비를 하는 것과 같다. 또 그때는 영혼이 새로운 육체로 들어가기 전에 자기들이 누구인가를 인지하는 마지막 기회이기도 하다. 내가 여기에서 언급하는 마지막 케이스는 어느 여인이 가장 최근에 있었던 그녀의 환생을 잘 설명한 것이다.

케이스 29

닥터 N : 다음 인생으로 태어날 시간이 다가왔습니까?

영 : 네, 그렇습니다.

닥터 N : 지구로 돌아가는 데 대해 어떤 생각을 가장 많이 합니까?

영 : 20세기에 사는 것을 생각합니다. 이 세기는 많은 변화가 일어나는 신나는 시대이지요.

닥터 N : 당신은 이 시대에 살 인생을 미리 보았습니까? 한 부분이라도?

영 : 네… 다 보았습니다…. (피술자는 다른 데 정신이 팔려 있는 것 같다.)

닥터 N : 다가오는 환생에 대해 하고 싶은 말이 있습니까?

영 : 내 영혼의 안내자인 포마와 마지막 의논을 하고 있습니다. 나는 새로운 인생에 대한 모든 대안을 의논하고 있습니다.

닥터 N : 포마와 갖는 최종 인터뷰인 셈입니까?

영 : 네, 그런 것 같습니다.

닥터 N : 다가오는 인생에서 우발적으로 일어날지도 모르는 일들에 대한 이야기를 한다면 도움이 되겠습니까?

영 : (말소리가 건조하고 가늘다.) 나…는 모든 일이 제대로 될 것 같습니다.

닥터 N : 인지의 클래스는 어떠했습니까? 그 단계의 준비는 완전히 끝났습니까?

영 : (여전히 관심이 다른 곳에 팔린 채) 어… 허… 나와 함께 일할 사람

을 모두 만났습니다.

닥터 N: 예정된 시기에 예정된 사람을 만나게 될 인지의 표식을 확실히 마음으로 새겼습니까?

영: (신경질적으로 웃으며) 아… 그 신호… 사람들과의 약속… 네, 모두 다 되어 있습니다.

닥터 N: 분석하지 말고 있는 그대로 이 순간의 솔직한 느낌을 말해 주실 수 있겠습니까?

영: 그냥 마음을 가다듬고 새로운 인생의 도약에 임하려 하고 있어요. 염려되는 일이 없지는 않지만… 또 나의 기대에 흥분이 되기도 해요.

닥터 N: 좀 두렵고 걱정스러워 지구에 가지 않았으면 하는 생각은 없습니까?

영: (잠깐 말이 없다가 보다 밝고 즐겁게) 앞으로 있을 일에 대한 염려가… 없지는 않지요… 여기에 있는 집을… 떠나는 것이… 하지만 기회가 주어져서 기쁘기도 해요.

닥터 N: 그러면 당신은 영혼의 세계를 떠나는 데 대해 심정이 착잡한 거로군요.

영: 대부분의 영혼들이 떠날 시간이 가까워 오면 그런 느낌을 갖게 되지요. 하지만 포마는 알아요. 내가 예정대로 하지 못하고 늦어지면… 아무것도 여기선 숨길 수 없다는 것… 아시잖아요.

닥터 N: 자, 그러면 다음 인생으로 가는 것을 시작합시다. 셋을 세는 동안 지구로 돌아가는 것이 확실해집니다. 당신은 영혼의 세계를 떠나는 마지막 단계에 와 있습니다. 하나, 둘, 셋! 무슨 일이 일어나고 있는지 설명해주십시오.

영: 나는 여러분에게 작별을 고하고 있습니다. 이 일은… 쉽지 않습니다. (결의를 표하듯 머리를 뒤로 젖힌다.) 어쨌든 모두 저에게 잘되기를 바라는 축복을 내리고 있습니다. 나는 그들을 떠나고 있습니다… 혼자서… 서둘지 않고. 포마는 내가 생각을 정돈할 기회를 줍니다. 내가 준비가 되었을 때 그는 나를 배웅해줍니다… 격려로… 안심시키면서. 그는 내가 언제 떠나는지 알고 있습니다.

닥터 N: 당신은 지금 지구에서 태어나는 것을 기대하고 있군요.

영: 네. 지금은 영감과 기대의 시기입니다… 새로운 육체… 앞으로 일어날 일들….

나는 이제 이 영혼이 지구의 삶을 위해 영혼의 세계를 떠나는 마지막 준비를 돕는다. 이 일은 최면을 통해 처음 피술자를 영혼의 세계로 인도했을 때처럼 조심스럽게 하게 된다. 피술자의 주위를 보호하고 있는 에너지의 층을 강화하는 것으로 시작해서, 그 영혼이 지구에서 결합할 아기의 마음과 균형을 맞출 수 있도록 추가 조치를 한다.

닥터 N: 이제 포마와 당신은 함께 영혼의 나라를 떠나고 있습니다. 당신의 내부로 깊숙이 들어가 앞으로 당신이 하는 일을 느린 동작으로 설명해주십시오. 자, 떠나십시오!

영: (잠시 말이 없다.) 우리는… 떠나기 시작합니다… 아주 빠른 속도로. 그리고 포마가 나에게서 멀어져 가는 것을 느낍니다… 나는 혼자입니다.

닥터 N: 무엇이 보입니까? 어떤 느낌입니까?

영: 오… 나는….

닥터 N: 지금 상태를 유지하세요. 당신은 혼자서 빨리 움직이고 있습니다. 그리고 무슨 일이 일어나고 있습니까?

영: (아주 낮은 목소리로) 멀어져 가고 있습니다… 비스듬히… 부드러운 흰 것 속으로… 멀어져 가고 있습니다.

닥터 N: 그 상태를 유지하십시오. 그대로 진행하고 계속 일어나는 일을 보고해주세요.

영: 오… 지금… 몇 겹의 비단천 속을 지나가고 있는 것 같아요… 매끄럽고… 띠 같은 것 위에… 길 위로… 빨리빨리….

닥터 N: 계속 가십시오. 말을 계속하십시오.

영: 모든 것이 흐릿하게 보입니다… 나는 미끄러져 내려가고 있습니다… 길고 어두운 관 속으로… 텅 빈 느낌… 그리고… 따스함!

닥터 N: 당신은 지금 어디에 있습니까?

영: (잠시 말이 없다.) 나의 어머니 속에 있습니다.

닥터 N: 당신은 누구입니까?

영: (낄낄 웃는다.) 나는 아기 속에 들어 있습니다. 나는 아기입니다.

영혼이 말한 그 빈 관 같은 것은 모체의 산도(産道)가 아니다. 그곳은 인체가 죽은 뒤 영혼이 영계로 갈 때 지나는 곳과 비슷한 것이다. 어쩌면 같은 것인지도 모른다. 독자들은 내가 이미 적지 않은 케이스를 통해 영혼들을 영계와 지구로 오가게 했으면서도 왜 새삼 탄생에 대해 더 관심을 기울이는지 궁금할 것이다. 거기에는 두 가지 이유가 있다.

첫째, 지난 생을 회고하는 데는 탄생의 과정이 필요하지 않다. 나는 대담하는 영혼들을 바로 영계에서 다음 인생으로 보낼 수 있다. 보통 성인이 된 시기로 보내게 된다. 둘째, 만약 내가 영혼들을 현실의 육체 속으로 되돌아오게 해서 출생의 경험을 재현하게 한다면 그들이 깨어났을 때 느끼게 될지도 모르는 불쾌감을 겪지 않게 하기 위해서다.

이 케이스를 계속하기 전에 영혼과 아기들에 관한 것을 잠깐 설명해야겠다. 내가 대담하였던 모든 영혼들은 아기의 몸으로 가는 과정이 사후 영혼의 나라로 돌아가는 것보다 빠르다고 말하였다. 이렇게 그 과정이 다르게 느껴지는 이유는 무엇일까? 육체가 죽은 뒤 영혼은 시간이 없는 세계로 가는 터널을 지나서 관문을 거치고 영혼의 세계로 점진적으로 돌아간다. 영혼들이 새로운 환경에 순응하는 것을 돕기 위해 영계로 가는 길이 지구로 돌아가는 것보다 천천히 이루어진다는 것을 우리는 또 알게 된다. 하지만 아기 속으로 들어가는 영혼들은 전능의 세계에서 왔기 때문에 죽은 육체를 떠나 영계로 돌아가는 영혼들보다 훨씬 빠르게 적응한다. 하지만 아기는 역시 모태 속에 있을 때 적응하는 기간이 주어진다.

그럼에도 불구하고 모태 속에 있는 동안 출생에 따르는 그 모든 시련을 위한 준비가 이루어진다고는 말할 수 없을 것이다. 눈부신 분만실의 전등이나 갑자기 쉬게 되는 숨, 또 처음으로 사람들의 손으로 다루어지는 경험 같은 것들이 생소한 충격이 될 것이다. 영혼들은 죽음과 탄생을 비교할 때, 태어나는 육체적인 충격이 더 크다고 말하기도 한다. 태아가 태어나기 얼마 전에 영혼은 발달하고 있는 태아의 뇌를 조심스럽게 건드리며 보다 완벽하게 깃든다. 만약 영혼이 어느 태아에 깃들기를 바란다면 태아는 그것을 마음대로 받아들이거나 거부할 선택의 여지가 없다. 영혼이 처음 태아에 깃들게 되었을 때 영혼의 연대적인 시간이 시작된다.

특정한 영혼의 성향에 따라서 영혼과 육체의 결합이 늦어지거나 빨라지기도 한다. 내가 다룬 어느 케이스는 영아가 막 태어날 때 깃든 경우도 있다. 하지만 그런 경우는 드물다. 또 다른 케이스는 영혼이 일찍이 태아에 깃들었지만 태아가 모체 속에 있는 동안에 모체 밖으로 나가 돌아다니기도 했다.

태아가 탄생한 뒤에 영혼과 육체는 역할 담당이 다른 통일체로 확고해진다. 그리고 불멸의 영혼은 인간 개성을 발전시키는 지각의 토대가 된다. 영혼은 또 대대로 내려오는 영원한 의식에서 오는 힘을 가져다준다. 전에도 언급한 것과 같이 영혼은 인간의 고난과 상처를 함께 겪게 되지만 그것의 포로가 되는 경우는 없다. 인간이 죽은 뒤 영혼은 육체를 떠나지만 잠을 잘 때나 깊은 명상을 할 때, 또 수술을 하기 위해 마취를 했을 때도 영혼은 자유로이 육체를 드나든다.

뇌가 심하게 손상되었거나 혼수상태에 있을 때는 영혼이 오래도록 육체를 떠나 있을 때가 있다. 케이스 29는 계속해서 영혼이 새로운 육체에 깃드는 창조적인 아름다움을 설명한다. 탄생 전에 지적인 생명력과 짝을 이루는 것은 케이스 1에서 묘사한 죽음의 장면에서부터 한 사이클을 이룬다.

닥터 N : 새로운 몸속으로 무사히 도착하여서 좋습니다. 아기는 얼마나 컸습니까?

영 : 임신 5개월이 지났습니다.

닥터 N : 영혼은 보통 그 시기에 태아에게 깃들게 됩니까?

영 : 여러 환생을 통해서 각각 다른 시기에 깃들게 됩니다…. 태아나 모체, 그리고 내 삶의 계획에 따라 도착 시기가 결정되지요.

닥터 N : 만약 어떤 이유로 출산 전에 아기가 유산이 된다면 영혼으로서 당신은 비탄에 잠깁니까?

영 : 우리는 아기가 출생하게 될지 그렇지 않을지를 미리 압니다. 때문에 유산이 되어도 놀라지 않습니다. 유산된 태아를 위로하기 위해 머물기도 합니다.

닥터 N : 만약 아기가 유산된다면 당신의 의무도 중단됩니까?

영 : 그런 태아의 경우는 일찍부터 영혼의 의무가 부여되지 않는 법이지요.

닥터 N : 영혼이 전혀 관여되지 않은 유산도 있습니까?

영 : 그건 잉태된 지 얼마나 되었는가에 달렸지요. 임신 초기에 죽는 태아들은 영혼을 필요로 하지 않습니다.

유산과 영혼에 관한 일은 과거나 현재에도 뜨거운 논쟁을 불러일으키는 관건이다. 13세기 기독교의 교회에서는 언제부터 태아에 영혼이 깃드는지 그 시기를 정해야 했다. 성 토마스 아퀴나스나 다른 중세의 신학자들은 태아에게 영혼이 깃드는 것은 임신 후 40일이 되었을 때라고 결론을 내렸다.

닥터 N : 만삭이 되어 아이들이 태어나는데, 태아들에게 영혼은 언제 주로 깃들게 됩니까?

영 : (아무렇게나) 오, 어떤 영혼은 다른 영혼들보다 더 떠돌아다니기도 합니다. 배 속에만 있기엔 따분해서 아기가 태어날 때까지 들락날락해요.

닥터 N : 당신은 보통 어떻게 합니까?

영 : 나는 평범한 편입니다. 아기가 태어날 때까지 한꺼번에 너무 오랫동안 머물지 않아요. 그러면 너무 따분해지니까요.

닥터 N : 자, 그럼 이제는 어머니 배 속으로 가서 지금 이야기했던 사실들을 봅시다. 태아와 함께 있지 않을 때는 무슨 일을 합니까?

영 : (즐겁게 웃는다.) 사실을 알고 싶습니까? 나는 그저 놀러 다니지요. 놀기엔 아주 좋은 때니까요… 태아가 움직이지 않을 때는 말입니다. 같은 처지에 있는 친구들과 즐겁게 놀러 다니지요. 우리는 지구를 뛰어다니며 서로를 찾고… 또 흥미로운 곳을 찾아가요… 전생에 함께 살았던 곳을 말입니다.

닥터 N : 그렇게 긴 시간 동안 태아를 떠나 있으면 당신이나 동료 영혼들은 지상에서 해야 할 의무를 완수하지 못하는 것이 아닙니까?

영 : (방어적으로) 오, 너무 그렇게 심각할 것 없어요. 누가 오래 있다고 그랬어요? 나는 그러지 않았어요. 어쨌든 우리들의 어려운 일은 아직 시작되지 않았거든요.

닥터 N : 태아를 잠시 떠날 때 지구와 어떤 연관을 갖는 천체에 가게 됩니까?

영 : 우리는 여전히 지구상에 있지요. 그리고 너무 산만해지지 않도록 노력도 해요. 주로 태아 주위에서 노닥거리지요. 태아와 함께할 일이 없다는 생각은 옳지 않습니다.

닥터 N : 오….

영 : (계속한다.) 나는 새로운 마음으로 할 일이 많아요. 아직 완전히 준비되지 않았지만요.

닥터 N : 그 일에 대해서 좀 더 이야기합시다. 영혼이 새로운 육체에 머물게 되면 그 일의 범위가 얼마만 한 것인지 알려주십시오.

영 : (깊은 한숨을 쉰다.) 내가 아이에게 깃들게 된다면 나의 마음이 아이의 뇌와 동시에 작용하도록 하여야 합니다. 우리는 파트너로서 서로에게 익숙해져야 합니다.

닥터 N : 다른 영혼도 그런 말을 하더군요. 하지만 아기와 당신이 바로 친숙해질 수 있습니까?

영 : 나는 아이의 마음속에 있지만 분리되어 있어요. 처음에는 천천히 다가갑니다.

닥터 N: 그다음에 아이의 마음을 어떻게 하는지 말해주세요.

영: 이 일은 몹시 섬세합니다. 서둘러서는 안 됩니다. 나는 어질고 침착하게 살피면서 사이를 메워갑니다… 모든 마음은 다릅니다. 각기 다른 개성을 지니고 있어요.

닥터 N: 아이들 속에 당신에게 반대하는 갈등이 있을 수 있습니까?

영: (부드럽게) 아하… 처음에는 약간의 저항도 있지요… 길을 찾는 동안 완전히 받아들여지지는 않아요… 그런 게 보통이고… 친밀감이 형성될 때까지. (잠깐 말을 멈추고 조용히 웃는다.) 나는 자꾸 내 자신과 부딪히게 돼요.

닥터 N: 아이는 언제부터 영혼의 힘을 받게 됩니까?

영: 나는 그 힘이라는 표현이 마음에 들지 않습니다. 우리는 태아에게 깃들 때 절대로 우리 자신을 강요하지 않습니다. 나는 조심스럽게 일을 합니다.

닥터 N: 인간의 뇌를 잘 살필 수 있게 될 때까지 많은 환생의 경험이 필요하였습니까?

영: 어… 네, 조금 시간이 걸렸지요… 새로 탄생한 영혼들은 도움을 받기도 해요.

닥터 N: 영혼은 순수한 에너지를 소유하고 있기 때문에 신경 송신기나 신경세포처럼 전기 같은 힘으로 전해지는 뇌의 연결을 추적할 수 있는 겁니까?

영: (말이 없다가) 아마, 그런 것 같습니다… 하지만 아무것도 분리시키거나 중단시키지 않습니다… 내가 태아의 뇌파 모양을 배

울 때 말입니다.

닥터 N: 지금 마음의 생각을 조종하는 회로에 대해 이야기하고 있습니까?

영: 그 아이가 어떻게 신호를 이해하는지… 그건 수용력이지요. 어떤 아이도 같을 수 없습니다.

닥터 N: 솔직하게 말해주십시오. 당신의 영혼은 아이의 마음을 잡아 자기의 뜻에 따르게 하려는 것이 아닙니까?

영: 당신은 이해하지 못하고 있습니다. 그것은 융합입니다. 내가 가기 전에 비어 있던 것을 채워 아이를 온전하게 만드는 것이지요.

닥터 N: 지능을 가져다주는 것입니까?

영: 우리는 그곳에 있는 것을 확장합니다.

닥터 N: 영혼이 인간의 육체에서 하는 일을 조금 더 소상히 설명해 줄 수 있습니까?

영: 우리는… 사물을 이해하게 되고… 뇌가 보는 진실을 인정하지요.

닥터 N: 처음에 그 아이가 당신을 마음속으로 들어온 외계인이라고 생각을 하지 않았다고 장담할 수 있습니까?

영: 아닙니다. 그렇게 될까 봐 우리는 아직 발전되지 않은 원초의 상태에서 합치게 되는 것입니다. 태아는 나를 친구로 인정합니다… 쌍둥이지요… 아이의 한 부분이 될. 그건 마치 아이가 나 오기를 기다리고 있는 것과 같습니다.

닥터 N: 보다 높은 힘이 당신을 위해 그 아이를 마련하였다고 생각합니까?

영 : 잘 모르겠습니다만, 그렇게 생각되기도 합니다.

닥터N : 아이와의 융합은 출산 전에 완결됩니까?

영 : 그렇지는 않습니다. 하지만 탄생할 때부터 우리는 서로 보완하고 돕게 되지요.

닥터N : 그렇군요. 통일을 위한 일들은 시간을 요하는군요.

영 : 그렇지요. 우리들이 서로 절충하고 익숙해질 때까지 시간이 걸리지요. 또 전에도 말했듯이 아이가 태어나기 전에는 때때로 떠나 있기도 하고 해서.

닥터N : 그러면 태아가 태어나기 바로 전에 아이에게 깃드는 영혼은 어떻게 그런 일을 합니까?

영 : 홍… 그건 그들이 하는 짓이고 내가 하는 일이 아니잖아요. 그들은 아기의 침대에서 일을 시작해야 되겠지요.

닥터N : 아이가 몇 살이 되면 영혼은 육체를 떠나지 않게 됩니까?

영 : 다섯 살이나 여섯 살이 될 때부터입니다. 보통 영혼은 아이들이 학교에 갈 무렵이면 모든 작동을 다 하게 됩니다. 그보다 어린 아이들은 자기들 마음대로 하도록 내버려두지요.

닥터N : 항상 육체와 함께 있어야 하는 의무가 있지 않습니까?

영 : 만약 몸에 무슨 일이 있으면 나는 총알같이 몸속으로 되돌아오지요.

닥터N : 당신이 다른 영혼들과 놀고 있다면 그런 일을 어떻게 알 수 있습니까?

영 : 모든 뇌는 우리들의 지문처럼 제각기 다른 파장을 지니고 있습

니다. 우리에게 주어진 아이에게 무슨 일이 일어나면 당장 알게 됩니다.

닥터 N : 그렇군요. 그렇게 담당한 아이를 항상 지켜보고 있군요… 바깥과 안에서… 아이들이 성장 초기에 있을 때.

영 : (자랑스럽게) 네, 그렇지요. 그리고 나는 부모들도 감시하지요. 만약 그들이 아이 곁에서 언쟁이라도 할 때면 어지러운 진동을 일으키게 되니까요.

닥터 N : 만약 그런 일이 아이에게 일어난다면 당신은 영혼으로서 어떤 일을 합니까?

영 : 내가 할 수 있는 한 아이를 달래서 울지 않게 하지요. 아이를 통해 어른들을 조용하게 만듭니다.

닥터 N : 그런 경우 부모에게 의사를 전달하려면 어떻게 합니까? 예를 들어 설명해주세요.

영 : 부모 앞에서 아기를 웃게 하지요. 양손으로 부모의 얼굴을 찌르면서요. 그런 일들로 부모는 아기를 더 귀여워하게 됩니다.

닥터 N : 아기에 깃든 영혼으로서 그 아이의 운동신경을 조종할 수 있습니까?

영 : 나는… 내 자신 그대로입니다. 나는 운동신경을 조종하는 뇌의 부분을 눌러줄 수도 있어요. 아이를 건드려 웃게 만들기도 하지요… 나는 내가 속한 가족들의 화합을 도모하기 위해선 어떤 일도 마다하지 않고 합니다.

닥터 N : 어머니의 자궁 속에 있는 느낌은 어떻습니까?

영 : 나는 그 따뜻하고 평온한 분위기를 사랑합니다. 많은 경우에 사랑이 있어요… 하지만 때때로 스트레스가 있을 때도 있지요. 어쨌든 나는 그곳에 있는 동안 생각합니다. 태어난 뒤에 할 일들을 말입니다. 또 지나온 환생들을 회고하면서 잃어버린 기회들을 생각하게 되면 다시 잘해보려는 마음이 생기곤 합니다.

닥터 N : 모든 환생의 기억들이나 영혼 세계의 일들이 건망증에 의해 지워지지 않았습니까?

영 : 그것은 지구에 태어난 뒤 그렇게 되었어요.

닥터 N : 아기가 태어났을 때 누가 그의 영혼이며 왜 그 영혼이 자신의 육체에 깃들어야 하는지 의식하게 됩니까?

영 : (잠시 침묵한 뒤) 아기의 마음이 너무도 어리기 때문에 아직 그런 것을 따질 형편이 못 됩니다. 하지만 위안을 위해 어느 정도의 인식은 함께 있다가 뒤에 사라지기도 하지요. 내가 말을 할 때면 이 모든 것은 내 속 깊은 곳으로 숨어들게 되고 의식이 없어집니다. 그리고 그렇게 되는 게 당연하지요.

닥터 N : 어릴 때 다른 환생의 기억이 스쳐갈 수도 있습니까?

영 : 네… 우리는 백일몽 같은 공상을… 하게 되지요. 흔히 아이들이 그러듯이 말입니다… 이야기를 만들어내고… 가상의 친구를 갖게 되고… 사실 그 가상의 친구는 실제로 전생이나 영혼의 세계에서 알았던 친구들이기도 해요. 하지만 그 모든 것은 말을 하기 시작할 무렵이 되면 다 잊혀지지요. 사실 아기들은 우리가 생각하는 것보다 더 많은 것을 알고 있어요.

닥터 N : 자, 이제는 당신이 이 삶에 태어나기 직전입니다. 무엇을 하고 있는지 알려주십시오.

영 : 나는 음악을 듣고 있습니다.

닥터 N : 어떤 음악을?

영 : 우리 아버지가 틀어놓은 레코드에서 흘러나오는 음악을 듣고 있습니다. 그 음악은 아버지의 긴장을 풀어주고 있습니다. 생각을 도와주기도 합니다. 나는 좀 염려가 됩니다.

닥터 N : 왜 그렇습니까?

영 : (킬킬거린다.) 아버지는 아들을 원하고 있거든요. 하지만 나는 아버지의 마음을 곧 변하게 할 거예요.

닥터 N : 그래서 지금은 생산적인 일을 할 때군요.

영 : (결정적인 태도로) 그렇습니다. 나는 지금 다가올 시간을 위해 여러 준비를 하고 있습니다. 한 인간으로 세상에 태어나 첫 숨을 쉬게 될 그때를 위해서 말입니다. 지금은 다가올 인생을 위해 조용히 생각할 수 있는 마지막 기회입니다. 태어나고 나면… 나는 바빠질 것입니다.

결론

　이 책에 기록된 모든 사실들, 우리가 죽고 나면 영혼으로 회귀한다는 것을 알게 된 것은, 왜 우리가 이 세상에 태어나서 살고 있는가 하는 의문에 답할 수 있는 가장 의미 있고 설득력 있는 설명이었다. 삶을 통해서 인생의 목적을 알고자 하였던 나는 최면에 빠져 있는 피술자들에 의해 영원한 영혼 세계의 문이 열렸을 때 그 놀라움을 이루 말할 수 없었다.

　내가 어릴 때부터 알아오던 친구는 천주교의 신부가 되었다. 소년 시절에 우리들은 로스앤젤레스의 바닷가나 언덕을 거닐며 많은 철학적인 대화를 주고받았다. 하지만 영혼에 대한 생각은 너무나 달랐다. 한때 그는 나에게 말했다.

　"신을 믿지 않고 죽은 후에 무(無)로 돌아간다는 생각을 하다니! 너는 참으로 용감하구나."

　나는 그때도 그 후에도 그 친구가 말한 식으로 인생을 보지 않았다.

나의 부모님은 내가 어릴 때 군대식 기숙학교에 입학시켜 오랫동안 그 곳에 머물게 하였다. 그러한 부모들에게 느끼는 무관심과 고독이 너무나 커서, 나는 나 자신의 힘이나 능력 외에는 아무것도 믿지 않았다. 이제 와서 생각해보면, 그런 힘이 내가 알 수 없는 미묘한 방법으로 나에게 주어졌다는 것을 깨닫게 된다. 내 친구와 나는 아직도 각기 다른 방법으로 영혼을 이해한다. 하지만 이제 우리들은 우주의 질서와 목적이 더 높은 의식에 의해 이루어지고 발산된다는 믿음을 함께한다.

생각해 보면 사람들이 나에게 최면요법을 받기 위해 찾아온 것은 우연이 아니다. 내가 믿을 수 있는 진리의 매체인 최면은 나에게 영혼의 세계에 있는 안내자에 관한 것이며, 천상으로 가는 문, 공부하는 영혼들의 그룹, 그리고 창조에 관한 것까지 알게 해주었다. 요즘도 나는 가끔 나에게 영혼의 세계와 영혼들의 역할을 알게 해준 피술자들의 마음을 들여다본 침입자 같은 내 자신을 느끼곤 한다. 하지만 그들이 나에게 베풀어준 지식은 나의 갈 길을 제시해주었다.

나는 아직도 왜 내가 이 책을 써 영혼의 세계를 알리는 심부름꾼이 되었는가에 의문을 갖고 있다. 나보다 덜 회의적이고 덜 냉소적인 사람에게 이런 일은 더 어울렸을 것이라고 생각한다. 솔직히 말하건대, 이 책에 기재된 케이스의 주인공들이야말로 미래를 위한 희망의 전달자라고 할 수 있을 것이다. 나는 다만 그것을 알아내고 기록한 사람에 불과한 것이다.

우리가 누구이며 어디서 왔는가를 알게 해준 사람들은 모두 나에게 도움을 청하러 온 사람들이었다. 그들은 또한 나에게 우리의 영혼이 지구로 온 주된 목적이 진정한 집을 떠난 영혼이 정신적으로 살아가기 위한 것임을 가르쳐주기도 하였다.

인간의 몸에 깃들어 있긴 하지만 영혼은 원천적으로 홀로 있게 된다. 이 삶 외에는 아무것도 존재하지 않는다고 생각하는 사람들에게는 짧은 환생 동안 육체 속에 잠시 깃든 영혼은 도움이 되지 않는다. 우리 인간들은 형체를 지닌 것을 통해서만 입증을 하려는 의구심을 갖고 있다. 우주 속에 있는 광막한 별 바다의 한 해안에 있는 모래알 같은 지구의 존재, 그런 과학적인 인식도 우리가 하찮은 존재라는 느낌을 강조한다.

왜 지구에 사는 다른 생물들은 사후에 대한 관심이 없는데 유난히 인간들만 관심을 갖는가? 그것은 인간들의 오만이 인생이 짧고 일시적이라는 것을 거부하고 싶어 그렇게 되는 것인가? 아니면 우리들이 더 높은 힘과 결부되어 있기 때문에 그런 것인가? 사람들은 흔히 내세라는 것은 다만 소망에 지나지 않는다고 말한다. 또 그런 해석의 찬반론 때문에 언쟁이 벌어지기도 한다.

지난날에 나도 내세를 부정하였다. 그러면서도 우리들이 단순히 생존하기 위해 태어나지는 않았다는 생각에 대한 논리도 있었다. 즉, 인간은 우주의 법칙에 의해 살아가고 있으며 그런 법칙은 어떤 이유로 인해 인간의 육체에 변화를 가져다준다고 생각했다.

이제 나는 우리들이 영원한 생명력을 지니고 있음을 알려주는 것이 영혼이라고 믿는다. 내가 가지고 있는 케이스 파일에 적힌 기록이나 피술자와 나눈 영혼과의 대담은 과학적으로 그것을 입증할 근거가 없다. 이 책에 쓰여 있는 사실들이 너무나 황당하여 믿을 수 없다는 독자들이 있다면 나는 다만 한 가지만 바랄 뿐이다. 다른 것은 다 믿지 못하고 무시해버린다고 해도, 우리가 알아내야 할 영원한 그 무엇이 있다는 것만 느끼게 되어도 나는 뜻을 이루고 성취한 느낌을 가질 수 있을 것이다. 자신들보다 더 높은 존재가 있다는 것을 믿고 싶은 사람들을 혼란스럽게 만드는 가장 큰 요인은, 지구상에 존재하는 부정적 힘에 의해 불상사가 일어나고 희생자가 생긴다는 사실일 것이다. 악이 그중 가장 큰 예로 꼽힌다. 대담하던 영혼들에게 어찌하여 사랑의 원천인 신이 괴로움을 주는가 물었을 때 놀랍게도 몇 가지의 답을 들을 수 있었다. 그들의 설명에 의하면 영혼을 출산한 창조주는 영혼들을 더 노력하게 하기 위하여 일부러 평화로운 경지를 멀리 두었다고 하였다.

우리는 우리의 잘못을 통해 배운다. 좋은 점이 결여되면 성격의 나쁜 점이 드러나게 마련이다. 그리고 그 나쁜 점이 우리들을 시험대 위에 올려놓는다. 그렇지 않으면 우리들은 세상을 더 나은 곳으로 만들려는 뜻을 잃고 만다. 또 진보를 측정할 수도 없을 것이다. 우리들이 겪는 자비로움과 분노 두 감정의 교차가 전지전능한 창조자의 뜻인가를 물어본 적이 있다. 그 영혼은 창조자는 다만 특정한 일에 적절한 반응을 제시할 뿐이라고 대답했다.

예컨대 우리들이 악에는 심판이 따르고 선에는 자비가 따른다고 생각하는데, 만약 신이 오직 자비만을 있게 하였다면 심판의 여지는 없게 될 것이다.

이 책은 각각 다른 단계에 속하는 수많은 에너지가 뿜어내는 질서와 지혜를 알려준다. 특히 앞서가는 영혼들의 설명에 함축된 메시지는 우리 우주를 다스리는 전능한 신이 아직도 완벽한 단계에 이르지 못하고 있다는 것이다. 그래서 완전무결한 거룩한 원천으로의 길이 또 있는 것이다.

나는 이런 일을 하면서 우리들이 설계가 잘못된 불완전한 세계에 살고 있음을 알게 되었다. 지구는 우주에 있는 수없이 많은 지성을 갖춘 존재들이 사는 세계 중의 하나다. 각자가 가진 불완전함을 연마해서 화합과 이해로 승화시키는 수련을 하는 곳이다. 이런 생각을 더 넓혀보면 우리는 수많은 우주 속에 있는 하나의 우주라는 생각도 할 수 있다. 모든 우주는 창조주가 각각 다른 전능의 힘으로 다스리며 그 발전의 단계는 이 책에서 본 영혼의 레벨과 같을 수도 있을 것이다. 그런 신전(pantheon)에서 우리의 세계는 적절한 방법으로 다스려질 것이다.

만약 우리가 사는 우주 속에 있는 천체로 환생하는 영혼들이 노력에 의해 지혜로워진 부모들에게서 태어난 후손이라면, 우리들은 절대적인 신 같은 성스러운 조상을 가져야 하지 않는가? 우리를 다스리는 신이 아직도 우리와 함께 진화를 계속하고 있다면, 우리의 신을 낳은 완벽한 원천으로부터 아무것도 가져온 것이 없다는 것을 말하지 않는가?

나는 지고하고 완벽한 신은 불완전하고 모자라는 영혼들을 성숙한 진화의 길로 이끌면서 그들의 전능한 지혜나 통솔력을 유지해나간다고 믿는다. 미흡한 신들은 불완전한 세계를 이루어 갈등을 겪으면서 교훈을 얻게 되고 지고한 신에게로 다가갈 수 있을 것이다.

우주에서 보는 신에 의한 부정적인 양상은 기본적인 현실로 존재하여야 한다. 우리들의 신이 고통을 가지고 우리들을 단련시킨다면, 우리는 고통을 우리들이 가질 수 있는 최상의 것으로 받아들여야 한다. 또 인간의 존재를 신의 성스러운 선물로 받아들여야 한다. 이런 해석은 치명적인 병으로 육체적인 고통을 받고 있는 사람에게는 쉽게 이해되지 않을 것이다.

인생에서 고통은 영혼의 치유력을 가로막기 때문에 특히 조심해야 될 일이기도 하다. 특히 왜 그런 일이 일어나야 하는지, 그것이 우리들의 성장을 위해 주어진 시련임을 모를 때는 더욱더 그렇다. 하지만 삶을 통해 우리들의 업보는 지나친 부담이 되지 않도록 계획되어 있다.

태국의 북쪽 산속에 있는 와트(Wat) 사원의 한 스님은 아주 단순한 진리를 나에게 깨우쳐주었다.

"인생은 자신을 표현하기 위해 주어진 것이다. 그리고 다만 우리들이 가슴에 귀 기울일 때만이 우리가 찾고 있는 것이 주어진다."

이 말의 가장 중요한 의미는 친절을 베풀라는 것이다. 우리의 영혼은 영원한 집을 떠나 있지만 우리는 단순한 관광객이 아니다. 우리는 살아가면서 우리 자신이나 다른 사람들을 더 높은 의식의 세계로 진화시키는 임무를 띠고 있는 것이다. 때문에 우리들 영혼의 여행은 집단적인 것이기도 하다. 우리들은 신에게서 생명을 부여받았지만 물질과 정신의 두 세계에 존재하는 불완전한 존재이기도 하다.

공간과 시간을 지나 영혼의 세계와 환생의 천체를 오가면서 우리들 자신을 연마하고 지혜를 배우는 것이 우리들의 운명이다. 우리들은 그런 진행과 진화를 인내와 결심으로 따르고 또 지켜보아야 할 것이다. 대부분의 육체 속에서 우리들의 정수는 완전히 표현되지 않는다. 하지만 우리는 언제나 영혼의 세계와 물질의 세계에 연결되어 있으므로 자아는 결코 잃지 않는다.

앞서가는 영혼들은, 영혼의 세계에서는 지구에서 행해지는 게임의 법칙을 바꾸려는 운동이 일어나고 있다고 말하기도 했다. 그들은 또 그들의 영혼이 환생하였던 고대에는 자신이나 윤생에 대해 망각증이 더 적었다고 하였다. 하지만 지난 몇천 년 동안 영혼의 영원한 기억은 의식의 층에서 완전히 기억할 수 없게 되었다고 한다.

그런 현상은 우리들에게 승화할 능력이나 신념을 저하시키는 요인이 되기도 하였다. 지구에는 삶의 의미를 잃고 공허와 절망에 빠져 있는 사람들이 수없이 많다. 영혼의 영원성이나 우주의 신비를 알 수 없을 뿐 아니라, 마약같이 마음을 변하게 하는 약물이나 인구 과다에서 오는 스트레스도 인간의 생각을 혼란하게 만든다. 근대에 와서 지구에 자주 환생하였던 영혼들은 기회가 오면 좀 더 스트레스가 적은 세계로 환생하게 된다는 말을 하기도 하였다. 계발되고 진화된 다른 천체로 간 영혼은 환생 후 망각증을 많이 없애도 영혼의 세계에 대한 향수를 느끼지 않는다고 하였다. 다가오는 새로운 세기에 대비하여 지구의 운명을 주관하는 영혼의 원로들은 보다 많은 정보를 우리들에게 제공하고 있다. 그래서 사람들은 우리가 누구이며 왜 지구에 와 있는가 하는 그 신비스런 질문의 해답을 알게 된다.

하지만 이제까지 내가 한 일 중에서 가장 보람을 느끼는 것은 피술자의 마음속에 있는 영혼의 세계를 파고들어가면서 그들의 의식에 좋은 영향을 줄 수 있었다는 것이다. 우리의 영혼을 기다리는 영원한 사랑의 집이 있다는 인식은 우리들의 마음속에 있는 더 높은 영혼의 힘을 알게 하고 교류하게 한다. 또 그런 현상은 우주의 신비에 눈뜨게 된 인간들을 위한 가장 큰 소득일 수 있을 것이다.

　우리 개개인 모두가 외롭지 않으며 무엇인가 좋은 것에 속해 있다는 데서 위안과 평화를 느끼게 된다. 그런 상태는 혼란에서 천국의 질서와 평화로 옮겨가는 것을 의미할 뿐 아니라 우리 자신을 지혜로운 우주의 마음에 연결시켜줄 것이다. 언젠가 우리들은, 우리 모두는 이 기나긴 여행을 끝낼 때가 올 것이다. 그리고 우리들은 모든 것이 가능한 전지전능의 상태에 이를 수 있을 것이다.

역자 후기

　세계가 커다란 변화 속으로 휘말려 들어가고 있던 20세기 초에 태어난 나의 부모님은 유교의 가르침이나 폐습에 반기를 들던 계몽주의자들이었다. 그렇게 과학에 믿음을 두는 인생관으로 우리들을 기른 탓인지, 나는 30대에 이르기까지 그 교육의 영향에서 벗어나지 못하고 있었다.
　이를테면 과학으로 입증할 수 없는 것은 믿지 못하는 서구의 합리적 생각으로 모든 것을 대하던, 회의적이고 불가지론적인 인간이었다. 삶이란 일회적인 것이고 죽으면 다 무로 돌아간다는 생각을 하였고, 영혼이라는 것도 언젠가는 과학에 의해 풀리고 말 인간의 상상에 불과하다고 생각하였다.
　그렇게 인생을 살아가던 내가 새삼 우주의 신비에 대해 눈을 뜨게 된 것은 30대에 겪었던 유체이탈 때문이었다. 원천이 사랑이라는 느낌을 심어주었던 그 신비하고 아름다웠던 경험이 유체이탈이라는 것을 알지 못했던 나는 그 의문을 푸는 데 몇 년의 세월을 보내야 했다.
　불교에서 말하는 화두처럼 나에게 던져진 그 경험은 보이지 않는 울타리 속에 갇혀 있던 나의 생각을 해방시켜주었다. 자유를 갈망하는 모험적인 나의 성격도 작동되어 신비를 파헤쳐보고 싶었다. 마침 그때 나에게 도움을 줄 사람들이 나타나 가르침을 베풀기도 했고 함께 진리 탐구의 길을 걷기도 했다.

어느 늦가을날 나에게로 온 한 권의 책,《영혼들의 여행》이라는 제목이 붙어 있던 이 책도 그렇게 길동무가 된 친구가 보낸 것이다.

그러나 그즈음 독서를 위한 시간의 여유가 없었던 나는 그 책을 정독할 기회를 갖지 못하였다. 그럴 때 나의 습관은 아무 곳이나 책이 펼쳐지는 곳을 훑어보는 것인데, 좀 특이한 데가 있는 책인 것을 느끼면서도 이 책 역시 요즈음 흔히 보는 뉴에이지 계열의 탐색이거나 비전(秘傳)의 그 무엇을 파헤치는 책으로 간주했었다.

그러나 어느 날 그 책 속으로 휩쓸려 들어가면서 몇 번이나 되풀이해서 읽었던 나는 삶을 통해 찾고 있던 의문의 해답이 그 속에 있음을 알게 되었다.

최면요법으로 환자를 치료하다가 기대하지 않았던 것을 알게 되면서 신비한 발견을 대하는 경이로운 마음으로 연구에 몰두하였던 저자의 마음이 생생히 느껴지기도 했다. 전설이나 꿈, 상상 속에서만 거론될 수 있는 것으로 알았던 어떤 신비의 문이 홀연히 열리면서 어려운 수련이나 탐구를 거치지 않고서는 알 수 없을 것 같은 세계가 갑자기 눈앞으로 펼쳐지는 놀라움을 금할 수 없었던 나는 잠시 멍한 느낌으로 앉아 있기도 했다.

물론 저자가 그 책을 완성하는 데는 오랜 세월이 걸렸을 것이고 적지 않은 어려움도 겪었을 것이다. 또 나도 내 나름의 방황과 경험, 어려움이나 배움을 통해 이 책을 만났기에 더욱 진지한 이해와 공감을 느끼기도 했을 것이다. 그러나 나는 이제 우리 인간 사회가 긴 세월의 진화와 수련을 통해 진리를 가리고 있던 휘장을 걷는 방법을 터득할 때가 다가온 것을 느낀다.

요즈음에 과학을 포함한 많은 분야에서 우주의 신비를 알아내려는 연구가 계속되고 있지만, 나는 아직도 이 책을 쓴 뉴턴 박사만큼 치밀하고 논리적인 방법으로 모든 의문을 파헤치고 이해하기 쉽게 영혼의 세계를 정리한 것을 본 적이 없다.

때문에 나는 이 신비한 발견을 원서를 통해 공유할 수 있는 친구들만 알고 있기에는 너무도 안타까운 마음이 들어 여러 사람들에게 말로 전하기도 했다. 그러나 몇백 쪽에 달하는 내용을 간추려 이야기하기도 쉽지 않았지만, 설사 그 내용이 어느 정도 전달되었을 경우에도 회의적인 웃음을 띠고 황당무계한 이야기를 듣고 있는 것 같은 반응을 보이는 사람이 있는가 하면 아예 미신으로 간주하는 사람도 없지 않았다.

그때마다 나는 이 책이 번역되길 고대하였다. 그들 스스로 이 책을 읽은 뒤의 독후감을 듣고 싶었다. 그렇게 세월이 흘러가 어느덧 4년째로 접어든 요즈음에 와서 갑자기 우리들이라도 책을 번역해야겠다는 생각을 하게 된 것은 빌려준 책들이 내게로 돌아오지 않았기 때문이다. 또 원서를 읽지 못하는 사람들의 아쉬움도 느껴졌기 때문이다.

그러나 그 무엇보다도 진리와 영계의 아름다움, 그 질서와 오묘함, 평화가 우리들의 바람이나 상상에 어긋나지 않는다는 것을 알게 되는 기쁨을 여러 사람과 나누고 싶기 때문이다. 왜 우리들이 이 지구에 태어났으며 어떻게 살아야 하고 죽음이 무엇인지 그 커다란 의문의 해답이 그 속에 있기 때문이다.

여러 종교가 내세우는 교리나, 가르침이 어떻게 이루어졌나 하는 이해도 갖게 하는 그 모든 사실들이 새삼 진실한 종교의 의미이며 그 시원(始源)을 느끼게 해주었다.

물론 이 책은 저술한 사람의 치밀하고 성실한 연구나 노력에도 불구하고 아직도 그 방대한 우주나 영계의 원천에 관한 것은 다만 기본적인 것만 짐작할 수 있게 한다. 때문에 이 책에 관한 의의나 회의도 있을 수 있다. 하지만 나는 이제 그런 사람들도 미소로 대할 수 있을 것 같다.

거의 40년 전에 〈고뇌와 환희〉라는 제목의 영화를 본 적이 있었다. 그즈음에 있었던 다른 일들은 모두 잊혀진 데 비해 아직도 그 영화에 나오는 어떤 장면이 기억되는 것은 그때 느꼈던 깊은 감동이나 이해 때문인 것 같다.

시스티나 성당의 천장에 신과 인간의 그림을 그린 미켈란젤로와 그에게 그 그림을 그리게 한 교황 바오로 3세가 그 천장을 바라보며 이야기를 나누고 있었다.

"당신에게는 신이 저렇게 보이는가? 죄를 지은 인간들에게 노하고 벌을 주는 두렵고 화난 모습이 아닌 저토록 인자하고 용서하는 모습으로…. 그리고 인간은 벌을 받아 낙원에서 쫓겨난 초라한 죄인의 모습이 아니고 저렇게 아름답고 씩씩하게 보이는가?"

그렇게 묻는 교황에게 미켈란젤로의 대답은 다만 "네."라는 말 한마디였다. 그 짧고 진솔했던 대답 속에 오랜 세월 동안 겪어야 했던 시련과 노력의 결실이 느껴졌던 나는 신과 인간을 향한 그런 해석이 하나의 씨가 되어 마음속에 파묻힌 것을 느끼곤 하였다.

이 책을 읽고 또 번역을 하면서 나는 감지하였다. 모르는 사이 싹이 트고 자라 뿌리를 뻗고 가지를 펼치는 건장한 나무로 성장해 있는 그 씨를. 그 자연과 원초의 뜻을.

이 책을 한국의 독자들에게 알리는 일을 함께 한 김지원과 한순에게 웃음과 포옹을 보낸다.

김도희

역자 후기

　겨울 추위 속에 꽁꽁 얼어붙었던 무채색의 풍경에 봄 돌아와 꽃 피고 잎이 피는가 하더니 하루가 다르게 생명의 기운이 왕해지고 성해지는 요즈음이다. 생명은 자신의 성격에 가장 잘 맞는 맥박을 택하여 우주의 기쁨을 함께 나누려고 이 세상에 자신을 황홀하게 드러낸 듯하다.
　뉴욕 맨해튼 8가에 있는 서점에서 《영혼들의 여행》을 샀을 때, 그때는 몇 년 후 이 책 번역에 힘을 보태게 될 줄을 꿈에도 몰랐었다. 우리들이 하는 모든 행동, 모든 생각은 활시위를 떠난 화살처럼 저 스스로의 진로를 진행해나가는 것인가 싶어진다. 우리 자신은 모르고 있을 때일지라도.
　작업의 마무리 단계에 접어든 지금, 이 책의 내용에 진력이 나지 않고, 정말 좋은 책이다 하는 느낌이 더욱 확실해져 다행스럽고 또 기쁘다.
　'나무생각'의 한순 씨와 김도희 선생님 댁 식탁에 앉아 아침부터 밤까지 함께 작업하던 일, 그리고 막차를 놓칠까 걱정하며 밖으로 나왔을 때 광활한 밤하늘에 이은 듯 펼쳐진 올림픽공원 근처의 풍경이 가슴을 넓히던 기억을 잊지 않고 싶다. 이 책 내용에 순화되어서 더더욱 그렇게 느껴졌던 듯하다.

우리 민족 고래로 계승되어온 경전인 《참전계경(參佺戒經)》에서 "중시(重視)란 보고 또 보는 것이다. 약속 보기를 귀중한 보배를 감상하듯 살피고 또 살핀다. 장차의 약속을 영혼에서 보고 이미 한 약속을 마음에서 보며 기한이 되었으면 기운에서 본다."와 같은 글을 읽었을 때, 그 외 또 성경·불경을 비롯하여 세상의 모든 말들의 뜻이 전과 달리 명료하게 다가오는 듯하며 매일매일 사는 삶에서 만나는 모든 일, 모든 사람들과는 어떤 영혼의 약속을 하고서 나는 여기에 있는가 한 번쯤 생각해보게 되는 것은 무엇보다도 이 책의 영향이라고 여기고 있다.

김지원

영혼들의 여행

초 판 1쇄 발행 1999년 6월 15일
개정판 1쇄 인쇄 2011년 10월 20일
개정판 11쇄 발행 2025년 9월 9일

지은이 | 마이클 뉴턴
옮긴이 | 김도희 김지원
펴낸이 | 한순 이희섭
펴낸곳 | (주)도서출판 나무생각
편집 | 양미애 백모란
디자인 | 박민선
마케팅 | 이재석
출판등록 | 1999년 8월 19일 제1999-000112호
주소 | 서울특별시 마포구 월드컵로 70-4(서교동) 1F
전화 | 02-334-3339, 3308, 3361
팩스 | 02-334-3318
이메일 | book@namubook.co.kr
홈페이지 | www.namubook.co.kr
블로그 | blog.naver.com/tree3339

ISBN 978-89-5937-260-7 03800

값은 뒤표지에 있습니다.
잘못된 책은 바꿔 드립니다.